工程建设安全技术与管理丛书

城市轨道交通工程施工重大风险源辨识与防控

丛书主编：徐一骐

本书编著：徐一骐　王立峰　杜运国　朱瑶宏
　　　　　黄先锋　姜天鹤　庄国强　史文杰　等

中国建筑工业出版社

图书在版编目（CIP）数据

城市轨道交通工程施工重大风险源辨识与防控/徐一骐等编著.—北京：中国建筑工业出版社，2020.12
（工程建设安全技术与管理丛书/徐一骐主编）
ISBN 978-7-112-25819-2

Ⅰ.①城… Ⅱ.①徐… Ⅲ.①城市铁路—铁路施工—风险管理—研究 Ⅳ.① U239.5

中国版本图书馆CIP数据核字（2021）第000370号

本书阐述了城市轨道交通土建工程系统安全风险管理方法，包括风险源辨识、评估、减低和消除方法，策略组织和实施、处理原则等，详细论述了城市轨道交通在深基坑工程、隧道工程（包含联络通道）、高架桥梁工程等在勘察、设计和施工阶段风险源的分析、预防和相应的管控措施，同时包括盾构法施工、矿山法施工和联络通道施工等部分，在基坑开挖、主体结构施工、围护结构施工、支撑拆除、降水及土体加固等阶段对重大风险源加以辨识管理归纳；对隧道工程掘进、管片工程、注浆和盾构进出洞阶段的风险源进行了梳理，并对重大风险源的预防和应对措施进行了详尽的分析；在高架桥梁方面，着重分析了桩基施工、沉井、基坑开挖等下部结构施工和桥梁在钢管支架、挂篮、悬臂及梁架设等方面的风险源，并在极端天气下施工和桥梁跨越公路、铁路和河流时的风险源分析和管控。在重大风险源监测与管理方面，对施工过程中基坑、盾构和高架桥等自身和周边环境监测进行了详尽的论述，阐明了变形、应力和地下水位等监测项目的监测原则、监测方法、监测布置和监测控制值设置等内容；在浅层有害气体和浅层溶洞风险源管控方面，结合勘察方法和工程实例，阐述了相关风险源灾害危害机理、风险识别、评估和处置对策等。书中还对风险应急管理的应急预案编制、评审、培训和演练、应急技术要点和案例作了介绍。

责任编辑：赵晓菲　朱晓瑜
版式设计：京点制版
责任校对：张颖

工程建设安全技术与管理丛书
城市轨道交通工程施工重大风险源辨识与防控
丛书主编：徐一骐
本书编著：徐一骐　王立峰　杜运国　朱瑶宏
　　　　　黄先锋　姜天鹤　庄国强　史文杰　等

*

中国建筑工业出版社出版、发行（北京海淀三里河路9号）
各地新华书店、建筑书店经销
北京点击世代文化传媒有限公司制版
北京市密东印刷有限公司印刷

*

开本：787毫米×1092毫米　1/16　印张：31¼　字数：572千字
2021年5月第一版　2021年5月第一次印刷
定价：**89.00**元
ISBN 978-7-112-25819-2
　　　（36753）

版权所有　翻印必究
如有印装质量问题，可寄本社图书出版中心退换
（邮政编码 100037）

丛书编委会

丛书主编：徐一骐

副 主 编：吴恩宁　吴　飞　梁方岭　王立峰　邓铭庭　王建民
　　　　　牛志荣　沈江红　黄先锋　杨燕萍

编　　委：徐一骐　吴恩宁　吴　飞　梁方岭　王立峰　邓铭庭
　　　　　王建民　牛志荣　黄思祖　周松国　李美霜　姜天鹤
　　　　　朱瑶宏　罗义英　俞勤学　金　睿　黄先锋　沈江红
　　　　　杨燕萍　杜运国　吕卫民　王建明　沈林冲　张金荣
　　　　　黄　亚　林　平　袁　翔　庄国强　姚燕明　史文杰
　　　　　李　坤　林晓林　徐继承　裘志坚　胡程顺　王德仁
　　　　　赵小辉

本书编委会

徐一骐　王立峰　杜运国　朱瑶宏　黄先锋　姜天鹤
庄国强　史文杰　林　平　苟长飞　沈林冲　张金荣
王德仁　张乃洲　谢明祥　童朝宝　夏汉庸　汤继新
黄贵彬　裘志坚　赵小辉　张　迪　曹化锦　于航波
张　昊　徐云福　董子博　王思仓　严伟飞　陈　雷
郦　亮　许文明　潘淡浓　刘世武　张晓洁　孟万斌
任　涛

丛书序一

建筑业是我国国民经济的重要支柱产业之一，在推动国民经济和社会全面发展方面发挥了重要作用。近年来，建筑业产业规模快速增长，建筑业科技进步和建造能力显著提升，建筑企业的竞争力不断增强，产业队伍不断发展壮大。由于建筑生产的特殊性等原因，建筑业一直是生产安全事故多发的行业之一。当前，随着法律法规制度体系的不断完善、各级政府监管力度的不断加强，建筑安全生产水平在提升，生产安全事故持续下降，但工程质量安全形势依然很严峻，建筑生产安全事故还时有发生。

质量是工程的根本，安全生产关系到人民生命财产安全，优良的工程质量、积极有效的安全生产，既可以促进建筑企业乃至整个建筑业的健康发展，也为整个经济社会的健康发展作出贡献。做好建筑工程质量安全工作，最核心的要素是人。加强建筑安全生产的宣传和培训教育，不断提高建筑企业从业人员工程质量和安全生产的基本素质与基本技能，不断提高各级建筑安全监管人员监管能力水平，是做好工程质量安全工作的基础。

《工程建设安全技术与管理丛书》是浙江省工程建设领域一线工作的同志们多年来安全技术与管理经验的总结和提炼。该套丛书选择了市政工程、安装工程、城市轨道交通工程等在安全管理中备受关注的重点问题进行研究与探讨，同时又将幕墙、外墙保温等热点融入其中。丛书秉着务实的风格，立足于工程建设过程安全技术及管理人员实际工作需求，从设计、施工技术方案的制定、工程的过程预控、检测等源头抓起，将各环节的安全技术与管理相融合，理论与实践相结合，规范要求与工程实际操作相结合，为工程技术人员提供了可操作性的参考。

编者用了五年的时间完成了这套丛书的编写，下了力气，花了心血。尤为令人感动的是，丛书编委会积极投身于公益事业，将本套丛书的稿酬全部捐出，并为青川灾区未成年人精神家园的恢复重建筹资，筹集资金逾千万元，表达了一个知识群体的爱心和塑造价值的真诚。浙江省是建筑大省和文化大省,也是建筑专业用书的大省,本套丛书的出版无疑是对浙江省建筑产业健康发展的支持和推动,也将对整个建筑业的质量安全水平的提高起到促进作用。

郭元冲

2015年5月6日

丛书序二

《工程建设安全技术与管理丛书》就要出版了。编者邀我作序,我欣然接受,因为我和作者们一样都关心这个领域。这套丛书对于每一位作者来说,是他们对长期以来工作实践积累进行总结的最大收获。对于他们所从事的有意义的活动来说,是一项适逢其时的重要研究成果,是数年来建设领域少数涉及公共安全技术与管理系列著述的力作之一。

当今,我国正在进行历史上规模最大的基本建设。由于工程建设活动中的投资额大、从业人员多、建设规模巨大,设计和建造对象的单件性、施工现场作业的离散性和工人的流动性,以及易受环境影响等特点,使其安全生产具有与其他行业迥然不同的特点。在当下,我国经济社会发展已进入新型城镇化和社会主义新农村建设双轮驱动的新阶段,这使得安全生产工作显得尤为紧迫和重要。

工程建设安全生产作为保护和发展社会生产力、促进社会和经济持续健康发展的一个必不可少的基本条件,是社会文明与进步的重要标志。世界上很多国家的政府、研究机构、科研团队和企业界,都在努力将安全科学与建筑业的许多特点相结合,应用安全科学的原理和方法,改进和指导工程建设过程中的安全技术和安全管理,以期达到减少人员伤亡和避免经济损失的目的。

我们在安全问题上面临的矛盾是:一方面,工程建设活动在创造物质财富的同时也带来大量不安全的危险因素,并使其向深度和广度不断延伸拓展。技术进步过程中遇到的工程条件的复杂性,带来了工程安全风险、安全事故可能性和严重度的增加;另一方面,人们在满足基本生活需求之后,不断追求更安全、更健康、更舒适的生存空间和生产环境。

未知的危险因素的绝对增长和人们对各类灾害在心理、身体上承受能力相对降低的矛盾,是人类进步过程中的基本特征和必然趋势,这使人们诉诸于安全目标的向往和努力更加迫切。在这对矛盾中,各类危险源的认知和防控是安全工作者要认真研究的主要矛盾。建设领域安全工作的艰巨性在于既要不断深入地控制已有的危险因素,又要预见并防控可能出现的各种新的危险因素,以满足人们日益增长的安全需求。工程建设质量安全工作者必须勇敢地承担起这个艰巨且义不容辞的社会责任。

本丛书的作者们都是长期活跃在浙江省工程建设一线的专业技术人员、管理人员、科研工作者和院校老师,他们有能力,责任心强,敢担当,有长期的社会实践经验和开拓创新精神。

5年多来,丛书编委会专注于做两件事。一是沉下来,求真务实,在积累中研究和探索,花费大量时间精力撰写、讨论和修改每一本书稿,使实践理性的火花迸发,给知识的归纳带来了富有生命力的结晶;二是自发开展丛书援建灾区活动,知道这件事情必须去做,知道做的意义,而且在投入过程中掌握做事的方法,知难而上,建设性地发挥独立思考精神。正是在这一点上,本丛书的组织编写和丛书援建灾区系列活动,把用脑、用心、用力、用勤和高度的社会责任感结合在一起,化作一种自觉的社会实践行动。

本着将工程建设安全工作做得更深入、细致和扎实,本着让从事建设的人们都养成安全习惯的想法,作者们从解决工程一线工作人员最迫切、最直接、最关心的实际问题入手,目的是为广大基层工作者提供一套全面、可用的建设安全技术与管理方法,推广工程建设安全标准规范的社会实践经验,推行知行合一的安全文化理念。我认为这是一项非常及时和有意义的事情。

再就是,5年多前,正值汶川特大地震发生后不久灾后重建的岁月。地震所造成的刻骨铭心的伤痛总是回响在人们耳畔,惨烈的哭泣、哀痛的眼神总是那么让人动容。丛书编委会不仅主动与出版社签约,将所有版权的收入捐给灾区建设,更克服了重重困难,历经5年多的不懈努力,成功推动了极重灾区四川省青川县未成年人校外活动中心的建设。真情所至,金石为开。用行动展示了建设工作者的精神风貌。

浙江省是建筑业大省,文化大省,我们要铆足一股劲,为进一步做好安全技术、管理和安全文化建设工作而努力。时代要求我们在继续推进建设领域的安全执法、安全工程的标准化、安全文化和教育工作过程中,要有高度的责任感和信心,从不同的视野、不同的起点,向前迈进。预祝本套丛书的出版将推进工程建设安全事业的发展。预祝本套丛书出版成功。

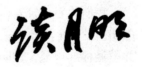

2015年1月

丛书序三

安全是人类生存与发展活动中永恒的前提，也是当今乃至未来人类社会重点关注的重要议题之一。作为一名建筑师，我看重它与工程和建筑的关系，就如同看重探索神圣智慧和在其建筑法则规律中如何获取经验。工程建设的发展史在某种意义上说是解决建设领域安全问题的奋斗史。所以在本套丛书行将问世之际，我很高兴为之作序。

在世界建筑史上，维特鲁威最早提出建筑的三要素"实（适）用、坚固、美观"。"实用"还是"适用"，翻译不同，中文意思略有差别；而"坚固"，自有其安全的内涵在。20世纪50年代以来，不同的历史时期，我国的建筑方针曾有过调整。但从实践的角度加以认识，"安全、适用、经济、美观"应该是现阶段建筑设计的普遍原则。

建筑业是我国国民经济的重要支柱产业之一，也是我国最具活力和规模的基础产业，其关联产业众多，基本建设投资巨大，社会影响较大。但建筑业又是职业活动中伤亡事故多发的行业之一。

在建筑物和构筑物施工过程中，不可避免地存在势能、机械能、电能、热能、化学能等形式的能量，这些能量如果由于某种原因失去了控制，超越了人们设置的约束限制而意外地逸出或释放，则会引发事故，可能导致人员的伤害和财物的损失。

建筑工程的安全保障，需要有设计人员严谨的工作责任心来作支撑。在1987年的《民用建筑设计通则》JGJ 37—1987中，对建筑物的耐久年限、耐火等级就作了明确规定。要求必须有利于结构安全，它是建筑构成设计最基本的原则之一。根据荷载大小、结构要求确定构件的必须尺寸外，对零部件设计和加固必须在构造上采取必要措施。

我们关心建筑安全问题，包括建筑施工过程中的安全问题以及建筑本体服务期内的安全问题。设计人员需要格外看重这两方面，从图纸设计基本功做起，并遵循标准规范，预防因势能超越了人们设置的约束限制而引起的建筑物倒塌事故。

建筑造型再生动、耐看，都离不开结构安全本身。建筑是有生命的。美的建筑，当我们看到它时，立刻会产生一种或庄严肃穆或活跃充盈的印象。但切不可忘记，对空间尺度坚固平衡的适度把握和对安全的恰当评估。

如果说建筑艺术的特质是把一般与个别相联结、把一滴水所映照的生动造型与某个 idea 水珠莹莹的闪光相联结，那么，建筑本体的耐久性设计则使这一世界得以安全保存变得更为切实。

安全的实践知识是工程的一部分，它为工程师们提供了判别结构行为的方法。在一个成功的工程设计中，除了科学，工程师们还需要更多不同领域的知识和技能，如经济学、美学、管理学等。所以书一旦写出来，又要回到实践中去。进行交流很有必要，因为实践知识、标准给予了我们可靠的、可重复的、可公开检验的接触之门。

2008年5月12日我国四川汶川地区发生里氏8级特大地震后，常存于我们记忆中的经验教训，便是一个突出例证。强烈地震发生的时间、地点和强度迄今仍带有很大的不确定性，这是众所周知的；而地震一旦发生，不设防的后果又极其严重。按照《抗震减灾法》对地震灾害预防和震后重建的要求，需要通过标准提供相应的技术规定。

随着我国城市轨道交通和地下工程建设规模的加大，不同城市的地层与环境条件及其相互作用更加复杂，这对城市地下工程的安全性提出了更高要求。艰苦的攀登和严格的求索，需要经历许多阶段。为了能坚持不懈地走在这一旅程中，我们需要一个巨大的公共主体，来加入并忠诚于事关安全核心准则的构建。在历史的旅程中，我们常常提醒自己，要学习，要实践，要记住开创公共安全旅程的事件以及由求是和尊重科学带来的希望。

考虑到目前我国隧道及地下工程建设规模非常之大、条件各异，且该类工程具有典型的技术与管理相结合的特点，在缺乏有效的理论作指导的情况下作业，是多起相似类型安全事故发生的重要原因。因此，在系统研究和实践的基础上，尽快制定相应的技术标准和技术指南就显得尤为紧迫。

科学技术的不断进步，使建筑形态突破固有模式而不断产生新的形态特征，这已被中外建筑史所一再证明。但不可忘记，随着建设工程中高层、超高层和地下建设工程的涌现，工程结构、施工工艺的复杂化，新技术、新材料、新设备等的广泛应用，不仅给城市、建筑物提出了更高的安全要求，也给建设工程施工安全技术与管理带来了新的挑战。

一个真正的建筑师，一个出色的建筑艺人，必定也是一个懂得如何在建筑的复杂性和矛盾性中，选择各种材料安全性能并为其创作构思服务的行家。这样的气质共同构成了自我国古代匠师之后，历史课程教给我们最清楚最重要的经验传统之一。

建筑安全与否唯一的根本之道，是人们在其对人文关怀和价值理想的反思中，如何彰显出一套更加严格的科学方法，负责任地对现实、对历史做出回答。

两年多前，同事徐一骐先生向我谈及数年前筹划编写《为了生命和家园》系列丛书的设想和努力，以及这几年丛书援建极重灾区青川县未成年人校外活动中心的经历和苦乐。寻路问学，掩不住矻矻求真的一瓣心香。它们深藏于时代，酝酿已久。人的自我融入世界事件之流，它与其他事物产生共振，并对一切事物充满热情和爱之关切。

这引起我的思索。在漫长的历史进程中，知识分子如何以独立的立场面对这种情况？他们不是随声附和的群体。而是以自己的独立精神勤于探索，敢于企求，以自己的方式和行动坚持正义，尊重科学，服务社会。奔走于祖国广袤的大地和人民之间，更耐人寻味和更引人注目，但也无法避免劳心劳力的生活。

书的写作是件艰苦之事，它要有积累，要有研究和探索；而丛书援建灾区活动，先后邀请到如此多朋友和数十家企业单位相助，要有忧思和热诚，要有恒心和担当。既要有对现实的探索和实践的总结，又要有人文精神的终极关怀和对价值的真诚奉献。

邀请援建的这一项目，是一个根据抗震设计标准规范、质量安全要求和灾区未成年人健康成长需求而设计、建设起来的民生工程。浙江大学建筑设计研究院提供的这一设计作品，构思巧妙，造型优美，既体现了建筑师的想象力和智慧，又是结构工程师和各专业背景设计人员劳动和汗水的结晶。

汶川大地震过后，人们总结经验教训，在灾区重新规划时避开地震断裂带，同时严格按照标准来进行灾区重建，以便建设一个美好家园。

岁月匆匆而过，但朋友们的努力没有白费。回到自己土地上耕耘的地方，不断地重新开始工作，耐心地等待平和曙光的到来。他们的努力留住了一个群体的爱心和特有的吃苦耐劳精神，把这份厚礼献给自己的祖国。现在，两者都将渐趋完成，我想借此表达一名建筑师由衷的祝贺！

胡理琛

2015 年 1 月

丛书前言

　　实践思维、理论探索和体制建设，给当代工程建设安全研究带来了巨大的推进，主要体现在对知识的归纳总结、开拓的研究领域、新的看待事物的态度以及厘清规律的方法。本着寻求此一领域的共同性依据和工程经验的系统结合，本套丛书从数年前着手筹划，作为《为了生命和家园》书系之一，其中选择具有应用价值的书目，按分册撰写出版。这套丛书宗旨是"实践文本，知行阅读"，首批10种即出。现将它奉献给建设界以及广大职业工作者，希望能对于促进公共领域建设安全的事业和交流有所裨益。

　　改革开放近40年来，国家的开放政策，经济上的快速发展，社会进步的诉求和人们观念的转变，大大改变了安全工作的地位并强调了其在经济社会发展中的重要性。特别是《建筑法》和《安全生产法》的颁布实施，使此一事业的发展不仅具有了法律地位，而且大大要求其体系建设从内涵上及其自身方面提高到一个新的高度。我们需要有安全和工程建设安全科学理论与实践对接点的系统研究，我们需要有优秀的富有实践经验的安全技术和管理人才。我们何不把为人、为社会服务的人本思想融入书本的实践主张中去呢？

　　这套书的丛书名表明了一个广泛的课题：建设领域公共安全的各类活动。这是人们一直在不倦地探索的一个领域。在整个世界范围内，建筑业都是属于最危险的行业之一，因此建筑安全也是安全科学最重要的分支之一。而从广义的工程建设来讲，安全技术与管理所涉及的范畴要更广，因此每册书的选题都需要我们认真对待。

　　当前，我国经济社会发展已进入新型城镇化和社会主义新农村建设双轮驱动的新阶段，安全工作站在这样一个新的起点上，这正是需要我们研究和开拓的。

　　进入21世纪以来，我国逐渐迈入地下空间大发展的历史时期。由于特殊的地理位置，城市地下工程通常是在软弱地层中施工，且周围环境极其复杂，这使得城市地下工程建设期间蕴含着不可忽视的安全风险。在工程科学研究中，需要我们注重实践经验的升华，注重科学原理与工程经验的结合，这样才能满足研究成果的普遍性和适用性。

　　关于新农村规划建设安全的研究，主要来自于这样一个事实：我国村庄抗灾防灾能力普遍薄弱，而广大农村和乡镇地区往往又是我国自然灾害的主要受害地区。火灾、洪灾、震灾、风灾、滑坡、泥石流、雷击、雪灾和冻融等多种自然灾害发生频繁。这要求我们站在相对的时空关系中，分层次地认识问题。作为规划、勘察、设计、施工、验收和制度建设等，更需要可操作性，并将其贯穿到科学的规划和建设中去。

我们常说研究安全技术与管理是一门综合性的大课题。近年来安全工程学、管理学、经济学，甚至心理学等学科中的许多研究都涉及这个领域，这说明学科交叉的必然性和重要性，另一方面也加深了我们对安全，特别是具有中国特色的工程建设安全的认识。

在这样的历史进程中，历史赋予我们的重任就是要学习，就是要实践，这不仅要从书本中学习，同时也要从总结既往实践经验中再学习，这是人类积累知识不可缺少的环节。

除了坚持"学习"的主观能动性外，我们坚决否认人能以旁观者的身份来认识和获得经验，那种传统经验主义所谓的"旁观者认知模式"，在我们的社会实践中行不通。我们是建设者，不是旁观者。知行合一，抱着躬自执劳的责任感去从事安全工作，就必然会引出这个问题：我们需要什么理念、什么方法和什么运作来训练我们自己成为习惯性的建设者？在生产作业现场，偶然作用——如能量意外释放、人类行为等造成局部风险难以避免。事故发生与否却划定了生死界线！许多工程案例所起到的"教鞭"作用，都告诫人们必须百倍重视已发生的事故，识别出各种体系和环节的缺陷，探索和总结事故规律，从中汲取经验教训。

为有效防范安全风险和安全事故的发生，我们希望通过努力对安全标准化活动作出必要的归纳总结。因为标准总是将相应的责任与预期的成果联系起来。而哪里需要实践规则，哪里就有人来发展其标准规范。

英语单词"standard"，它既可以解释为一面旗帜，也可以解释为一个准则、一个标准。另外，它还有一个暗含的意义，就是"现实主义的"。因为旗帜是一个外在于我们的客体，我们转而向它并且必须对它保持忠诚。安全标准化的凝聚力来自真知，来自对规律性的研究。但我们在认识这一点时，曾经历了多大的艰难啊！

人们通过标准来具体参与构建一个安全、可靠的现实世界。我国抗震防灾的经验已向我们反复表明了：凡是通过标准提供相应的技术规定进行设计、施工、验收的房屋基本"大震不倒"。因为工程建设抗震防灾技术标准编制的主要依据就是地震震害经验。1981年道孚地震、1988年澜沧耿马地震、1996年丽江地震，特别是2008年汶川地震中，严格按规范设计、施工的房屋建筑在无法预期的罕遇地震中没有倒塌，减少了人员的伤亡。

对工程安全日常管理的标准化转向可以看成工程实践和改革的一个长期结果。21世纪初，《工程建设标准强制性条文》的编制和颁布，正式开启了我国工程建设标准体制的改革。强制性条文颁布后，国家要求严格遵照执行。任何与之相违的行为，无论是否造成安全事故或经济损失，都要受到严厉处罚。

当然，须要说明的是，"强条"是国家对于涉及工程安全、环境、社会公众利益等方面最基本、最重要的要求，是每个人都必须遵守的最低要求，而不是安全生产的全部要求。我们还希望被写成书的经验解释，能在服务安全生产的过程中清晰地凸显出来，希望有效防控安全事故的措施，通过对事故及灾变发生机理以及演化、孕育过程的深入认识而凸显出来。为此，我们能做到的最好展示，便是竭尽全力，去共同构建科学的管理运作体系，推广有效的管理方法和经验，不断地总结工程安全管理的系统知识。

本套书强调对安全确定性的寻求，强调科学的系统管理，这是因为在复杂多变的工程现场，那迎面而来的作业环境，安全存在是不确定的。在建设活动中，事关安全生产的任何努力，无论是风险源的辨识和防控、安全技术措施和管理，还是安全生产保证体系和计划、安全检查和安全评价，抑或是对事故的分析、研判和处理，都是对这一非确定性的应答。

它是一种文化构建，一种言行方式。而在我们对安全确定性的寻求过程中，所有安全警惕、团队工作、尊严和承诺、优秀、忠诚、沟通、领导和管理、创新以及培训等，都是十分必要的。在安全文化建设中，实践性知识是不会遭遗忘的。事关安全的实践性不同于随意行动，不可遗忘，因为实践性知识意识到，行动是不可避免的。

为了公众教育，需要得出一个结论。作者们通过专业性描述，使得安全技术和管理知识直接对接于实践，也使工程实践活动非常切合于企业的系统管理。一种更合社会之意的安全文化总在帮助我们照管和维护文明作业和职业健康，并警觉因主体异化带来的安全隐患和风险，避免价值关怀黯然不彰。

我坚持，公共空间、公共利益、公共服务、公益、公平等，是人文性的。它诉诸于城乡规划和建设的价值之维，并使我们的工作职责上升为一种公共生活方式。这种生活本身就应该是竭尽全力的。你所专注的不在你的背后，而是在前面。只有一个世界，我们的知识和行为给予我们所服务的世界，它将我们带进教室、临时工棚、施工现场、危险品仓库和一切可供交流沟通的地方。你的心灵是你的视域，是你关于世界以及你在公共生活中必须扮演的那个角色。

对这条漫漫长路的求索汇成了这样一套书。这条路穿越并串联起这片大地的景色。这条路是梦想之路,更是实践人生之路。有作者们的,有朋友们的,更有最深沉的印记——力求分担建设者的天职:忧思。

无法忘怀,在本套丛书申报选题的立项前期,正值汶川大地震发生后不久,我们奔赴现场,关注到极重灾区四川省青川县,还需要建设一座有利于5万名未成年人长期健康成长的精神家园。在该县财政极度困难的情况下,丛书编委会主动承担起了帮助青川县未成年人校外活动中心筹集建设资金和推动援建的责任。

积数年之功,青川这一民生工程即将交付使用,而丛书的10册书稿也将陆续完成,付梓出版。5年多的心血、5年多的坚守,皆因由筑而梦,皆希望有一天,凭着一份知识的良心,铺就一条用书铺成的路。假如历史终究在于破坏和培养这两种力量之间展开惊人的、不间断的、无止境的抗衡,那么这套丛书行将加入后者的奋争。

为此,热切地期待本丛书的出版能分担建设者天职的这份忧思,能对广大的基层工作者建设平安社会和美好的家园有所助益。同时,谨向青川县灾区的孩子们致以最美好的祝愿!

2014年12月于杭州

本书前言

城市轨道交通工程具有规模大、风险高、专业复杂、涉及主体多、与工程周边环境相互影响大等特点，城市环境复杂、地面及地下建（构）筑物密布且工程活动频繁，使得城市轨道交通工程，尤其是地下工程建设中存在着很大的安全风险。在工程项目实施的各个阶段，勘察、设计、施工、监理、监测、建设和咨询过程中，参与单位应依据项目自身特点选用合理的风险管理方法，通过风险界定、风险辨识、风险估计、风险评价和风险决策，优化组合各种风险管理技术，对工程实施有效风险控制和效果评价，并在后续的工程中进行持续改进，妥善地处理风险事故造成的不利后果，以最少的成本保证安全、可靠地实现工程项目的总目标。

风险源的辨识和相应的处理应对措施是城市轨道交通建设永恒的话题，涉及岩土、结构、地质、材料、施工、环保、管理和诸多规范、规程等多个专业与学科，是一门综合性、实践性、经验性和多个专业结合的工程设计、施工和管理技术。

本书阐述了风险源的系统安全管理，包括风险源辨识、评估、分类、风险辨识和处理原则等，详细论述了城市轨道交通的深基坑工程、隧道工程（包含联络通道）、高架桥梁工程等在勘察、设计和施工阶段风险源的分析、预防和相应的管控措施，同时包括盾构法施工、矿山法施工和联络通道施工等部分，在基坑开挖、主体结构施工、围护结构施工、支撑拆除、降水及土体加固等阶段对重大风险源加以辨识管理、归纳；对隧道工程掘进、管片工程、注浆和盾构进出洞阶段的风险源进行了梳理，并对重大风险源的预防和应对措施进行了详尽的分析；在高架桥梁方面，着重分析了桩基施工、沉井、基坑开挖等下部结构施工和桥梁在钢管支架、挂篮、悬臂拼装及梁架设等方面的风险源，并在极端天气下施工和桥梁跨越公路、铁路和河流时的风险源分析和管控。

城市轨道交通工程建设中必须保证自身和周边环境的安全，在施工过程中对工程自身和周边环境进行动态监测，以掌握工程的工作状态，判断工程自身和周边环境是否安全，为设计和施工提供依据，以保证工程的顺利进行。本书对于施工过程中信息化监测进行了详细的介绍和分析，阐述了常规的位移、应力和水位等项目的量测方法、监测点布置原则和控制值设置、报警流程等的实施等。

本书还增加了轨道交通中可能遇到浅层有害气体和溶洞时所采用的风险源管理与防控的技术措施等内容。浅层气（甲烷）释放可能会引起基坑、沉井、隧道施工的工程事故；而浅层空洞的存在则会降低地基承载能力、造成基坑、隧道的渗漏、突水和坍塌等事故。

本书撰写：第一章徐一骐、王立峰；第二章徐一骐、朱瑶宏、张晓洁；第三章姜天鹤、汤继新、林平、谢明祥、黄贵彬、于航波、张昊、王思仓、严伟飞、郦亮；第四章杜运国、苟长飞、张乃洲、朱瑶宏、夏汉庸、董子博；第五章庄国强、许文明、潘淡浓；第六章沈林冲、张金荣、黄先锋、王德仁、裘志坚、赵小辉；第七章张迪、曹化锦、刘世武、孟万斌；第八章王立峰、徐云福、任涛；第九章史文杰、童朝宝、陈雷。

本书在编写和统稿过程中，先后得到浙江省大成建设集团有限公司、宁波市轨道交通集团有限公司、杭州市地铁集团有限责任公司、温州市铁路与轨道交通投资集团有限公司、宏润建设集团股份有限公司、杭州市建设工程质量安全监督总站等单位的帮助和支持，在此向他们表示由衷的感谢。

限于作者水平，书中错误或不当之处，在所难免，恳请读者批评指正。

编者
2019.3.22

目 录 CONTENTS

第一章 绪论 / 1

    第一节 城市轨道交通工程发展及安全性问题 / 2
        一、发展背景和建设现状概述 / 2
        二、工程特点及安全性问题 / 7

    第二节 城市轨道交通工程安全现状 / 10
        一、工程安全风险控制与管理现状 / 10
        二、面临的问题和挑战 / 12

    第三节 安全风险及工程安全风险管理 / 14
        一、风险及其属性 / 14
        二、工程安全及其风险控制 / 16
        三、施工风险发生机理和氛围 / 18
        四、工程参建各方施工风险管理职责 / 19
        五、安全防范和系统安全性 / 21
        六、工程施工阶段的安全风险管理 / 24

    第四节 本书主要内容及工程实践的意义 / 26
        一、浙江省城市轨道交通规划及基本建设背景概述 / 26
        二、本书的主要内容 / 29

第二章 城市轨道交通工程风险的系统安全管理 / 33

    第一节 概述 / 34
        一、对工程系统安全的认识 / 34
        二、工程施工的风险源管理 / 37

    第二节 系统安全施工风险源及识别方法 / 50
        一、系统安全施工风险源识别流程 / 51

　　　　二、系统安全风险源辨识方法 / 54
　　　　三、系统安全风险评估方法 / 57
　　第三节　系统安全风险评价方法 / 63
　　　　一、定性安全评价方法 / 64
　　　　二、定量安全评价方法 / 64
　　第四节　系统安全风险减低与消除方法 / 66
　　　　一、风险应对策略 / 66
　　　　二、风险应对措施 / 69
　　第五节　系统安全风险管理的综合协调、组织与实施 / 70
　　　　一、建设单位安全管理的综合协调和集成 / 70
　　　　二、项目前期风险管理规划 / 74
　　　　三、项目风险管理阶段划分 / 77
　　　　四、风险识别与处理 / 79
　　　　五、风险措施的审查与落实 / 80

第三章　深基坑工程风险源的管理与防控 / 81

　　第一节　深基坑工程的特点及风险 / 82
　　　　一、深基坑工程的特点 / 82
　　　　二、软土深基坑风险源 / 85
　　第二节　勘察设计阶段风险预防 / 87
　　　　一、基础资料调查 / 87
　　　　二、专项设计方案的技术与管理 / 88
　　第三节　施工阶段重大风险控制 / 92
　　　　一、围护结构施工阶段的重大风险控制 / 93
　　　　二、基坑开挖阶段的重大风险控制 / 99
　　　　三、主体结构施工阶段的重大风险控制 / 106
　　　　四、支撑、降水及土体加固施工重大危险源及控制 / 107
　　第四节　深基坑工程风险监控管理 / 110
　　　　一、风险监控管理模式 / 111
　　　　二、监控管理手段 / 112

第四章 隧道施工风险源管理与防控 / 119

第一节 盾构隧道特点及风险 / 120
一、盾构隧道施工特点 / 120
二、盾构隧道施工风险源 / 122

第二节 勘察设计阶段风险源及预防 / 124
一、基础资料调查 / 124
二、设计方案的技术与管理 / 126

第三节 关键工艺施工风险管理 / 130
一、盾构进发阶段重大危险控制 / 130
二、盾构区间隧道掘进阶段重大风险源控制 / 136
三、盾构管片工程重大风险源及控制 / 141
四、盾构壁后注浆重大风险源及控制 / 142
五、盾构机械设备重大危险控制 / 144
六、盾构到达阶段重大风险源及控制 / 145
七、复杂地层条件下施工风险源及控制 / 147

第四节 盾构隧道施工风险监控管理 / 150
一、施工现场监控、评估与预警 / 150
二、周边环境监控、评估与预警 / 151
三、换刀施工的监控、评估与预警 / 151
四、盾构施工参数监控、评估与预警 / 151
五、施工组织管理及作业状况监控、评估与预警 / 152
六、安全风险预警与响应机制 / 152

第五节 联络通道风险源的管理与防控 / 153
一、勘察设计阶段风险预防 / 154
二、联络通道施工阶段的重大风险源及控制 / 155

第六节 机械法联络通道工法简介 / 160
一、前言 / 160
二、技术分析 / 161
三、技术应用 / 164

第七节 矿山法施工风险源及风险监控管理 / 166
  一、矿山法隧道施工安全风险的特征 / 166
  二、矿山法隧道施工安全风险源的特征 / 167
  三、矿山法隧道风险源辨识 / 169

第五章 轨道交通高架桥风险源辨识与防控 / 177

第一节 轨道交通高架桥工程的特点及风险 / 178
  一、轨道交通高架桥工程的特点 / 178
  二、轨道交通高架桥工程风险源 / 179

第二节 勘察设计阶段风险预防 / 180

第三节 桥梁下部结构施工阶段重大风险源辨识与防控 / 181
  一、桩基础 / 181
  二、沉井基础 / 187
  三、基坑开挖 / 189
  四、承台、桥台、墩柱、盖梁 / 190

第四节 桥梁上部结构施工阶段重大风险源辨识与防控 / 195
  一、钢管满堂支架 / 195
  二、少支架事故 / 200
  三、预应力混凝土箱梁、T 梁、板梁 / 202
  四、预应力混凝土连续梁桥平衡悬臂挂篮施工 / 204
  五、弯桥支座与梁脱开 / 208
  六、悬臂拼装 / 208
  七、钢管混凝土系杆拱桥 / 209
  八、梁架设 / 214

第五节 极端气候条件下施工重大风险源辨识与防控 / 219
  一、混凝土在干燥季节表面产生干缩裂缝 / 219
  二、炎热季节养护失当 / 219
  三、寒冷季节养护事故 / 220

第六节 高架桥跨越公路、铁路、河流时的风险源与防控 / 220
  一、跨越道路施工 / 220

二、跨越铁路施工 / 221
三、跨越河流施工 / 222

第六章　浅层有害气体风险源管理与防控 / 223

第一节　前言 / 224
第二节　土中有害气体的勘察和分布 / 225
　　一、土中有害气体的勘察方法 / 225
　　二、浅层有害气体的存储状况 / 226
　　三、杭州地铁1号线有害气体的分布情况 / 229
第三节　浅层有害气体对地铁工程的影响分析和处理措施 / 230
　　一、有害气体对地铁施工阶段的影响 / 230
　　二、有害气体对地铁运营期的影响 / 231
　　三、浅层有害气体地质灾害危害机理 / 232
　　四、地铁车站施工的浅层有害气体防治措施 / 232
　　五、盾构区间施工的浅层有害气体防治措施 / 233
第四节　地下有害气体处理应用事例 / 235
　　一、滨康路地铁站工程概况 / 235
　　二、工程地质、水文地质条件 / 235
　　三、不良地质情况 / 237
　　四、工程设计概况 / 239
　　五、地下有害气体补充勘察 / 239
第五节　地下有害气体危害性评估 / 240
　　一、浅层有害气体释放的沉降评估 / 240
　　二、浅层有害气体释放对地下连续墙施工的影响评估 / 241
　　三、浅层有害气体释放对车站结构施工的影响评估 / 241
第六节　滨康路站地下连续墙挖槽试验 / 242
　　一、有害气体试验 / 242
　　二、超声波成槽检测结果 / 243
第七节　地下连续墙施工防有害气体的安全措施 / 243
　　一、防止有害气体喷发的安全措施 / 244

二、挖槽有害气体监测 / 244

第八节 土方开挖及结构施工时的安全保证措施 / 245

第九节 应急预案 / 246

一、风险及应对处理措施 / 246

二、事故应急响应 / 246

第七章 浅层溶洞风险源管理与防控 / 249

第一节 概述 / 250

一、溶洞的成因与形式 / 250

二、浅层溶洞对轨道交通的工程风险识别与评价 / 250

第二节 溶洞的勘察 / 251

第三节 溶洞处置对策 / 254

一、房屋基础工程 / 254

二、基坑工程 / 255

三、隧道工程 / 255

第四节 溶洞处置实例 / 256

一、杭临城际南湖新城车站遇到溶洞的处置案例 / 256

二、地铁6号线凤凰公园车站遇到溶洞的处置案例 / 266

三、杭富线南老区间隧道岩溶区处置案例 / 274

第八章 重大风险源的监测与管理 / 283

第一节 轨道交通监测概述 / 284

一、监测目的 / 284

二、监测原则 / 285

三、工程监测等级及其划分 / 285

四、监测项目 / 287

第二节 位移量测 / 288

一、概述 / 288

二、位移量测方法 / 290

　　　　三、位移监测精度 / 297
　　　　四、位移监测控制网 / 299
　　　　五、自动化监测技术 / 301

　第三节　应力量测 / 305
　　　　一、土压力量测 / 305
　　　　二、围护结构内力 / 307

　第四节　孔隙水压力和地下水位量测 / 311
　　　　一、孔隙水压力 / 311
　　　　二、地下水监测 / 313

　第五节　明（盖）挖法监测 / 317
　　　　一、概述 / 317
　　　　二、基坑本身监测 / 318
　　　　三、周围环境监测 / 325
　　　　四、巡视检查 / 331
　　　　五、监测控制值和监测频率 / 332

　第六节　盾构法监测 / 337
　　　　一、概述 / 337
　　　　二、盾构法隧道管片结构监测 / 337
　　　　三、周边环境监测 / 340
　　　　四、巡视检查 / 342
　　　　五、监测控制值和监测频率 / 343

　第七节　矿山法监测 / 345
　　　　一、概述 / 345
　　　　二、支护结构监测 / 347
　　　　三、监测控制值和监测频率 / 351

　第八节　高架桥段监测 / 352

　第九节　联络通道监测 / 354

　第十节　监测方案编写 / 355

　第十一节　某工程监测方案（案例）/ 356

第九章　风险应急管理 / 403

第一节　应急预案的概念 / 404
第二节　编制应急预案的目的及意义 / 404
第三节　应急预案的编制 / 405
一、应急预案的编制基础 / 405
二、应急预案编制的法律法规要求和依据 / 406
三、应急预案的编制要求 / 408
四、应急预案的分类与基本内容 / 408

第四节　应急预案的评审 / 412
一、评审依据 / 412
二、评审办法 / 413

第五节　应急预案的培训和演练 / 413
一、应急预案培训 / 413
二、应急演练 / 415
三、演练结果的评价 / 417

第六节　重大风险源应急技术要点 / 419
一、塌方事故应急要点 / 419
二、涌水、涌沙应急要点 / 421
三、建筑物开裂、失稳应急要点 / 423
四、燃气、液化气管等泄漏应急要点 / 424
五、架桥机（龙门吊）倾覆或断裂事故应急要点 / 424

第七节　应急预案案例 / 425
一、某市轨道交通集团公司（建设单位）综合应急预案 / 425
二、某市地铁工程盾构施工专项应急预案 / 444

参考文献 / 466

第一章

绪论

城市轨道交通是大型城市基础设施，为社会生产和居民生活提供基础服务，属于准公共项目，具有非常显著的公益性。一方面，轨道交通能使其服务对象和影响范围的其他项目效益提高，且效益的内涵丰富、种类繁多，包含社会、经济和环境等各个方面；另一方面，城市轨道交通建设需要高额的资本投入，投资规模大，回收周期长，其基础设施具有高度的资产专用性和高额的沉没成本，一经完成便不能用于其他用途。其资产专用特性则要求城市轨道交通项目必须具有良好的可持续性，实现可持续发展，才能保证成本回收和综合效益的实现。

随着我国城市轨道交通和地下工程建设规模的加大，建设速度的加快，不同城市的地层与环境条件及其相互作用更加复杂多变，以工程经验为主体的安全风险管理面临严峻的挑战，近十余年来我国在新建城市地铁及地下工程建设中出现过多起安全事故，这对城市地下工程的安全性也提出了更高的要求，尤其是在安全风险管理领域，人们始终不满足于"亡羊补牢"的事后处置，希望可以通过分析与调查，实现工程风险的预测和防控。

第一节　城市轨道交通工程发展及安全性问题

一、发展背景和建设现状概述

改革开放40多年来，我国的经济得到了持续快速的发展，其中很重要的标志就是城市化进程的快速发展。改革开放之初的1979年我国的城镇化率为17.98%，而30年后的2009年已达到46.59%；根据预测，到2020年我国的城镇化率将达到60%，到2050年可达到75%左右，进入发达国家行列，这与我国基本实现现代化的目标也是相协调的。

城市化进程加快带来的突出问题，就是交通拥堵和城市用地的高度紧张。而较长一段时期以来，轨道交通运营总长度、密度及负担客运的比例均低于世界平均水平。在许多大中城市，改善城市交通的任务似乎更加紧迫。常规公交已经难以满足城市居民的出行需求，尽管政府投入大量资金，仍不能有效缓解城市交通的堵塞。尤其是在道路交通的高峰期间，道路上各种车辆混行，使公共汽车的运行速度从20世纪80年代的25～35km/h下降到目前的9～15km/h，所有的大城市都出现过高信誉度、低满意度、车辆浩浩荡荡、有头无尾的城市交通无效拥堵现象。公交交通系统服务质量难以满足居民出行需求，因此在绝大多数城市中，公交出行量占居民总出行量的份额也没有达到相应水平。这种状况间接促进了个人交通工具的发展（主要体现在大中城市私家车、中小城市的自行车与助动车的发展），改变了城市交通的结构，使城市公共交通发展处境维艰，严重影响了城市居民的生活质量和经济发展的活力。

回顾世界交通发展的历史，铁路曾是中长距离出行的主要工具，但随着社会与经济发展，运输技术也在不断发展。很多地区的铁路运输在很大程度上被公路运输和航空运输所取代。当人类面临由运输产生的大量污染、事故和资源消耗等问题时，人们只能再来反思交通发展的历史过程，并考量运输对人类社会生存与发展所带来的诸多负面影响。对城市日益恶化的交通问题而言，为缓解地面交通的压力，人们纷纷采用立体化的快速轨道交通规划和建设方案来解决问题。

城市轨道交通作为一种集约化的交通方式，可以有效节约能源和土地资源。它一般采用电力牵引，具有节能、省地、低污染、大运量、集中化运输、全天候、安全性能高等特点，每运送一位乘客所产生的污染大大低于其他交通方式，所以对节省城市用地、节约能源、改善城市交通、减轻城市污染、扩大城市空间容量、提高城市生活质量等方面都可以起到重要的作用，属绿色环保交通体系，符合可持续发展的原则，特别适用于大中城市的公共交通系统。

此外，城市地下空间及其环境的特殊性，决定了地下工程具有广泛的功能性。它不仅可以保留地表面的开放空间，而且覆土结构具有形成潜在美的环境效益。地下空间作为城市空间的一个整体，可以吸收和容纳相当一部分城市功能和城市活动，与地面上的功能和活动互相协调与配合，为城市发展获得更大的活力与潜力。当然，这也取决于许多建筑家和规划者的精心设计。优秀的设计可以使周围的地面赏心悦目，与自然景观浑然一体。特别是良好的建成环境，可以改善自然环境，增加改善景观的可能性。

地下结构倡议者和一些建筑专家认为，土和植被覆盖的建筑物和构筑物，对生态学是有贡献的。在地面上，可以用生物洼地取代不透水的混凝土。然后，可以让雨水渗入土壤补充地下水，或收集在地下蓄水池内。在城市建筑高密度开发的今天，大面积的路面铺装和屋顶楼面，结果是使大量的雨水流入排水系统。用土覆盖的地面，能保持既有的保水功能，保持现有的地下水位，从而减少该地区雨水排泄的必要性；兴建覆土结构的地区，可以成为繁殖植物和动物的基地，而使自然景观更加充满活力，同时也提高了水和空气的质量。

地下空间的城市功能非常之多，目前主要包括地下铁道、地下道路及过街通道在内的交通功能，以市政管线为主体的物流功能和用于商业目的的商业储存功能，因其特殊的环境条件，防灾也自然成为地下空间的一项功能，是地下工程发展中非常重要的问题。

目前，城市轨道交通建设被公认为是解决城市交通问题的首选，也是引导城市可持续发展、迈向国际先进大都市行列的主要途径。城市轨道交通系统经过一百多年的发展，目前已成为一个成熟的大系统，已有百余座城市共建设了轨道交通线共计7000多km。其中，东京接近2000km，年乘客100亿人次；截至2020年12月，上海轨道交通共开通线路17条（1～13号线、16～18号线、浦江线），上海轨道交通全网络运营线路总长729.6km（地铁700.6km+磁浮29km），车站数430座（地铁428座+磁浮2座），换乘车站53座。有两条线路新建计划。巴黎地铁于1900年起运行至今，目前巴黎地铁总长度219.9km，有14条主线和2条支线，合计302个车站（387个站厅）和62个交汇站，居世界第十九位。2018单年客流量达15.59亿人次，居世界第十二位。伦敦408km；纽约则有27条地铁，全长443km；莫斯科地铁布局与地面的布局一致，呈辐射及环行线路，地铁总共有12条线，包括11条辐射线和1条环行线，全长312.9km，有171个站台，日搭乘量达800多万人。

在城市轨道交通类型的选择上，国外大多是基于高峰小时客流量的需求，并结合各种轨道交通工具的适用范围来进行确定的。由于高峰小时客流量的大小与城市人口规模有直接关系，因此有些国家直接以城市人口规模为基础而选择最佳的城市轨道交通类型。例如，人口超过100万，单向高峰流量2万人/h以上，就可以建设地下铁路系统。但更多数国家还是基于城市客运需求，对各种轨道交通方式的性能指标和优缺点进行对比分析，据此选择适合本城市需要的类型。例如，欧洲大多数发达国家的城市轻轨运输系统，并不是为解决道路交通拥堵的问题而建，往往更侧重于环境保护的需要而鼓励市民少用私家小客车，多使用城市轨道公共交通。还有一些城市是为了观光游览和其他特殊目的的需要，建设一些颇具特点的新型城市轨道交通系统。表1-1所示为城市轨道交通系统的主要技术参数。

需要强调的是市郊铁路在城市交通中的重要作用。市郊铁路在铁路运输发达的国家，是旅客运输的主要组成部分。例如，一些欧洲国家及日本铁路旅客运输的平均运输距离仅30～60km，国民平均每人每年乘车在12～20次，日本达到70次，也就是大多数旅客是市郊铁路运送的。中国铁路错过了市郊铁路发展的历史机遇，目前只承担中长途运输，旅客平均运输距离达440km。

城市轨道交通系统主要技术参数（参考数据） 表1-1

类型	运营速度（km/h）	最小行车间隔（min）	编组（辆）	线路	平均站距（m）	运输能力（万人次/h）
市郊铁路	35~40	2	4~10	全封闭	1000~3000	5~8
地下铁路	25~40	1.5	4~10	全封闭	800~1000	4~6
轻轨	25~35	2	2~3	专用道	500~800	1~4
单轨	25~30	1	4~6	高架	500~1000	1~1.5
新交通	20~30	2	4~6	高架	500~1000	0.8~1.5
线性电机牵引系统	25~35	1.5	4~6	全封闭	800~1000	1~3
有轨电车	15~20	1	1~2	混合交通	400~800	0.3~1

进入21世纪，随着我国城市化进程的加快，大城市的交通、环境以及文物保护等问题日益突出，为了满足城市功能的需要，我国的城市轨道交通工程建设已逐渐进入高潮。据统计，截至2020年12月31日，中国内地共45座城市开通城轨交通运营线路，共计7978.19km。从系统制式来看，在所有的城轨交通运营线路中，地铁为6302.79km，占比79%；其他制式城轨交通包括轻轨、市域快轨、磁浮交通等运营线路长度约1675.4km，占比21%。2020年已公示的全国获批项目涉及新增城轨交通线路长度共587.95km，新增投资额共4709.86亿元，所涉及的城轨交通线路系统制式均为地铁制式。2020年作为"十三五"收官之年，在整个5年间，国家发展改革委批复已获公示的新一轮城轨交通建设规划方案中，涉及新增规划线路长度总计4001.74km，新增计划投资额总计29781.91亿元，总计划略高于"十二五"期间批复项目的总计划投资额。

根据中国城市轨道交通协会和维基百科的客流数据统计及计算，2019年，全球地铁的轻轨累计运送客流707.94亿人次，平均负荷强度1.03万人次/（d·km）。中国（含港澳台地区）以264.55亿人次的总客运量占据全球轨道交通客运量排名首位。

据统计资料，截至2020年底，北京、上海、广州、成都四个城市的轨道交通运营里程都已经超过500km；北京市轨道交通路网运营线路达24条，总里程727km，车站428座（包括换乘站64座）。京、沪、穗等大城市轨道交通的远景规划都有望突破1000km。

目前，如果加上430km的市郊铁路（S2线108.3km、城市副中心线63.7km、怀柔密云线144.6km、通密线83.4km、东北环线30km），北京城轨总里程为1157km，超额完成了2020年1000km的目标，也是全国唯一里程破千公里的城市。轨道交通已成为北京城市交通主体方式，运营总里程达到1091.6km，日均客运量超1000万人次，最高突破1349万人次，出行分担率已超过地面公交；多条线路最短发车间隔突破2min，达到1min 40s。2021年，北京计划开通7条轨道交通线路。到2025年，北京地铁将形成线网由30条运营，总长1177km的轨道交通网络。根据规划，上海市城市轨道交通2030年线网总长度约1642km，其中地铁线1055km，市域铁路587km。

在运营和建设里程增加的同时，我国城市轨道交通正逐步向多样化发展，正在形成以地下铁道为骨干、多种类型并存的城市轨道交通体系。包括大运量的地铁系统、城市高架轨道交通系统、高架跨座式单轨系统和中低运量的地面轻轨系统，另外还有高速磁浮系统、快速市郊铁路系统等，形成了多种制式和系统并存的格局。上海、武汉、天津、大连等城市建成了快速轻轨交通系统；重庆建成了我国第一条跨座式的单轨交通系统；上海浦东龙阳路至浦东国际机场开通了磁悬浮高速线；广州和北京已建成或正在建设直线电机驱动的轨道交通线路；北京首都机场内正在建设全自动化的新型交通系统（APM）等。

另一方面，特大城市地下快速道路的建设也正越来越受到重视，随着城市更新建设的不断推进，交通需求呈现快速增长态势。地下快速通道，同样标志着城市中心区建设未来的价值动态。2021年1月20日，连接北京中心城区到北京城区副中心的快速路——广渠路东延开始通车，该路全长7.6km，其中地下快速路为6.5km，全线下穿，设计为双洞隧道。近几年，随着前海蛇口自贸区开发渐入佳境，南山对全市发展的支撑作用、对周边地区的辐射作用越来越突显。在《深圳市干线路网规划》《蛇口片区综合交通规划》等上层规划中，均提出了将望海路快速化改造，完善快速路体系，拉近前海－蛇口的时空距离，重要区位支撑太子湾片区区域融合发展，望海路快速化改造，构筑地下和地上两层复合通道，西起兴海大道，向东经过太子湾片区、海上世界、东角头、后海及深圳湾口岸片区至东滨路，全长约8km。城市开发与之相结合的地下空间利用项目也不断增加，类型和规模不断扩大，城市基础设施的大型化、地下化、综合化也开始受到重视。杭州市钱江世纪城的地下综合体、环城北路－天目山路地下隧道等地下空间，可以说，解决大城市交通问题——建设地下快速路网和物流系统，未来将大有乾坤。这些情况都表明，我国地下空间开发利用已进入适度发展的新阶段。无疑地，交通路网是城市跳动的脉搏，往往前引领一座城市的发展格局。大力发展轨道交通，确立轨道交通在城市公共客运系统中的骨干地位，发挥其引导与支撑城市空间结构优化调整的作用，并按照安全、质量、功能、成本、效率五统一原则，加快轨道交通新线建设，扩大线网规模，增加中心城线网密度，已成为我国各大城市交通发展规划建设的基本落脚点。

须要看到，我国轨道交通工程建设历史较短，成熟的理论、经验、规范标准相对较少，现行法规标准不能完全适应，法规制度有待完善，标准体系有待健全，在建设过程中存在着一些不容忽视的问题和安全隐患，以往对潜在技术风险缺乏必要的分析和论证，加上人们对客观规律的认识不足、管理不到位，导致一些环节存在问题，最后致使隐患变成险情，使险情酿成事故。

毋庸讳言，由于城市环境复杂、地面及地下建（构）筑物密布并且工程活动频繁，使得城市轨道交通工程建设中存在着很大的安全风险，安全已成为制约城市地下空间开发和地下工程建设的核心问题，从某种程度上也制约了一些城市地下空间开发和利用的发展，进而影响到城市化的进程，因此遵循安全原则和城市轨道交通工程施工主要风险管理与控制的原则要求是撰写本书的基本出发点。

二、工程特点及安全性问题

与一般建筑工程相比，城市轨道交通工程具有规模大、风险高、专业复杂、涉及主体多、与工程周边环境相互影响大等特点。由于城市环境复杂、地面及地下建（构）筑物密布并且工程活动频繁，使得城市轨道交通工程，尤其是地下工程建设中存在着很大的安全风险，这更需要我们对既有工程实践的复杂性有较客观的认识。城市轨道交通工程具有以下特点：

（一）城市地铁工程特点

城市地下工程具有与一般岩土工程不同的特点，主要是：多数埋深较浅，地面建筑、交通设施密集，地下管线众多，开挖造成的影响大，地质条件复杂，开挖环境多以土体为主，常有膨胀土、砂层、地下水，尤其是沿海沿江城市，淤泥土等软土的开挖难度更大。工程协调量大，控制标准严格。因此，城市地下工程存在许多需要解决的特殊问题。

（1）工程地质环境复杂。例如，长三角地区的上海、杭州、宁波、温州等沿海城市或广州、深圳等南方城市的工程地质、水文地质条件复杂多变，地铁线路经过海积、海冲积、冲积平原和台地等多种地貌单元，常位于"软硬交错"地层（上部为人工填土、黏性土、淤泥质土、砂类土及残积土，土质的离散性也较大;下部为花岗岩、微风化岩等坚硬岩石层,或者孤石)。地下工程线路长,穿越不同的地质土层,可能遭遇流砂层、膨胀土、高压缩性软土和淤泥土、浅层瓦斯、大涌水、硫化氢,还常会遇到断裂破碎带和溶洞等特殊地质构造,穿越或邻近江河湖海,地下水丰富,水位高。这些条件都不利于工程的施工,并容易诱发灾害。

(2)工程周边环境复杂。由于地铁长距离穿行于城市交通要道和人口密集区域,几乎不可能将其与周围环境隔离开,不可避免地要临近或穿越既有建(构)筑物、轨道交通设施、桥梁、立交桥桩基础、隧道、道路、地下管线、地表水体等施工。施工期间存在地面车流量大、大型载重车多、建筑物密集、地下管线不明、地下水位变动、地面降雨等,因而很难明确施工的边界条件。由于周边工程环境复杂,不可预见因素较多。城市地下工程在建造过程中,当临近或从下方穿越居住区、医院、学校等时,还会面临减振、降噪等要求。

(3)荷载复杂。荷载的确定一直是地下工程设计的难点,对轨道交通地下工程而言尤其如此。工程施工周期长,从开挖到完成,地面以下的安全隐蔽工程常需经历多次降雨、周边堆载、振动、施工等许多不利因素,城市地下工程施工环境复杂,已判明和未判明的多种因素相互耦合多,荷载的随机性比较大。且土体有高度非线性特征,一处发生变化可能影响多处荷载的变化。因而,影响荷载的因素多且难以确定。

(4)工程技术复杂。地铁是土建及机电设备复杂的综合性系统工程,随着地铁线路的建设,土建工程不断向"深、大、险"发展。例如,车站基坑深度一般在15~20m,甚至30m以上,长度在200m甚至600m以上。工程断面大、结构形式复杂、支护方式及开挖方式多样、变形要求严格、工程自身使用频率高。城市地下工程进场遇到大断面隧道开挖和支护,地铁车站、商场、仓库、厅、室的跨度尺寸常达10m以上。随着工程埋深的减小,开挖对地面的影响越来越大,在超浅埋条件下,开挖影响的控制与开挖方式、施工工艺、支护方法等众多因素有关,是地下工程施工中最为复杂的问题。

(5)工程协调量大。地铁工程参建单位包括建设、勘察设计、施工、监理、监测、检测和材料设备供应等单位,专业多、项目多、环节多、接口多,作业时空交叉,组织协调量大。同时,工程与周边社区居民、与工程周边环境的权属与管理单位的利益攸关、关系密切,沟通协调难度大。

(6)控制标准严格。为确保隧道、深基坑施工(含降水)过程中,建(构)筑物、轨道交通设施、桥梁、隧道、道路、管线、地表水体等工程周边环境不发生过量沉降和坍塌,确保其安全,要求严格控制沉降(包括绝对值和速率等)。

例如，暗挖法施工的标准断面隧道地面累计沉降量一般要求控制在 30mm 以内。

（7）工程灾害特点突出。地铁工程的主要灾害和事故类型有地表沉降过大、地面塌陷、洞内突涌水、突涌砂、基坑失稳、洞室失稳、岩溶塌陷、土层液化、地下水环境变异等。前述的工程特点决定了轨道交通地下工程施工安全风险（包括工程本身风险和对工程周边环境的风险）大，风险关联性强。例如，在浅埋，特别是超浅埋的条件下，地下工程需要穿越建筑物、道路及各种设施，地面保护成为施工技术中的首要问题。但表土层大多具有低强度、高含水率、高压缩性等不良工程特性，甚至有的土层呈流动、流塑状态而不能承受荷载。施工可能会发生地面不均匀沉降，管道的上举、横移开裂和脱口，基坑基底的隆起和坑顶坑壁的失稳，建筑物桩基斜歪、漂移和倾斜，甚至出现地基的局部破坏乃至整体滑动等事故灾害。稍有不慎，则会有各种安全事故发生，严重影响地下工程建设和周围环境安全，并造成重大经济损失。

（二）城市地铁高架桥工程特点

城市地铁高架桥工程具有市政高架桥工程的特点，如桥梁长度大、穿过居民区、跨越路口、管线多等特点；但与市政高架相比，地铁高架桥水平力大、要求后期变形小。同时，地铁高架桥又具有铁路桥梁的特点，如要求结构刚度大、基础沉降小、维修方便、乘坐舒适，但与铁路桥梁相比，地铁高架桥承受荷载较小、曲线半径较小、景观要求高等。

在地铁高架桥上的轨道结构与土质路基上稍有不同，但是也可分为有砟轨道和无砟轨道两种。有砟轨道和土质路基轨道结构相同。无砟轨道与有砟轨道相比，可减少桥梁恒载，降低梁的刚度及造价，同时可大大减少轨道维修工作量，但由于整体道床轨道调整量有限，所以对桥梁徐变及桥墩的不均匀沉降提出更高的要求。

高架区间上部结构多采用简支梁或连续梁结构体系，在特殊地段也可采用悬臂结构体系等其他特殊结构体系。由于简支梁结构简单，受力明确，容易做到标准化、工厂化制造，安装架设方便，施工速度快，适用于中小跨度。当跨度较大时，多采用连续梁结构，它能降低材料用量，减少伸缩缝数量，改善行车条件，提高桥梁的可靠性和耐久性。

高架桥桥墩及车站框架柱对沉降控制要求严格，因此基础多采用独立承台下桩基础，对于框架结构则另加连系梁。桩基主要有预应力钢筋混凝土 PHC 管桩、预制钢筋混凝土方桩、钻孔灌注桩和挖孔桩等。地铁高架区间和高架车站的施工具有以下特点：

（1）施工环境复杂，邻近建（构）筑物、地下管线多，工程地质与水文地质复杂，不确定因素多；

（2）高架线路多毗邻居民区、交通繁忙地段，有些地方还是多种交通方式的交会地段，对周边交通影响大；

（3）分部分项工程施工多，施工相互交叉且变换多，高支模工程、高空作业频繁，施工难度大；

（4）施工过程中，噪声、振动、扬尘对周边环境干扰大。

从上述城市轨道交通工程特点来看，它具有现场环境条件复杂、施工难度大、技术要求高、工期长、对环境影响控制要求高等特点，是一项极其复杂的高风险性系统工程。尤其是城市地下工程所赋存的岩土介质环境复杂，当前的设计和施工理论尚不十分完备，建设过程中带有很强的不确定性，而且，随着地下空间开发进程的推进，新建工程往往处于城市繁华区域，要临近地下或地面的基础设施及建（构）筑物进行施工，必然会对其造成一定影响，若控制不当，这种影响将可能造成重大安全事故，产生巨大经济损失乃至严重的社会影响（特别是某些特定的情况或处于敏感时期）。在上海、北京、杭州、南京和广州以及其他城市地下工程建设过程中都出现过个别较大、重大、特别重大的安全质量事故，其中一些事故造成了重大经济损失和严重的社会影响。它们在引起社会各界广泛关注的同时，给人们留下了惨痛的教训，为人们鸣响了城市地下工程安全建设的警钟。

第二节　城市轨道交通工程安全现状

一、工程安全风险控制与管理现状

近年来，我国城市轨道交通工程建设发展迅猛，轨道交通建设规模已超全世界60%以上，这在国际上尚无先例。我国轨道交通工程无论是建设速度，还是建设规模都超过世界其他国家，已经成为世界上最大的地铁建设市场。随着我国高速铁路、高速公路以及城市轨道交通建设速度的迅速加快，工程建设全过程及服役期的安全风险控制已逐渐引起学术界、工程界和政府有关部门的高度重视。

在城市轨道交通工程安全生产管理中,构成了以《建筑法》和《安全生产法》为法律,以《建设工程安全生产管理条例》为基本法规,以及一系列地方法规、施工安全规范标准、规章制度和规范性文件组成的城市轨道交通工程安全法律法规体系,具有导向性、规定性和强制性的特点,是城市轨道交通安全建设与运营的基本依据。可以说,近年来我国城市轨道交通工程安全形势的整体稳定是通过法制的手段来实现的。

城市轨道交通系统安全法律法规与标准体系的构建,是以法律法规条文和工程建设强制性条文等形式规范人们的行为,明示城市轨道交通工程建设可能存在的不安全状态,起到提前预警的作用。另一方面,对已经发生的不安全行为,进行校正,能有效地保证城市轨道交通工程建设处于安全状态。

在保障城市轨道交通工程安全生产的管理体制机制建设中,各大城市结合自身的地层条件和工程建设特点,分别制定了相应的监督管理方法。主要包括以下几个方面:①建立了基于工程经验和关键控制技术的安全风险管理体系,树立了安全风险管理的基本理念;②一些城市建立了"建设单位组织、施工单位自检、监理单位验收、专家技术评估、政府程序监督、纪检效能监察"的地铁工程安全生产监督管理模式,以及政府部门、监管机构和建设单位共同行动的联防、联检、联治机制;③强化了信息化管理,并在某些重要部位加装了视频监测和实时变位监测,多家机构也分别编制了监控系统管理软件;④建设部于2007年颁发了《地铁及地下工程建设风险管理指南》,对推进管理的规范化和标准化起到了一定作用。

城市轨道交通工程风险管理和控制技术日趋成熟。在地铁工程施工过程中运用的明(盖)挖法、暗挖法、盾构法、高架法等施工技术和冷冻、降水、防(止)水、注浆、高压旋喷、锚喷支护等主要辅助工法,以及工程周边环境调查技术、沉降变形控制技术,在我国地铁工程建设中得到广泛应用,为控制地铁工程安全质量风险起到了重要作用。

2011年2月18日,住房和城乡建设部发布了《城市轨道交通地下工程建设风险管理规范》GB 50652—2011,标志着我国地铁工程建设风险管理标准化工作取得了重要进展。这是针对城市轨道交通工程进行安全控制的方法标准,是通过规定科学的管理方法指导从业者对城市轨道交通工程进行安全控制工作。该规范明确了工程风险管理的概念、内容、分级标准、流程,以及各建设阶段(规划、可行性研究、勘察与设计、招投标、施工直至竣工验收)的(技术)风险管理的目标、内容、实施主体及其责任、实施方法等。其中施工阶段风险源的分析、监控、管理是地铁工程建设风险源管理的重中之重。而《地铁工程施工安全评价标准》GB 50715—2011 的制定和发布实施，是针对地铁工程施工阶段，基于风险管理和过程控制地铁工程施工安全评价标准的理念，根据该阶段的安全性要求和判定方法，构建一套通用的安全评价指标体系，对开展地铁工程施工安全管理工作的评价和控制进行科学的指导。通过标准的实施，贯彻"安全第一，预防为主"的方针，加强地铁工程施工阶段的安全管理工作，实现地铁工程施工安全现状评价工作的规范化和制度化，减少各类事故的发生，降低工程经济损失和人员伤亡，最终实现地铁工程施工安全。

《职业健康安全管理体系　要求及使用指南》GB/T 45001—2020 和《企业安全生产标准化基本规范》AQ/T 9006—2010，作为适用全行业安全管理的通用规范，近年来对加强企业安全生产规范化建设起到了作用。前者要求企业形成预防为主、持续改进的安全管理理念，对企业各类风险源进行源头识别和全过程控制，是企业建立系统化、规范化安全管理体系的规范性文件；后者是通过建立安全生产责任制，制定安全管理制度和操作规程，排查治理隐患和监控重大风险源，建立预防机制，规范生产行为，使各生产环节符合有关安全生产法律、法规、标准和规范的要求，人、机、物、环处于良好的生产状态，并持续改进，不断加强企业安全生产规范化建设。

在我国城市轨道交通工程实践中，随着各地地铁工程安全风险管理意识不断增强，根据各自工程风险特点、安全管理模式与管理需求，不同程度地开展了安全风险评估、风险管理工作，积累了一些好的经验与做法。如对穿越岩溶、复杂地质构造等不良地质条件进行安全风险评估，确定出风险点并进行安全风险等级划分；在施工过程中严格执行超前地质预报，坚持先探测后施工的原则，最大限度地避免恶性安全事故的发生；将工程质量与安全性控制相协调，确保工程建设质量，并为日后的隧道等工程的安全运营奠定良好基础。

二、面临的问题和挑战

随着建设规模增大，安全风险不断增多，由于发展时间较短、经验不足等原因，我国城市轨道交通工程建设的安全问题也日益突出。工程中基坑坍塌、周边建（构）筑物倾斜甚至倒塌、管线爆裂等影响较大的安全事件、事故时有发生，严重威胁着人们的生命、财产安全，造成巨大经济损失的同时也影响社会稳定，安全形势严峻。1999～2011 年间，据媒体披露国内轨道交通建设有 115 起事故，直接经济损失就超过 41 亿元。

与一般建筑工程相比，城市轨道交通工程具有规模大、风险高、专业复杂、涉及主体多、与工程周边环境相互影响大等特点，再加上我国轨道交通工程建设历史较短，成熟的理论、经验、规范标准相对较少，现行法规标准不能完全适应，法规制度有待完善，标准体系有待健全，在建设过程中存在着一些不容忽视的问题和安全隐患，以往对潜在技术风险缺乏必要的分析和论证，加上人们对客观规律的认识不足、管理不到位，在一些环节存在问题，最后致使隐患变成险情，使险情酿成事故。城市轨道交通工程安全面临的挑战主要表现在以下几个方面：

（1）城市轨道交通项目建设规模和投资巨大，项目组织协调复杂。一个城市的轨道交通线网一般有百余千米至数百千米，同时在建的项目工点数可达数十个。城市轨道交通建设参与单位多，工程建设过程中所产生的信息量大，组织协调工作繁重。与此同时，城市轨道交通项目一般都面临着较大的工期压力，项目建设周期短，安全生产面临较大压力。如一些地方为了抢速度而倒排工期，设计、施工、调试时间不够充分，容易留下安全隐患。

（2）城市轨道交通工程，尤其是地铁工程施工工艺复杂，且施工多处在特殊及复杂环境下，如穿越已有建（构）筑物、浅覆土层施工、小半径区段施工、大坡度地段施工、小净距隧道施工、穿越江河段施工等。施工过程中容易造成围护结构与周边环境沉降、变形甚至塌陷等各类风险事件发生，由此导致人员伤亡、环境影响、经济损失、工期延误和社会影响等不良后果。因此，加强地铁工程施工系统风险管理要求更高。

（3）城市轨道交通建设和运营几乎涉及现代土木工程、机电设备工程的所有高新技术领域，建设管理技术能力要求高。现代控制、现代通信和现代网络等技术广泛应用，而国内城市轨道交通工程建设技术储备有待提高。城市轨道交通建设工程管理需要与当前工程技术力量之间存在矛盾。由于很多城市同时上马城市轨道交通项目，相对当前的建设规模，曾参与过轨道交通勘察、设计、施工和运营管理的技术力量短缺，缺乏高端人才和富有经验的骨干人才。有些线路的部分施工单位是首次从事地铁建设，导致轨道交通安全建设和运营安全风险加大。

（4）尽管工程风险管理的目标十分明确，但是如何进行工程风险管理以及工程风险管理的内容目前还存在很多争议。国内的工程风险管理和国外以合约为主体的工程风险管理有显著的差异。在全国范围内地铁工程实践中，工程风险管理有重评估报告、轻过程管理，重程序规范、轻管理过程的普遍现象。

（5）我国的城市轨道交通在安全投入方面还不够充分。安全工作是一项系统工程，涉及管理、技术、资金等诸多要素。安全水平与人、财、物的投入成正比，要达到可控的安全标准，必须保证充足的投入。尽管工程项目概算中考虑了安全生产的相关费用，但相比城市轨道交通项目安全建设和运营的特殊性，这一比例目前仍然较低。经调查，国外城市轨道交通系统安全过程控制占总费用的比例一般在千分之五左右，而目前国内占总费用比例尚不足千分之一，远不能达到系统安全过程控制的投入要求。

（6）面对我国城市化进程中轨道交通建设和地下空间开发的大规模快速发展，城市地下工程的安全性将成为未来数十年城市建设的核心问题，鉴于目前的安全性控制多是"治标不治本"，因而如何采取科学的控制手段，根治重大安全事故的发生是目前的首要问题。更有专家提出：只有深入研究城市地下工程安全事故的形成机理和复杂的演化规律，对风险作出可靠的预测和评估，进而建立起规范化的管理体系，才能实现安全性控制由"治标"到"治本"的转化，为城市地下工程的安全性建设提供可靠保障。

第三节　安全风险及工程安全风险管理

一、风险及其属性

风险的概念可以从经济学、管理学、保险学和社会学等不同角度去认识。风险事件的后果不只是对金融资产或实物资产、人或生态系统的直接物质性损害，而且还会影响一个社会的运作模式和人们的思维方式。我们在风险方面的经验不仅受潜在危害的严重程度的影响，还同我们理解或"过滤"风险相关信息的方式有关。建筑和工程行业里许多著名的事例生动地阐释了这一点，糟糕的服务交付、安全性差以及对环境的破坏，均造成过负面的公众感知，对那些最无恶意的开发计划也造成过似乎非理性和不公正的公众反应。

当然，对那些本身就持有这种观点的人而言，这种行为绝非是不合理的。然而，这些负面的感知太容易被忽视，并且因为排除了不同利益群体在评估和控制开发风险中的合法地位，那种不充分的公共听证使这些感知进一步被恶化。

对于某事件，明知不能实现就不去做，则没有风险。另一项事件，无论其发生与不发生，都不会带来损失，则该事件也不存在风险。虽然风险的说法不统一，但其具有两个特征：一是事件的不确定性；二是事件发生后产生有损失的后果。

一般情况下，将来的活动或事件，其后果有多种可能，各种后果出现的可能性的程度（即概率）也不一样。由于人们对于将来活动或事件一般不能掌握全部信息，因此事先不能确知最终会产生什么样的后果，这种现象就是不确定性。它反映了人们由于难以预测未来活动或事件的后果而产生的怀疑态度。即使有些时候人们可以事先辨识事件或活动的各种可能结果，但仍然不能确定它们发生的概率，这种情况也是一种不确定性。不确定性的三种类型如下：

（1）说明或结构不确定性。指人们由于认识不足，不能清楚地描述和说明项目的目的、内容、范围、组成和性质及项目与环境之间的关系。

（2）计量不确定性。指在确定项目变数数值大小时，由于缺少必要的信息、尺度或准则而产生的不确定性。在确定项目变数的数值时，人们有时难以获取有关的数据和观察结果，有些项目则不知采用何种计量尺度和准则才好。

（3）事件后果不确定性。指人们无法确认事件的预期结果及其发生的概率。在这种情况下，人们在采取行动之后，却不知道事件或活动到底会产生怎样的结果。

所谓事件发生后产生损失的后果，一方面是说，行动和事件的后果与人们的期望预想之间的偏离，后果偏离预期越大，产生损失就越大，风险也越大；另一方面是说，人们从事各项活动的确可能蒙受损失或损害，对这种不利的后果不但要提高警惕，而且要防范和处理这样的不利后果。

通常认为，风险就是"遭受损失、伤害、不利或毁灭的可能性"，而按照风险分析的观点，风险和危险还是不同的。危险只是意味着一种坏兆头的存在，而风险则不仅意味着这种坏兆头的存在，而且还意味着有发生这个坏兆头的渠道、可能性和后果。风险的基本要素包括发生概率和损害程度，其基本属性如下：

（1）风险事件的随机性。风险事件的发生及其后果都具有偶然性。风险事件是否发生，何时发生，发生之后会造成什么样的后果？……人类通过长期的观察发现，许多事件的发生都遵循一定的统计规律，这种性质称为随机性。

（2）风险的相对性。风险总是相对项目活动主体而言的。同样的风险对于不同的主体有不同的影响。人们对于风险事故都有一定的承受能力，但是这种能力因活动、人和时间而异。对于项目风险，人们的随机应变能力主要受以下几个因素的影响：收益的大小、投入和项目活动主体的地位及拥有的资源。

（3）风险的可变性。任何事情和矛盾都可以在一定条件下向其自身的反面转化。这里的条件指活动所涉及的一切风险因素。当这些条件发生变化时，必然会引起风险的变化。风险的可变性包括风险性质的变化、风险后果的变化和出现新风险等。

风险是指在一定条件下和一定时期内可能发生的各种结果的变动程度。按照国际标准化组织的定义，（安全）风险是衡量危险性的指标，它是某一有害事故发生的可能性（概率或频率）与事故后果（人员伤亡、环境影响、经济损失、工期损失、社会影响等）的组合。对风险的研究，首先必须明确"风险"的内涵。在忽略不期望发生事件所带来有利结果的前提下，"风险"通常是指人们不期望发生事件所导致的不利后果发生的可能性及由此引起的损失，函数表达式为：$R=f(P,C)$，式中，R 表示风险；P 表示不利后果发生的可能性；C 表示不利后果所导致的损失。值得注意的是，R 是 P、C 的函数已被广泛接受，然而，函数关系的确定，即风险的表达目前还存在较多争议。较为常用的风险表征式 $R=P\times C$ 只能片面地评价风险大小，并不能全面地反映风险中各影响因素的变化。

另外，在实际工程中，P 所表示的不利后果发生的可能性通常无法用概率表示，尤其是对于诸如隧道及地下工程类的大型土木工程而言，鉴于数据样本有限，无法满足统计理论要求，且各样本个体性质差异较大，P 更多采用"经常发生""偶尔发生"之类定性的模糊语言定义；C 所表示不利后果所导致的损失通常也无法用统一量纲诸如货币来表示，对于不利后果所导致的人员精神损失、环境损失、社会影响损失等大多采用模糊数学进行统一评价，以确定后果严重程度。

二、工程安全及其风险控制

从科学研究的角度来看，风险分析的挑战性工作就是去寻找一个科学的途径估计某个概率分布。一般人们所说的风险评估，其侧重点已从寻找科学途径转移到使用现成方法计算和评估风险程度的工作上来。而风险管理则主要是指降低、观察、控制风险的人类行为，目前风险管理过程通常包括风险辨识、风险评估、风险决策及风险规避。按照这种观点，风险分析的主要难点在于掌握风险系统的随机性规律。

工程安全风险是安全风险在工程领域的重要体现，是工程项目建设过程中风险研究的重要内容之一。对工程项目而言，安全生产是第一要务，因而，对工程安全风险的研究就显得尤为重要。

宏观上，工程风险可以看作某类工程事故发生的概率。但是，对于具体的工程，工程的风险因素往往是明确的。解决工程风险控制问题，必须从具体工程着手，充分考量其各方面的影响因素，科学地分析问题，系统地解决问题。可以把工程风险定义为具体工程的工程风险因素和该工程承受工程风险能力的综合体现。

不同于其他领域的安全风险，工程安全风险所发生的风险环境是工程项目建设所处的大环境，既包括工程所在区域的地质条件、建设条件，同时也包括项目建设的外部条件，诸如规划设计成果的合理性等。

每个具体工程的工程风险因素包括以下几点：

（一）工程固有的工程风险

工程固有的工程风险是指由于工程施工区域的水文地质条件、工程本身特征、工程采用工法和工艺的限制，以及前道工序的质量造成的工程风险。

（二）环境条件的制约

环境条件的制约是指工程近邻建（构）筑物情况、社会风险情况、气候因素，以及重大政治事件期间（诸如奥运会、世博会等），环境条件的制约往往提高工程实施的难度，在固有工程风险的基础上，加大了工程风险的程度。

（三）工程项目的管理因素

每个工程事故背后都有工程项目的管理因素，它既能恶化工程风险程度，也可以通过加强工程系统安全管理，减少工程的风险。

对工程安全风险而言，其贯穿于项目建设的全过程中，包括规划阶段、设计阶段及施工阶段，而每一阶段的安全风险都会对后续阶段产生影响，若在该阶段能够很好地规避，则其对后续阶段的影响就小，反之则大。这种影响即为累积风险，而这一作用过程为风险累积。通常，累积风险具有从前向后的单向传递特点，若项目建设 n 个阶段的安全风险因素分别为 W_1、W_2、…、W_n，各阶段的安全风险影响分别为 R_1、R_2、…、R_n，则项目建设安全风险的单向传递作用可表示为：$R_1=f_1(W_1)$，$R_2=f_2(W_1, W_2)$，…，$R_n=f_n(W_1, W_2, …, W_n)$。

可见，对工程项目的系统安全性而言，如果规划阶段的安全风险没能很好地规避处理，其必将累积到随后的设计、施工及运营阶段，形成恶性的风险累积，致使整个工程建设处于高风险状态。同理，设计阶段是在规划的基础上进行的，其不仅具备设计本身的安全风险，同时还受到规划阶段累积风险的影响。规划、设计阶段的安全风险最终会在施工阶段得到体现，形成工程项目建设的全过程安全风险。

另一方面，核心安全风险是工程安全控制的关键，核心安全风险一旦发生，其所造成的后果损失将非常严重，甚至可能导致整个工程项目彻底毁灭，而控制了核心安全风险即可有效地减小其他安全风险发生的可能性。因而，对工程安全风险的控制不但要控制核心安全风险，同时还要从建设期全过程出发进行全面控制。

三、施工风险发生机理和氛围

（一）施工风险发生机理

地铁工程建设投资大，施工工艺复杂，施工周期长，周边环境复杂，建筑材料和施工设备繁多，涉及专业工种与人员众多，以地下工程为主的地铁工程安全风险主要来源于工程建设的工程地质与水文地质等自然条件的复杂性；工程建设中机械设备、技术人员和技术方案的复杂性；工程建设的决策、管理和组织方案的复杂性；工程建设周边环境（建筑物、道路、地下管线及周边区域环境等）的复杂性。施工风险产生的影响主要包括：经济损失、工期延误、人员伤亡、环境影响（包括自然环境、周围道路、房屋、管线、桥梁和其他已有建（构）筑物等）和社会影响（政治影响和治安影响等）。《地铁及地下工程建设风险管理指南》等书中侧重从安全风险技术管理的角度，提出了地铁及地下工程风险发生机理（图1-1、图1-2）。

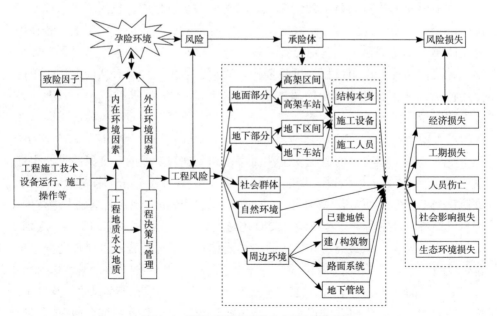

图1-1　地铁工程建设期的安全风险发生机理

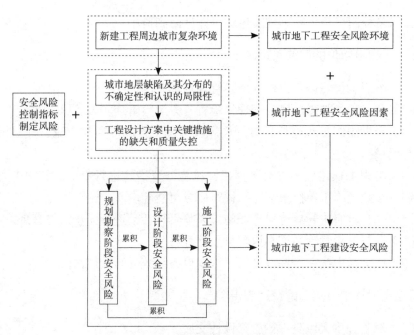

图 1-2　地铁工程建设期的安全风险发生机理[①]

（二）施工风险范围

（1）对工程自身可能造成经济损失以及意外损坏的风险；

（2）因工程的工期延长或提前而需承受的风险；

（3）工程建设相关人员的安全和健康的风险，包括个人伤害直至死亡；

（4）第三方的财产损失风险，主要针对邻近既有各类建（构）筑物，尤其注意历史保护性建筑物、地表和地下基础设施的施工风险；

（5）第三方的人员安全和健康等风险；

（6）周围区域环境风险，包括对土地、水资源、动植物环境的破坏，以及对空气的污染、电磁辐射、噪声及振动等。

四、工程参建各方施工风险管理职责

地铁工程施工过程中，建设单位、设计单位、施工单位、监理单位及第三方监测单位不仅要明确职责，各司其职，而且要密切配合，及时协调沟通，实

---

① 转引自张顶立著《城市地下工程建设安全风险及其控制》，化学工业出版社。

施施工风险控制，将风险事件发生的可能性降到最小。

(一) 建设单位的风险管理职责

(1) 组织工程建设各方建立风险管理培训制度。
(2) 全过程参与现场风险管理，检查各方风险管理实施状况。
(3) 定期组织工程建设各方开展风险管理工作的沟通和交流，并对风险状况进行记录。
(4) 组织工程建设各方对工程建设风险处置措施进行审定，其中重大风险的控制方案须经施工单位组织专家评审后方可实施。
(5) 配合政府主管单位对现场施工风险管理活动进行同步监督管理。
(6) 监督风险管理实施和风险事故处理。
(7) 试运行中统一指挥调度轨行区的设备系统安装及调试。

(二) 设计单位的风险管理职责

(1) 对工程重大风险进行工程设计交底。
(2) 对周边重要环境影响区域进行风险影响分级，共同参与编制周边环境保护措施。
(3) 制定工程重大风险预警控制指标，明确现场监控检测要求。
(4) 参与制定施工注意事项及事故应急技术处置方案。
(5) 配合施工进度进行重大风险沟通与交流。
(6) 参与建设单位风险管理，检查现场施工注意事项落实情况。
(7) 指导审查施工单位风险管理方案、处置措施与应急预案。
(8) 协调实施现场施工风险跟踪管理。

(三) 施工单位的风险管理职责

(1) 结合施工组织设计拟定风险管理计划，建立工程施工风险实施细则。
(2) 对Ⅲ级及以上风险，根据设计单位技术要求等，确定工程施工预警监控指标及标准。
(3) 对Ⅱ级及以上建设风险编制事故应急处置预案。
(4) 现场区域作业人员必须严格执行登记制度，对作业层技术人员进行施工风险交底，制定工程建设风险管理培训计划。
(5) 负责完成工程施工风险动态评估，分析并梳理Ⅱ级及以上风险，提交施工重大工程建设风险动态评估报告。

（6）结合工程施工进度及时上报工程施工信息，向工程建设各方通告现场施工风险状况。

（7）工程设计、施工方案如有重大变更，应根据变更情况对工程建设风险进行重新分析和评估。

（8）因建设风险处理措施的实施而发生的费用增加或工期延长，应经过建设单位批准后方可实施。

（9）对于工程施工有关的事故、意外或缺陷等进行风险记录。

（10）必须做到施工安全措施费用专款专用。

（四）监理单位的风险管理职责

（1）将建设风险管理纳入日常监理工作。

（2）确保现场监理人员及时到位。

（3）协助建设单位审查施工单位的施工方案，评估施工单位风险管理实施情况。

（4）协助建设单位对工程质量、安全和进度进行风险检查。

（5）评估监理工作内容不全或失察风险。

（6）对于施工重大风险，应在施工前检查施工单位风险预防措施，并应进行旁站监理，做好监理现场记录。

（7）对施工单位存在的风险或违反风险管理规定的行为，监理单位有责任向施工单位提出警告，不听劝阻或情节严重的，监理单位有权利予以停工处置，并及时上报建设单位。

（8）对施工现场监测和第三方监测进行监理。

（五）第三方监测单位的风险管理职责

（1）制定合理的监测方案，并对监测方案进行风险评估。

（2）评估监测点布置不当、监测点或监测设备损坏风险。

（3）对监测数据的准确性和可靠性进行风险分析。

（4）应将风险管理纳入日常监测数据分析，及时提交施工风险预警、预报信息。

五、安全防范和系统安全性

如果把安全防范措施定义为实施一系列可行的操作方案、制度规定与相关原则，那么作为一个整体，安全防范措施能够有效降低不良事件与总体事件的比例，即减少不良事件的发生概率。在这种情况下，概率相关理论的重要性就不言而喻了。所有不良事件都是与安全相违背的，也是从事安全工作要面对的课题。安全防范策略设计的目标就是降低不良事件的发生概率。显而易见的是，虽然不良事件都会影响建设工程过程运作，但在相同的环境下，某些事件的发生概率明显要高于其他事件。洪水淹没城市的概率应该会小于工程施工现场电力供应短暂中断的概率。当各种事件的发生概率出现变化时，有利事件的发生概率和不良事件的发生概率的比例也会随之发生变化。

安全性是指不发生事故的能力，一般是指将伤害或损坏的风险限制在可接受水平的状态。系统安全性是指在给定的条件下，系统或产品无事故地完成任务的一种特性。其中事故指的是使一项正常进行的活动中断，并造成人员伤亡、职业病、财产损失或损害环境的意外事件。事故可以认为是由于未能鉴别风险或是由于控制风险的措施不合理所造成的。

城市轨道交通工程建设风险管理应贯穿于整个工程建设全过程，不同阶段的风险管理主要内容如图 1-3 所示。

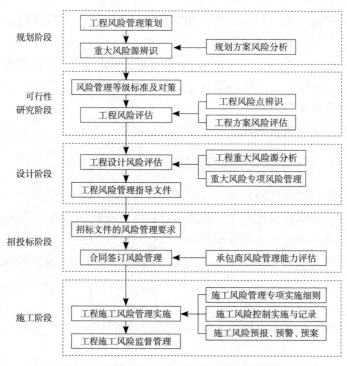

图 1-3 工程建设不同阶段的风险发生管理内容

安全生产的关键，必须要保证工作时间长，工作做得细、做得实。在工程建设过程中，根据现场情况，及时采取相应的措施，削减安全风险。工程不同阶段与风险控制资源投入的关系，参见图1-4。

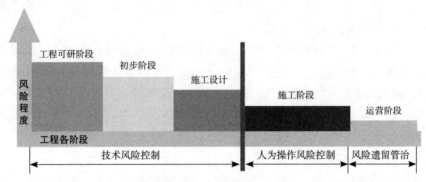

图1-4　工程不同阶段与风险控制资源投入关系

如上图所示，规划、可行性研究、设计等各阶段，是进行系统构思工程风险管理策划、调研、分析评估、指导和要求等的综合过程。系统安全整个过程都贯穿着对工程风险管控的主要步骤。而事关核心安全风险控制——重大风险源辨识，在规划阶段的规划方案分析中就需要详尽地考虑到了。可行性研究阶段，是依据风险管理等级标准及对策，对工程风险点进行辨识和工程方案风险进行重点评估，对不同方案进行比较分析，提出推荐方案。该阶段完成后，系统的基本特性才能完全确定。系统安全从可行性研究、初步设计到施工图设计才会有一个逐步深化的过程。在接下来的设计阶段，尤为突出的是工程风险评估——在对工程重大风险源分析和提出重大风险专项风险管理的基础上提出的工程风险管理指导文件，是直接针对招投标阶段和施工阶段的工程安全风险提出的。

城市轨道交通工程风险的安全防范，作为一种工程风险管理系统安全性的能力建设，内容包括了工程全过程系统安全生产、安全管理、安全技术、劳动保护、事故应急与调查处理，以及安全性分析研究等各个方面。对这些工作制定的一系列计划、安排、实施、检查等措施方案或规章制度可统称为安全性工程大纲。所有针对人的不安全行为和物的不安全状态的调研、分析、发现、评价、监控、预防，以及事故后的应急救援、调查、处理等，都是安全性工程涉及的内容。

地铁工程的工程风险具有鲜明的特点，其单个工点的工程事故不仅造成进度和经济的损失，给后续施工造成困难和隐患，而且可能影响到整个项目的建设，甚至会影响到运营网络，具有明显的放大效应。

六、工程施工阶段的安全风险管理

工程的建设施工阶段是项目建设历时最长、内容最多、情况最复杂的阶段，同时也是系统安全实践的营造过程。通常包括招投标、施工图设计及两个实施和一个集成整合工作（建造施工、竣工验收、协调各参与方工作）。它属于建设管理范畴，是政府监督下的企业行为。

在工程整个过程的风险管理中，施工阶段的风险是核心和重心，其他阶段的风险管理是为其服务的。在该阶段中，建设单位负责风险管理的领导、监督、协调和统筹，成立由参建各方负责人组成的工程风险领导小组；施工单位根据建设工程安全质量法律法规的规定和签订的工程承包合同负责施工现场风险管理的执行和落实。

施工单位风险管理的具体工作包括：

（1）拟定详尽的风险管理计划，制定工程风险管理体系，明确工程风险管理流程；

（2）制定工程施工风险实施细则，确定工程施工风险管理的人员组织及人员名单、工作职责；

（3）在工程正式开工建设前，根据工程前期阶段已有的风险评估或管理文件和报告，分析施工前期及合同签订阶段中已识别的工程风险及风险控制措施，并考虑企业的施工设备、技术条件和人员，针对新辨识的风险提出相应的风险控制措施；

（4）针对风险较大的风险事故，制定工程风险预警标准，列举风险事故发生的征兆现象，编制工程重大风险事故应急处置预案，其中，工程风险应急预案及应急措施应与地方政府及相关的公共应急预案和服务相衔接；

（5）编制施工风险评估报告，报告具体包括：

① 工程各分部工程的主要风险点；

② 致险因子与孕险环境；

③ 风险等级及排序；

④ 风险管理责任人；

⑤ 风险管理策略；

⑥ 风险事故预案；

（6）制定详尽的工程风险管理培训计划，负责对参与工程风险管理的技术人员进行风险管理培训和指导，并对作业层进行施工风险交底；

（7）当工程设计、施工方案或工期有重大变更时，应对工程风险重新进行分析和评估；

（8）负责完成工程施工阶段的风险动态评估（工程施工风险动态跟踪流程参见图1-5），研究施工对邻近建（构）筑物影响的风险分析（参照图1-6进行），并梳理重大工程风险，提交工程重大风险动态评估报告（图1-5）；

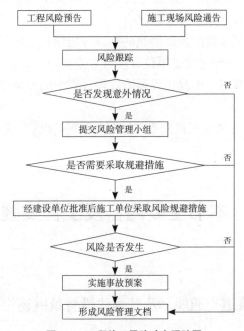

图1-5　工程施工风险动态跟踪图

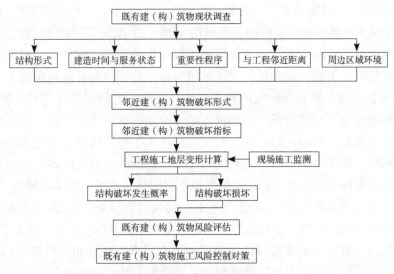

图1-6　施工对邻近建（构）筑物影响风险分析图

（9）结合工程施工进度，及时上报工程施工信息，通告建设各方施工风险状况；

（10）对与工程施工有关的事故、意外、缺漏等进行调查和记录，分析风险发生原因，评估风险可能对工程既定投资、工期或计划的影响，并迅速完善风险控制措施，避免类似事故的再次发生；

（11）施工中当某些风险控制措施的执行可能导致工期延误，或对建设单位造成其他的损失时，须经过建设单位批准后方能实施；

（12）根据工程特点，明确工程风险管理过程中的专项保证费用额度，并承诺专款专用。

有关风险识别和工程施工风险系统控制和管理的内容，将在第二章继续讨论。

第四节　本书主要内容及工程实践的意义

一、浙江省城市轨道交通规划及基本建设背景概述

1997年12月建设部颁布了国家层面的法规《城市地下空间开发利用管理规定》，明确了"城市地下空间规划"是城市总体规划的重要组成部分，有效地推动了全国大中城市地下空间的开发利用。进入21世纪后，我国面临进入大规模开发利用地下空间资源、加速推进城市现代化进程的历史机遇，城市地下空间的开发数量、类型快速增长，我国已成为城市地下空间开发利用的大国，是世界上地下空间开发利用研究的热点区域。从地下空间开发利用的进程来看，我国中小城镇地下空间的开发利用进入了市政基础设施需求阶段，大中城市进入了轨道交通需求阶段，而一些特大城市已进入了环境协调与深化开发的需求阶段。同时，我国一些地下空间开发利用需求旺盛的省份与城市，也制定了各自的规划和管理规定，如《浙江省城市地下空间开发利用规划编制导则》《上海市地下空间规划编制导则》《天津市地下空间规划管理条例》《深圳市地下空间开发利用暂行办法》等。针对地下空间的开发利用，上海、北京、青岛、深圳、广州、厦门、杭州、无锡等城市完成了地下空间概念规划和专项规划：以浙江省为例，如《杭州市地下空间开发利用专项规划（2012—2020年）》《宁波市中

心城地下空间开发利用专项规划》《温州市城市地下空间专项规划》等，勾画了一个个地下空间开发利用的理想蓝图。

浙江省地处我国东南沿海发达地区。根据浙江省人民政府发布的《浙江省城镇体系规划（2011~2020）》（以下简称《规划》），到2020年，全省城镇化水平达到72%左右，城镇人口4100万~4200万人，城镇建设用地总量控制在4200~4300km^2。以杭州市为例，《规划》城市化发展与人口发展空间指引，到2020年市域城镇人口710万~740万人，城镇化水平79%~81%；人口总量增长地区为杭州市区、富阳市。其中心城市指引，人口规模：到2020年杭州中心城市的城市人口为430万~480万人。

《规划》提出城镇发展战略和城镇空间发展与城乡居民点体系。全省范围内形成长三角区域中心城市4座，包括杭州、宁波、温州和金华—义乌都市区核心区域；省域中心城市7座，分别为嘉兴、湖州、绍兴、衢州、舟山、台州、丽水；县（市）域中心城市60座左右；省级重点镇200个左右；一般镇400个左右。其中，《规划》提出到2020年全省各特大城市城镇化水平、人口发展空间指引详见表1-2。

2020年全省各特大城市城镇化水平、人口发展空间指引一览表　　表1-2

城市	城市化水平（%）	市域城镇人口（万人）	中心城市指引（万人）
杭州	79~81	710~740	430~480
宁波	75~77	590~620	230~270
温州	69~71	580~610	240~270
嘉兴	72~74	340~360	100~110
湖州	70~72	210~230	100~110
绍兴	71~73	370~390	150~170
金华-义乌都市区核心区域	72~74	420~440	210~230
台州	70~72	430~450	140~160

城市化进程加快带来的突出问题就是交通拥堵和城市用地的高度紧张。要遵循城市发展客观规律，并借鉴发达国家城市化发展的经验，完善杭州、宁波、温州等各大城市的核心功能，提升其城市轨道交通空间开发利用和大规模乘客的承载能力，科学地实现部分城市功能向地下转移。

《规划》中的长三角区域中心城市，指在长江三角洲地区城市群和浙江省发挥重要组织作用，具有综合功能，起着集聚或传导经济要素和各类信息的城市。四个长三角区域中心城市是浙江省落实国家战略，参与构建长三角世界级城市群的节点，是长三角区域服务中心和国家级综合交通枢纽。以四大区域中心城市为核心，辐射带动周边地区，共同构建杭州、宁波、温州、金华—义乌等四大都市区，作为长三角区域中心城市发挥中心职能的空间载体。

浙江省城市轨道交通建设情况：截至2020年底，全省共有杭州、宁波和温州三市共12条轨道交通线路投入运营，运营里程514.21km。2020年，杭州建成100km，续建250.8km；宁波建成57.5km，续建39.8km；温州续建42.9km，开工12.7km；嘉兴续建48km，开工10km；绍兴续建34.1km，开工10.8km；金华-义乌都市区续建107km；台州续建52.4km。除城市地下轨道交通和地下快速路的建设外，其他城市地下空间的开发也正在以极快的速度增加。杭州钱江新城地下城以波浪地下城为骨干，规划建成地下四层，总建筑面积约$2km^2$地下空间等便是典型例证。除城市地下轨道交通和地下快速路的建设外，其他城市地下空间的开发也正在以极快的速度增加。杭州钱江新城地下城以波浪地下城为骨干，规划建成地下四层，总建筑面积约$2km^2$地下空间等便是典型例证。

据2020年《浙江省轨道交通中长期发展规划（征求意见稿）》（以下简称《规划》）显示，浙江轨道交通"十四五"期间总投资将超4000亿元，其中都市圈城际铁路、市域（郊）铁路建设里程超800km（含既有线改造里程），总投资超1500亿元；城市轨道交通建设里程超400km，总投资超2500亿元。到2025年，全省轨道交通网络规模达到1500km，其中城市轨道交通达到700km；到2035年，全省轨道交通规模达到3000km，其中城市轨道交通规模达到1200km，到21世纪中叶，实现轨道交通重点城镇覆盖率达到100%，出行分担率达到50%。

结合人口发展和布局，浙江省对未来轨道交通发展进行总量控制。《规划》显示，未来人口在空间分布上将进一步向城镇区域，特别是杭州、宁波、温州、金义（金华和义乌市）四大都市区聚集。预计到2035年，全省人口规模将达到6100万人，城镇化率达到77%。全省都市圈城际和市郊铁路合理规模应控制在1800km，城市轨道交通控制在1200km。

《规划》预计浙江省2035年前后人口数量将出现拐点，2050年人口总量较2035年有小幅减少，人口进一步向城市聚集，人口由城市中心向城市外围分散，轨道交通出行频次增加，全省都市圈城际和市郊铁路合理规模控制在3000km，城市轨道交通控制在2000km。

为了推动长三角一体化发展，2019年11月1日，长三角生态绿色一体化发展示范区，在上海揭牌，示范区包括上海青浦、江苏吴江和浙江嘉善，面积约$2300km^2$。结合示范区的发展，《规划》提出，嘉善县位于江浙沪两省一市交会处，是浙江省接轨上海第一站，将构建轨道交通"项目协调+体制机制一体化"的新模式。近期围绕项目协同，构建以大中运量轨道交通为主、中低运量轨道交通为辅的长三角一体化轨道交通网络体系，实现跨区域互联互通，规划建设示范区轨道交通1号线（青浦至嘉善段），实现跨区域与上海轨道交通互联互通。

随着浙江省经济的快速发展和城市现代化步伐的加快，城市轨道交通项目规划建设的不断审批落地，各类地下工程越来越多。城市轨道交通工程系统安全管理的任务更加繁重，系统防范各类工程安全风险，尤其是做好重大风险源辨识和防控工作更为迫切。

浙江省地处东南沿海长江三角洲南翼，东临东海，南接福建，西与江西、安徽相连，北与上海、江苏接壤。境内最大的河流为钱塘江。浙江省地区特有的软土具有"触变强度衰减快，稳定性差，变形大，形成流塑状浮力大"等特点，这种软弱地质条件决定了浙江软土地区的深基坑工程风险问题更加突出。此外，城市中深基坑工程常处于密集的既有建筑物、道路桥梁、地下管线、地铁隧道或人防工程的近旁，虽属临时性工程，但其技术复杂性却远甚于永久性的基础结构或上部结构，且安全风险源多，设计施工难度大。从浙江省城市轨道交通工程建设中长期规划看，任务更为繁重，城市现代化进程中的轨道交通工程系统安全辨识和防控技术、管理的建设，任重而道远。

城市地下工程的安全风险管理包括风险分析、风险评估、风险控制和风险监测4个环节，其中风险分析是基础，评估是关键，风险控制是核心，而风险监测则是风险控制效果的重要保证。同时，地下工程的安全风险管理涉及系统科学、管理科学、力学、信息科学和工程科学在内的多个学科，施工安全事故的发生具有管理、技术和科学等不同层面的原因及问题，因此安全风险的管理也应从不同层面不断加以研讨，才能提高管理的水平、层次和效果。

有鉴于此，需要基于城市地下工程的特点，构建城市地下工程建设安全风险管理的框架，对相关深层次的科学技术问题进行分析归纳和总结，吸收基于工程经验的传统风险控制方法，形成较为成熟的基于关键技术的安全风险控制体系。

二、本书的主要内容

本书中阐述的内容为城市轨道交通工程勘察、设计和施工阶段存在的风险源及管控，不包含运营阶段的后期维护风险。城市轨道交通从勘察、设计到施工完成的土建工程是轨道交通整个过程风险最为复杂的阶段，在基坑、盾构施工过程中除了保证工程自身的安全外,还要保证周边环境如周边道路、地下管线、建(构)筑物、桥梁、铁路、高速公路等的安全和正常使用,还要受到施工环境、人为因素、机具、天气和周边超载、地质条件及地下水的作用和影响,有些因素是相互耦合和综合性的,对于轨道交通工程的建设共同起作用。

  在第一章绪论中,综述了轨道交通的发展背景及建设现状、工程特点及安全性问题,安全风险及工程系统安全管理,概述了浙江省地铁及工程实践背景,以及本书的主要内容。第二章对城市轨道交通工程系统安全风险管理作了进一步梳理,介绍了系统安全施工风险源及识别方法,系统安全风险评价方法、系统安全风险减低和消除方法,系统安全风险管理策略、组织和实施。第三章对深基坑风险源从设计、勘察和施工三个阶段进行了逐类分析和管控,包括地下连续墙施工、钻孔灌注桩、三轴搅拌桩施工、基坑开挖、围护(桩、内支撑、冠梁等)施作、土体加固、拆撑、吊装和地下水抽排等主要环节可能存在的风险和管控要点,同时对于其他的围护方式,如放坡、土钉墙等围护方式中存在的风险源进行了详尽的分析,并给出了工程案例。第四章主要介绍了盾构施工过程的风险源,阐述了联络通道在常用矿山法和冷冻法条件下的风险点和应对措施。着重于盾构隧道掘进到达、通过、壁后注浆、进洞、出洞和端头井砸龙门吊装等关键环节的风险控制,并对盾构施工过程周边环境的影响进行了评估和管控的阐述。鉴于非机械法施工技术主要采用的是经地层加固后的矿山法开挖的方式,其中最为常见的加固方式为冻结法。该施工方法技术效果控制影响因素众多,存在较大的安全风险,施工周期长、费用高、运维病害突出。为了克服非机械法施工存在的诸多不足,本章还对机械法联络通道工法,包括装备研发、结构设计、施工技术、内置式泵房及技术应用等作了介绍。第五章为高架桥风险源辨识与防控,从轨道交通高架桥的特点入手,对于施工过程的桩基础、沉井基础、承台开挖到上部结构施工的支架可能存在的风险点进行了描述,并对这些风险源的防控提出了预防措施。同时阐明了在高架桥穿越公路、铁路和河流等特殊条件下的施工程序及风险控制点。第六章为浅层有害气体风险源的管理,在沿海软土地区开发利用地下空间的过程中,陆续遇到浅层气(甲烷)释放引起基坑、沉井、隧道施工的恶性工程事故,造成了重大的经济损失和社会影响。对杭州地铁1号线工程地质初勘及详勘过程中遇到的有害气体的分布、存储,给出了应对的措施、方法和详细的工程案例。第七章对于溶洞的成因、形式和辨识进行了分析,提出了勘察、设计和施工阶段溶洞的处置和应对措施。第八章内容为基坑开挖、盾构、高架桥等施工过程中的信息化监测,包括第三方监测和施工方监测,对常见的深层水平位移、沉降、轴力、土压力、立柱隆沉和水位监测的方法、布置、数据处理和控制值等进行了系统的总结和分析。第九章内容为风险应急管理，应急预案是在辨识和评估潜在的重大风险源、事故发生的可能性、事故的类型、后果及影响严重程度的基础上，对应急管理机构与职责、人员安排、技术措施、物资设备、救援行动与协调指挥等方面预先作出的具体安排。对于应急预案的编制、评审、培训、演练和技术要点进行了系统的描述，并给出应急预案的案例。

  概括起来，本书涵盖了城市轨道交通土建工程系统安全风险管理方法，勘察、设计和施工过程中关键节点的风险源管理和防控，除了对常规的基坑、盾构、高架桥和联络通道的施工风险管理作了较系统和深入的梳理和介绍外，还新增了浅层有害气体和浅层溶洞的风险管理内容；结合勘察方法和工程实例，阐述了相关风险源灾害危害机理、风险识别、评估和处置对策等。另外，本书针对各阶段的风险源防控要点基本上都给出了工程实例，可以为相似工程提供参考。

第二章

城市轨道交通工程风险的系统安全管理

第一节　概述

作为地下工程，城市轨道交通土建施工具有现场环境条件复杂、施工难度大、技术要求高、工期长、对环境影响控制要求高等特点，是一项极其复杂的高风险性系统工程。城市地下工程所赋存的岩土介质环境复杂，当前的设计和施工理论尚不十分完备，建设过程中带有很强的不确定性，而且，随着地下空间开发进程的推进，新建工程往往要邻近地下或地面的基础设施及建（构）筑物施工，必然会对其造成一定影响，需要在工程系统安全技术和管理层面对可能存在的风险点加以辨识和评价，采用科学方法和决策消除隐患、规避风险，否则，如控制不当，这种影响将可能造成重大安全事故、产生巨大经济损失乃至严重的社会影响。

国内各个建设地铁的城市，由于建设环境、参建力量、技术装备、工程风险管理的定位和具体实施的措施均有较大差异，其效果必然千差万别。反映出工程风险的认识不统一，同时工程风险管理实施的难度确实较大，很有可能投入很大，回报却很少，容易出现风险管理流于形式的现象和"风险管理就是保险"的认识。需要以科学、务实的态度，来探讨工程风险的来源及形成过程，从而把握关键环节，明确工程风险管理的内容。

一、对工程系统安全的认识

风险源的辨识、评估、分类与控制策划是建立职业健康安全管理体系的重要阶段性工作，城市轨道交通工程作为地下工程建设，目前不断向"深、大、险"的地下空间发展为主，因区域水文地质、工程地质条件和周边环境的复杂性及工程建设周期、周边条件相互交叉的影响，施工安全的技术风险较高。所以，对其土建工程施工安全技术风险源的工程系统性管控就变得十分重要，并日益成为城市轨道交通工程施工安全管理的重要组成部分。

城市轨道交通工程施工由于涉及诸多行业、专业，由众多的设备系统构成，从可行性研究阶段、初步设计、施工准备和施工阶段，到试运营前，都存在着风险安全管理及诸多的评估环节。其自身的复杂性，对建设不同阶段管理等诸多方面都提出了较高的安全性要求。单一工序、单一阶段以及单一部门的安全并不能保证城市轨道交通总体安全管理目标的实现。实现城市轨道交通工程施工安全的主要目标应当是追求系统安全。从系统的观点，引入系统安全工程的理念，面向城市轨道交通工程施工全过程的风险控制，已经成为国内外城市轨道交通工程施工安全管理的趋势和重要手段。

系统安全是指在系统生命期内应用系统安全工程和系统安全管理方法，辨识系统中的风险源，并采取控制措施使其危险性最小，从而使系统在规定的性能、时间和成本范围内达到最佳的安全程度。系统安全的定义将控制和合理性结合在一起，是指在运行有效性、时间、成本及其他限制下确定的，在系统寿命期的各阶段均可达到的最优安全程度。系统安全创新了安全观念，体现在以下方面：

（1）安全的相对性；

（2）安全贯穿于系统的整个生命期间；

（3）风险源是事故发生的根本原因；

（4）系统可靠性和系统安全性相辅相成。

风险源是可能导致事故的潜在的不安全因素，系统中存在的风险源是事故发生的根本原因。系统安全要求在一个新系统构思阶段就必须考虑其安全性问题，制定并开始执行安全工作规划，把系统安全工作贯穿于整个系统生命期间，直到系统报废为止。系统安全的基本内容就是辨识系统中的风险源，采取措施消除和控制系统中的风险源。在新系统的构思、可行性论证、设计、建造、试运转、运转、维修直到废弃的各个阶段都要辨识、评价、控制系统中的风险源。

系统安全风险防控的核心在于研究风险发生的规律及提出风险控制技术，风险防控体系的建立主要考虑以下原则。

（1）合理性原则。风险的不确定性是绝对的、必然存在的，因而在控制体系中存在某些不确定性是合理的。

（2）经济性原则。风险控制体系应使施工安全以最经济、最合理的方式得以实现，在施工各个阶段都应进行科学分析，选择最有效的施工及控制技术。

（3）过程性原则。工程风险是随施工进行而不断累积的，应正确评估和预测随时可能出现的风险及其产生的不利影响，通过科学的信息化施工技术将此影响控制在标准范围内，以尽可能减少风险的传递。

系统安全理论认为保障系统的安全状态是要从根本上提高工程系统安全水平，是在企业传统的生产技术安全工作的基础上发展起来的。面对系统日益复杂和伴随而来的事故发生可能性的增加，传统安全理论所强调的技术安全工作很难做到事故之前的系统分析,使事故防患于未然,不能适应现代化生产和现代工程系统发展的需要。

随着科学技术的发展,特别是系统分析方法的应用,人们从工程系统内部条件和外部环境出发,研究它们与安全问题的相互关系,掌握风险发生的规律,通过工程设计和规范使用操作来减少或控制风险,把事故发生的可能性降低到最小限度,促进了系统安全性工程的发展和应用。系统安全理论与传统的技术安全理论相比,主要区别如下。

(1)传统的技术安全的工作范围主要是在生产和使用场所能够保证操作人员和设备不致受到伤害或损坏,它并不直接涉及工程系统的设计,而系统安全性理论则主要研究工程系统全寿命过程,包括方案论证、设计、试验、制造以及使用等方面的安全工作,并且重点在研制阶段。

如第一章所述,风险研究多集中于施工阶段,未考虑各建设阶段风险之间的关系而形成系统的风险控制体系。纵观国内外地下结构工程安全风险研究的历程可见,施工安全风险和施工安全风险管理得到了广泛的重视和深入的研究,而项目规划和设计乃至运营过程中的安全风险还没有得到应有的重视。而出于系统安全性的考虑,既要有关于工程项目全寿命的风险管理分别对各个阶段的风险进行分析评估,还需考虑它们之间的关系,且要有较为公认的理论支撑,要避免缺乏整体性的考虑。

(2)传统的技术安全工作大多凭经验和直感来处理安全问题,而较少由表及里深入分析,从事物的相互联系去发现潜在危险,因而难以彻底改善安全状态。而系统安全理论则利用系统工程的方法,从系统、分系统和环境影响以及它们之间的相互联系来研究安全问题,从而能比较深入、全面地找到潜在危险和不安全问题,以预防事故的发生。

(3)传统技术安全工作多从定性方面进行研究,一般只提出"安全"或"不安全"的概念,对安全性没有定量的描述,因而难以作出准确的判断和评价。而系统安全理论强调利用风险严重性等级、风险可能性等级、风险事件发生概率以及可靠性指标来定量评价安全的程度,使预防事故的措施有了客观的度量。

(4)传统的技术安全工作只是从局部的、零碎的或处于被动状态来解决安全问题的,因而不能从根本上提高安全水平。而系统安全理论则从工程系统论证、设计起就开始作系统的安全性分析。它考虑到工程系统中所有可能的风险,如风险源、各分系统接口、软件对安全性的影响,并随着研制工作的进展,逐步细化安全分析的内容,使安全工作主动而全面地发挥最佳的作用。

(5)传统的技术安全工作目标值不明确、不具体,究竟做到什么程度才算安全问题解决得好,才能控制重大事故发生。这些问题目标不明,工作盲目性较大。而系统安全理论通过安全性分析、试验、评价和优化技术的应用,可以找出最佳的减少和控制危险的措施,使工程系统各分系统之间,设计、制造和使用之间达到最佳配合,用最少的投资获得好的安全效果,从而有把握并在极大程度上提高工程系统安全水平。

综上可知,城市地下工程项目建设的不可逆性和不可重复性,需要以科学的方法和手段,全面系统地研究施工风险发生和变化的规律,并对各种风险及其影响因素进行必要的分析,以便在施工过程中做出科学合理的决策和采取切实可行的措施,防患于未然。

二、工程施工的风险源管理

工程安全风险管理是安全风险在工程领域的重要体现,是工程项目建设过程中风险研究的重要内容之一。对工程项目而言,安全生产是第一要务,因而,对工程安全风险的研究就显得尤为重要。

(一)工程施工风险管理流程综述

工程风险管理是指在工程项目实施的各个阶段,建设、勘察、设计、施工、监理、监测、咨询和工程建设其他参与单位依据项目自身特点选用合理的风险管理方法,通过风险界定、风险辨识、风险估计、风险评价和风险决策,优化组合各种风险管理技术,对工程实施有效风险控制和效果评价、持续改进的全过程。风险管理的流程如图 2-1 所示。

就是说,工程风险管理是项目各方责任主体通过风险识别、风险评价、风险对策及通过多种管理方法、技术和手段对项目活动涉及的风险实行有效的控制,采取主动行动,创造条件,尽量扩大风险事件的有利结果,妥善地处理风险事故造成的不利后果,以最少的成本保证安全、可靠地实现工程项目的总目标。

1. 风险管理的目标

在安全可靠、经济合理、技术可行的前提下,将地铁工程建设期间潜在的各类风险降到尽可能低的水平,以获得最大限度的建设安全与优质的工程质量,控制建设工程投资,保障工程建设工期。

2. 风险管理的范围

风险管理的范围可归纳为两部分:一是工程本身及其人员面临的风险,包括工程自身可能出现的经济损失、工期变化等风险和建设相关人员的安全和健

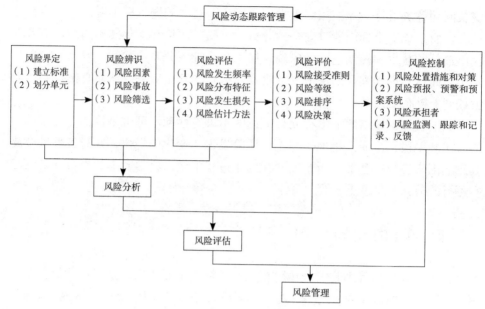

图 2-1　工程风险管理流程

康风险；二是对周边环境和人员可能造成的风险，包括对工程周边环境、周围区域环境损坏的风险和对第三方人员的伤害风险。

3. 风险界定

风险界定是指建立工程安全风险管理分级标准、划分风险评估单元的过程。

风险分级标准包括风险事故发生概率的等级标准和风险事故发生的损失等级标准。根据不同的风险概率等级和风险损失等级，建立风险分级评价矩阵。同时，要建立风险接受准则，确定相应的控制对策。

在实际工程风险管理中，工程自身风险分级根据地质条件、基坑深度、工程结构特性（地下结构层数、跨度、断面形式、覆土厚度、开挖方法）等因素进行。周边环境安全风险分级以周边环境与地铁地下结构的接近度、工程影响区范围及与环境设施的关系、环境设施自身的重要性及特点、地铁地下结构的工法特点等为基本分级的重点考虑因素。建设单位可组织专家，利用头脑风暴法等评价方法，确定工程自身风险分级、周边环境安全风险分级标准。

4. 风险识别

风险识别就是从系统的观点出发，横观工程项目所涉及的各个方面，纵观项目的发展过程，将引起风险的复杂事物分解成比较简单的、容易被认识的基本单元。从错综复杂的关系中找出因素间的本质联系，在众多的影响中抓住主要因素，并且分析它们引起变化的严重程度。在这个阶段主要任务是确定何种风险事件可能影响项目，识别这些风险的来源、确定风险的发生条件、描述风险特征并评价风险影响的过程。风险识别需要确定三个互相关联的因素：风险来源、风险事件和风险征兆。

调查工程建设中潜在的风险类型、事故发生的地点、时间及原因，并进行系统的筛选、分类，编制风险辨识报告。主要包括以下四个方面：

（1）风险因素分析。系统分析工程基本资料，对工程建设的目标、阶段、活动和周边环境中存在的各种安全风险因素进行分析。

（2）建立初步识别清单。利用风险调研表或检查表建立初步风险识别清单，清单中明确列出客观存在的和潜在的各种安全风险。

（3）确定风险事故。根据风险清单中整理的风险因素，分析与其相关联的各种潜在的损失或影响，明确工程风险事故及其发生的原因。

（4）风险筛选分类。根据风险识别的结果对工程安全风险进行二次识别，整理并筛选与工程活动直接相关的各类风险，删除其中对工程活动影响极小的风险因素及事故，并进行进一步识别分析，确定是否有遗漏的风险点。

在风险识别和筛选的基础上，根据建设参与各方的具体要求，结合工程特点和需要，以表单形式给出详细的风险点，列出所有工程安全风险清单，这是风险辨识的成果。

5. 风险估计与评价

（1）风险估计。风险估计是指应用相关理论和方法对风险发生的概率进行计算，并估算风险在特定条件下，可能遭受损失的程度。损失程度的大小要从损失的性质、损失的范围和损失的时间分布这三个方面来衡量。风险估计阶段的主要任务，就是在综合考虑主要风险因素影响的基础上，对风险的概率分布进行估计，并对各个风险之间的相对关系进行研究。对工程风险发生的可能性和不良后果进行定性、半定量或定量估算，确定风险清单中每一风险的发生的概率、发生后果的大小，以及风险发生的分布特性。

（2）风险评价。风险评价是指在风险识别、估计之后采用一定的方法手段评价出项目的单个风险和整体风险水平的过程，是风险管理中最重要的过程之一。风险评价的目的是确定项目的风险水平，并与预先制定的风险评价标准作比较，进而确定是否采取风险控制措施以及采用何种措施。风险评价标准是在项目规定的时间内项目主体可接受、不可接受风险的等级水平，它直接决定了工程中各项风险的控制对策，在进行风险分析时需预先制定。它要根据制定的工程安全风险分级标准和接受准则，对工程安全风险进行等级分析、危害性评定和风险排序。工程安全风险评价的结果是对各安全风险事件的严重程度进行排序。

6. 风险应对策略

在风险评估的基础上,进行风险决策并实施决策内容,同时监测风险发展情况。为降低工程风险损失,实施风险控制的主要方法有风险预防、风险缓解、风险转移和风险自留等。风险控制的关键是如何尽快采取合适的行动。整个风险管理过程是一个闭环系统,随着风险控制计划的实施,风险会出现许多变化,这些变化的信息如果及时反馈,风险管理者就能及时对新情况进行风险评估和分析,从而调整风险控制措施并实施新的风险控制计划,这样循环往复,保持风险管理过程的动态性就能达到风险管理的预期目标。

(1) 风险控制。指采取有效手段和方法,通过事先控制或事后应急方案使风险不发生或一旦发生后使损失额最小,这是一种积极的风险处理手段。控制方案包括预控方案和应急方案。

(2) 风险转移。风险转移是将项目可能发生的风险通过保险或合同方式转移给第三方。对于一些无法排除的风险,如常见的工程损坏、人身伤亡、机械设备的损坏等,可通过购买保险的方法来解决,当风险发生时由保险公司承担全部损失或部分损失;项目的其他风险可在签订合同中将部分风险损失转移给合同承担方。

(3) 风险自留。风险自留是一种风险处置的财务对策,即将可能的风险损失留给拟建项目自己承担,这种方式主要适用于已知有风险存在,但可获高利润回报且甘愿冒险的项目,或者风险损失较小,可以自行承担风险的项目。

7. 风险应对策略的实施与跟进

在工程项目的实施过程中,需建立风险监控和预警系统,不断地跟踪检查各项风险应对策略的执行情况,并评价各种风险对策的执行效果;同时发现新的风险因素,修改和完善风险应对策略。

(二) 工程施工风险评估的标准

1. 风险评估目的

风险评估的意义在于规范城市轨道交通工程建设风险管理,做到有效控制工程建设风险,减少各类风险事故的发生,降低工程经济损失、人员伤亡和环境影响,保障工程建设的安全、质量、进度、效益和环境保护等各项达到以较低成本获得最大安全的目标。在安全可靠、经济合理、技术可行的前提下,把城市轨道交通工程建设期中潜在的各类风险降到尽可能低的水平,以获得最大程度的建议或人员伤亡,保障工程建设工期,提高风险管理的效益。

2. 风险评估依据

（1）《地铁及地下工程建设风险管理指南》；

（2）《城市轨道交通地下工程建设风险管理规范》GB 50652—2011；

（3）风险评估站点的相关资料（如：勘察资料、设计文件、施工方案等）。

3. 风险评估对象

本风险评估对象主要包括三部分：施工风险、周边环境风险、自然风险。

（1）施工风险以结构本体的安全作为安全风险评估的基础。

（2）周边环境的保护作为安全风险评估的核心。

（3）自然风险作为安全风险评估的参照。

4. 风险等级标准

根据《城市轨道交通地下工程建设风险管理规范》GB 50652—2011，轨道交通地下工程建设风险发生可能性主要根据风险发生的概率或频率作为指标，分为五级（表2-1）。

风险发生可能性等级标准　　　　表2-1

等级	可能性	数值范围	估值
1	频繁的	>0.1	5
2	可能的	0.01~0.1	4
3	偶尔的	0.001~0.01	3
4	罕见的	0.0001~0.001	2
5	不可能的	<0.0001	1

轨道交通施工风险损失包括人员伤亡、环境破坏、经济损失、工期延误和社会影响，均分为五级，最后综合以上损失来评定风险损失的严重程度（表2-2~表2-7）。

工程建设人员和第三方人员伤亡等级标准　　　　表2-2

等级	工程建设人员	第三方人员
一级	人员死亡（含失踪）10人以上	死亡（含失踪）1人以上
二级	人员死亡（含失踪）3~9人，或重伤10人以上	重伤2~9人
三级	人员死亡（含失踪）1~2人，或重伤2~9人	重伤1人
四级	重伤1人，轻伤2~10人	轻伤2~10人
五级	轻伤1人	轻伤1人

周边区域环境影响损失等级标准　　　　　表2-3

等级	严重程度
一级	涉及范围非常大,周边生态环境发生严重污染或破坏
二级	涉及范围很大,周边生态环境发生较重污染或破坏
三级	涉及范围大,区域内生态环境发生污染或破坏
四级	涉及范围较小,邻近区生态环境发生轻度污染或破坏
五级	涉及范围很小,施工区生态环境发生少量污染或破坏

工程本身和第三方直接经济损失等级标准　　　　　表2-4

等级	工程本身	第三方
一级	经济损失1000万元以上	200万元以上
二级	经济损失500万~1000万元	100万~200万元
三级	经济损失100万~500万元	50万~100万元
四级	经济损失50万~100万元	10万~50万元
五级	经济损失50万元以下	10万元以下

工期延误等级标准　　　　　表2-5

等级	长期工程（工期超过2年）	短期工程（工期少于2年）
一级	延误大于9个月	延误大于90天
二级	延误6~9个月	大于60~90天
三级	延误3~6个月	延误30~60天
四级	延误1~3个月	延误10~30天
五级	延误少于1个月	延误少于10天

社会影响等级标准　　　　　表2-6

损失等级	一级	二级	三级	四级	五级
描述	恶劣的,或需紧急转移安置1000人以上	严重的,或需紧急转移安置500~1000人	较严重的,或需紧急转移安置100~500人	需考虑的,或需紧急转移安置50~100人	可忽略的,或需紧急转移安置小于50人

风险损失等级标准　　　　　表2-7

等级	风险损失严重程度	说明	估值
一级	灾难性的	风险导致不可补偿的损失	5
二级	很严重的	风险导致相当大而可补偿损失	4
三级	严重的	风险导致可补偿的损失	3
四级	较大的	风险导致少量损失	2
五级	可忽略的	风险并不导致延误或明显损失	1

第二章 城市轨道交通工程风险的系统安全管理

风险等级标准的制定借鉴了国际隧道与地下空间协会（ITA~AITES）制定的《隧道工程风险管理指南》（2004年）和《地铁及地下工程建设风险管理指南》（2007年）、《城市轨道交通地下工程建设风险管理规范》相应的风险分级用风险等级标准矩阵表示。根据近年我国城市轨道交通地下工程建设风险管理实践经验和国际发展现状水平，将风险等级标准划分为四级，具体见表2-8~表2-10。

风险等级标准　　　　　　　　　　　　　表2-8

损失等级 可能性等级	一级 灾难性的	二级 很严重的	三级 严重的	四级 较大的	五级 可忽略的
一级	频繁的	Ⅰ级	Ⅰ级	Ⅱ级	Ⅱ级	Ⅲ级
二级	可能的	Ⅰ级	Ⅱ级	Ⅱ级	Ⅲ级	Ⅲ级
三级	偶尔的	Ⅰ级	Ⅱ级	Ⅲ级	Ⅲ级	Ⅳ级
四级	罕见的	Ⅱ级	Ⅲ级	Ⅲ级	Ⅳ级	Ⅳ级
五级	不可能的	Ⅲ级	Ⅲ级	Ⅳ级	Ⅳ级	Ⅳ级

风险等级打分表　　　　　　　　　　　　表2-9

等级	估值	说明
Ⅰ	16~25	为减少风险的预防措施必须不惜代价实行
Ⅱ	9~16	明确并执行预防措施以减少风险
Ⅲ	4~9	风险处于可容忍的边缘，预防措施可能需要
Ⅳ	1~4	风险是可容忍的，不必另设措施

风险接受准则　　　　　　　　　　　　　表2-10

等级	接受准则	处置对策	控制方案	应对部门
Ⅰ级	不可接受	必须高度重视，并采取措施规避，否则必须将风险降低至可接受的水平	需制定控制、预警措施，或进行方案修正或调整等	政府部门及工程建设参与各方
Ⅱ级	不愿接受	必须加强监测，采取风险处理措施降低风险等级，且降低风险的成本不应高于风险发生后的损失	需防范、监控措施	
Ⅲ级	可接受	不需采取风险处理措施，但需注意监测	加强日常管理审视	工程建设参与各方
Ⅳ级	可忽略	无需采取风险处理措施，实施常规监测	日常管理审视	

(三)工程施工过程中需要重点管控的风险点

城市轨道交通工程常常由地下车站、区间与地面（高架车间、高架区间）形成一个线路体系，常用的施工方法有：地下车站采用明（盖）挖法；区间一般采用盾构法、暗挖法；高架车站区间主要使用高支模现浇预应力混凝土桥梁或预应力混凝土简支T梁板架设。不同施工方法工程风险是不同的，一般来说，明（盖）挖法施工，主要有基坑失稳、断桩、管涌等工程风险；对于暗挖法施工，主要有洞内塌方、地面沉陷、涌水等工程风险，对高架车站、区间主要存在吊装、高支模失稳等施工风险。

1. 深基坑工程风险点

轨道交通工程车站深基坑工程围护方式，根据工程、水文地质条件、周边环境保护、建设工期等因素，一般采用地下连续墙、钻孔灌注桩和三轴搅拌桩止水围护、咬合桩围护以及SMW工法桩围护等形式：

（1）地下连续墙施工风险点

1）对已完成的槽段未做临边防护及临边防护措施不符合要求等。

2）由于导墙强度及刚度不足，或地基发生坍塌，或导墙内侧未设置支撑，导墙上施工荷载过大导致导墙破坏或变形，不均匀沉降、向内挤扰甚至倒塌。

3）路面基础未加固、混凝土浇筑质量未达到要求，影响起重设备行走。

4）钢筋笼整体刚度不能满足起吊要求。

5）接头箱（锁口管）未按操作规程强行顶拔。

（2）钻孔灌注桩和三轴搅拌桩止水施工风险点

1）现场道路未按要求平整，导致机械设备倾斜。

2）钢筋笼孔口下放时，操作人员未做防护。

3）钻孔排桩未按施工流水进行跳打施工。

4）三轴搅拌桩未按设计要求进行喷浆速度的控制。

5）水泥筒底座未用混凝土做硬化处理。

（3）咬合桩施工风险点

1）咬合桩分段施工接头的处理不到位；

2）因素混凝土桩中，混凝土因质量不稳定出现早凝现象或机械设备故障等，造成咬合桩的施工未能按正常要求进行而形成事故桩；

3）在施工B序号桩过程中，由于相邻的A序号桩混凝土处于未初凝状态，随着钻孔的加深，A序号桩有可能出现混凝土管涌现象；

4）由于定位误差、成孔垂直度偏差过大，咬合桩底部没有足够的咬合量，导致基坑开挖渗漏。

（4）SMW工法桩施工风险点

1）施工场地松软桩机行走不稳，或导槽开挖较深而沟壁不稳导致搅拌桩机倾斜，影响搅拌桩垂直度；

2）有较多的地下障碍物无法施工；

3）在土性为中密以上的砂层中施工，若搅拌桩长度超过18m，极易发生埋钻事故，而且钢桩凭自重不能插到设计深度；

4）型钢加工的垂直度较难控制，容易变形；

5）由于特殊原因造成施工冷缝；

6）H型钢不能完全下插到位；

7）意外停机造成施工中断；

8）桩身搅拌强度和均匀性不符合要求。

（5）围护形式风险点评价

围护结构形式必须根据基坑开挖深度、水文工程地质条件以及周边环境情况，选用适当的围护形式，解决风险的关键。

2. 基坑开挖风险点

（1）放坡开挖施工风险点

1）坑边堆载超过设计允许值；

2）未按施工方案分层、分段开挖；

3）未及时施工护坡面层和土钉锚杆，或强度未达到设计要求即开挖下一层；

4）坑内外降水水位未达到设计要求强行开挖；

5）开挖到底后未及时浇筑垫层和底板。

（2）明挖法（半盖挖法）和盖挖法施工风险点

1）围护结构强度、止水未达到设计要求；

2）降、排水未达到设计要求；

3）未按照支撑受力平衡开挖施工的风险；

4）支撑未及时架设引起基坑变形风险；

5）坑边超载（包括交通荷载）引起的风险；

6）未按方案要求超挖引起的风险；

7）基坑或基底长时间暴露的风险；

8）土体加固未达到设计要求引起的风险。

3. 基坑围护结构支撑、降水及土体加固施工风险点

（1）支撑施工风险点

1)钢支撑拼装质量控制

包含轴线偏差、钢管节数、螺栓紧固程度等。

2)钢支撑吊装安全控制;

验算最长钢支撑的总重量,选用合适的吊机进行吊装作业,配备司索和指挥。吊装过程中严防碰撞围护结构、格构柱及已安装好的钢支撑等部件。

3)钢支撑安装质量控制

控制钢支撑安装的水平、垂直偏差,控制支撑和预埋钢板或钢围檩的连接质量,防止钢支撑坠落。

4)钢筋混凝土支撑强度未达到设计要求或钢支撑预加轴力未达到设计要求。

5)格构柱的垂直变形导致支撑破坏。

(2)降水施工风险点

1)开挖降水对邻近建筑物影响:不均匀沉降、塌孔、涌砂、松动土层;

2)结构强度及施工工况未达到设计抗浮要求,不得停止降水;

3)基坑支护桩排间发生渗漏;

4)基坑坑底发生流土和突涌破坏;

5)隔渗帷幕遭破坏;

6)基坑降水疏不干问题;

7)坑外降水井封堵不到位发生突涌风险。

(3)土体加固施工风险点

1)地层差异或遇障碍物无法成桩;

2)施工参数控制不到位(注浆压力等),成桩桩径、强度达不到设计要求;

3)因加固施工的注浆对周边降水井产生影响;

4)坑外土体加固注浆压力过大,造成地面隆起,进而影响建筑物变形。

4. 区间工程风险点

(1)盾构工程施工风险点

1)盾构始发

①基座质量不符合要求;

②反力架质量不符要求,反力架变形或开焊导致盾构机倾覆;

③始发端地层存在空洞,造成塌方;

④始发端加固范围不足,加固止水效果差,加固体强度不足或存在管线渗漏,导致涌水、涌砂、塌方;

⑤始发端存在不明障碍物,反力架提供反力不足,负环及支撑的强度、刚度或稳定性不足,造成推进困难、速度慢、沉降量大或塌方;

⑥始发井洞口未设置护栏导致人员坠落。

2）盾构到达

①接收端头加固体范围不足、加固体效果差，造成沉降过大或塌方；

②接收端洞口密封不好，进洞时造成淹井和淹设备；

③接收基座强度不够，盾构机倾倒。

3）盾构推进

①出土量过多，引起沉降或塌方；

②土舱压力偏高/低，造成地面发生过大隆起/沉降；

③同步注浆未注浆、注浆不及时或注浆压力不足、注浆量过少，引起沉降或塌方；

④推进速度过快，造成注浆不及时，引起沉降或塌方；

⑤盾构推进偏位过大，纠偏困难，引起沉降或塌方；

⑥由于操作、地质突变或土体改良效果等原因造成螺旋机发生喷涌，引起支承开挖面的压力骤降，从而引起塌方事故；

⑦邻近危旧民房区施工，引起沉降造成房屋开裂或倒塌；

⑧瓦斯地层推进，引起爆炸或窒息；

⑨进入不明有毒气体或污染土地施工；

⑩盾构机穿入不明暗河或溶洞。

4）盾构换刀

①掌子面透水或拱顶土层、支护坍塌及地下水位升高，发生涌水涌砂；

②盾构换刀期间，人员频繁上下，内部刚架多，发生人员高空坠落；

③盾构换刀、切割、焊接等，动火作业量大，发生有毒气体中毒、触电、爆炸。

5）机械法联络通道施工

①冰冻法施工，冻结不充分，管片凿开后发生漏泥、漏沙，以至管涌、塌方；

②冰冻法施工后解冻，引起周边地层长期变形，地面沉降、管线受损及隧道变形。

（2）矿山法工程施工风险点

1）大管棚施工风险点

①坍塌：地质条件差，未按方案施工，开挖进尺过快等；

②高处坠落：钻孔作业平台失稳，或作业平台围护不利；

③物体打击：钻孔开孔时过快，钻头弹起伤人，粉尘伤眼，注浆时爆管，浆液喷出伤人等；

④触电：违规用电，设备未接地、漏电等；

⑤机械伤害：钻孔时卡管，钻机弹出伤人等。

2）钢架制作及安装施工风险点

①钢架未按设计文件要求加工制作引起坍塌；

②安装前未清理作业面松土和危石引起坠落伤人；

③连接板间未密贴；

④连接筋间距、搭接长度及焊缝等不符合设计文件要求；

⑤拱脚虚土未清理。

3）挂网及喷射混凝土施工风险点

①挂网前未清理作业面松土及危石，未确认土壁稳定性；

②钢筋网片之间搭接长度不符合规范要求，且未与钢架牢固焊接；

③非作业人员进入喷射作业区；

④喷射作业中，断货结束后未按规定要求的顺序进行停料、停风；

⑤未采取有效措施通风、降尘。

4）隧道开挖施工风险点

①开挖前未核实施工涉及的地下管线情况，未制定相应的保护、加固措施；

②开挖进尺过大，超过设计及规范要求；

③核心土设置不符合要求；

④台阶长度、导洞间距不符合要求；

⑤用凿岩机或风钻钻孔时，操作人员未戴口罩和风镜，使用碎石溅入口鼻伤人。

⑥爆破后通风排烟时间不够（15min），检查人员直接进入隧道造成中毒；

⑦爆破后未检查四周有无松动石块、支护有无损坏变形即开始施工；

⑧运送爆破器材未按规定进行。

5）隧道运输风险点

①垂直运输采用龙门架等起重设备时，无专人指挥；

②土斗或材料升降过程中，井下作业人员未撤离至安全地带；

③材料、堆土等荷载距竖井边距离不应小于2m，高度不应超过1.5m；

④起吊重物时钢丝绳不垂直或超过电动葫芦额定载重；

⑤吊物落地后未确认稳固的情况下摘钩；

⑥洞内运输车辆状态欠佳、制动失效、人料混载、超载、超宽、超高运输；

⑦有轨运输洞内洞外曲线半径不符合规定，双线运输时车辆错车净距及车辆距坑壁或支撑边缘的净距不符合规定，单线运输时未设人行道或错车道；

⑧线路尽头未设挡车装置、标识及卸车平台，运输线路无专人维修、养护、

清理杂物；

⑨洞内倒车与转向时未开灯鸣号或设专人指挥，洞内车辆相遇或有行人通行时未关闭大灯光改用近光引起交通事故；

⑩无轨运输洞内车速不符合规定，未设置防止运输车辆碰撞的标识。

5. 高架车站、区间工程风险点

（1）桥梁下部结构施工风险点

1）墩柱模板强度不够，在浇筑混凝土时倒塌；

2）墩柱钢筋笼没有加固措施引起的倒塌；

3）架梁或承台不均匀回填引起的桥台位移；

4）承台、墩柱、盖梁整体位移；

5）盖梁支架强度、刚度、稳定性和地基基础承载力不足，排水不畅引起的支架倒塌或盖梁混凝土开裂；

6）墩柱或盖梁脚手架没有按照规范施工，搭设结束后没有验收；

7）盖梁作业无防风措施，雨期施工无防雷击措施，冬期施工无防滑措施。

（2）现浇混凝土桥梁施工风险点

1）支模架的强度、刚度、稳定性和地基基础承载力不足，排水不畅；

2）在支架上浇筑混凝土，对简支梁、连续梁、悬臂梁的浇筑顺序，未严格按设计和有关规定办理；

3）支架搭设完毕后未进行验收，未进行支架预压、预压荷载不足、预压荷载过大、预压时间不足；

4）移动模（支）架、悬拼吊机等设备拼装和拆除不符合设计和施工组织要求，未对相关人员技术交底；未进行全面检查，未做静载试验；

5）没有对支模架采取防撞措施，没有设置防撞墩和限高架；

6）支架拆除时没有按照方案要求顺序进行拆除；

7）上部结构混凝土强度没有达到设计要求拆除支架；

8）防撞墙混凝土浇筑时左右不对称引起箱梁侧翻；

9）预应力张拉时预应力损失过大，压浆不密实引起钢绞线锈蚀，可能引起上部桥梁结构使用阶段坍塌；

10）起重吊装作业违反操作规程，起重机和重物碰撞支架；

11）施工作业时间过长，支模架扣件螺栓松弛，引起支架坍塌；

12）高处作业人员不按规定佩戴劳动防护用品，酒后或疲劳作业。

（3）预制桥梁板及运架施工风险点

1）预制梁台座地基承载力、结构承载力、刚度和稳定性不足，周边排水系统不畅；

2）两台超重吊机起吊重物时指挥不统一，重物起落和横移不同步；

3）制梁模板支撑、连接安装不牢，支撑基础不牢固；

4）箱梁搬（提、移）、运、架设备未按规定进行定期检查，未做合格验收；

5）架梁作业时，架梁机限位装置失灵或未做检查；

6）架运设备通过的便道、桥涵、路基承载力不足且无加固措施；

7）架梁作业时超重吊机或架桥机的起重能力不足，钢丝绳、卡环、葫芦等的承载力不满足要求；

8）预制梁场预制梁时，预制梁没有编号，预制梁混用；

9）架梁作业无防风措施，雨期施工无防雷击措施，冬期施工无防滑措施。

（4）桥面声屏障及附属工程施工风险点

1）桥面未设置防护栏杆；

2）声屏障等支架安装不牢固；

3）未按规定设置防坠物设施，无防风措施；

4）有工程车辆通过的桥上施工时无专人防护。

高架车站、区间工程风险点多，施工中按设计、规范、方案施工，同时遵守国家法律法规是解决风险的关键。

第二节 系统安全施工风险源及识别方法

城市轨道交通工程施工工艺复杂，且施工多处在特殊及复杂环境下，如穿越已有建（构）筑物、浅覆土层施工、小半径区段施工、大坡度地段施工、小净距隧道施工、穿越江河施工等。施工过程中容易造成围护结构与周边环境沉降、变形甚至塌陷等各类风险事件发生，由此导致人员伤亡、环境影响、经济损失、工期延误和社会影响等不良后果。因此，必须加强工程施工中系统安全的风险管理，通过对施工风险进行辨识、评估与控制，将地铁工程施工潜在的各类风险降到尽可能低的水平，以获得最大限度的建设安全与优质的工程质量，控制工程建设投资，降低经济损失或人员伤亡，保障工程建设工期，提高风险管理效益。在第一章中，已介绍了施工风险发生机理，它涉及以下施工风险范围：

（1）对工程自身可能造成经济损失以及意外损坏的风险；

（2）因工程的工期延长或提前而需承受的风险；

（3）工程建设相关人员的安全和健康的风险，包括个人伤害与死亡；

（4）第三方的财产损失风险，主要针对邻近既有各类建（构）筑物，尤其注意历史保护性建筑物、地表和地下基础设施的施工风险；

（5）第三方的人员安全和健康等风险；

（6）周围区域环境风险，包括对土地、水资源、动植物环境的破坏，以及对空气的污染、电磁辐射、噪声及振动等。

当前，对风险分析和管理理论及其应用进行深入研究，完善和丰富风险管理的理论和实践，使其更好地服务于工程建设，是城市地下工程建设面临的重要课题。有关研究表明，建立包含如下内容的城市地下工程施工安全风险管理体系势在必行：①岩土工程勘察和环境调查；②环境安全分级；③邻近建（构）筑物的现状评估；④环境影响预测和安全控制标准的制定；⑤环境安全的专项设计；⑥专项施工方案的编制；⑦风险管理专家决策系统。

对于城市轨道交通这样大型复杂的项目，在划分风险发生的阶段基础上，再按风险性质分类寻找风险因素，不仅系统、全面，而且便于风险分析、量化、评价和管理。在建设项目施工阶段可能存在以下各种风险因素：

包括施工意外情况（地质、文物、坍塌等）、施工单位的技术装备水平、施工单位的整体实力、施工组织方案、施工管理水平、资金运作与管理、施工进度安排、施工对周边环境的影响、施工监理、应急预案的措施、业主单位、物价水平、设备材料供应与采购、勘察设计咨询单位、政府主管机关、不可抗力（地震、水灾、战争、瘟疫等）、单位间的配合与协调、外部相关单位及利益群体、施工单位专业间的内部配合、汇率等。如地下管线的位移受到管材、离地下结构远近、埋深、下卧层土质、管线与周围土层的相对刚度、施工方法等诸多因素的影响。

一、系统安全施工风险源识别流程

风险辨识可分为5个步骤：确定参与者、收集阅读相关资料及专家咨询、风险辨识、风险筛选、编制风险辨识报告，风险辨识的流程如图2-2。

图2-2 风险辨识的流程

1. 确定参与者

城市轨道交通工程施工风险管理的参与者包括项目建设各方和其他有关人员等,根据城市轨道交通土建工程阶段风险识别的具体要求,确定参与人员。参与人员应熟知该城市轨道交通土建工程技术与安全风险管控的基本信息,了解城市轨道交通工程施工阶段风险识别的目标和需求,具备城市轨道交通工程建设的相关经验。

2. 收集阅读相关资料及专家咨询

城市轨道交通工程施工风险识别时,应广泛收集工程相关资料,并向有丰富经验的专家咨询。需收集的主要资料如下:

(1)工程周边水文、地质、自然环境以及人文、社会区域环境等资料;
(2)类似工程的施工经验和风险事故或相关数据;
(3)工程规划、可行性分析和工程地质勘察等资料;
(4)工程周边的建(构)筑物(含地下管线、民防设施、道路等)资料;
(5)工程临近已有地铁及地下工程等资料;
(6)工程的设计、施工方案或其他相关文件;
(7)可能存在业务联系或影响的相关部门与第三方等信息;
(8)其他相关资料。

3. 风险识别

在广泛收集了工程相关资料,并向有丰富经验的专家咨询后,运用上述方法进行风险识别。风险识别主要包括以下三个方面。

(1)风险因素分析

系统分析地铁工程建设的基本资料,对工程建设的目标、阶段、活动和周边环境中存在的各种风险因素进行分析。

(2)建立初步风险清单

利用风险调研表或检查表建立初步风险清单,清单中明确列出客观存在的和潜在的各种风险,包括影响工程安全、质量、进度、费用、环境、信誉等方面的各种风险。

(3)确定风险事故

根据初步风险清单中整理的风险因素,分析与其相关联的各种潜在的损失或影响,明确工程风险事故及其发生原因。

4. 风险筛选

根据风险识别的结果对工程风险进行二次辨识,整理并筛选与工程活动直接相关的各项风险,删除其中与工程活动无关或影响极小的风险因素及事故,并进行进一步辨识分析,确定是否有遗漏的风险点。

5. 编制风险识别报告

在工程风险识别和筛选的基础上,根据建设各方的具体要求,结合工程特点和需要,以表单形式给出详细的风险点,列出所有工程风险清单。

例如,某地铁车站施工安全风险识别具体情况列于表2-11中。

地铁车站施工安全风险识别　　　　表2-11

序号	风险事件	风险类别	简要描述	致险因素	可能后果	发生概率	处理措施
1	基坑底流土(流砂)	技术风险	土的松散颗粒被地下水饱和后,由于水头差的存在,当动水压力大于或等于土的浮重时,土颗粒处于悬浮状态,土的抗剪强度等于零,土颗粒随渗流流动,产生了流土(流砂)	基坑底地层土质;围护桩(墙)入岩状态;围护桩(墙)入土比;基坑内外水头差;基坑底软弱地层加固;基底土层厚度	风险发生具有突发性,可能造成基坑底土体破坏,人员伤害		①围护桩(墙)入岩;②基坑底软弱地层加固;③减小基坑内外水头差
2	基坑侧壁涌水涌土	技术风险	土在一定渗流梯度水流作用下,其细小颗粒被冲走,形成管状渗流通道,造成土体塌陷	基坑外侧地层土质;基坑内外水头差;围护桩(墙)止水性	管涌破坏是渐近性的。管涌导致墙后形成洞穴,基坑外侧土体塌陷,墙体向塌陷侧移动,造成支护结构失稳破坏		①增加围护结构止水帷幕;②基坑外侧地层加固;③减小基坑内外水头差
3	基坑底突涌破坏	技术风险	当上部为不透水层,坑底下某深度处有承压水层时,基坑开挖可能引起承压水头压力冲破基坑底不透水层,造成突涌现象	基坑底地层土质;承压水层压力	风险发生具有突发性,可能造成基坑底土体破坏,人员伤害		①增加围护结构止水帷幕;②基坑底地层加固
4	基坑底隆起	技术风险	基坑底部土体抗剪强度低,致使坑底土体产生塑性流动而产生隆起破坏	基坑底地层土质	可能引起基坑整体失稳		①基坑底地层加固;②加快垫层施工和底板施工
5	基坑围护墙体踢脚破坏	技术风险	绕支撑点转动,围护结构上部向坑外倾倒,围护结构的下部向上翻的失稳模式	基坑底地层土质;支护体系刚度	一般发生在单支撑基坑(例如:地铁出入口)		①增加支护体系刚度;②基坑底地层加固

二、系统安全风险源辨识方法

在风险辨识过程中一般要借助于一些技术和工具,这不但会提高风险辨识的效率,而且操作规范、不易产生遗漏。原则上,风险辨识可以从原因查结果,也可以反过来找原因。在具体应用过程中结合项目的具体情况,组合运用这些工具和技术。目前在国内外城市轨道交通工程施工风险辨识中用到的较为有效的方法主要有经验分析法、现场调查法、统计分析法、检查表法、危险性预先分析(PHA)、事故树分析法、隐患与可操作性分析(HAZOP)、故障模式及影响分析等。在运用上述辨识方法时,应遵循以下原则:

(1)地铁项目风险因素众多,性质各异,应采用几种方法的结合,互相补充;
(2)对于特定的风险因素,采用有针对性的辨识方法;
(3)应尽量向有关业务部门的专业人士征求意见以求得对项目风险的全面了解;
(4)风险因素随着项目的进展不断发生变化,必须制定连续的风险辨识计划;
(5)风险辨识方法必须考虑相应的成本,讲究经济上的合理。

(一)建设工程风险类型

目前工程建设安全风险评估有很多种风险分类方法,如可按风险损失原因分为自然风险、社会风险、经济风险、技术风险、政治风险、法律风险等。

针对城市轨道交通工程建设实践,在此推荐采用以下方法进行风险分类,主要包括10类安全风险:

(1)前期风险;
(2)明挖法施工;
(3)矿山法施工;
(4)盾构法施工;
(5)高架段施工;
(6)轨行区施工;
(7)车站装修施工;
(8)机电设备安装施工;
(9)周边环境(含水文地质条件);
(10)人为因素等。

(二)常用风险源辨识方法

常用的城市轨道交通工程风险辨识方法主要有:专家调查法、风险调查法、经验数据法和初始清单法。

1. 专家调查法

专家调查法是基于专家的知识、经验和直觉，通过发函、开会或其他形式向专家进行调查，发现工程潜在风险的分析方法，对工程风险因素及其风险程度进行评定，将多位专家的经验集中起来形成分析结论的一种方法。专家调查法适用于风险分析的全过程，包括风险识别、风险估计、风险评价和风险对策研究。

常用专家调查法包括头脑风暴法（Drainstorming）和德尔菲法（Delphi）。前者是召集有关专家与会，让其各抒己见，充分发表意见；后者是问卷式调查，并且各专家不知道其他专家的意见。针对专家发表的意见，由风险评估人员进行归纳分类、整理分析。头脑风暴法特点：多人讨论、集思广益，可以弥补个人判断的不足，采取专家会议的方式互相启发、交换意见，使风险的识别更加细致、具体。德尔菲法特点：避免了集体讨论中的从众性倾向，更代表专家的真实意见。

2. 风险调查法

风险调查法是安全风险辨识的一种基本方法。在实施过程中，需针对不同类型风险，采用不同风险调查方法。

风险调查应当从分析具体建设工程的特点入手：一方面对通过其他方法已识别出的风险进行鉴别和确认；另一方面，通过风险调查可发现此前尚未识别出的重要的工程风险。

风险调查可以从组织、技术、自然及环境、经济、合同等方面分析拟建工程的特点以及相应的潜在风险。在城市轨道交通土建工程风险识别过程中，可从自然及环境、工程条件、技术等方面进行调查分析。

风险调查也应该在建设工程实施全过程不断进行。对于建设工程风险识别来说，一般都应综合采用两种或多种风险识别方法，才能取得较为满意的结果。不论采用何种风险识别方法组合，都必须包含风险调查法。

3. 经验数据法

经验数据法也称为统计资料法，即根据已建各类建设工程与风险统计资料来识别拟建工程的风险。由于不同风险管理主体的角度不同、数据或资料来源不同，其各自的初始风险清单一般多有差异。但是，当经验数据或统计资料足够多时，这种差异性就会大大减小。这种基于经验数据或统计资料的初始风险清单可以满足对建设工程风险识别的需要。

4. 初始清单法

建立建设工程的初始风险清单取得有两种途径。常规途径是采用保险公司或风险管理学会（或协会）公布的潜在损失一览表。通过适当的风险分解方式来识别风险,也是建立建设工程初始风险清单的有效途径。从初始风险清单的作用来看,仅分解到各种不同的风险因素是不够的,还应进一步将各风险因素分解到风险事件。

在初始风险清单建立后,还需要结合特定建设工程的具体情况进一步识别风险,从而对初始风险清单作一些必要的补充和修正。为此,需要参照同类建设工程风险的经验数据或针对具体建设工程的特点进行风险调查。

5. 工程类比法

结合已建类似工程和在建城市轨道交通工程的勘察、设计施工处理经验、会议论证文件和工程总结等,根据拟建工程的地质特点、环境条件和施工工法,通过工程类比,识别分析土建安全风险。

(1)根据类似工程发生的、与使用该工法/工艺/设备有关的风险统计资料,分析识别本工程的风险。

(2)根据类似工程地质和水文地质条件、类似工法的工程曾出现的风险统计资料,分析本工程可能出现的风险。

(3)根据类似环境条件对工程施工造成的风险,分析本工程可能出现的风险。

(三)主要风险源辨识方法特点及分析

根据针对上述多种安全风险源辨识方法的特点,经归纳总结,重点针对最常用的专家调查法、风险调查法、经验数据法的优缺点及适用性进行对比分析,如表 2-12 所示。

安全风险源辨识方法对比分析　　　　　　　　表 2-12

安全风险辨识方法	特点	缺点	适用性
专家调查法	具有专家匿名表示意见、多次反馈和统计汇总等特点	不同专家其直观评价意见和协调情况不可能完全一样	适用于客观资料或数据缺乏情况下的长期预测,或其他方法难以进行的技术预测。适用于风险分析的全过程
风险调查法	作为主要的、基本的风险识别方法,可以从各个方面分析、识别风险。其将一个复杂系统分解为若干子系统,通过对子系统的分析进而把握整个系统的特征		适用范围广,每种风险识别组合中均应包含风险调查法
经验数据法	通过已建类似工程风险的有关统计资料来识别拟建建设工程的风险	因风险管理主体的角度不同、数据或资料来源不同,易产生较大差异。经验数据不足时难以得出有效的结果	适用于经验数据或统计资料足够多的情况

三、系统安全风险评估方法

（一）定性方法

安全风险评估的定性方法主要包括：专家评审法、检查表法、专家调查法、现场调研法、"如果……怎么办"法，其中在城市轨道交通工程建设领域，应用最为广泛的是专家评审法、专家调查法和现场调研法，可应用于工程可行性研究阶段、勘察与设计阶段、施工准备和施工阶段安全风险评估。

1. 专家评审法

专家评审一般以评审会的形式进行。

评审会的主要内容包括：听取相关单位的汇报、现场踏勘、审阅图件、评委会成员发表意见、形成评审意见等。

评审意见由出席评审会的评审委员会成员讨论同意，经主任委员签署后生效。当评审委员会成员对评审意见或评审意见中的部分内容分歧较大时，应进行投票表决，经2/3以上评审委员会成员同意的意见，方可作为评审委员会的评审意见。

2. 专家调查法

专家调查法是通过向有经验的专家咨询、调查、辨识、分析和评价风险源的一类方法，其优点在于简便、易行，其缺点在于受专家的知识、经验和占有资料的限制，可能出现遗漏。

常用的专家调查法有：头脑风暴法和德尔菲法。

3. 检查表法

检查表（Checklist）是管理中用来记录和整理数据的常用工具。使用检查表对拟建或在建工程中已知的危险类别、设计缺陷以及与一般工艺设备、操作、管理有关的潜在危险性和有害性进行判别检查。为了避免检查项目遗漏，事先把检查对象分割成若干部分，以提问或打分的形式，将检查项目列表，这种表就称为安全检查表。目前，安全检查表在我国不仅用于查找各种潜在的事故隐患，还对各检查项目给予量化，用于进行安全评价。应用安全检查表检查，必须按编制的内容，逐项目、逐内容、逐点检查。有问必答，有点必检，按规定的符号填写清楚。为系统分析及安全评价提供可靠准确的依据。

（二）半定性、半定量方法

安全风险评估的半定性、半定量方法主要包括："事故树"和"事件树"法、风险矩阵法、工程类比法、单项因素评价法、综合评价法，其中在城市轨道交通工程建设领域,应用最为广泛的是"事故树"和"事件树"法、风险矩阵法及工程类比法,可应用于工程可行性研究阶段、勘察与设计阶段、施工准备和施工阶段安全风险评估。

1. 事故树分析法

事故树分析(FTA)技术是美国贝尔电报公司的电话实验室于1962年开发的,它采用逻辑的方法,形象地进行危险的分析工作,特点是直观、明了,思路清晰,逻辑性强,可以做定性分析,也可以做定量分析。体现了以系统工程方法研究安全问题的系统性、准确性和预测性,它是安全系统工程的主要分析方法之一。一般来讲,安全系统工程的发展也是以事故树分析为主要标志的。1974年美国原子能委员会发表了关于核电站危险性评价报告,即"拉姆森报告"大量、有效地应用了FTA,从而迅速推动了它的发展。

事故树图(或者负分析树)是一种逻辑因果关系图,它根据元部件状态(基本事件)来显示系统的状态(顶事件)。就像可靠性框图(RBDs),事故树图也是一种图形化设计方法,并且作为可靠性框图的一种可替代的方法。一个事故树图是从上到下逐级建树并且根据事件而联系,它用图形化"模型"路径的方法,使一个系统能导致一个可预知的,不可预知的故障事件(失效),路径的交叉处的事件和状态,用标准的逻辑符号(与,或等等)表示。在事故树图中最基础的构造单元为门和事件,这些事件与在可靠性框图中有相同的意义并且门是条件。事故树分析的基本程序如下:

(1)熟悉系统:详细了解系统状态及各种参数,绘出工艺流程图或布置图。

(2)调查事故:收集事故案例,进行事故统计,设想给定系统可能发生的事故。

(3)确定顶上事件:要分析的对象即为顶上事件。对所调查的事故进行全面分析,从中找出后果严重且较易发生的事故作为顶上事件。

(4)确定目标值:根据经验教训和事故案例,经统计分析后,求解事故发生的概率(频率),以此作为要控制的事故目标值。

(5)调查原因事件:调查与事故有关的所有原因事件和各种因素。

(6)画出事故树:从顶上事件起,逐级找出直接原因的事件,直至所要分析的深度,按其逻辑关系,画出事故树。

(7)分析:按事故树结构进行简化,确定各基本事件的结构重要度。

(8)事故发生概率:确定所有事故发生概率,标在事故树上,并进而求出顶上事件(事故)的发生概率。

(9)比较:比较分为可维修系统和不可维修系统进行讨论,前者要进行对比,后者求出顶上事件发生概率即可。

（10）分析：视具体问题灵活进行事故分析，如果事故树规模很大，分析工作可借助计算机进行。

原则上是上述 10 个步骤，在分析时可视具体问题灵活掌握，如果事故树规模很大，可借助计算机进行。目前我国事故树分析一般都考虑到第 7 步进行定性分析为止，也能取得较好效果。

以地铁隧道竖井基坑围护结构失稳为例，其事故树分析过程见图 2-3。通过地铁隧道竖井基坑围护结构失稳事故树，可以看出导致安全事故"地铁隧道竖井基坑围护结构失稳"的基本事件，这些基本事件即地铁隧道竖井基坑围护结构失稳的风险因素。

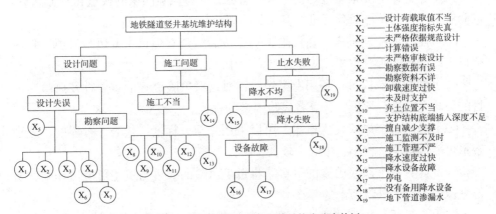

图 2-3　地铁隧道竖井基坑围护结构失稳事故树

2. 风险矩阵法

风险因素、风险事件识别有头脑风暴法、专家调查法、核对表法、检查表法，其中工程风险评价分级的基本方法是风险评估矩阵。各阶段风险可能性和后果的判断、定级与各阶段所识别的风险因素及风险的危害性和环境的易损性、风险控制能力有关。

风险评价是评估风险源所带来的风险大小及确定风险是否可容许的全过程。根据评价结果对风险进行分级，按不同级别的风险有针对性地采取风险控制措施。

风险矩阵法是综合考虑致险因子发生概率和风险后果，给出风险等级的一种方法，用 $R=P\times C$ 表示，其中：R 表示风险；P 表示致险因子发生的概率；C 表示致险因子发生时可能产生的后果。$P\times C$ 不是简单意义的相乘，而是表示致险因子发生概率和致险因子产生后果的级别的组合。$R=P\times C$ 定级法是一种定性与定量相结合的方法，是目前国内外比较推崇的风险评价方法之一。

3. 工程类比法

作为半定性、半定量方法（前有所述），其参照条件相似的已建工程或借鉴有关规范、规程提供的经验系数，来对评价对象进行安全风险评估。例如根据工程类比确定的支护参数还要借助于监控设计与理论计算才能最终确定。因此，要根据围岩条件制定一个详细、周密的量测计划，以便能有效控制支护体系的内力与变形，确定所建立的支护阻力是否和围岩类型相适应以及还需要什么样的加强措施。这样，依据现场监测数据指导设计和施工，经过不断修正和调整，就可达到更为科学、更加经济的解决途径。

4. 风险综合评价法

风险综合评价法是通过调查专家的意见，获得风险因素的权重和发生概率，进而获得项目的整体风险程度。其步骤主要包括：

（1）建立风险调查表。在风险识别完成后，建立项目主要风险清单，将该项目可能遇到的所有重要风险全部列入表中。

（2）判断风险权重。利用专家经验，对这些风险因素的重要性及风险对项目的影响大小进行评价，计算各风险因素的权重。

（3）确定每个风险发生概率。可以采用一至五标度，代表5种程度，分别表示可能性很小、较小、中等、较大、很大。

（4）计算每个风险因素的等级。将每个风险的权重与发生可能性相乘，所得分值即为每个风险因素的等级。

（5）最后将风险调查表中全部风险因素的等级相加，得出综合风险等级。分值越高，整体风险越大。

（三）定量方法

安全风险评估的定量方法主要包括：人工神经网络法、数值分析法、可靠性分析法、动态反分析法和模糊数学综合评判法等，可应用于勘察与设计阶段、施工准备和施工阶段安全风险评估。

1. 人工神经网络法

人工神经网络（Artificial Neural Networks，ANNs）也简称为神经网络（NNs），或称作连接模型（Connectionist Model），是对人脑或自然神经网络（Natural Neural Network）若干基本特性的抽象和模拟。目前在神经网络研究方法上已形成多个流派，最富有成果的研究工作包括：多层网络BP算法、Hopfield网络模型、自适应共振理论、自组织特征映射理论等。

由于其具有上述的特点和优点，人工神经网络在轨道交通工程建设领域中，人工神经网络主要应用于施工建设过程中监测数据的分析和预测,即依据工程特点,将建设初期的实测数据输入人工神经网络,凭借其自学习功能和可以充分逼近任意复杂非线性关系的特性,实现对监测数据的分析及预测,从而更好地指导施工。

2. 数值分析法

连续介质力学方法尽管为分析复杂的地下工程受力体系提供了理论依据,但要想得到任意形状地下结构的解析解则是非常困难的,只能得到几何形状简单的地下结构解析解,如圆形、椭圆形、矩形等。但随着数值分析方法和计算机技术的发展,这种困难局面有了很大突破,目前,地下结构的数值模拟分析法已发展成为一个理论界和工程界非常常见的分析手段。

从各国的地下结构设计和评估实践来看,目前地下工程设计和评估的计算模型大致可归纳为三大类:

第 1 类是荷载—结构模型,它是一种基于结构力学的分析模型,围岩对结构产生荷载,承载主体是衬砌及支护结构,同时围岩对结构变形有约束作用。

第 2 类是围岩—结构模型,它是一种基于连续介质力学的分析模型,衬砌及支护结构对围岩的变形起限制作用,承载主体是围岩。

第 3 类是收敛—约束模型,它是一种以连续介质力学、结构力学等理论为基础,结合实测、经验的分析模型。

目前许多通用化、商用化大型软件被陆续开发,如国外的有 ANSYS 软件、FLAC3D 软件、SAP2000 软件、ADINA 软件等,国内的有同济大学的启明星软件、理正软件公司的理正软件等,数值分析手段也逐渐被广大工程师所接受,在越来越多的工程实践中得到广泛应用,也为设计、施工和安全风险评估发挥了积极的理论指导作用。

3. 可靠性分析法

上面各项评估方法都属于确定性方法,但是由于所处工程环境复杂,因此,存在很多不确定性因素,如围岩介质物理力学参数可能由于测定方法导致误差,岩土介质力学模型的假定条件及参数选取也可能使模型与真实性状存在差异,开挖及支护施工方法与顺序也会带来很多不确定性因素,自然地质条件的不确定性也使工程结构及周边环境在施工和使用过程中存在不同受力状态等。因此,产生了以概率与数理统计理论为基础的可靠性分析和评估理论。

蒙特卡罗法是目前在工程分析及评估领域应用较为广泛的一种可靠性分析和评估方法。

蒙特卡罗法的基本步骤是:

(1)构造实际问题的概率模型;

（2）根据概率模型的特点，设计和使用降低方差的各类方法；

（3）给出概率模型中各种不同分布随机变量；

（4）统计结果，给出问题的解和精度估计。

由于工程所处的环境条件甚为复杂，存在大量的不确定性因素，目前仅求出结构中有关衬砌截面的可靠指标。围岩的物理力学指标的可靠性分析和评估方法还处发展之中，围岩和支护结构的各项特性的统计特征仍远不能满足完善设计和安全风险评估的需要，随机理论如何用于地下工程围岩空间特性尚需深入研究，整个地下结构断面的系统可靠指标和地下工程各地段综合的系统可靠性指标的计算方法有待进一步研究，但应用可靠性理论和推行概率极限状态设计及安全风险评估是当今国内外工程结构和评估发展的必然趋势。

4. 动态反馈分析法

动态反馈分析法是将实测数据与理论分析和模拟计算的结果相比较，不断反馈不断修正的过程。一方面，根据实测结果的反馈，对模拟计算进行必要的修正，使模拟计算的结果更好地符合工程实际；另一方面，对修正后的各个阶段变形预测结果进行科学的分析，确定下一工况的变形控制标准，并针对新的变形预测及控制标准提出下一步应该采取的技术措施。

5. 模糊数学综合评判法

做出一个总的评价。由于城市轨道交通土建工程安全风险评估从多方面对安全风险进行综合评价难免带有模糊性和主观性，采用模糊数学的方法进行综合评判将使结果尽量客观，从而取得更好的实际效果。模糊数学综合评价方法适用于任何系统的任何环节，其适用性比较广。

（四）安全风险评估方法特点及对比分析

根据针对上述各种安全风险评估技术方法的特点进行归纳总结，并重点对比其优缺点，如表2-13所示。

安全风险评估技术方法对比　　　　　表2-13

分类	名称	特点	缺点
定性评估方法	专家评议法	直观判断	1. 主观因素 2. 不能考虑分项系数
	专家调查法	多轮调查表	1. 受专业限制 2. 认真程度不能保证
	"如果……怎么办"法	提前设想某一环节或局部出现风险或缺失	1. 主观因素 2. 对系统缺乏整体认识和判断

续表

分类	名称	特点	缺点
定性评估方法	安全检查表法	可以避免传统的安全检查中的易发生的疏忽、遗漏等弊端。可根据已有的规章制度、标准、规程等，检查执行情况，得出准确的评价。采用提问的方式，有问有答，可起到安全教育的作用。可使检查人员对系统的认识更深刻，更便于发现危险因素。应用范围广	编制检查表工作量大且安全检查表的质量受编制人员的知识水平和经验影响。只能对已经存在的对象评价。只能做定性评价，不适用于做定量评价
半定性、半定量评估方法	"事故树"或"事件树"法	系统分析 失效概率 整体风险	1. 过程复杂 2. 指定某一失效概率 3. 容易漏项
	风险评价矩阵法	多因素综合分析和评估	1. 主观因素 2. 容易漏项 3. 因素多时较为复杂
	比选法	多因素综合分析和评估	1. 主观因素 2. 容易漏项 3. 因素影响因子较难确定
	单项因素评价法	重点因素定量及定性分析	1. 确定重点因素较为困难 2. 容易漏项
	综合评价法	多因素综合评价	因素影响因子较难确定
定量评估方法	人工神经网络法	学习能力强非线性	模型多样
	数值分析法	适应性强	计算人员水平影响较大
	可靠性分析法	适应性强	1. 过程复杂 2. 主观因素影响较大
	动态反馈分析法	动态修正	1. 过程复杂 2. 影响因素多
	模糊数学综合评判法	1. 简单、容易掌握 2. 适用性较广	1. 对评价对象的权重的确定都有很大的主观性，其结果也存在较大的主观性 2. 计算比较复杂

第三节 系统安全风险评价方法

风险评价是用系统科学的方法对一个系统、一个企业或者一个生产过程中的风险源进行控制和评价，其目的是找出风险源控制的薄弱环节，采取措施降低其危险性，进一步加强安全管理。安全评价方法的分类很多，常用的有按评价结果的量化程度、按评价的推理过程、按所针对的系统性质、按安全评价要达到的目的等进行分类。风险评价方法分类的目的是为了根据评估对象选择适用的评价方法。如果按照安全评价结果的量化程度，安全评价方法可分为定性安全评价和定量安全评价。

一、定性安全评价方法

定性安全评价主要是根据经验和直观判断能力对生产系统的工艺、设备、设施、环境、人员和管理等方面的状况进行定性分析，安全评价的结果是一些定性指标，如是否达到了某项安全指标、事故类别和导致事故发生的因素等。定性安全评价方法有安全检查表、专家现场询问观察法、因素图分析法、事故引发和发展分析、作业条件危险性评价法（格雷厄姆－金尼法或 LEC 法）、故障类型和影响分析、危险可操作性研究等。

定性安全评价容易理解、便于掌握，评价过程简单。目前在国内外企业安全管理工作中被广泛使用。但定性安全评价往往依靠经验，带有一定的局限性，安全评价结果有时因参加评价人员的经验和经历不同会有一定的差异。

二、定量安全评价方法

定量安全评价是运用基于大量的实验结果和广泛的事故资料统计分析获得的指标或规律（数学模型），对生产系统的工艺、设备、设施、环境、人员和管理等方面的状况进行定量计算，安全评价的结果是一些定量指标，如事故发生的概率、事故的伤害（或破坏）范围、定量的危险性、事故致因因素的事故关联度或重要度等。按照安全评价给出的定量结果的类别不同，定量安全评价方法还可以分为概率风险评价法、伤害（或破坏）范围评价法和危险指数评价法。

（一）概率风险评价法

概率风险评价法是根据事故的基本致因因素的事故发生概率，应用数理统计中的概率分析方法，求取事故基本致因因素的关联度（或重要度）或整个评价系统的事故发生概率的安全评价方法。故障类型及影响分析、故障树分析、逻辑树分析、概率理论分析、马尔可夫模型分析、模糊矩阵法、统计图表分析法等都可以用基本致因因素的事故发生概率来计算整个评价系统的事故发生概率。概率风险评价法是建立在大量的实验数据和事故统计分析基础之上的，因此评价结果的可信程度较高。由于能够直接给出系统的事故发生概率，因此便于各系统可能性大小的比较。特别是对于同一个系统，概率风险评价法可以给出发生不同事故的概率、不同事故致因因素的重要度，便于不同事故可能性和不同致因因素重要性的比较。但该类评价方法要求数据准确充分，分析过程完整，判断和假设合理，特别是需要准确给出基本致因因素的事故发生概率，显然这对一些复杂、存在不确定因素的系统是十分困难的。因此该类评价方法不适用于基本致因因素不确定或基本致因因素事故概率不能给出的系统。但是，随着计算机，模糊数学理论、灰色系统理论和神经网络理论在安全评价中的应用，弥补了该类评价方法的一些不足，扩大了应用范围。

风险矩阵是在项目管理过程中识别风险（风险集）重要性的一种结构性方法，并且还是对项目风险（风险集）潜在影响进行评估的一套方法论。这种方法是美国空军电子系统中心（Electronic Systems Center，ESC）的采办工程小组于1995年4月提出的。自1996年以来，ESC的大量项目都采用风险矩阵方法对项目风险进行评估。

（二）伤害（或破坏）范围评价法

伤害（或破坏）范围评价法是根据事故的数学模型，应用计算数学方法，求取事故对人员的伤害范围或对物体的破坏范围的安全评价方法。液体泄漏模型、气体泄漏模型、气体绝热扩散模型、池火火焰与辐射强度评价模型、火球爆炸伤害模型、爆炸冲击波超压伤害模型、蒸气云爆炸超压破坏模型、毒物泄漏扩散模型和锅炉爆炸伤害TNT当量法都属于伤害（或破坏）范围评价法。

伤害（或破坏）范围评价法是应用数学模型进行计算，只要计算模型以及计算所需要的初值，并且边值选择合理，就可以获得可信的评价结果。评价结果是事故对人员的伤害范围或（和）对物体的破坏范围，因此评价结果直观、可靠，评价结果可用于危险性分区，同时还可以进一步计算伤害区域内的人员及其人员的伤害程度，以及破坏范围物体损坏程度和直接经济损失。但该类评价方法计算量比较大，一般需要使用计算机进行计算，特别是计算的初值和边值选取比较困难，而且评价结果对评价模型和初值和边值的依赖性很大，评价模型或初值和边值选择稍有不当或偏差，评价结果就会出现较大的失真。因此，该类评价方法适用于系统的事故模型以及初值和边值比较确定的安全评价。

（三）危险指数评价法

危险指数评价法应用系统的事故危险指数模型，根据系统及其物质、设备（设施）和工艺的基本性质和状态，采用推算的办法，逐步给出事故的可能损失、引起事故发生或使事故扩大的设备、事故的危险性以及采取安全措施的有效性的安全评价方法。常用的危险指数评价法有道化学公司火灾爆炸危险指数评价法，蒙德火灾爆炸毒性指数评价法，易燃、易爆、有毒重大危险源评价法。

在危险指数评价法中，通过将系统划分为若干个评价单元，解决由于指数的采用，使得系统结构复杂，难以用概率计算事故可能性的问题。该评价方法，一般将有机联系的复杂系统，按照一定的原则划分为相对独立的若干个评价单元，针对评价单元逐步推算事故可能损失和事故危险性以及采取安全措施的有效性，再比较不同评价单元的评价结果，确定系统最危险的设备和条件。评价指数值同时含有事故发生可能性和事故后果两方面的因素，避免了事故概率和事故后果难以确定的缺点。该类评价方法的缺点是：采用的安全评价模型对系统安全保障设施（或设备、工艺）功能的重视不够，评价过程中的安全保障设施（或设备、工艺）的修正系数，一般只与设施（或设备、工艺）的设置条件和覆盖范围有关，而与设施（或设备、工艺）的功能多少、优劣等无关。特别是忽略了系统中的危险物质和安全保障设施（或设备、工艺）间的相互作用关系，而且，给定各因素的修正系数后，这些修正系数只是简单地相加或相乘，忽略了各因素之间重要度的不同。因此，使得该类评价方法，只要系统中危险物质的种类和数量基本相同，系统工艺参数和空间分布基本相似，即使不同系统服务年限有很大不同，实际安全水平会有很大的差异，其评价结果也是基本相同的，从而导致该类评价方法的灵活性和敏感性较差。

第四节　系统安全风险减低与消除方法

一、风险应对策略

风险分析的最终目的是制定应对策略，避免或降低风险带来的损失。风险应对策略可以分为主动应对策略和被动应对策略。主动应对策略包括：风险回避、风险控制、风险转移、风险自留，主要是为了降低风险发生的几率；而被动应对策略主要是指合理有效的风险应急预案。

1. 主动应对

（1）风险回避

风险回避是中断风险来源，使其不发生或遏制其发展。回避风险有两种基本途径，一是拒绝承担风险，如了解到项目风险较大，可能造成重大损失或风险防范的代价很大时，放弃使用有风险的项目资源、项目技术、项目设计方案等；二是放弃以前所承担的风险，如了解到某一项目计划有许多新的过去未发现的风险，决定放弃进一步的项目计划以避免风险。

回避风险虽然是一种风险防范措施，但却是一种消极的防范手段。在现代社会生产经营实践中存在着各种风险可能，要想完全回避这种可能是不现实的。采取回避策略，最好在项目活动尚未实施时进行。放弃或改变正在进行的项目，一般都要付出高昂的代价。并且，回避风险在避免损失的同时失去了获利的机会。

（2）风险控制

风险控制也称风险分散，目的是通过采取一系列有效控制风险的措施，努力防止风险发生，减小风险损失，也是风险管理中最重要的对策。风险管理机构或决策人员应就识别出的主要风险因素逐一提出技术上可行、经济上合理的预防措施，将风险损失控制在最小的程度。风险控制主要应用于设计和施工阶段。

风险控制与风险回避不同之处在于，风险控制是采取主动行动，以预防为主，防控结合的对策，不是消极回避、放弃或中止。风险控制策略包括风险预防和风险抑制两个方面的工作，风险预防是通过采取预防措施，减小损失发生的机会；而风险抑制是设法降低所发生的风险损失的严重性，使损失最小化。两种措施是相辅相成的，都是希望以较小的经济成本获得较大的安全保证。风险控制策略的具体做法如下：

1）预防和减少风险源和风险因素的产生；

2）抑制已经发生的风险事故的扩散速度和扩散空间；

3）增强被保护对象的抗风险的能力；

4）设法将风险与保护对象隔离；

5）妥善处理风险事件，尽力减轻被保护对象遭受的损失；

6）加强职业安全教育，避免由于人为因素所导致的损失。

（3）风险转移

风险转移是项目的操作者通过保险契约或非保险契约将本应自己承担的风

险损失转移出去的过程，它仅将风险管理的责任转移给他方，并不能从根本上消除风险。常用的方式有工程保险转移和合同转移两种。

1）保险风险转移

工程项目保险是指业主、承包人或其他被保险人向保险人缴纳一定的保险费，一旦所投保的风险事件发生，造成财产或人身伤亡时，则由保险人给予补偿的一种制度，是项目风险管理计划最重要的转移技术和基础。考虑到轨道交通建设项目的投资规模较大、建设工期较长、涉及面广、潜伏的风险因素较多，项目业主和承包商应采用保险方法，支付少量的保险费用，以换取受到损失时得到补偿的保障。但是应注意的是并非所有的风险均是可保险的。

2）合同转移

合同转移措施是指业主通过与设计方、承包商等分别签订合同，明确规定双方的风险责任，从而减少业主对对方损失的责任。合同转移是一种控制性措施，而非简单地让其他方代业主承担项目风险。对于不可保险的风险工程项目的业主或承包人常采用合同转移的方法。常用的方式有：工程联合投标（或承包）、工程担保或履约保证、工程分包、选择工程合同的计价方式、利用合同中的转移责任条款等。

（4）风险自留

风险自留是将风险留给自己承担。与风险控制策略不同，风险自留并未改变风险的性质，即风险发生的频率和损失的严重程度。风险自留策略可分为非计划性风险自留和计划性风险自留。

1）非计划性风险自留

非计划性风险自留是当事人没有意识到风险的存在或没有处理风险的准备时，被动地承担风险。出现这种情况主要是因为：风险识别过程的失误，造成未能意识到风险的存在；风险的评价结果认为可以忽略，而事实并非如此；风险管理决策延误。事实上，由于交通建设项目的复杂性，项目投资者在决策阶段不可能识别出所有的风险因素，故应随时做好处理非计划性风险的准备，及时采取对策，避免风险损失扩大。

2）计划性风险自留

计划性风险自留是当事人经过合理的判断和审慎的分析评估，有计划地主动承担风险。对于某些风险是否自留取决于相关的环境和条件。当风险自留并非唯一的选择时，应将风险自留与风险控制方法进行认真的对比分析，制定最佳策略。

2. 被动应对

由于突发事件的影响，"紧急事件应急预案"已被大多数人所熟悉，它其实就是风险管理中被动应对的方法。其主要作用就是在突如其来的风险出现以前，制定一套应付此类事故的补救办法，尽量减少突发风险所造成的各种损失。在项目的各个阶段尤其是具体的操作阶段应该根据实际情况制定不同风险等级的应急预案，一旦风险出现马上执行。

二、风险应对措施

城市轨道交通系统安全风险减低与消除措施根据实施的不同阶段可分为：设计、施工、运营、维护阶段。本章内容涉及设计和施工阶段，风险应对措施如下：

设计阶段风险应对策略有：详细核算所用材料的技术参数；设计须满足有关要求或符合规定的标准；建立完善的设计监督制度；设计应充分保障系统在各种条件下顺利通过测试；同时应充分考虑系统的安全性与可靠性要求，关键设备考虑冗余措施。

施工阶段风险应对策略有：建立完善、拓展和提升安全风险管理体系；施工准备期安全风险辨识与评估；施工全过程的安全风险管理咨询；开发和完善施工全过程的安全风险管理信息化系统平台，研发建立完善的工点门禁系统，加强施工人员的进场管理。

进行 RAM 安全测试和验证；尽可能选用符合国家技术标准和标准设备；承包商后继行动，深化及验证设计，选择经过质量认证的厂家，加强设备监造；做好施工时的临时措施防护；加强设备监造，严格按照相关的规范进行测试及调试；材料设备须抽样检查，并附有测验结果报告；确保材料以适当方法运送，以免受损。

风险应对策略的实施与跟进，要求在工程项目的实施过程中，需建立风险监控和预警系统，不断地跟踪检查各项风险应对策略的执行情况，并评价各种风险对策的执行效果；同时发现新的风险因素，修改和完善风险应对策略。

非常重要的，是地铁工程具有工程环境复杂、参与单位多、工程难度大、技术要求高、规模大工期长、对环境影响控制要求高等特点，是一项相当复杂的高风险性系统工程，一旦发生工程事故，将造成重大的人员伤亡和财产损失，影响工程进度，并给社会造成不良影响。所以，在地铁工程建设过程中，各方应履行安全生产责任，加强工程安全管理。作为在地铁工程处于主导地位的建设单位，应认真研究和采取合适的安全管理策略。只有这样，才能构建以建设单位为主导、施工单位为中心，参建各方各司其职，各负其责，协同配合，层层把关的地铁建设工程安全质量联防联控机制。

第五节　系统安全风险管理的综合协调、组织与实施

一、建设单位安全管理的综合协调和集成

（一）建设单位安全管理的指导思想

城市轨道交通工程与其他建设工程一样，安全管理必须以党和国家的"科学发展、安全发展"战略和"安全第一、预防为主、综合治理"方针作为总体指导思想。城市轨道交通工程的发展要以人为本，保护环境。同时，作为政府投资工程，城市轨道交通工程的规划和建筑承担了很大的社会责任，除成本外，应该更多地考虑对于社会、环境和文化等方面的影响。因此，城市轨道交通工程很有必要采用更为严格的安全标准、更高比例的安全投入等措施来强调安全生产的重要性，更好地保障安全生产，为社会投资工程起到示范作用。在目前没有专门针对城市轨道交通工程的安全管理法规的情况下，城市轨道交通工程建设单位可以通过合同（含招标文件）对承包商的安全管理提出更为严格的安全要求。

在工程的总体目标设置、规划、可研、勘察、设计、施工等全过程中，必须符合如下环保、安全的基本要求：

（1）贯彻绿色经济理念，应用环保、清洁生产工艺等环境友好型技术、装备，并通过有益于环境或与环境无对抗的建设行为，实现工程与环境和谐。

（2）贯彻循环经济理念，通过"减量化、再利用、再循环"，充分和节约利用资源，努力实现废弃材料的循环使用，力争污染低排放，甚至污染零排放。

（3）贯彻以人为本的理念，在管理过程中以人为出发点，保证工程期间建设人员和社会人员的安全、健康，保护基层管理人员、作业人员和周边社区居民的切身利益。

（4）贯彻预防为主的理念，把一个工程、一项作业、一项活动的安全管理的关口前移，超前防范，建立预测、预报、预警、预防的递进式、立体化事故隐患预防体系。

（5）贯彻综合治理的理念，应用系统管理的原理、方法，实现建设过程各阶段集成、各责任主体的集成，合同、经济、文化和科技等安全管理手段的集成（综合运用），把安全第一、预防为主落到实处。

（二）建设单位安全管理的基本策略

根据现代安全管理的系统性原理，良好的系统安全管理应该是一种全员参与和全过程的管理。与城市轨道交通工程安全相关的各个责任主体、监督主体，包括政府（部门）和建设、勘察、设计、施工、监理、监测以及其他相关单位，都应该在各自工作中充分考虑安全问题，进行安全监督、管理，履行好《建设工程安全生产管理条例》等法律法规规定的责任。建设单位应对勘察设计、监理、施工、监测和其他相关合同单位进行合同履约管理和综合协调管理。

建设工程的绝大多数事故发生在施工现场，施工承包商既是直接责任主体，也是直接受害主体，因而是建设工程安全管理的中心，也是建设单位安全管理的着眼点。一切影响施工单位安全管理行为的外部因素都必须通过施工承包商的内部因素才能起作用。因此，建设单位安全管理的策略应该是建立在能够规范施工单位安全行为的基础之上，即通过采取综合性、系统性对策，营造一种"规则约束、竞争压力"并存的环境，促使和帮助施工承包商"自我规管"，采取适当的管理制度和管理措施来预防事故的发生。这种综合性、系统性的对策，也包括在规划、勘察、设计阶段充分考虑施工安全的需要；相应的责任主体都应营造一种为施工安全着想、为施工单位服务的文化氛围。

由于工程监理单位是受建设单位委托，依据法律、法规及有关的技术标准、设计文件和工程承包合同、委托监理合同，代表建设单位对工程承包单位实施监理，并对建设工程安全生产承担监理责任，因此，建设单位的主要工作对象是监理单位。

为此，需要做好如下几个方面的工作：

（1）建立可以科学评价承包商安全水平的标准，开展履约与信誉评价，并将这种标准和评价结果通过适当的机制引入到工程招投标的评判准则之中，实现施工现场和招标市场的"两场联动"，解决好建设工程安全逆向选择退出问题，让施工现场安全管理绩效好的施工、监理等单位在投标市场中处于有利地位。参建单位素质要从招标阶段来抓起。

（2）通过合同约定，发挥建设单位的主导作用，全过程主导安全管理方向，全面掌控，约束和规范其他参建各方的行为，去影响承包商的安全管理行为。通过合同委托监理单位对工程施工安全管理实行具体的、直接的全面监督管理和控制，规定其"审核、督促、检查"的安全监理职责，信任、支持与督促、检查监理单位履行好职责、发挥好作用；通过合同，进一步约定施工单位在安全生产法定责任之上的其他行为要求。

（3）以现场安全绩效表现去评价工程安全管理策略、计划实施的有效性，以现场指标去考核、量度工程参与各方的安全绩效表现，全面推动参建各方在安全方面的共同发展。

（三）建设单位安全管理的集成化

建设单位安全管理的主导作用可通过综合协调、集成化管理发挥出来。这种集成化管理包括如下几个方面：

1. 工程安全管理各个阶段的集成

城市轨道交通工程建设风险涉及规划、勘察、设计、施工、监测等阶段和环节。以确保施工阶段安全为主要目标，将城市轨道交通工程的整个生命期，包括规划、可行性研究、勘察与设计、招标投标与合同签订、施工等阶段综合起来，通过良好的风险管理方案，对每一阶段的安全风险进行充分辨识、分析、评估和控制。风险控制及防范的关键是技术风险控制和防范，源头是在初步勘察、设计阶段，应明确相应的风险技术措施。实际控制则在施工阶段和监测环节，必须强化先进的技术措施、管理措施的落实和先进的技术装备、管理方法的运用。

2. 工程安全管理各方主体的集成

通过工程项目全过程安全生产目标设计、安全管理组织体系的建立和合同策划，将建设单位（业主）、勘察设计、施工、监理、监测、检测单位和材料设备供应商等组合成一个整体，消除项目组织责任的盲区和项目参与者的短期行为，使整个工程项目组织无障碍沟通和合作，形成一个以建设单位主导、施工单位为着力点（中心），参建各方各司其职、密切配合，齐抓共管的建设工程安全生产联防联控机制。在这个运作机制里，建设单位搭建安全生产组织架构，制定安全生产管控措施，提供安全管理策略和指导，把控全局；监理单位负责现场监管，监控现场；设计单位提供安全技术保障，其他专业技术、咨询机构提供专业安全技术服务，以求高风险项目的安全技术可靠；施工单位严格落实现场安全策略和安全生产管控措施，实现设计意图。但是，应该指出，建设单位对勘察设计、监理、施工、监测和其他相关合同单位的管理是合同履约管理和综合协调管理。建设单位的主要工作对象是监理单位，对监理履行监理合同的安全监理行为实行"监督、检查、督促、建议、咨询"等，通过监理单位直接对承包商实行"审核、督促、检查"；同时，对承包商施工现场进行抽检巡查，作为监督、评估监理行为及其效果的途径、手段和方法。

在城市轨道交通工程中，界面管理是建设单位综合管理的重要内容。工程存在四类界面，分别是过程界面（工程各阶段之间的界面）、工程技术界面（各专业之间的界面，由专业交叉产生）、组织界面（不同参建单位之间的界面，同一单位不同管理部门之间的界面）和轨道交通系统与周边环境之间的界面。这些界面具有复杂性、不确定性、风险性以及容易出现责任盲区等特点，往往是系统比较薄弱的环节。其中技术界面管理是重点，组织界面管理是难点。建设单位要通过界面管理对城市轨道交通工程安全生产统一协调管理，要通过招标策划和合同策划，对各方的工作流程、管理流程、相互约束关系、责任权利等予以明确，解决好建设单位与设计、监理、施工等具有合同关系的单位之间的组织界面，以及监理、设计、施工等没有合同关系的单位之间的组织界面管理问题，明确工作流程、管理流程、相互约束关系、责任权利等。建设单位还可以通过工程项目的计划和控制系统进行协调，通过构建各参加者共同工作平台，包括编制统一的项目管理手册，采用PIP（项目信息门户）等，进行信息沟通。对于土建与设备安装、装修，及土建与土建，设备与设备之间的施工组织界面，不仅要明确工作流程、管理流程、相互约束关系、责任权利等，还要明确工程界面和地域界面。

3. 工程建设管理各种职能的集成

以项目分解结构（PBS）为主线将工程项目的投资管理、进度管理、质量管理、安全管理、合同管理、资源管理、招标管理和组织管理等贯通起来，实现建设单位各职能部门的职能集成，全面履行建设单位安全生产法定责任和社会责任。通过各级领导、管理人员（现场业主代表）的安全生产"一岗双责"，即管规划的同时管安全，管可研的同时管安全，管勘察设计的同时管安全，管招投标的同时管安全，管合同的同时管安全，管预算的同时管安全，管工程支付的同时管安全，管工程同时管安全等，把工程安全管理与其他管理有机地结合起来，将安全要求体现在和实现在工程管理的各个环节、各个部分上。

4. 工程安全管理各种手段的集成

建设单位应依靠合同、经济、文化和科技等四种手段来规范城市轨道交通工程其他参建各方的行为。

（1）合同手段：依靠法律效力在满足现有法规标准的基础上推行更高的安全要求，并对达不到法规标准和合同其他要求的行为主体硬性违约处理，从而产生威慑作用，保证安全的必须限度。

（2）经济手段：通过招标时实行优质优价，可在概算中设定安全质量创优基金资助施工现场安全奖励计划,从而保证安全管理成为一种有利可图的行为,使得承包商出于自利的动机而愿意进行安全管理。

(3) 文化手段:通过各级管理人员(包括现场业主代表)的言行表明建设单位把安全、质量同等重视并优先于成本、工期,对于因拆、改、移、工程变更等原因(包括不可抗力等因素)造成实际工期明显少于合同约定工期的顺延工程并给予适当补偿等,对于合同未能预见的重大施工技术措施所需费用组织专家审查并实事求是地予以解决,同时向各参建单位及时提供法规宣传、专题教育与专业培训、专业咨询与服务,召开安全会议研究解决安全重点难点问题,组织现场观摩和信息交流,从而让参建各方强烈感受到城市轨道交通工程"关注生命,关注安全"的文化氛围。

(4) 科技手段:包括组织、鼓励开展工程安全技术研究、创新,推广成熟的"四新"技术和其他有利于确保施工安全的技术,推广应用安全视频监控和实时监测技术,积极鼓励采用职业健康安全管理体系、风险管理体系、安全文化建设与行为安全管理等先进的安全管理模式、方法。此外,根据《危险性较大的分部分项工程安全管理办法》(建质〔2009〕87号),对超过一定规模的危险性较大的分部分项工程专项方案,建设单位项目负责人或技术负责人参加专家论证会,并在方案上签字。

总之,建设单位要明确工程参建各方安全管理的职责和工作内容、工作流程,从而让安全风险管理能够应用并落实到责任部门和责任人,真正做到"全员、全方位、全过程",逐步实现安全生产"精细化、规范化、标准化、信息化"管理。

二、项目前期风险管理规划

城市轨道交通工程项目的不确定性因素很多,必须在项目的前期做好完善的风险管理规划,项目的决策者一开始就应建立风险管理机构,该机构一直伴随到项目寿命期结束。它的主要任务就是协调和监督项目在各阶段的运行情况,协助项目管理者制定各项管理办法,不断收集有关信息,编辑并不断更新各项风险应急预案。在项目前期阶段,风险管理机构的任务是由专业的风险分析人员根据具体情况,对项目的潜在风险进行识别和分析,并提交风险分析报告。这不仅为风险管理提供了信息,而且为有效地制定对策打下了基础。如果风险分析的结果对项目持否定态度,就应该利用风险规避,直接使项目下马,避免更大的损失。城市轨道交通建设项目前期的风险管理实施可归结如下。

1. 推行风险管理的外部条件

（1）通过立法，为轨道交通建设项目保险的发展创造良好的法律环境。

（2）加强和完善风险行业管理，确保承保质量。

（3）提供风险技术服务，减少事故发生。

（4）加强配套险种的开发，提供更广的保险保障。

（5）培育实力雄厚的担保主体和中介机构。

（6）组建相关检测机构。处理工程担保和工程保险的纠纷需要有权威的机构进行技术鉴定与责任确认。

2. 建立风险管理方案

在全面分析评估风险因素的基础上，根据可行策略的制订，形成有效的管理方案是风险管理工作的成败之关键，它直接决定管理的效率和效果。因此，详实、全面、有效成为风险管理方案的基本要求。其内容应包括：风险管理方案的制订原则和框架、风险管理的措施、风险管理的工作程序等。风险管理方案的制订原则包括如下几点。

（1）可行、适用、有效性原则；

（2）经济、合理、先进性原则；

（3）主动、及时、全过程原则；

（4）综合、系统、全方位原则。

3. 风险管理方案计划书

风险管理方案计划书是风险管理方案的细化，是风险管理工作的预先设计和工作实施的依据。包括的内容如下：

（1）项目概况；

（2）风险识别（分类、风险源、预计发生时间点、发生地、涉及面等）；

（3）风险分析与评估（定性和定量的结论、后果预测、重要性排序等）；

（4）风险管理的工作组织（设立决策机构、管理流程设计、职责分工、工作标准拟订、建立协调机制等）；

（5）风险管理工作的检查评估。

4. 风险管理的综合性措施

（1）经济性措施

主要有合同方案设计（风险分配方案、合同结构设计、合同条款设计），保险方案（引入保险机制、保险清单分析、保险合同谈判），管理成本核算。

（2）技术性措施

技术性措施应体现可行、适用、有效性原则，主要有预测技术措施（模型选择、误差分析、可靠性评估)、决策技术措施(模型比选、决策程序和决策准则制定、决策可靠性预评估和效果后评估)、技术可靠性分析(建设技术、生产工艺方案、维护保障技术)。

（3）组织管理性措施

主要是贯彻综合、系统、全方位原则和经济、合理、先进性原则，包括管理流程设计、确定组织结构、管理制度和标准制定、人员选配、岗位职责分工、落实风险管理责任等，还应提倡推广使用风险管理信息系统等现代管理手段和方法。

5. 风险监控和风险管理的实施

风险监控就是跟踪已识别的风险，监视剩余风险和识别新的风险，保证风险管理计划的执行，评估风险管理的有效性。

实施风险监控要建立风险监控体系，包括制定监控的程序、制度，对风险管理计划实施进行审核，对风险进行事前、事中、事后和跟踪评价。

项目风险时刻存在并贯穿项目的全过程。有时是显现的，有时是潜在的。因此，在项目初期，即应按风险管理工作程序制定项目的风险管理计划并付诸实施。实践中还应运用滚动计划方法不断将其予以调整完善。

首先要结合本项目的特点，制定科学合理的风险管理目标，要具体明确管理效果，筹划管理投入。例如：应根据统计分析和调查资料，参照项目投资计划和合同相关条款等，综合制定项目承受某一风险因素的最大损失期望值。然后进行风险管理目标分解，可以按项目的结构和延续时间及开展的空间进行划分分配。在建立和完善项目风险管理的组织机构和职责分工后，随即根据项目的开展情况对相关风险因素进行分析识别，研究项目的基本资料和风险特征。分别针对不同属性和类别风险因素制定对策。接着进一步对风险问题运用分析评估技术进行定性和定量的估算，其结果应能体现出重要性排序和后果损失描述，便于风险管理工作的针对性和有效性，满足制定准确的短期管理工作方案，规划远期的风险防范计划的需要。接下来将有关管理任务分配下达专项负责人实施。最后，还应注意利用信息反馈和管理协调机制不断总结调整方案措施，及时检查评估相关计划的有效性。依次循环，滚动发展，调整完善，直到风险管理目标的最终实现。

6. 安全风险管理责任分担原则

城市轨道交通工程参与各方的利益紧紧联系在一起，必须共同承担风险。工程安全风险管理责任分担应遵循以下原则：

（1）以工程参与各方的法宝安全生产责任为基础，在此基础上进行风险分担；

（2）工程建设参与各方的责、权、利平等、互利与均衡，责、权、利的分配应与工程建设目标和特点相匹配。

（3）从工程整体效益出发，制定的责、权、利应最大限度地调动工程建设参与各方的积极性；

（4）建设单位承担整个工程风险管理的监管和决策责任。不同工程建设阶段中，工程建设执行方负责风险管理的实施，对工程建设期的风险承担法律法规规定的相应责任。

三、项目风险管理阶段划分

项目风险管理的目的是确保能够在项目风险管理各阶段采用一致的管理方式处理项目风险。它既可以提供一个标准及统一的形式去记录、监察和管理项目风险，亦能够通过制定风险评估矩阵去进行风险评估，以规划相应的风险处理措施。

在识别一个新的项目风险后，将按照其风险等级采取相应的风险控制及减低措施，以减低项目所承受的风险。对于项目风险带来的对项目执行及项目管理的异常情况及影响，应考虑风险应对预案，制定合适的紧急危机应变措施以应付其异常的情况及影响。当建议的风险处理措施已经落实后，将持续监察及评估剩余的风险。项目各阶段安全及风险管理工作示意见图2-4，各阶段风险说明见表2-14。

项目风险管理各阶段风险示意表　　　　表2-14

项目风险阶段	说明
1	识别新项目风险及建议风险处理措施
2	审查并落实风险处理措施
3	在施工各阶段确认风险处理措施进行验证
4	在落实及完成合理可行的风险控制及减轻措施后，项目仍然存在剩余风险，经过业主同意后，方可接受有关风险
5	项目风险已大致消除或作持续监察

在各个阶段中，参与及负责项目风险管理的有关单位，应汇报项目风险处理的进度及成果（由项目经理收集并提供给项目风险管理执行人员），以便项目风险管理执行人员对项目风险记录表进行定期的更新。

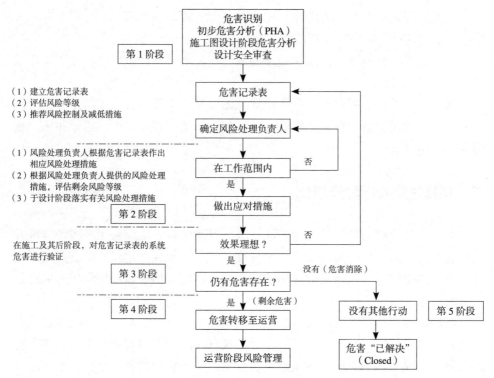

图2-4 项目各阶段安全及风险管理工作示意图

(1) 第1阶段

对于已识别的每一个新的项目风险，项目风险管理执行人员将记录在项目风险记录表中，并完成项目风险记录表所需填写的有关资料。各参与及负责项目风险管理的有关单位，应按照其项目风险等级制定相应的风险控制及减低措施、提供相关的风险应对预案，以减低项目所承受的风险。解决风险的整个程序主要是要决定处理风险的措施。高风险为不可接受的等级，是应消除或降低的；相反，低风险是可以接受的等级，并不需要急切处理。

(2) 第2阶段

根据项目风险记录表，项目风险管理执行人员将审查当中的风险处理措施、建议及相关补充资料（如落实处理措施的设计、文件、程序等），以确定风险处理措施已经落实，并评估其剩余风险（Residual Risk）。如果项目风险管理执行人员认为风险处理措施不当，否决该建议时，项目风险管理执行人员将连同否决原因退还项目风险处理负责人以作跟进。

第二章　城市轨道交通工程风险的系统安全管理

（3）第 3 阶段

于项目施工或其后阶段，项目风险处理负责人落实及完成提议的风险处理措施后，提供相关补充资料（如落实处理措施的完工报告、监理报告、验收文件等），项目风险管理执行人员将审查并确认风险处理措施已经落实及完成（即对措施实行满意），项目风险可视为"已解决"（Closed），并评估其剩余风险（Residual Risk）。项目风险管理执行人员将更新项目风险记录表，以反映项目风险阶段的改变。

（4）第 4 阶段

当一项风险处理措施实行及完成后，假如风险处理措施有别于第 2 阶段内提议，项目风险处理负责人应提供更新的风险处理措施及相关补充资料（例如：落实处理措施的完工报告、监理报告、验收文件等），给项目风险管理执行人员进行审查，以确定项目风险已经控制或减低，并再次评估其剩余风险（Residual Risk）。

（5）第 5 阶段

当一项风险处理措施实行及完成后进行审查，确保项目风险已减至可接受等级，项目风险管理执行人员认为项目风险已不再对项目造成影响，此时项目风险才能定作"已解决"（Closed）。项目风险管理执行人员应更新项目风险记录表以反映项目风险阶段的改变。

四、风险识别与处理

每当系统通过系统保障工作识别了一个新的隐患，系统安全保障人员将新隐患记录在隐患登录表中，并完成隐患登录表所需填写的有关资料。各系统的隐患登录表的隐患记录包括所有设计上的问题、异常状态、潜在故障失误及人为因素对安全的影响。隐患登录表记录的隐患包括：系统隐患、系统接口隐患、维护隐患、施工、方案隐患等。此外，隐患登录表可以用作隐患跟进及审查，亦可监察处理风险的进度。

各系统设计部门按照其风险等级进行相关风险控制及减低措施，减低系统所承受的风险。整个解决风险程序主要是要决定控制或减低风险的措施。高风险隐患为不可接受的等级，严重者更会引起其他隐患。这些高风险隐患是必须消灭或降低的。相反，低风险隐患是可以接受等级的风险，并不需要急切处理。

系统安全保障人员为隐患登录表内每一个隐患指定处理风险负责人（Hazard Owner）。处理风险负责人建议、决定及落实该隐患的风险处理措施，并在隐登录表内填写风险处理措施及回应,而且落实其提议的风险处理措施及其设计文件参考。处理风险负责人如发现该隐患的风险处理措施并非在其系统的合同范围内,将及时连同合理的注释提醒系统安全保障人员。系统安全保障人再明确另一处理风险负责人。

对于系统接口的安全及风险管理,则应采用相同的管理方式。唯识别接口隐患的系统设计部门,同时确保接口系统设计部门接受处理风险的责任,并定时与接口系统设计部门进行相关的隐患登录表数据更新。当接口系统不接受对处理风险的责任时,将由设计总体单位出面来确定该接口隐患的处理风险负责人。

五、风险措施的审查与落实

根据隐患登录表,系统安全保障人员审查其中的风险处理措施建议及相应的设计文件,以确定风险处理措施已落实于系统设计之中,并对其剩余风险(Residual Risk)进行评估。如果系统安全保障人员认为风险处理措施不当而否决该建议时,系统安全保障人员将连同否决原因退还风险处理负责人以作跟进。如果否决原因为识别新的隐患,该新隐患应重新根据安全及风险管理程序进行风险处理。系统安全保障人员更新隐患登录表以反映隐患阶段的改变。同时系统安全保障人员应根据设计进度的最新资料以及风险处理的进程,对隐患登录表进行更新。

各系统必须在施工图设计前解除所有与该项目有关的隐患。如有隐患在设计结束前仍未能消除或消除方法不属于其合同范围,各系统设计部门将与业主进行审议,提请业主采取风险控制及减低措施。

第三章

深基坑工程风险源的管理与防控

第一节　深基坑工程的特点及风险

一、深基坑工程的特点

基坑是为进行建（构）筑物地下部分的施工由地面向下开挖出的空间。基坑工程是土方开挖与回填、支护结构、降水等的总称，包括勘察、设计、施工和监测等内容。

根据住房城乡建设部于2018年6月1日施行《危险性较大的分部分项工程安全管理规定》（住房和城乡建设部令第37号），深基坑工程为：

（1）开挖深度超过3m（含3m）的基坑（槽）的土方开挖、支护、降水工程。

（2）开挖深度虽未超过3m，但地质条件、周围环境和地下管线复杂，或影响毗邻建筑（构筑）物安全的基坑（槽）的土方开挖、支护、降水工程。

随着浙江省经济的快速发展和城市化步伐的加快，地铁车站和区间隧道、越江隧道、地下车库、地下商场、地下街道、地下仓库、地下民防工事等地下工程越来越多，基坑开挖的深度和面积不断增大，基坑工程施工所遇到的问题越来越多。城市中深基坑工程常临近既有建筑物、道路桥梁、地下管线、地铁隧道或人防工程，虽然属于临时性工程，但其技术复杂性却远甚于永久性的基础结构或上部结构，且安全风险源多，稍有不慎，不仅危及基坑本身安全，而且会殃及临近的建（构）筑物，造成重大损失。

浙江东南沿海地区广泛分布着深厚的第四纪泻湖相、河床相与滨海相等海相沉积软土，属于较为典型的天然软土，软土层一般包括淤泥质土、淤泥质粉质黏土与淤泥质黏土，其工程特性一般表现为含水量大、强度低、压缩性大、透水性差、土质不均匀、地区之间土性差异较大以及流变性明显等特点。地表下80m深度范围内，由浅至深的结构特征可归纳为"硬壳→极软→较硬→较软→硬"。在基坑工程中，淤泥质土易产生较大的塑性流动和固结沉降，砂性土易产生流砂和管涌现象，而且一旦发生，其破坏程度和影响范围都是不可估量的。

虽然上海、天津、南京等沿海城市也分布着深厚的软土层，但相比较之下，浙江沿海地区软土层更为特殊。表3-1是浙江沿海地区（舟山、宁波、台州、温州等）土体物理力学指标，为便于对比，表中还列出了上海、天津和南京地区软土物理力学指标。

从物理性质指标看，自北而南，从舟山、宁波，到台州湾以北，淤泥、淤泥质黏土与淤泥质粉质黏土的含水量、孔隙比和塑性指数的地区性差异不大。自乐清湾南岸到温州苍南浙闽交界处，含水量和孔隙比较其他地区有所增大，干表观密度有一定程度的降低。从地区看，温州地区软土的含水量、孔隙比均比其他地区略大，其他地区差别不大。从力学指标看，由于受多种因素的影响，力学指标地区分布的离散性较大。从平均灵敏度看，舟山、宁波、台州软土的平均灵敏度大多介于2～4之间；温州软土的平均灵敏度大多在4～6之间，少数大于6，比其他地区略大。与上海、天津等其他城市软土相比，浙江软土具有**触变强度衰减快，稳定性差，变形大，形成流塑状浮力大**等特点，这种软弱地质条件决定了浙江软土地区的深基坑工程风险问题更为突出。

浙江沿海地区与上海等地的软土物理力学指标　　　表3-1

	岩土名称	物理性质指标 W(%) 范围	物理性质指标 W(%) 最大值	I_L	e	力学性质指标 压缩 E_s(MPa) 范围	力学性质指标 压缩 E_s(MPa) 最小值	灵敏度 S_t
浙江软土	淤泥	53～72	72%	1.6～1.9	1.5～1.9	1.5～4.1	1.5	1.6～6.1
浙江软土	淤泥质黏土	38～56	56%	1.1～1.6	1.1～1.5	1.69～4.97	1.69	1.5～6.8
浙江软土	淤泥质粉质黏土	35～50	50%	1.1～1.9	1～1.4	2.08～8.48	2.08	1.4～10.4
上海	淤泥质粉质黏土	36～49.7	49.70%	1.0～1.1	1.0～1.3	2.2～5.9	2.2	2.5～3.5
天津	淤泥质黏土	36.7～48.3	48.30%	1.0～1.2	1.0～1.4	2.3～3.9	2.3	—
南京	淤泥质粉质黏土	32.3～49.7	49.70%	1.1～1.5	1.1～1.2	2.5～3.6	2.5	3～5

浙江软土深基坑工程除了具有与一般基坑工程相同的特点外，还有其特殊性。

（一）区域性

浙江省地质情况多变，从东南沿海的滨海滩涂到腹地的山地丘陵，工程地质条件差异巨大。基坑工程的设计与施工要因地制宜，根据本地情况进行，可适当借鉴外地经验，但不能简单搬用。

(二)局限性

勘察设计往往依靠经验,存在局限性。虽然我国2012年颁布了《建筑基坑支护技术规程》JGJ 120—2012统一了基坑工程的设计计算方法,但是由于土体性质的不确定性和人类认知、手段的局限性,往往造成试验参数和实际偏差较大,勘察设计人员大多采用经验值。

(三)形控制难度大、要求高

随着城市的发展,基坑规模不断扩大、基坑深度逐步加深,但基坑场地却越来越紧凑,这使浙江沿海地区的基坑工程呈现出"大、深、紧"的特点,变形控制难度越来越大。城市用地紧张又致使基坑周边环境日益复杂,同时民众维权意识提高,这些都对基坑变形控制提出了更高的要求。

(四)时空效应强

基坑工程具有较强的时空效应。基坑的深度和平面形状对基坑支护体系的稳定性和变形有较大影响。由于功能要求的日益复杂,大城市中异形基坑、坑中坑等复杂基坑群层出不穷,这对支护体系的稳定性和变形控制提出了巨大挑战。此外,土体,特别是淤泥质黏土,具有较强的蠕变性,作用在支护结构上的土压力随时间变化,蠕变将使土体强度降低,土坡稳定性减小。而浙江省软土地层深厚,所以对基坑工程的时空效应必须给予充分的重视。

(五)系统性

基坑工程是一项系统工程。基坑工程主要包括支护体系设计和土方开挖两部分。土方开挖的施工组织是否合理将直接影响支护体系是否能够稳定。不合理的土方开挖步骤和开挖速度可能导致主体结构桩基(墙)变位、支护结构变形过大,甚至引起支护体系失稳破坏,随着深大基坑的出现,该问题尤为明显。

(六)环境效应突出

基坑工程具有明显的环境效应。基坑开挖势必引起周围地层地下水位和应力场的变化,导致周围地层土体变形,对周围建(构)筑物和地下管线产生影响,严重的将危及其正常使用或安全。此外,大量土方外运也将对交通和弃土点环境产生影响。随着基坑深度的不断增加,对土体的扰动越来越大,环境效应日益突出。

二、软土深基坑风险源

总结城市轨道交通基坑工程施工经验,软土地区深基坑常见风险源汇总如表 3-2 所示。

软土深基坑常见风险源汇总　　　　　表 3-2

分类	分项	主要风险源
施工风险	咬合桩围护地下连续墙施工	导墙外放尺寸偏小或偏大
		大型设备行走路面不坚实,导致大型设备倾覆
		成槽垂直度及锁口管吊放垂直度超量导致错缝、夹泥
		护壁泥浆不满足要求,槽段塌方造成连续墙鼓包
		刷壁、清底不彻底,导致墙缝夹泥、墙底沉渣过厚
		钢筋笼焊接质量不合格,导致吊装中散架
		钢筋笼保护层厚度不足
		混凝土灌注导管插入深度不足或拔出混凝土面
		混凝土灌注间断时间过长
		夹泥、开叉导致渗水
	地基加固	大型设备行走路面不坚实,大型设备倾覆
		垂直度不满足要求,导致桩体搭接不足;校审计算错误,导致加固范围不足
		水泥掺量不足,导致桩体强度不满足要求
	降水施工	降水周期不足,水位不在开挖面 1m 以下
		降水井内涌砂
		承压水突涌
		降水井被破坏
		降水井封井处理不当
	支撑架设	支撑端面与连续墙不贴合
		支撑活络头过长
		钢楔子安装不紧密
		预应力施加不及时
		预应力施加过大或过小
		预应力损失未及时复加
		钢支撑储备量不足

续表

分类	分项	主要风险源
施工风险	支撑架设	钢支撑壁厚不足
		钢支撑未及时加撑
		活络头偏心，钢支撑偏心
	基坑开挖	围护结构位移过大
		坑外堆载过大
		坑底隆起
		无支撑暴露时间过长
		挖机碰撞支撑或支撑坠落
		支撑轴力过大，导致支撑失稳
		未按时空效应，分层分块开挖，放坡不足
		垫层及底板施工不及时
		坑内排水系统不足
		土体滑坡
	结构施工	钢筋安装不符合设计和规范要求
		脚手架搭设未按专家评审后方案执行
		脚手架上集中堆载
		模板加固不牢
		拆模混凝土强度不足
		钢筋保护层厚度不足
		防水层破坏失效
		混凝土浇筑不连续，振捣不密实
		混凝土养护不及时
环境风险	周边管线	燃气管
		电力管
		给水管
		雨水管
		污水管
		热力管
自然风险		暴雨
		台风
		地震

第二节　勘察设计阶段风险预防

一、基础资料调查

基础资料调查主要包括水文地质、工程地质条件和周边环境调查。基础资料的调查主要是通过工程地质勘察来实现的。

勘察的目的是要对建设场地稳定性和适宜性进行评价，分析论证场地的工程地质条件，岩土的工程性状，包括特殊性岩土的情况，并预测岩土工程存在的问题和相应的防止措施等；同时为各类工程建筑场地提供地基的岩土强度和变形特性等设计参数。勘察设计的合理与否，决定勘察报告的准确度和可靠性。现行的勘察工作存在的问题有土体参数指标问题、地下水问题、基坑类别等级问题、基坑工程评价问题、周边环境调查问题等。勘察阶段的风险预防工作主要包括：

（1）勘察范围：开挖边界外按开挖深度的 1～2 倍范围内布置勘探点，对于软土，勘察范围宜适当扩大；

（2）勘探深度：应根据基坑支护结构设计要求确定，不宜小于 2.5～3.0 倍开挖深度，软土地区应穿越软土层。如遇稳定的中等风化岩或微风化岩时可适当减少钻孔深度，钻孔深度入中风化岩不应小于 3m 或入微风化岩不应小于 1m；

（3）勘探点间距：应视地质条件而定，可在 15～30m 内选择，地层变化较大时，应减小勘探点的间距；

（4）地下水：水位及其变化；地下水动态变化规律；

（5）土体性能指标：常规物理力学性能指标和抗剪强度指标；

（6）周边环境：开挖边界外按开挖深度的 3 倍范围内的建（构）筑物、道路和管线分布现状与性能。

1）红线

基坑开挖面与红线之间的距离，一般都需要满足设置围护体的宽度要求，国内已有相当多的地区明文规定，基坑支护结构不得超越红线。在拟建的地下结构外墙与围护体之间，为了进行模板架设以及防水层施工，通常还需要留设不少于 0.8m 的施工空间。因此，基坑周边围护体的选型，应满足地下结构外墙与红线之间的距离要求。

2）建（构）筑物

基坑开挖影响范围内的建筑物结构类型、地基基础类型是基坑工程设计和施工的主要影响因素之一，同时基坑开挖也会对邻近建筑物造成影响，因此应与建（构）筑物相关管理单位协商确定建（构）筑物的保护方案。建（构）筑物调查的内容一般包括建筑物的使用性质、结构类型、地基基础相关资料、与基坑的位置关系等。

3）市政管线和道路

地下管线的种类很多，如雨水管、污水管、给水管、煤气管、热水管道、电力管线、电话通信电缆、广播电视电缆等，关于地下管线的环境调查范围、内容及其容许的变形量可参考相关规范。由于地下管线的保护要求多种多样，且有的地下管线年代已久，难以查清，但又很易损坏，因此应与管线管理单位协商综合确定管线的容许变形量及监控实施方案。

城市区域的基坑工程周边常常邻近道路，一方面，基坑开挖可能会对周边的道路产生影响，严重时会导致周边道路的破坏而产生严重的后果；另一方面，邻近道路的交通荷载也会对基坑的变形产生影响，因此必须调查基坑周边的道路状况。调查的内容一般包括道路的性质、类型、与基坑的位置关系、路基与路面结构类型、交通流量、交通荷载、交通通行规则等。

二、专项设计方案的技术与管理

设计方案必须指导基坑工程的施工，但现行设计工作中存在诸多问题，主要有：设计方案不符合地质情况及周边环境；计算模型方法值得商榷；图纸深度不够，有些构造做法不详；监测要求未作规定或规定不全；降水、止水方案选择不当；设计人员的技术水平参差不齐。专项设计阶段的风险预防工作主要包括：

（一）基坑围护工程设计

基坑围护工程设计和施工总的要求就是要做到设计先进、经济合理、施工方便、安全可靠。基坑围护应满足稳定和变形的要求，即通常规范所说的两种极限状态的要求，即承载能力极限状态和正常使用极限状态。所谓承载能力极限状态，对基坑支护来说就是支护结构破坏、倾覆、滑动或周边环境的破坏，出现较大范围的失稳。设计要求不允许支护结构出现这种极限状态。基坑支护设计相对于承载力极限状态要有足够的安全系数，不致使支护产生失稳，而在保证不出现失稳的条件下，还要控制位移量，不致影响周边建筑物和管线等的安全使用。因而，作为设计的计算理论，不但要能计算支护结构的稳定问题，还应计算其变形，并根据周边环境条件，控制变形在一定的范围内。一般的围护结构位移控制以水平位移为主，主要是水平位移较直观，易于监测。水平位移控制与周边环境的要求有关，这就是通常规范中所谓的基坑安全等级的划分，对于基坑周边有较重要的建（构）筑物等需要保护的，则应严格控制变形，此即为通常的一级基坑的位移要求；对于周边空旷，无建（构）筑物等需保护的，则位移量可大一些，理论上只要保证稳定即可，此即为通常所说的三级基坑的位移要求；介于一级和三级之间的，则为二级基坑的位移要求。对于一级基坑的最大水平位移，一般不宜大于30mm，对于较深的基坑，还应小于$0.3\%H$，其中H为基坑开挖深度。对于一般的基坑，其最大水平位移也不宜大于50mm。一般而言，最大水平位移在30mm内地面不致有明显的裂缝，当最大水平位移在40~50mm内会有可见的地面裂缝，因此，一般的基坑最大水平位移应控制不大于50mm为宜，否则会产生较明显的地面裂缝和沉降，会使人产生不安全的感觉。

围护结构的嵌固（入土）深度，除了需要保证基坑围护结构本身的强度及稳定性外，还需要保证基坑底部的土体不产生隆起失稳和管涌。在灵敏度较高的软土中，板桩围护的基坑开挖时，常会发现基底土隆起和板桩向坑内倾斜，这主要是由于桩背后的土柱重量超过基底以下的地基承载力，此时地基土的塑性平衡状态受到破坏，发生桩背后土的流动，坑顶下陷，基坑底回弹隆起。无论选择采用何种围护体系，减少嵌固（入土）深度总可以达到降低工程造价的目的，尤其对于挡墙不能回收的墙体。但是嵌固（入土）深度过小又会造成基底土体的不稳定，这就需要验算，以找出合理的墙体嵌固（入土）深度，既保证支护及基底土体的稳定性，又达到经济合理的目的。

（二）支撑

基坑开挖过程中要防止挖土机械碰撞支撑体系，造成支撑失稳事故。施工时要加强监测，若因坑底隆起导致支撑与格构柱相连接位置产生较大变形，挠曲变形接近最大限值时，必须及时采取加固措施，防止支撑挠曲变形过大，保证钢支撑受力稳定，确保基坑安全。同时在基坑开挖过程中，要密切关注基坑支撑轴力的变化，同时对地下桩（墙）变形和地层变形等进行监测，并根据监测资料及地下墙变形指标，及时采取调整措施以控制地下桩（墙）的变形。

（三）加固方案

基坑土体加固是指通过对软弱地基掺入一定量的固化剂使土体强度提高，

以提高地基土的力学性能。从广义的角度出发，加固包含对场地的地基土加固和支护结构加固。地基土加固是针对区域性的场地，地基土处理或加固的方法较多，包括挤密法、置换法、复合地基法、加筋法、灌浆法和固结法等工法。自密法包括排水固结法、碾压法、动力夯实法，其中排水固结法又包括预压法和降水法。置换法包括粗粒或细粒垫层法。复合地基法包括碎石桩法、砂桩法、灰土桩法、水泥土桩法。其中水泥土桩法包括深层搅拌和高压旋喷桩等工法。每一种地基加固方法都有其适用范围和局限性，不存在任何条件下都是最合理的处理方法。场地的地基土加固通常分为两种类型：结构物地基加固和施工期间地基加固。前者属于永久性加固，后者是施工期间的临时性加固。基坑开挖工程中的临时性地基处理，我们称之为基坑土体加固。处理的对象指软弱地基土，包括由淤泥质土、人工填土或其他高压缩性土层构成的软弱地基。主要是为提高土的强度和降低地基土的压缩性，确保施工期间基坑本身的安全和基坑周边环境安全而对基坑相应的土体进行加固。基坑开挖时围护结构的受力及变形情况与其插入深度、土的力学性能、地下水状况、施工工况、开挖方式及周围环境等因素有关。随着坑内土的不断挖深，土的受力状况发生变化，作为挡土结构两侧的水、土压力处于动态变化中，挡土墙后的土体随墙体的变化向基坑方向移动，此外，在开挖时由于采用坑内降水，使坑外水位发生变化，也会使土体产生位移，影响周围建（构）筑物等的安全。为了掌握施工和使用过程中围护结构的受力及变化情况，使围护结构在基坑开挖和使用过程中，起到挡土、止水作用，采取相应的工程措施以保证施工过程中基坑自身和周围环境的安全，其中对基坑土体进行预加固是一种行之有效的技术措施。

基坑土体加固的方法，包括注浆（各种注浆工艺、双液速凝注浆等）、双轴搅拌桩、三轴搅拌桩（SMW）、高压旋喷桩、降水等加固方式。基坑土体加固方法及适用性可参见表 3-3。

各种土体加固方法的适用范围表　　　　　　表 3-3

加固方法	对各类地基土的适用情况			
	人工填土	淤泥质土、黏性土	粉性土	砂性土
注浆法	慎用	慎用	可用	可用
双轴水泥土搅拌法	慎用	可用	可用	慎用
三轴水泥土搅拌法	慎用	可用	可用	可用
高压旋喷法	可用	可用	可用	可用
降水法	可用	慎用	可用	可用

表3-3中人工填土包括杂填土、素填土和冲填土地基等。其中素填土是由碎石、砂土、粉土、黏性土组成的填土，其中含少量杂质；冲填土则由水力冲填泥砂形成的填土；杂填土则是由建筑垃圾、工业废料、生活垃圾等杂物组成的填土，土性不均匀，且常含有机质，会影响加固的效果和质量，故应慎重对待。

在软弱土层，如上海、广州、天津等沿海城市地区，建筑深基坑在开挖时使周围土层产生一定的变形，而这些变形又有可能对周围环境产生不利影响和危害。为避免坑内软弱土体的破坏，采用压浆、旋喷注浆、搅拌桩或其他方法对地基掺入一定量的固化剂或使土体固结，能有效提高土体的抗压强度和土体的侧向抗力，减少土体压缩和地基变形及围护墙向坑内的位移，减少基坑开挖对环境的不利影响。

（四）降水方案

在对建设工程进行深基坑降水方案的设计中，一般都会采用坑内外大直径井管降水，确保深基坑在开挖过程中不会出现明水，以保证基坑工程施工的安全。同时要及时降低基坑下部承压含水层的承压水水头，防止基坑底部突涌的发生，以确保施工时基坑底板的稳定。降水过程应伴随主体结构施工过程的始终，待顶板覆土后方可停止降水。其中降水井、减压井的结构组成主要有井壁管、滤水管与沉淀管。其中沉淀管主要起过滤而不致因井内沉砂堵塞而影响进水的作用。

基坑降水方法主要有：明沟加集水井降水、轻型井点降水、喷射井点降水、电渗井点降水、深井井点降水等。各种降水方法有其特点和适用情况：

1. 明沟加集水井降水

明沟加集水井降水是一种人工排降法。它主要排除地下潜水、施工用水和雨水。在地下水较丰富地区，若仅单独采用这种方法降水，由于基坑边坡渗水较多，锚喷网支护施工难度加大。因此，这种降水方法一般不单独应用于高水位地区基坑边坡支护中。

2. 轻型井点降水

轻型井点降水适用于基坑面积不大，降低水位不深的场合。该方法降低水位深度一般在3~6m之间，若要求降水深度大于6m，理论上可以采用多级井点系统，但要求基坑四周外需要足够的空间，以便于放坡或挖槽。

3. 喷射井点降水

喷射井点系统能在井点底部产生250mm水银柱的真空度，其降低水位深度大，一般在8~20m范围。它适用的土层渗透系数与轻型井点一样，一般为

0.1~50m/d。但其抽水系统和喷射井管很复杂，运行故障率较高，且能量损耗很大，所需费用比其他井点法要高。

4. 电渗井点降水

电渗井点适用于渗透系数很小的细颗粒土，如黏土、亚黏土、淤泥和淤泥质黏土等。这些土的渗透系数小于0.1m/d，它需要与轻型井点或喷射井点结合应用，其降低水位深度决定于轻型井点或喷射井点。

5. 管井井点降水

管井井点适用于渗透系数大的地层，地下水丰富的地层，以及轻型井点不易解决的场合。每口管井出水流量可达到50~100m^3/h，土的渗透系数在20~200m/d范围内，这种方法一般用于潜水层降水。

6. 深井井点降水

深井井点降水是基坑支护中应用较多的降水方法，它的优点是排水量大、降水深度大、降水范围大等。对于砂砾层等渗透系数很大且透水层厚度大的场合，一般用轻型井点和喷射井点等方法不能奏效，采用此法最为适宜。

第三节　施工阶段重大风险控制

深基坑工程是复杂、变化的系统工程，具有一定的经验性。施工风险类型很多，成因也较为复杂、时间持续性长，不仅在深基坑的施工阶段存在，也存在于主体结构回筑阶段，随着城市地下空间技术的不断发展，深基坑工程的施工安全技术越显重要，以下主要探讨针对城市轨道交通工程车站深基坑施工阶段，重大危险源的关键施工技术、控制措施及要点。

轨道交通工程深基坑支护根据周边环境条件、土质情况、基坑深度和施工条件等综合因素，确定支护结构形式及施工方式。目前，常用的支护形式主要为：地下连续墙（有刚性连接、柔性连接）、钢筋混凝土钻孔排桩+三轴搅拌桩止水、咬合桩、SMW工法桩。施工方式主要有：明挖法、盖挖法、半盖挖法、大管棚法（新奥法）、冷冻法。施工过程中主要包括以下几个阶段：围护结构施工阶段、土体加固与降水阶段、基坑开挖阶段、主体结构施工阶段等。

第三章 深基坑工程风险源的管理与防控

一、围护结构施工阶段的重大风险控制

（一）地下连续墙施工

1. 地下连续墙施工的主要危险源及影响因素

（1）由于导墙强度及刚度不足，或地基发生滑塌，或导墙内侧未设置支撑，导墙上施工荷载过大导致导墙破坏或变形，不均匀沉降、向内挤压甚至倒塌。

（2）成槽施工中未根据地质情况的变化及时调整泥浆性能指标。

（3）路面基础未加固、混凝土浇筑质量未达到要求，影响起重设备稳定性。

（4）钢筋笼整体刚度不能满足起吊要求。

（5）相邻地下连续墙接缝的处理不到位，引起不均匀沉降。

2. 地下连续墙施工危险源管理与防控

（1）根据地基表层土体、地下水状况、施工荷载、地下连续墙的深度以及对邻近构筑物的影响等多种因素确定导墙的厚度、深度与结构形式。导墙底部必须伸入原状土不少于20cm。且在任何情况下导墙深度不少于1.5m。同时导墙拆模后，应及时加设墙间支撑，支撑一般采用200×200钢筋混凝土撑，间距3m，一幅槽段至少需要设置2道钢筋混凝土支撑，上下各一道，土方及时回填，在地下连续槽段浇筑完以后，要及时对浇筑完成槽段进行临边防护。

（2）通过对以往地下墙施工的研究，泥浆对地下墙槽壁的稳定性具有举足轻重的作用，所以在合理的范围内提高泥浆的比重，以提高槽壁的稳定性，同时在施工过程中一定要保持泥浆液面的高度，通过泥浆浆液与地下水的压力差来保持槽壁稳定，成槽过程中必须安排专人看守，对泥浆液面进行全程监控。成槽前后和混凝土浇筑后均应及时检测泥浆性能，对劣化泥浆要及时调整性能，同时针对不同的地层，调整不同的泥浆指标，确保槽壁的稳定性，如表3-4所示。

不同地层泥浆各项指标控制标准　　　　　　　　　　　表3-4

土层	比重（g/cm³）	黏度	pH值	含砂率（%）	失水率（mL）	泥皮厚度（mm）
黏性土	1.03~1.06	21″~23″	8~10	<4	<10	1
砂性土	1.06~1.10	23″~25″	8~10	<4	<10	1

（3）现场施工便道厚度及宽度，配筋情况需根据钢筋笼主吊吨位及钢筋笼重量确定，施工道路钢筋应与导墙钢筋全部焊接。

（4）钢筋笼必须在水平钢筋平台上制作，制作平台必须保证有足够的刚度，

架设型钢固定，防止起吊变形。同时在钢筋笼制作过程中，应加强自检工作，重点检查钢筋笼吊点、受力筋等部位。钢筋笼采用"双机抬吊"形式进行起吊，起吊前清除笼内废弃钢筋，采用专人指挥负责起吊工作，起吊过程中严禁在起吊范围内站人。钢筋笼吊装方案经专项方案评审通过后实施，对长度大于40m的钢筋笼，宜采用整体制作、分节起吊、槽口对接后整体下放的施工工艺。对接位置必须在基坑开挖面以下不少于5m，并应避开加强筋的位置，以减少对接的工作量，双机抬吊钢筋笼如图3-1所示，图3-2为两节段钢筋笼对接图。

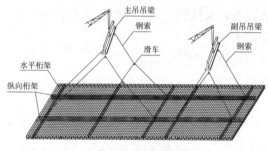

图3-1 双机抬吊图

图3-2 钢筋笼槽口对接图

（5）为防止土方开挖过程中相邻两幅地下墙产生不均匀沉降，产生渗水现象，在两幅地下墙接缝处宜采用三轴搅拌桩或高压旋喷桩以形成止水帷幕。

（二）钻孔灌注桩排桩+三轴搅拌桩止水施工

对于基坑开挖深度不深，周边环境较好的空旷场地，对基坑本身的变形要求不高的工程，通常采用钢筋混凝土钻孔灌注桩排桩+三轴搅拌桩止水进行支护。

1. 主要危险源及影响因素

（1）排桩跳打施工时，桩位的定位偏差较大会影响后期三轴搅拌桩的施工。

（2）三轴搅拌桩未按设计要求进行喷浆速度的控制。

（3）三轴搅拌桩垂直度未达到设计要求。

（4）地基不稳定造成桩机倾斜倾覆。

2. 危险源管理与防控

（1）钻孔排桩施工时，测量定位要精准。

（2）三轴搅拌桩桩身采用一次搅拌工艺，水泥和原状土须均匀拌和，下沉及提升均为喷浆搅拌，为保证水泥土搅拌均匀，必须控制好钻具下沉及提升速度，钻机钻进搅拌速度一般在1m/min，提升搅拌速度一般在1.0~1.5m/min，在桩底部分重复搅拌注浆。提升速度不宜过快，避免出现真空负压、孔壁塌方等现象。

（3）施工过程中，严格控制三轴搅拌桩的垂直度，在三轴搅拌桩施工前做好测量放线及桩机定位工作，在施工过程中，采用两台经纬仪从两边垂直角度进行钻杆的复核工作。

（三）咬合桩施工

钻孔咬合桩适用地质范围较广，除了大片石层区的地层外，特别适用于有淤泥、流砂、地下水富集等不良条件的地层，尤其在富水软土地层中施作围护结构具有明显优势。

1. 咬合桩施工主要危险源及影响因素

（1）咬合桩分段施工接头的处理；

（2）在施工过程中，由于相邻桩基混凝土处于未初凝状态，随着钻孔的加深，相邻桩有可能出现混凝土管涌现象；

（3）因素混凝土的质量不稳定出现早凝或机械设备故障等问题，造成咬合桩的施工未能按设计要求进行而形成事故桩；

（4）由于定位误差、成孔垂直度偏差过大，咬合桩底部没有足够的咬合量，导致基坑开挖渗漏。

2. 咬合桩施工危险源管理与防控

（1）咬合桩分段施工接头的处理方法

采用砂桩接头的方法，在先施工的端头设置一个砂桩，成孔后用中粗砂填满，待后施工段到次接头时重新成孔挖出砂浇筑混凝土，由于砂桩施工会造成砂桩工艺冷缝，为防止砂桩工艺冷缝渗水，咬合桩完成后基坑开挖前对砂桩冷缝作压浆防漏处理。

（2）施工前根据工程具体情况和所选桩机的类型，采用现场成桩试验来测定单桩成桩所需时间，然后再确定混凝土缓凝所需时间，最后在确定混凝土相关参数后，进行混凝土的配合比设计。由于咬合桩施工工艺的特殊性，要求超缓凝混凝土的缓凝期必须稳定，不能波动。缓凝剂的掺量非常重要，应通过试配进行确认。

（3）素混凝土桩混凝土的质量不稳定出现早凝现象或机械设备故障等问题，造成咬合桩的施工未能按设计要求进行而形成事故桩，采取以下应急处理措施：

1）钢筋混凝土桩（B桩）成孔施工时，其一侧混凝土桩（A1）已经凝固，不能够正常切割咬合，这时候宜向素混凝土桩（A2）方向平移B桩桩位，单侧切割A2桩施工B桩，并在A1桩外侧增加旋喷桩作防水处理，如图3-3所示。钢筋混凝土桩（B桩）成孔施工时，其两侧素混凝土桩（A1、A2）均已凝固，不能够正常切割咬合，这时候宜调整 B 桩位置，再在 B 外侧增加 2 根旋喷桩作防水处理；

2）如遇咬合桩施工的流水作业中断，迅速移机对末端桩进行切割，然后在孔内灌注河砂拔管形成砂桩，待后续咬合桩施工至该桩时重新成孔完成咬合桩的施工。

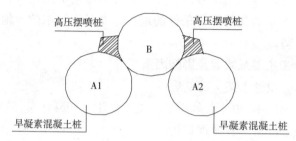

图 3-3　咬合桩施工图

（4）在施工 B 序桩过程中，由于相邻的 A 序桩混凝土处于未初凝状态，随着抓土深度的加大，A 序桩有可能出现混凝土管涌现象，防止管涌的发生要采取相应的措施：

1）合理配制素混凝土 A 序桩混凝土的坍落度（一般为 16~18cm）；

2）依据套管的最大切割下压能力，做到套管始终超前，抓土在后，抓土面离套管底的最小距离必须保持在 2~4m 以上（具体根据土层的地质情况而定），使孔内留一定厚度的反压土层，可以防止管涌的产生；

3）对于地下水位过高，可以在套管内补水，以平衡套管外的水压力，套管内补水后，采用旋挖机取土；

4）施工过程中随时注意套筒内管涌现象，一旦发生管涌，立即停止抓土并向孔内注水，抑制管涌的发生。

（5）定位误差、成孔垂直度偏差过大，咬合桩底部没有足够的咬合量，导致基坑开挖渗漏。宜采取以下措施处理：

1）孔口定位误差的控制。为了保证咬合桩位置的精确性，要对孔口的定位误差进行严格控制。在钻孔咬合桩桩顶以上设置钢筋混凝土导墙，导墙上设置定位孔，其直径宜比桩径大 20~40mm。钻机就位后，将第一节套管插入定位孔并检查调整，使套管周围与定位孔之间的空隙相同；

2）桩身垂直度的控制。除对孔口定位误差严格控制外，还应对垂直度进行严格的控制。根据规范要求，桩身垂直度偏差不大于 0.3%，桩与桩的咬合量应大于250mm，在最不利的情况下，咬合桩的偏差量为 $2\times31\times0.3\%$ =186mm（假设桩长31m）。

在桩顶施作钢筋混凝土导墙，可提高钻孔咬合桩孔口的定位精度，提高套管钻机就位效率，避免钻机作业时的姿态对咬合桩垂直度的影响，也为钻机进行下压和上拔套管作业时提供强有力的支撑，导墙起到锁口和导向作用，可使咬合桩顺利成孔，并保证成孔精度，施工中严格控制导墙施工精度，确保轴线误差±10mm，内墙面垂直度0.3%，平整度3mm，导墙顶面平整度5mm。

在成孔过程中要控制好桩的垂直度，必须加强做好以下三个环节的工作：①套管的顺直度检查和校正；②成孔过程中桩的垂直度监测和检查，即地面监测和孔内检查；③纠偏。

成孔过程中如发现垂直度偏差过大，必须及时进行纠偏调整，纠偏的常用方法有以下三种：①利用钻机油缸进行纠偏：如果偏差不大或套管入土不深，可直接利用钻机的两个顶升油缸和两个推拉油缸调节套管的垂直度，即可达到纠偏的目的；②B桩纠偏：如果B桩入土大于5m，发生较大偏移，可先利用钻机油缸直接纠偏，如达不到要求，可向套管内填砂或黏土，一边填土一边拔起套管，直至将套管提升到上一次检查合格的地方，然后调直套管，检查其垂直度合格后再重新下压；③A桩纠偏：A桩纠偏方法与B桩基本相同，其不同之处是不能向套管内填土而应填入与B桩相同的混凝土，否则有可能在桩间留下土夹层，从而影响排桩的止水效果。

【案例3-1】

杭州地铁一号线试验段秋涛路站，位于杭州市秋涛路与婺江路交叉路口，沿婺江路地下布置，下穿秋涛路和新开河。该站为地下双层岛式车站，车站总长259.6m，车站宽度18.9m，采用双层双跨箱形框架结构，顶板覆土约5.0m，底板埋深约18.0m，车站围护结构采用 ϕ1000@750钻孔咬合灌注桩，插入比为1:0.8。2004年11月2日17:10咬合桩施工期间出现管涌，管涌点位于基坑南侧坑底处，至20:30处理完毕，共涌出泥砂约240m³。管涌造成基坑南侧（距基坑边约20m）1幢三层居民楼向北侧倾斜；围墙出现裂缝，裂缝宽度最大达10cm左右；南侧原婺江路面下沉，最大下沉量约50cm；婺江路地下水管开裂，造成自来水供应中断。管涌波及范围：围护桩外侧最远达44.5m。管涌主要原因为咬合桩开叉，根据施工记录，咬合桩成孔过程中因套管钻头变形，造成桩垂直度偏差。深度8m以后两桩之间出现开叉，开挖到坑底后开叉量达15cm左右。根据施工记录和实际开挖情况，基坑开挖到7m后，提出在桩后施作3根高压旋喷桩、旋喷深度为基底下3m的止水加固方案。

(四)SMW 工法桩

SMW 工法桩施工时基本无噪声，对周围环境影响小，有一定的复合结构强度，一般作为深度小于 15m 的基坑围护结构，适于黏性土、粉土、砂土和砂砾土等地质条件，特别适合于以黏土和粉细砂为主的松软地层。

1. SMW 工法桩施工主要危险源及影响因素

（1）在土性为中密以上的砂层中施工，若搅拌桩长度超过 18m，极易发生埋钻事故，钢桩不能凭自重沉到设计深度；

（2）由于特殊原因造成施工冷缝；

（3）H 型钢不能完全下插到位；

（4）意外停机造成施工中断；

（5）桩身搅拌强度和均匀性不符合要求。

2. 危险源管理与防控

（1）在厚度较大且中密的粉细砂层中施工之前，应根据当地经验适当调整钻机和注浆泵型号，力求做到动力足够、注浆压力高、动力头分级启动，必要时调整空压机型号、钻杆螺旋片形式及钻头型号，在不影响桩体强度的前提下，适当掺入占水泥用量 2%~5% 的优质膨润土，快钻慢拔，可避免埋钻事故发生。

（2）施工时不得出现冷缝，搭接施工相邻桩的施工间歇时间应不超过 12h，合理设计施工流程。施工过程中一旦出现冷缝则采取以下措施处理：①由常规套钻 1 个孔改为 2 个孔以增加搭接的强度和抗渗度。②严格控制上提和下沉的速度，做到轻压慢速以提高搭接的质量。③如上述方法无法满足要求，采取在冷缝处围护桩外侧补素桩的方案，以防偏钻，保证补桩效果，素桩与围护桩搭接厚度约 10cm，确保围护桩的止水效果，如图 3-4 所示。

图 3-4 补素桩方案（阴影部分为 24h 前施工的 SMW 搅拌桩）

（3）当 H 型钢不能完全靠自重下插到位时，采用挖掘机进行送压或采用振动锤振动下沉使型钢插到设计标高。当上述方案失败时，割除露出地面部分的型钢，在外侧加一幅水泥土搅拌桩，加插型钢作强度补偿。在长时间停工后恢复施工时，应在外侧加作一幅单排水泥土搅拌桩，以防止内档因时间过长造成新老搅拌桩接触面的缝隙漏水。

（4）意外停机时的应急措施。若在提升喷浆过程中发生意外停机，则恢复施工作业时将钻杆下沉1.0m，重新喷浆搅拌，防止出现断桩或夹层现象，若两桩咬合超过24h，则第二根桩增加20%浆量，或采用加桩。

（5）桩身搅拌强度和均匀性质量控制。①应严格控制桩机机头的下沉和提升速度，确保水泥土充分搅拌，必须严格做到二次喷浆。浆液泵送流量应与三轴搅拌桩机的喷浆搅拌下沉速度或提升速度相匹配，确保搅拌桩中水泥掺量的均匀性。②严格控制搅拌桶的水泥用量及液面高度，用水量采取总量控制，并用比重仪随时检查水泥浆的比重。土体应充分搅拌，严格控制钻孔下沉、提升速度，使原状土充分破碎，有利于水泥浆与土均匀拌和。③浆液不能发生离析，水泥浆液应严格按预定配合比制作，为防止灰浆离析，放浆前必须搅拌30s再倒入存浆桶。④压浆阶段输浆管道不能堵塞，不允许发生断浆现象，全桩须注浆均匀，不得发生土浆夹心层。⑤发生管道堵塞，应立即停泵处理。待处理结束后立即把搅拌钻具上提和下沉1.0m后方能继续注浆，等10~20s恢复向上提升搅拌，以防断桩发生。

【案例3-2】

秋涛路车站3号出入口基坑围护结构采用SMW工法桩，墙体采用$3×\phi850$的三轴搅拌桩，桩径850mm，轴心距600mm，搅拌桩咬合250mm，桩的深度分别为12m、16.5m和19.5m。工法桩采用热轧H型钢：$700×300×13×24$，间隔布置；土体搅拌采用32.5号普通硅酸盐水泥，水泥掺量20%（土体表观密度$18kN/m^3$），水灰比1.5；无侧限抗压强度1.5MPa；抗渗系数小于$10^{-7}~10^{-6}cm/s$。

工程实践说明SMW工法完全适应杭州粉土、粉砂地层的特点，施工效果明显。并具有施工工期短、工程造价低、墙体无接缝止水性能好、施工污染小等优点。

二、基坑开挖阶段的重大风险控制

轨道交通工程深基坑开挖施工方式主要包括：放坡开挖、明挖法、盖挖（半盖挖）顺作法和盖挖逆作法。轨道交通工程一般位处城市中心，较少有施工场地能满足放坡条件，所以放坡法一般适用于附属工程的出入口风亭的基坑和出入段线的局部区段，如图3-5所示；地下车站基坑施工多采用桩、墙式支护的明挖法、盖挖法或半盖挖法。

图3-5 放坡开挖图

（一）开挖阶段施工主要危险源产生及影响因素

（1）坑边堆载（包括交通荷载）超过设计允许值；
（2）未按施工方案分层、分段开挖；
（3）未及时施工护坡面层和土钉锚杆或强度未达到设计要求即开挖下一层；
（4）放坡坡度不足导致土体滑坡；
（5）坑内外降水水位未达到设计要求开挖。
（6）无支撑暴露时间过长；
（7）支撑轴力过大导致支撑失稳；
（8）坑内排水系统不足。

（二）开挖施工危险源管理与防控

（1）在2~3倍基坑深度范围内，边坡堆载严禁超过设计值。基坑顶有动载时，坑顶缘与动载间应留有1m的护道，如地质、水文条件不良，或动载过大，应进行边坡稳定性验算，根据检算结果确定采用增宽护道或其他加固措施。

（2）土方开挖应结合实际施工条件，严格按照"时空效应"理论"分层、分部、对称、限时"开挖。开挖前，应根据基坑变形理论分析计算，制定开挖施工程序及主要施工参数，包括开挖段数、分步开挖尺寸、开挖坡度、每步开挖和支撑所需时间及支撑预应力值等施工参数。盖挖法施工，土方开挖必须根据出土口的位置，向下、左右单方向推进开挖，土方开挖应竖向分层、对称平衡开挖。

在基坑开挖过程中，必须进行支护结构的位移监测和基坑开挖影响范围内建（构）筑物、地面沉降监测、地下水位观测、支撑轴力临测等。

（3）开挖中须遵循在完成上步支护前不得继续开挖的原则，当开挖一段后及时网喷支护，然后进行下一段的开挖，直至支护完毕。安全坡度须按照设计图纸规定取值,无规定时,可参照《建筑边坡工程技术规范》GB 50330。基坑纵向放坡坡度应根据土层性状综合考虑,流塑状淤泥质土一般坡度不少于1:3,软塑~软可塑状黏性土一般为1:2,可塑状黏土或砂性土(降水后)可放宽至1:1。为确保基坑施工过程中不因纵向滑坡造成人员伤亡等事故,每层土方放坡后应保留一定宽度的放坡平台及工作面。

(4)一般地铁车站基坑为长条形,标准车站160~180m,属于典型的长条形基坑,因此在开挖过程中应保证纵向土坡的稳定,一旦土坡坍塌,可能冲断横向支撑并导致基坑挡墙失稳,酿成灾害性事故。尤其是雨期施工,更会因排水不畅、坡脚扰动造成纵坡滑坡事故。

因此应严格控制基坑开挖坡度。通常土方挖应由端头井向中间,分层分段开挖,形成流水作业,应待上一段底板施工完成,方可将邻近区段开挖到底;每层土方之间放坡坡度应根据土层性状确定合理坡度。开挖过程中,按规范要求进行纵向放坡,严禁掏挖。暴雨来临之前所有边坡应铺设塑料膜防止暴雨冲刷,同时在坡脚设置大功率水泵抽水,防止坡脚浸水。如果遇到特殊情况,基坑需要停工较长时间,应在平台、基坑边和坡脚设置排水明沟和积水坑,并派专人抽水值班,必要时对基坑边坡面进行喷射素混凝土保护。

(5)土方开挖应在围护结构及墙顶圈梁达到设计强度要求,且宜在基坑预降水20天后、地下水位降到坑底以下1~2m后开始。

(6)对于采用钢筋混凝土支撑的围护结构,应根据支撑的平面布置分段对称开挖(如大角撑,整个角撑部位开挖到支撑垫层底),一般应在7~10天内完成支撑混凝土浇筑;采用钢支撑的,应分层分段开挖,每段钢支撑一般不多于3~4根,并应在12h内架设到位、按设计要求预加轴力。

(7)采用混凝土支撑的基坑一般水平承载力较大,车站基坑宽度一般为20m左右,中部宜设置立柱且每两根混凝土支撑采用联系梁相连;若因其他原因造成支撑轴力过大,可增加临时钢支撑以减少支撑轴力。目前常用的为ϕ609壁厚16mm的钢管支撑,极限承载力2800kN,设计值一般控制在2400kN左右,并要求在立柱节点设置抱箍,一旦发现支撑轴力过大,在排查原因后,可加密布置支撑(如双拼支撑),或调整支撑间距,增加支撑道数。

(8)雨期施工时,应在坑顶、坑底采取有效的截排水措施;对地势低洼的基坑,应考虑周边汇水区域地面径流向基坑的影响;排水沟、集水井应采取防渗硬化或防渗化处理;软土基坑开挖到坑底附近时,降水较难,即便增加后期降水管井效果也不大,施工前应提前做好相应的考虑,如采用真空深井、增加预降水时间、加深降水井深度等;开挖到底时若仍不能达到预期效果,可临时插打真空软管，采用自吸泵抽排水。

（9）垫层与底板施工在地铁车站基坑稳定中非常重要，如果施工不及时、施工部位不合理也会引起工程事故。最主要的风险就是坑底隆起，基坑变形无法稳定。

因此，基坑垫层应在土方开挖到底24h内浇筑好垫层，若条件不具备不得直接开挖到底；若因其他原因垫层施工周期较长，可考虑增加垫层厚度和强度以保证基坑稳定。另外，垫层、防水层及底板结构应连续施工，通常每段底板施工周期为7~10天，若因底板结构复杂或其他原因施工时间较长，可提前对最后一道支撑进行增强，或增加临时支撑。

【案例3-3】

某地下车站主体基坑分区段采用不同围护体系，其中西端头井区域采用围护桩加支撑围护体系。围护桩桩径1200mm，共设三道钢支撑。东区采用大放坡开挖加喷锚支护围护体系。基坑标准段开挖深度约25.1m，端头井段开挖深度约26.5m，如图3-6和图3-7所示。

2014年2月7日，由于该地区连续两天的强降雪后，现场发现在基坑11~14轴南侧坡面出现了裂缝。其中四级坡（7.334~14.834）范围平台有连续的横向裂缝，坡面上有细小的横向和纵向裂缝；三级坡（14.834~21.834）范围平台上有连续的横向裂缝，坡面上有明显的纵向裂缝出现；二级坡（21.834~28.834）范围平台上有连续的横向裂缝，坡面上基本没有纵向裂缝出现；一级坡（28.834~32）平台上有连续的横向裂缝，坡面上基本没有横向裂缝出现，如图3-8所示。

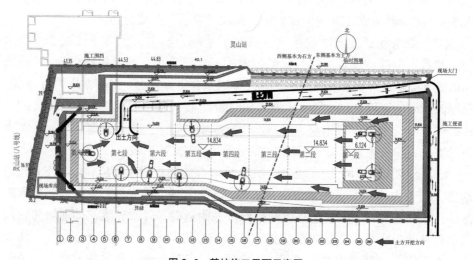

图3-6 基坑施工平面示意图

第三章 深基坑工程风险源的管理与防控

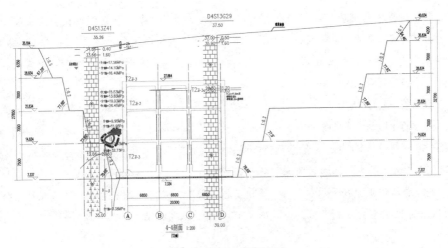

图 3-7 基坑剖面示意图

图 3-8 边坡多处出现裂缝

形成原因分析：该位置位于岩石与土体交接处，风化比较严重。背面堆土距离基坑太近（2 倍基坑深度范围内不得堆土）。适逢雨雪天气，增加了土体自重，土体膨胀，加剧了裂缝的发展。采取措施：及时清扫坡面积雪，修补护坡面层。对 2 倍基坑深度范围内的堆土进行转移。加快该部位主体施工，尽快做好回填前准备工作，尽早回填。

【案例 3-4】杭州地铁 1 号线湘湖站北二基坑事故

湘湖站为杭州地铁 1 号线的起点站，位于萧山湘湖杭州乐园西侧，风情大道东侧。车站东侧为奥兰多小镇，东南方向为杭州乐园，西侧为在建苏黎世小区，建筑物主要为小高层。车站段总长 932m，宽 21m。分期分段施工，主体基坑从北向南分段封堵施工顺序，分为北一、北二、南一、南二等多期。

自 10 月 9 日至事发前，北二基坑西侧风情大道的结构层开裂严重、路面下沉明显；曾多次采取浇灌混凝土等方法对路面的裂缝进行了勾缝等措施处理。除基坑外地面有开裂现象外，基坑内侧地下连续墙也曾出现过较大的裂缝；基坑全长分为 6 个作业段（每段 20m 左右），事故前第一段底板已浇筑完成，第二段完成垫层工作，第三段铺筑砂石，第四段清底，两台挖机正在第五段和第六段开挖最后一层土方。事故前基坑开挖到底而未施作结构的区段 60～70m。

2008 年 11 月 15 日下午 3 时 20 分左右，基坑西侧，风情大道街口的交通灯正值红灯，南行的 14 辆车停在路面待行。司机们觉得人车整体下沉，前门的红绿灯突然不见，紧接着车内进水，车内人员紧急逃离，被淹的 K327 公交车上的乘客也全部脱险。风情大道沉陷 7m，宽 40m，长近百米，很快漫水；百余名坑中现场施工人员纷纷逃离；5 名蛙人进行潜水作业。抽干积水之后，派出了搜救犬帮助确定失踪者方位。救援人员采取每隔 50cm 分区挖沟的方式下探。当时确定 17 个施工人员死亡，4 人失踪，如图 3-9 所示。

(a) 基坑西侧

(b) 基坑东侧（场地内地面下沉） (c) 预应力钢支撑

(d) 南端破碎的连续墙（内） (e) 南端破碎的连续墙（外）

图 3-9 事故实景图

事故原因分析：责任事故（处理和追究刑事责任9人）；严重超挖；基坑100m范围内同时开挖；取消了坑底被动区加固处理；无视事故的前兆。

事故处理：资料重新勘测、恢复施工设计方案，具体处理方案如下，剖面如图3-10和图3-11所示。

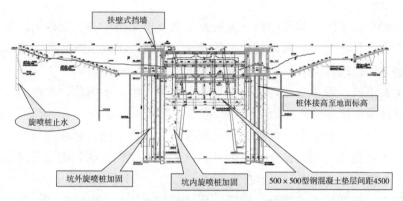

图3-10　北二基坑围护结构南端高低桩3-3横剖面图

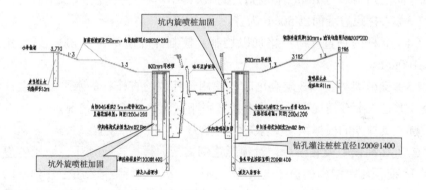

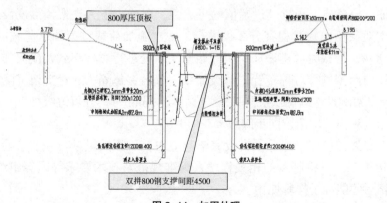

图3-11　加固处理

（1）新围护桩施工，围护结构外侧加固（格构式旋喷桩结构），新老围护间土体加固。

（2）坑外卸土，架设支架、安装钢支撑，现浇冠梁与压顶板。

三、主体结构施工阶段的重大风险控制

一般车站主体结构的中板、顶板施工的支模架属于高大支模架，是施工安全的重大危险源之一。考虑到施工的安全、质量、经济、方便等因素，一般常采用满堂碗扣式脚手架（$\phi 48.3mm \times 3.6mm$）作为模板支架。

支架搭设一般是立柱先浇，中板施工完毕支模架不拆除，顶板施工完毕且达到设计强度要求后再拆除支模架。基本要求有：

（1）搭设支架前应根据相关规定要求对支架体系的各部件进行验收，验收合格后方可使用。同时，支模架地基要求平整，中板孔洞采用上下层立杆贯通做法，立杆底座应用大钉固定在垫木上。

（2）立杆的接头应错开，即第一层立杆应采用长1.8m和3.0m的立杆错开布置，向上则均采用1.8m的立杆，至顶层再用两种长度的立杆找平。

（3）立杆距边墙面以50cm为宜。

（4）立杆的垂直度应严格加以控制，控制标准偏差为L/400，最大允许偏差＜100mm。

（5）支模架拼装到3层高度时，使用经纬仪检查横杆的水平度和立杆的垂直度，并在无荷载情况下逐个检查立杆底座有无松动或空浮情况。

（6）支撑架的横撑因使支撑架侧向受力，必须对称设置。

（7）在铺设中板底模后，对预压范围支架、模板进行预压，采用砂包（或钢材），对预压范围内模板、支架均匀预压3天，进行变形测量：在预压前、后和预压过程中，用仪器随时观测各观测点的变形，并检查支架各扣件的受力情况，验证、校核施工预拱度设置值的可靠性，以确定下一支架预拱度设置的合理值。支架预压加载过程宜分3级进行，一次施加荷载宜为预压荷载的60%、80%、100%，加载时应遵循从跨中开始向支点处进行对称布载，横向加载从结构中心线向两侧进行对称布置。每级加载完成后，每隔12h对支架沉降量进行监测；当支架测点连续两次沉降差平均值小于2mm时，方可继续加载。卸载时支架两侧应对称、均衡，同步卸载。

（8）支架搭设完毕或分段搭设完毕时应对其工程质量进行检查，检查验收时严格按施工"三检制"的相关程序、标准规范及技术要求等内容组织验收，验收合格后才能准予挂牌使用。

支架拆除注意事项：

（1）如部分支模架需要保留而采取分段、分立面拆除时，对不拆除部分支模架必须设置斜撑，横向斜撑应自底至顶层呈"之"字形连续布置；

（2）支模架分段、分片拆除高度不应大于两步；

（3）拆除立杆时，稳定上部，再松开下端的联结，然后取下立杆；

（4）拆除水平杆时，松开联结后，水平托举取下；

（5）拆除支撑架前，清除支撑架上的材料、工具和杂物；

（6）模板支模架拆除时，应在周边设置围栏和警戒标志，并派专人看守，严禁非操作人员入内；

（7）拆除人员必须站在临时设置的脚手板上进行拆除作业，并按规定使用安全防护用品；

（8）拆除工作中，严禁使用榔头等硬物击打、撬挖；

（9）拆下的配件、钢管、扣件、脚手片应逐一递接至地面，并人工搬运至指定场所分类堆放整齐，严禁抛掷；

（10）模板支模架拆除时，构件的混凝土强度满足设计及规范规定要求；

（11）支模架的拆除应在统一指挥下，按后装先拆、先装后拆的顺序及安全作业的要求进行。

四、支撑、降水及土体加固施工重大危险源及控制

（一）支撑结构（钢筋混凝土支撑、钢支撑）施工

支撑是围护结构的水平向受力构件，施工质量直接关系到整个基坑的安全，拼装、架设、施加轴力等工序都至关重要。

1. 钢筋混凝土支撑施工主要风险源及控制要点

（1）钢筋混凝土支撑和连系梁的底模（垫层）施工，可以采用基坑原状土填平夯实，铺设模板，经过测量放线后，绑扎钢筋，安装侧模板。

（2）檩梁和支护结构之间的连接可预埋钢筋，以斜向方式焊接在支护壁的主筋上。

（3）钢筋混凝土支撑和连系梁的侧模利用拉杆螺丝固定。

（4）钢筋混凝土支撑梁和连系梁混凝土浇筑应同时进行，保证支撑体系的整体性。

（5）为了方便拆除钢筋混凝土支撑梁及连系梁，在浇筑混凝土时应考虑预

留爆破孔。为了保证施工人员在支撑梁上行走的安全，支撑梁两侧预埋用于焊接栏杆的铁件。

（6）混凝土浇筑、拆模和养护按有关规范要求进行，保证混凝土后期强度的增长。

2. 钢支撑施工主要风险源及控制

（1）钢支撑壁厚不足。由于钢管支撑为成品，常年使用会导致表面锈蚀严重，使钢支撑壁厚达不到设计要求，因此在使用前，应检查钢支撑的外观质量及进行无损探伤试验抽检。

（2）钢支撑储备量不足。基坑土方开挖连续作业，钢支撑要随挖随架，因此，现场的钢支撑储备量应充足，至少保证每个开挖工作面下一层土方开挖后钢支撑的架设量。并且须在现场预留钢支撑以备加撑之用。

（3）支撑活络头过长。基坑宽度基本为钢支撑的长度，但由于基坑围护外放及结构线型的变化，支撑的长度往往有所变化，如按统一尺寸进行钢支撑的拼装，极易造成钢支撑长度不够，安放时一端的活络头就会伸出过长，造成支撑不稳及影响受力。施工前，应该丈量基坑的宽度后拼装钢支撑，合理控制钢支撑及活络头的长度。

（4）钢支撑安装支撑端面与围护结构不贴合、活络头及钢支撑偏心。钢支撑在安装的时候，要控制钢支撑的水平及与围护结构的垂直度，保证钢支撑端面与围护结构完全贴合。不贴合难以保证钢支撑的稳定性及整体受力，易造成基坑不稳定。

（5）钢支撑预加轴力。预应力施加不及时、施加过大或过小、预应力损失未及时复加，均会造成钢支撑失稳。钢支撑失稳前有拱起或下沉的先兆，支撑轴力监测异常，一旦发现此类先兆应立即停止开挖，在失稳的钢支撑旁加设钢支撑，并施加预应力，同时对周围支撑复查，查找是否有支撑松弛，如果有支撑松弛，应立即复加预应力。如果没有支撑松弛或支撑失稳，则应立即查找周边超载、支撑材料等原因，防止失稳现象扩散。

（二）基坑降水

降水不到位会引起邻近建筑物、路面以及基坑本身的不均匀沉降、塌孔、涌砂等危害，如图 3-12 所示。降水施工危险源管理与防控有：

（1）降水引起的地面沉降较小时，对环境的影响也不大时，可不需要特殊处理，可合理布置降水井点，尽量缩小降水影响范围即可。但当土层的压缩性较大，渗透系数较小，或者土层厚度变化较大时，则应设置帷幕隔渗，在完全

(a) 坑内流土　　　　　　　　(b) 坑底管涌

图 3-12　基坑内流土地和管涌

隔渗条件下，进行坑内封闭式降水，或对非桩基础建筑物地基采取预先托换等加固措施后再进行降水。条件许可情况下，可进行回灌。

（2）结构强度及施工工况未达到设计抗浮要求，不得停止降水。

（3）基坑支护桩排间发生渗漏，应立即停止土方开挖，确定漏点范围，迅速用堵漏材料处理止水帷幕；在渗漏发生部位设置井点降水。

（4）基坑坑底发生流土和突涌破坏时，对发生渗漏部位，可用袋装土进行反压；设降水井或增大抽水量，降低承压水头；沿周边重要建筑物施工止水帷幕。

（5）隔渗帷幕遭破坏时，先将坑底积水排出，寻找水源及其通道，进行封堵。在基坑内砌筑围堰，灌水抬高水头；用高压注浆或双液注浆在帷幕外侧封堵帷幕缝隙和固结周围土体；当支护结构内侧不渗漏或只有轻微渗漏时，可桩间缝隙处设模板，灌注混凝土封堵。

（6）基坑降水疏不干时，增加井数，缩小井间距；外围设落底式隔渗帷幕；可在基坑内设置大尺寸竖井和井内任意高度单一或多方向长度不一的水平滤水管。

（三）基坑内、外土体加固

1. 加固施工主要危险源及影响因素

（1）地层差异或遇障碍物无法成桩，如桩长较深或砂性土搅拌桩搅不动；

（2）施工参数控制不到位（注浆压力等），成桩桩径、强度达不到设计要求，影响加固效果，如图 3-13 所示；

（3）因加固施工的注浆对周边降水井产生影响，如搅拌桩周边 3m 以内，或旋喷桩 4m 以内，喷浆时可能会填塞降水井滤水层，影响降水效果；

（4）坑外土体加固注浆压力过大，造成地面隆起，进而影响建筑物变形。

图 3-13 水泥土搅拌桩加固效果

2. 加固施工危险源管理与防控

（1）清除老基础的地下障碍物可先划定范围，用镐头机冲碎障碍物，再结合挖掘机挖出破碎物，基础在放坡条件下开挖，遇有高地下水位时，可配合抽水机，以速战速决方式清理，清障后应立即回填预先准备的好土；对于地下防空洞（通道），可采取开挖、局部开挖等方法处理；对于预制桩、沉管灌注桩、钻孔灌注桩，一般采用冲击破碎、机械拔除等方法进行处理。

（2）应严格按照相关标准规范及设计要求，控制施工参数。注浆压力可根据经验公式（3-1）确定。

$$P = R_k K_0 \gamma h \tag{3-1}$$

式中：P 为注浆压力；R_k 为注浆压力系数（一般取 3~3.5）；γ 为水和土体的平均重度（kN/m^3），一般取 18；h 为埋深（m）；K_0 为土的侧向静止平衡压力系数（一般取 0.56）。

第四节 深基坑工程风险监控管理

国家在控制工程建设安全管理过程中，明确规定了工程参建方的责任主体单位。深基坑工程施工中风险管控是通过组织参建单位成立基坑工程风险管理小组，共同协助进行现场安全风险管理，最终达到消除风险，保证施工安全与质量的目的。科学的风险管控模式及有效的风险管控手段能有效控制风险，降低风险转化为事故的概率。

一、风险监控管理模式

软土地区深基坑开挖时空效应明显，监测对风险的控制起着至关重要的作用，因此软土地区的深基坑风险管理要以监测技术为基础，密切联系施工工况，同时辅以有效的管控手段。

为了合理利用各方资源，充分调动现场工程技术人员的积极性，保证风险处理的及时性，提高管理决策的科学性，可以建立由建设单位、设计单位、施工单位、监理单位、监测单位等工程各方代表都参与的管理模式，实行分级管理、分工负责、集体决策制度，如图3-14所示。

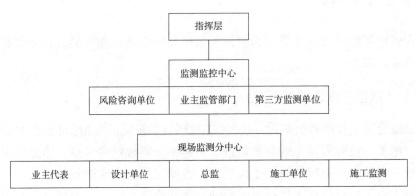

图3-14 工程管理模式图

（一）现场监测分中心

监测是基坑工程安全风险管理的重要监督、执行者。在城市轨道交通经验匮乏、资源稀缺的情况下，建设单位宜建立以现场总监为主要负责人，各方参与的现场监测监控管理分中心。现场监测分中心的建立，可以充分调动现场的资源，增强现场参建各方的责任。建设单位通过管理现场监测分中心，共同来积极严格控制基坑工程风险。这种现场为主的管理模式的最终目标，是明确现场管理的责任，通过管理和手段推动现场工程技术人员积极主动地控制安全风险，将被动的安全管理思路转化为主动的"我要安全"的风险管理行为。

现场分中心由总监负责，业主代表、设计代表、施工、监理及第一方监测成员参与，对每日监测数据、基坑风险状态和技术措施的落实情况进行评估和监督，通过分中心的日常运作，提高各成员的业务水平，增强责任心，避免风险事件的发生。

（二）监测监控管理中心

监测监控管理中心由业主监管部门、风险咨询单位、第三方监测单位组成，风险咨询单位和第三方监测单位是业主风险管控的助手和纽带。

监测监控管理中心管理和监督监测分中心的工作，在监测方面赋予第三方监测单位管理的职能，从监测方案、仪器、人员、测点布置、初始值验收、成果记录等各方面进行管理，与风险咨询单位对风险进行双控。对数据超标或异常的情况发出预警，督促现场执行措施，闭合预警流程。

二、监控管理手段

在既定风险管理模式下，为更好控制风险，应辅以相关的监控手段，可从以下几方面着手。

（一）远程风险监控管理平台

轨道交通工程项目的参建方众多，工程项目信息化的实施，可将业主、设计、监理、施工、监测等单位的各种信息汇集起来，实现信息共享。信息化平台为各参建方提供一个良好的协同工作平台，各参建方应及时进行信息的沟通与反馈，减少由于信息传递障碍造成的管理失误和决策失误，从而提高工程项目管理的整体工作效率和经济效益。引进风险监控管理系统平台对于工程项目的风险管理至关重要。

通过对数据的收集、处理和分析，结合报警系统，可加强现场的安全监管，提高工作效率。远程监控系统不仅方便快捷，更可为建设单位打造一个管理及交流的综合性平台。

（二）基坑风险监控图表

工程施工阶段是工程风险管理过程的核心阶段，也是工程风险能否得到有效控制的关键阶段。随着工程进展，工程风险在不断变化，各项风险的发生概率及其损失也在不断改变。因此，工程施工阶段风险管理应以先期各阶段完成的风险评估为基础，进行风险的动态管理与控制。

对于浙江软土地区，要充分考虑时空效应，以无支撑暴露时间为控制要点，建立系统的监控管理图表。监控图表是实现现场基坑、盾构工程工况的施工、技术、管理的有效管理工具。通过现场监测管理分中心每日准确填写三图四表，并在规定时间之前将其上传至远程监控平台这一行为，紧密联系了两个中心，充分发挥其连接两个中心的纽带作用，通过远程监控平台实时了解现场情况。

1. 风险监控图表的意义

监控图表加强了基坑工程施工的过程控制，它督促施工方重视每道施工工序，细化施工方案和措施，实现工程的规范化和精细化施工；同时加强安全生产管理，层层落实安全生产责任制，明确各参建单位在施工现场安全管理中的责任和义务，高效发挥监测监控管理系统在基坑工程中现场监控、分析、预警、消警等方面的作用。

2. 风险监控图表的应用

监控图表根据轨道交通工程中车站主体基坑、附属结构基坑、盾构隧道、联络通道的建设施工，分设四大类"三图四表"。其中针对基坑工程主要有：基坑监测点布置图、基坑开挖平面图、基坑开挖纵剖面图、基坑土方开挖记录表、土方开挖无支撑暴露时间表、每日/每周施工监测分析记录表、日常/联合巡视现场记录表，这些图表是实现基坑工程施工、技术、管理的有效工具。

"三图四表"的设计内容基于各工点用于现场实施的施工、设计资料为依据编制。建设单位安全质量管理部门作为"三图四表"工作的归口部门，负责对该项工作的总体管理。风险咨询单位作为"三图四表"工作的直接管理单位，负责对该项工作的图表内容设计、管理办法制定和应用推广。现场施工、监测单位作为"三图四表"的现场直接责任单位，负责对"三图四表"内容的每日更新、上传。现场监理单位作为"三图四表"工作的现场监督单位，负责对"三图四表"内容的核实和检查。

施工期间，现场分中心安排技术员在每日 10:00 前将基坑监控图表中基坑土方开挖平面图、基坑土方开挖剖面图、基坑监测点布置图、土方开挖无支撑暴露时间表、基坑土方开挖记录表上传至监测监控管理信息平台。

基坑监测点布置图由第一方监测单位于工点开工前编制上传，反映基坑及周边建（构）筑物、管线的监测点布置情况，基坑影响范围内环境风险情况，直观形象地掌握基坑监测点布设及周边风险情况（图3-15）。

基坑开挖平面图和基坑开挖剖面图每日 10:00 前由施工单位编制上传，基坑开挖平面图通过不同的颜色表示基坑各区块工程进展，并标识出基坑及下翻梁位置，能动态地了解现场工况。基坑剖面图直观反映各区块开挖深度、放坡情况、开挖涉及土层、支撑安装情况、基坑的围护形式、加固及降水情况，直

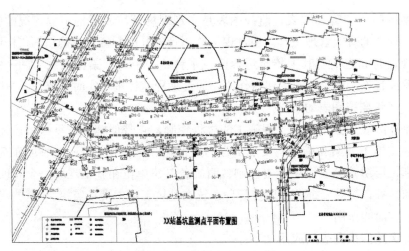

图 3-15 基坑监测点平面布置图

观反映基坑各项信息及基坑施工进展,表 3-5 为基坑土方开挖记录表,表 3-6 为土方开挖无支撑暴露时间表。

基坑土方开挖记录表　　　　　　　　　　　　　　　　表 3-5

施工单位:　　　　　　　　　　　　　　　　　　　　监理单位:

工程名称		申请开挖日期	
申请开挖块		天气情况	
拟开挖尺寸及方量（长 × 宽 × 高）		挖掘机司机	
开挖块中间开槽起始时间		开挖块中间开槽完成时间		开挖块中间开槽开挖时间（T_0）	
开挖块被动区土方开挖起始时间		开挖块被动区土方开挖完成时间		开挖块被动区土方开挖时间（T_1）	
土方开挖时间（T_0+T_1）			
施工牛腿起始时间		施工牛腿完成时间		施工牛腿时间（T_2）	
支撑架设起始时间		支撑预加轴力完成时间		支撑架设时间（T_3）	
无支撑暴露时间			
挖土施工班组长		施工监测单位	
施工单位		监理单位	
备注:			

说明:本表对开挖段开槽、土方开挖、支撑架设等工序进行填写,一式两份,施工、监理单位各一份。

第三章　深基坑工程风险源的管理与防控

土方开挖无支撑暴露时间表　　　　　　　　　　　　　　　　表 3-6

土块编号					
预计开挖日期					
预计无支撑暴露时间					
实际开挖日期及时段					
T_0					
T_1					
T_2					
T_3					
实际无支撑暴露时间					

说明：1. 土块编号以 A、B、C、D、E 分别代表第 1～5 层土计，字母后面加数字表示土块编号数。

　　　2. T_0：中间土方掏槽开挖时间；T_1：预留反压土方开挖时间；T_2：施工牛腿时间；T_3：架设支撑时间。

　　　3. 实际无支撑暴露时间 = $T_0+T_1+T_2+T_3$，基坑土方开挖记录表每日 10 点前由施工单位编写上传，将各个土块的开挖计划、实际开挖及支撑施工进展通过报表形式反映，让现场管理者与指挥部管理层领导直观了解工期偏差与现场对无支撑暴露时间的控制情况，实现基坑工程标准化管理。

　　基坑土方开挖记录表每日 10:00 前由施工单位编写上传，将各土块开挖段开槽，被动土开挖，牛腿施工，详细记录支撑架设的起始时间，确定土方无支撑暴露时间，实现基坑土方开挖及支撑架设精细化管理，基坑土方开挖记录表见表 3-4。

　　每周施工监测分析会记录表由监理单位编制上传。监理单位每周组织参建各方对监测数据及现场存在的结构风险进行分析，制定相应整改措施，督促现场整改措施落实，提高现场对基坑施工风险的把控能力。通过上传至监控平台，可以实时了解基坑当前风险及现场处置风险情况，每周施工监测分析会记录见表 3-7。

每周施工监测分析会记录表　　　　　　　　　　　　　　　　表 3-7

施工单位：		监理单位：		
工程名称：		会议日期：	年　月　日	
会议内容：				
工况及现场情况：				
结构安全分析：				
监理单位认为需要改进的地方：				
现场问题整改落实情况：				
与会单位及签到人员				
监理单位				
施工单位				
施工监测单位				
业主代表				
设计单位				

巡视现场记录表分为日常巡视现场记录表和联合巡视现场记录表。日常巡视由监理单位组织现场施工单位及施工监测单位每日对现场进行巡视，查看现场存在的风险隐患，形成记录上传至监控平台；联合巡视是由第三方监测单位组织风险咨询单位、现场施工、监理和第一方监测单位每周对现场进行巡视，查看现场存在的风险隐患、现场监控管理工作落实情况，形成记录上传至监控平台。通过巡视现场记录表的上传，实时了解基坑当前风险及现场监控工作开展，日常或联合巡视现场记录表见表3-8。

日常或联合巡视现场记录表　　　　　　　　　　　表3-8

施工单位：　　　　　　　　　　　　　　监理单位：

线路名称		站点名称		日期	
工程地点：			巡视开始时间： 巡视结束时间：		
现场工况：					
存在问题及处置措施：					
参加巡视单位及人员					
第三方监测单位					
风险咨询单位					
监理单位					
施工单位					
施工监测单位					

（三）风险预警体系

轨道交通深基坑施工工程复杂，风险很多，如果管理不到位，极易导致严重事故的发生，如基坑护壁塌方及附近建筑物和路面的沉降等。《城市轨道交通工程监测技术规范》GB 50911—2013 明确指出城市轨道交通地下工程应在施工阶段对支护结构、周围岩（土）体及周边环境进行监测，并根据工程特点、监测项目控制值、当地施工经验等制定监测预警等级和预警标准，且当监测数据达到预警标准时，须进行警情报送。

1. 预警管理体系的意义

预警管理制度是城市轨道交通安全管理实现科学化管理和精细化管理的重要手段。通过有效的预警行为，将现场出现的具有风险发生隐患的工程安全问题及时消灭在萌芽阶段。同时通过预警制度的实施，及时调动参建各方的应急

第三章 深基坑工程风险源的管理与防控

处置力度,并通过电话警示、短信警示等多种渠道,从主观上增加安全保障,降低安全事故发生的可能性。

2. 预警的分级和标准

准确的监测数据能直观地反映支护结构及周边环境的变化程度,从而为深基坑施工提供正确的指导,及时发现安全隐患并进行妥善处理。工程监测预警是整个监测工作的核心,需有一定的标准,并按照不同的等级进行预警。

针对软土特性,为了更好地掌握基坑在各分层开挖阶段过程中围护结构侧向变形规律,使对基坑施工的安全把控由原来的结果控制转为过程化控制,进一步推进地铁基坑施工过程的精细化管理,应坚持分层控制原则。分层控制原则的实施对部分周边环境保护要求较高的工程提供了更可靠的安全保障,也朝地铁施工的精细化管理目标迈出了坚实一步。

预警应从技术、管理两个方面对施工现场出现的风险事件进行不同等级的过程干预,预警过程包括预警发起、预警响应、消警闭合等几个阶段。

（1）预警发起：监测监控中心结合现场参与各方的监测数据和巡视信息,通过核查、综合分析和专家咨询等方法及时判定工程风险大小,确定相应的预警级别。预警级别按工程风险由小到大分为：蓝色预警、黄色预警、橙色预警和红色预警。

（2）预警响应：监理单位组织会议分析,承包单位汇报现场情况,施工监测单位汇报当日监测及加测数据情况,各单位共同对警情原因进行分析,提出建议和控制措施,施工单位执行会议确定的措施,监理单位进行监督。

（3）预警闭合：预警发出后,在现场采取有效措施的情况下,连续多日监测数据显示收敛趋势,警情得到有效控制或解除后,可申请消警。

3. 警情的报送机制

警情报送是工程监测重要工作之一,也是监测人员的重要职责,通过警情报送能够使相关各方及时了解和掌握现场情况以便采取相应措施,避免事故发生。城市轨道交通工程监测应当根据监测预警等级和预警标准建立预警机制,预警管理制度应包括不同预警等级的警情报送对象、时间、方式和流程等。

轨道交通基坑工程预警报送机制是风险咨询单位、第三方监测单位根据现场工点每日监测上传数据和日常巡视情况或结合现场承包单位、监理单位、业主代表提出预警建议,通过综合了解现场工况及数据异常原因,判定风险程度后及时填写预警建议表,由监测监控中心判定预警级别,风险咨询单位负责向参建单位相关人员发送预警短信。

城市轨道交通工程支护结构及周围岩土体监测项目控制值与地质条件、工程规模、周边环境条件等有密切关系,应建立符合当地实际情况的指标体系。因此要按照工程特征参数、监测数据整体水平,对指标进行研究。工程技术人员及管理人员的技术水平直接关系风险控制水平,因此有计划组织系统的培训工作非常必要。应根据工程进展情况,对重大风险源及风险处理进行培训,使工程人员面对风险能采取有效措施。科技是第一生产力,基坑工程面临的有些问题需要通过科研解决,因此要开展面向现场、有针对性的科研工作。

第四章

隧道施工风险源管理与防控

第一节　盾构隧道特点及风险

一、盾构隧道施工特点

（一）盾构隧道施工流程

1. 建造竖井（或基坑）

在修建区间隧道两端修建竖井（或基坑），作为盾构进发和接收竖井（或进发和接收基坑）。

2. 盾构机组装与调试

把盾构主机和配件分批吊入盾构进发竖井中，在预定进发掘进位置上组装成整机，随后调试其性能使之达到设计要求。

3. 盾构进发

在进发竖井（或进发基坑）预留开口处破壁施工（也可不人工开口，由盾构刀盘直接掘削），沿隧道设计轴线向前推进。

4. 盾构区间隧道掘进施工

施工全过程可分为几个步骤：

（1）土体掘削：保持盾构掘削面土、水压力略小于压力舱内支护压力以保持掘削面稳定前行。

（2）盾尾管片拼装：当掘削面推进管片环幅宽度时，在刚性盾壳保护下完成整环管片拼装。

（3）壁后注浆：为防止地层变形、提高抗渗性、确保管片衬砌早期强度，须对管片和围岩之间的空隙（盾尾空隙）进行壁后注浆。

重复上述过程，掘削面不断推进，形成连续管片环和注浆环，直至整条隧道贯通。

5. 盾构到达

盾构机掘进至设计预定接收竖井（或接收基坑），再次破壁到达接收竖井，结束施工，拆卸盾构机并吊运完成。盾构法施工过程中必须保持掘削面稳定，盾构方向、姿态的控制、衬砌拼装及壁后注浆，是盾构法施工的三要素，图 4-1 为盾构法施工的示意图。

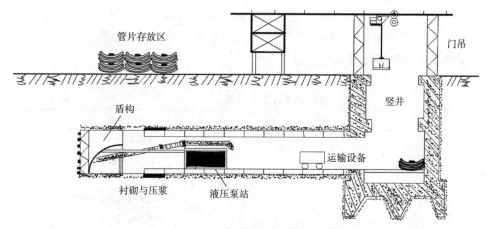

图 4-1　盾构法施工示意图

（二）盾构法的优点

（1）施工速度快：盾构的推进、出土、衬砌拼装等可实行自动化、智能化和施工远程控制信息化，故掘进速度快，施工劳动强度低。

（2）施工安全：盾构法施工，改善了作业人员的劳动条件，减轻了体力劳动量，施工在盾壳的保护下进行，减少了安全事故。

（3）对环境影响小：出土量少，故周围地层的沉降小，对周围构造物的影响小；不影响地表交通，对居民生活、出行影响小；无空气、噪声、振动污染问题。

（4）施工不受地形、地貌、江河水域等地表环境和气候的限制。

（5）适用地层范围广，软土、砂卵土、软岩直到硬岩均可适用。

（三）盾构法的不足

（1）盾构机械造价较昂贵。

（2）需要设备制造、气压设备供应、衬砌管片预制、施工量测等多种施工技术相配合，工艺复杂，系统协调性要求高。

（3）用于施工小曲率半径隧道时，掘进较困难。建造短于 750m 的隧道时，经济性差。

二、盾构隧道施工风险源

城市轨道交通盾构隧道工程具有工程体量大、结构复杂、施工工序多、地质条件复杂等特点,根据盾构进出洞的施工步骤、施工阶段风险分析,主要风险发生在盾构出洞、盾构掘进、管片工程、壁后注浆、盾构进洞、联络通道等工序中,盾构隧道施工风险源见表4-1。

盾构隧道施工风险源　　　　　　表4-1

风险源	分项工程	风险事件
施工风险	盾构出洞	地基加固
		洞口土体流失
		洞口土体坍塌
		盾构推进轴线偏离设计轴线
		盾构吊装设备倾覆
		盾构基座设计、安装不合理
		盾构机后靠变形、破坏
	盾构掘进	遇见障碍物
		盾构掘进面土体失稳
		盾构内出现涌土、流砂、漏水
		盾尾密封装置泄漏
		盾构沉陷
		掘进轴线偏离设计轴线
		地面隆起变形
	管片工程	管片破损
		管片就位不准
		螺栓连接失效
		管片接缝渗漏
	壁后注浆	注浆管堵塞
		注浆参数不合理
		注浆质量不合格
		二次注浆不及时
	机械设备	盾构刀盘轴承失效
		刀盘与刀具出现异常磨损
		盾构内气动元件不工作
		数据采集系统失灵
		管片拼装系统失效

续表

风险源	分项工程	风险事件
施工风险	盾构进洞	盾构姿态突变
		洞口土体流失
		盾构基座变形
		偏离目标井或对接错位
	联络通道	管片开裂、渗漏
		出现涌土、流砂或涌水
		开挖面土体失稳
		支护结构失稳
第三方建筑物风险		邻近建（构）筑物
		邻近桥梁
		邻近管线
		邻近路面
		邻近地下构筑物
		河流及河堤
自然风险		地震
		台风
		暴雨
施工人员风险		施工安全
		职业健康

据资料统计显示，某地铁区间引发的盾构法隧道事故31起，其中，地面塌陷14起，输送机喷涌9起，管片上浮2起，管片破除涌水、涌砂2起，盾构掘进困难2起，管片下沉1起，气体爆炸1起，如图4-2所示。

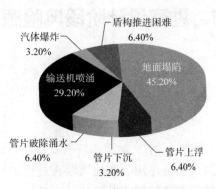

图4-2 盾构事故类型比例图

盾构施工安全事故原因统计　　　　　　　　　表4-2

主要原因	事故因素	所占比例
勘察原因（占40%）	土层划分不准确	10%
	水文地质资料不完整或不准确	25%
	管线调查不清	15%
	勘察工作针对性不强	40%
	岩土参数不准确	10%
设计原因（占16%）	荷载考虑不全	11%
	工法不当	11%
	加固方案不当	12%
	水处理方案	22%
	盾构设计参数	44%
施工原因（占44%）	止水加固体质量不佳	22.7%
	掘进参数设置不当	18.2%
	险情处理不及时	36.4%
	注浆参数不合理	13.6%
	盾尾密封较差	9.1%

资料来源：曹妙生.地铁盾构施工安全风险防范[J].建筑机械化，2009（7）.

盾构施工安全管理及风险防范贯穿于工程建设土建实施阶段的全过程，即岩土勘察与工程环境调查、设计阶段（方案、初步以及施工图）、施工阶段（施工准备期和施工过程）和工后阶段，因此盾构安全风险防范应着眼于工程建设的全过程控制，着力抓好施工准备期和施工过程风险管理。

第二节　勘察设计阶段风险源及预防

一、基础资料调查

工程所在区域的工程地质、水文地质条件的复杂性，会表现出很强的变异性；同时地层中还存在水的活动与作用。在地质勘查过程中，受到施工条件、技术水平和勘察设备等各种因素的限制，勘察结果与现场情况有一定的差距。城市轨道交通一般修建于城市中心，周边的地面建（构）筑物和环境设施十分复杂。各种建筑物资料及管线资料勘测不全、调查不详或是无法获得准确的资料，使施工的危险性和不确定性增加。因此工程地质及水文地质、工程周边环境（建筑物、道路和地下管线等）等基础资料的调查，是勘察设计阶段盾构工程风险预防的重点。

选择盾构法施工前提条件：

（1）必须掌握隧道穿过区域地上及地下建（构）筑物和地下管线的详尽资料，并制订防护方案；

（2）必须采取严密的技术措施，把地表隆沉限制在允许的限度内；

（3）选择泥水式盾构时必须设置封闭式泥水储存和处理设施。

地质勘查应当在不同阶段满足不同的要求。在踏勘阶段应在大于可能方案的范围内进行调查，为工程提供区域地形、地质等基本资料；在初勘阶段应在大于比选方案范围区域内提供工程所需的地形、地质基础资料；在详勘阶段应为工程项目提供技术设计、施工图设计、预算等所需的地质资料。从工程实践表明，地质勘查手段主要包括收集地质文献、地质测绘、坑探、物理勘探、钻探和试验测试工作等。收集地质文献包括收集地质资料和工程资料。地质资料指地质图和相应说明书及区域工程地质条件，还应参考遥感资料及项目区域的地形、地貌、地层、岩性、不良地质现象、灾害资料和区域地震动峰值加速度系数等资料。在地质勘查过程中应着重查明滑坡、崩塌、岩堆、岩溶、膨胀性岩土、软土、湿陷性黄土、泥石流、盐渍土、泥沼、煤层、冰川、雪崩、冻土和流沙等不良地质和特殊地质现象，查明其成因、范围、规模、水力联系等问题以及对项目可能产生的影响等。勘察阶段应提供不良地质地段详尽的资料，以便在确定项目位置或方案时有具体的可靠依据。

（一）初步勘察要点

初步勘察的勘探点、勘探线布置应垂直地貌单元、地质构造和地层界线布置。每个地貌单元均应布置勘探点，在地貌单元交接部位和地层变化较大的地段，勘探点应予加密。在地形平坦地区，可按格网布置勘探点。对岩质地基，勘探线和勘探点的布置，勘探孔的深度，应根据地质构造、岩体特征、风化情况及地方标准或当地经验等确定。

（二）勘探点、线间距的确定

对于土质地基，勘探点、线间距应当根据相关规范和规程确定，对于局部异常地段应予以加密。控制性勘探点宜占勘探点总数的1/5～1/3,且每个地貌单元均应有控制性勘探点。通过实践,对于特殊情况则应适当增减勘探孔深度:如当勘探孔的地面标高与预计整平地面标高相差较大时,应按其差值调整勘探孔深度;在预定深度内遇见基岩,除控制性勘探孔仍钻入基岩适当深度外,其他勘探孔达到确认的基岩后即可终止钻进;在预定深度内有厚度较大,且分布均匀的坚实土层(如碎石土、密实砂、老沉积土等)时,除控制性勘探孔应达到规定深度外,一般性勘探孔的深度可适当减小;当预定深度内有软弱土层时,勘探孔深度应适当增加,部分控制性勘探孔应穿透软弱土层或达到预计控制深度。

(三)详细勘察要点

详细勘察一般是在工程平面位置、地面整平标高、工程性质、规模、结构特点已经确定的情况下进行的。详细勘察应按建筑情况提出详细的岩土工程资料和设计、施工所需的岩土参数;对建筑地基做出岩土工程评价,搜集坐标、荷载、结构特点、基础形式、埋置深度、地基允许变形等资料;查明不良地质作用的类型、成因、分布范围、发展趋势和危害程度,提出建议整治的方案;查明建筑范围内岩土层的类型、深度、分布、工程特性,分析和评价地基的稳定性、均匀性和承载力;对建筑物进行沉降计算,并提供地基变形计算参数,预测建筑物的变形特征;以及判定水和土对建筑材料的腐蚀性等。对于详细勘察勘探点布置和勘探孔深度,应根据建筑物特性和岩土工程条件确定。对于岩质地基,应根据地质构造、岩体特性、风化情况等,结合建筑物对地基的要求,按地方标准或当地经验确定;对于高层建筑,根据勘察等级,勘探点间距应控制在15～35m范围内。

二、设计方案的技术与管理

因种种原因,现行设计工作中存在诸多问题,主要有:设计方案不符合地质情况及周边环境;计算模型和计算方法不合理;图纸深度不够,构造做法不详;检测要求未作规定或规定不全;降水、止水方案选择不当;设计人员的技术水平参差不齐等。

(一)工作井

盾构法施工,除了工作井外,作业均在地下进行。工作井位置选择要考虑不影响地面社会交通,对附近居民的噪声和振动影响少,且能满足施工生产组织的需要。始发工作井平面尺寸应根据盾构装拆的施工要求来确定。井壁上设有盾构始发洞口，井内设有盾构基座和反力架。井的宽度一般应比盾构直径大1.6~2.0m，以满足操作的空间要求。井的长度，除了满足盾构内安装设备的要求外，还要考虑盾构始发时，拆除洞口围护结构和在盾构后面设置反力架以及垂直运输所需的空间。盾构从始发工作井进入地层前或盾构到达接收工作井前，首先应拆除盾构掘进开挖洞体范围内的工作井围护结构，由于拆除洞口围护结构会导致洞口土体失稳、地下水涌入，且盾构进入始发洞口开始掘进的一段距离内或到达接收洞口前的一段距离内难以建立起土压（土压平衡盾构）或泥水压（泥水平衡盾构）以平衡开挖面的土压和水压，因此拆除洞口围护结构前必须对洞口土体进行加固，通常在工作井围护施工过程中实施。常用加固方法主要有：注浆法、高压喷射搅拌法和冻结法。通过洞口土体加固可以确保洞口土体稳定，并防止地下水流入基坑，防止地层变形对地面建筑物、管线和构筑物等的破坏。

（二）管片拼装

盾构推进结束后，应立即拼装管片成环。除特殊情况外，应错缝拼装。在纠偏或急曲线施工的情况下，有时采用通缝拼装。拼装过程中随管片拼装顺序缩回盾构千斤顶。管片拼装应保持真圆状态，这对于确保隧道尺寸精度、提高施工速度、止水效果和减少地层沉降非常重要。管片环从盾尾脱出后，注浆浆体硬化的过程中，多采用真圆保持装置。盾构掘进方向与管片环方向不一致时，盾构与管片产生干涉，将导致管片损伤或变形。伴随管片宽度增加，上述情况增多。为防止管片损伤，预先要根据曲线半径与管片宽度进行研究，施工中对每环管片的盾尾间隙认真检测，并对隧道线形与盾构方向严格控制。在盾构与管片产生干涉的场合，必须迅速改变盾构方向、消除干涉。盾构纠偏应及时连续，过大的偏斜量不能采取一次纠偏的方法，纠偏时不得损坏管片，并保证后一环管片的顺利拼装。除盾构沿曲线掘进使用楔形环外，在盾构与管片有产生干涉趋势的情况下也可使用楔形环。

（三）注浆控制

为抑制隧道周边地层松弛、防止地层变形过大、及早使衬砌管片环安定、使千斤顶推力平滑地向地层传递，同时也为了形成有效的防水层，管片拼装完成后，应及时向管片与洞体之间的空隙注浆。注浆分为一次注浆和二次注浆，一次注浆又分为同步注浆、即时注浆和后方注浆三种方式，要根据地质条件、盾构直径、环境条件、注浆设备的维护控制、开挖断面的制约与盾尾构造等充分研究确定注浆量,二次注浆是以弥补一次注浆缺陷为目的注浆。注浆控制分为压力控制与注浆量控制两种。注浆量与注浆压力要经过试验确定注浆效果及对周围地层和建(构)筑物的影响等,在施工中进行确认,结果反馈以指导施工。

(四)地层变形控制

盾构掘进通过某一断面地层变形与盾构所处位置相关,某一断面地表沉降-时间关系可以划分为5个阶段(图4-3):第1阶段发生在盾构到达之前,主要表现为地下水位降低,发生固结沉降;第2阶段发生在盾构通过该断面前,若盾构控制土压(泥水压)不足或过大,则开挖面正前方土体弹塑性变形引起地层沉降或隆起;第3阶段发生在盾构通过该断面时,由于超挖、纠偏、盾构外周与周围土体的摩擦等原因而发生地层沉降或隆起;第4阶段为盾构通过该断面后产生的弹塑性变形,若衬砌背后与洞体的空隙填充不及时造成地层应力释放,则土体的弹塑性变形引起地层沉降,若衬砌背后的填充注浆压力过高,则附加土压力会引发地层沉降;第5阶段为盾构通过该断面后长时间地发生后续沉降,主要由于盾构掘进造成的地层扰动、松弛等原因,在软弱黏性土地层中表现较为明显。

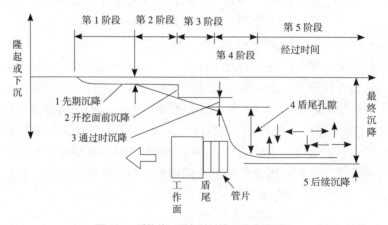

图4-3 盾构施工引起的地表沉降发展过程

1. 前期沉降控制

前期沉降控制的关键是保持地下水压。合理设定土压(泥水压)控制值并在掘进过程中保持稳定,以平衡开挖面土压与水压。保持开挖面土压(泥水压)

稳定的前提条件：土压式盾构应根据地层条件选择适宜的改良材料与注入参数；泥水式盾构应根据地层条件选择适宜的泥浆材料与配合比。

2. 开挖面沉降（隆起）控制

开挖面沉降（隆起）控制的主要措施是土压（泥水压）管理，真正实现土压（泥水压）平衡。通常采取的措施是合理设定土压（泥水压）控制值并在掘进过程中保持稳定，以平衡开挖面的土压与水压。

3. 通过时沉降（隆起）控制

通过时沉降（隆起）控制措施主要有：控制盾构姿态，避免不必要的纠偏作业。出现偏差时，应本着"勤纠、少纠、适度"的原则进行。在较硬地层中纠偏时或曲线掘进需要超挖时，应合理确定超挖半径与超挖范围，尽可能减少超挖。土压式盾构在软弱或松散地层掘进时，盾构外周与周围土体的黏滞阻力或摩擦力较大时，应采取注浆减阻等措施。

4. 尾部空隙沉降（隆起）控制

尾部空隙沉降（隆起）控制的关键是采用适宜的衬砌背后注浆措施，如同步注浆以及时填充尾部空隙。根据地质条件、工程条件等因素，合理选择单液注浆或双液注浆，正确选用注浆材料与配合比，以便使拼装好的衬砌结构及时稳定。

5. 后续沉降控制

后续沉降主要发生在软弱黏性土地层中，主要控制措施有：盾构掘进、纠偏、注浆等作业时，尽可能减小对地层的扰动。若后续沉降过大不满足地层沉降要求，可采取向特定部位地层内注浆的措施。

（五）既有建（构）筑物保护

对既有建（构）筑物保护的措施分为两类：对既有建（构）筑物直接采取措施；在盾构隧道与既有建（构）筑物之间采取保护措施。对既有建（构）筑物采取的措施通常有结构加固、下部基础加固及基础托换三类。结构加固包括墙体加固、增设闭合框架加固、增加支撑等形式，以增强结构物本身抵抗变形的能力。下部基础加固有加固桩和锚杆等方法，以提高结构基础的抗变形能力。基础托换则是采用新的基础结构替换受施工影响的结构物基础。新建隧道与既有建（构）筑物之间采取的措施主要有：隧道周围地层加固、既有建（构）筑物基础周围的地层加固和隔断盾构掘进地层应力与变形等三种。盾构隧道周围地层加固的目的是提高周围土体强度，以减小盾构掘进时对周围地层的扰动，使加固区以外的地层不产生松弛，从而保护既有建（构）筑物。通常采用的方法有：注浆加固、高压喷射搅拌等。对既有建（构）筑物基础地层进行加固可以提高结构物地基承载力、减小结构物地基的变形。隔断盾构掘进地层应力与变形是在盾构隧道与既有建（构）筑物之间构筑刚性好的构造体，以隔断地层变形对既有建（构）筑物的影响。通常的方法就是在盾构隧道与结构物之间施作隔断桩，可选用高压旋喷桩、钢管桩、柱桩和连续墙等桩（墙）体。

第三节　关键工艺施工风险管理

一、盾构进发阶段重大危险控制

国内盾构施工经验表明，盾构进出洞过程中，最大的风险为洞口土体的稳定，国内外多起盾构法隧道施工事故均发生在盾构进出洞上。端头加固效果不好，会造成洞口面流水，甚至导致盾构出洞时工作面出现大面积塌方，可能会引起地面沉降，危及周边建筑物的安全，因此，应制定有效措施，保证盾构顺利地通过进出口地段。

（一）土体加固

常用的土体加固技术有井点降水法、高压旋喷桩、深层搅拌桩、冻结法等工法。每种工法特点，在施工中如果控制不当或不按规范要求进行施工，会导致加固效果达不到设计要求，质量降低，从而产生风险隐患。

1. 深层搅拌桩施工特点和控制要点

深层搅拌机械根据搅拌轴数分为单轴和多轴两种，在施工中具有振动、噪声和污染等对周围建筑物、构筑物、管线影响较小；作为隔水功能也可以作为流砂的帷幕。开机前应查明和清除地下障碍物，回填土部分应分层分批回填夯实以确保桩的质量；桩机行驶路基应平整，路轨和轨枕不得下沉，装机垂直偏差不大于1%，桩位布置偏差不大于50mm；水泥宜采用32.5级普通硅酸盐水泥，水泥掺入比8%～25%，水灰比一般0.4～0.5，可根据不同地质情况和工期要求掺入不同类型外加剂。

桩机预搅拌下沉应根据原土质情况，保证充分破碎原土的结构，使之利于水泥浆均匀拌和,使其表面密实、平整。施工前应确定搅拌机械的灰浆泵输浆量、灰浆经输浆管到达搅拌机喷浆口的时间、起吊设备提升速度等施工参数,一般宜用流量泵控制输浆速度,使注浆泵出口压力保持在 0.4~0.6MPa,并应使搅拌机提升速度与输浆速度同步,防止出现夹心层或断浆情况。根据施工经验,施工到顶端 0.3~0.5m 范围时,由于上覆盖压力较小,搅拌质量较差,应注意施工质量。施工时因故停浆,宜将搅拌机下沉至停浆点 0.5m 处,待回复供浆时再喷浆提升。若停机超过 3h,为防止浆液硬结堵管,宜先拆卸输浆管,妥善清洗。

桩与桩搭接应注意下列事项:桩与桩搭接时间间隔不应大于 24h;如超过 24h,应在第二根桩施工时增加注浆量,一般可增加 20%,同时缓慢提升桩机;如相隔时间太长,第二根桩无法搭接,应在设计认可的情况下,局部补桩或注浆措施。

施工中采用标准水箱,严格控制水灰比,水泥浆搅拌时间不少于设计和工艺要求。滤浆后倒入集料池中,防止水泥离析,压浆应连续进行。

常见问题和处理方法,桩体间距过大的原因是加固时桩体搭接不符合设计要求,可采取密压注浆或重新搅拌加固等方法;搅拌机下不到预定深度的原因可能是土质黏性大,搅拌机自重不够,可增加搅拌机自重,并开动加压装置处理;喷浆未达到顶面或底部桩端标高是投料不准确、灰浆泵磨损漏浆、灰浆泵输浆量偏大,可采取重新标定投料量、检修灰浆泵和重新标定输浆量等措施。

2. 高压旋喷桩施工特点和控制

高压旋喷桩有单管法、二重管法、三重管法、四重管法等工艺。高压旋喷桩法既可指定加固某一深度的土层,又可调节钻杆长度下达到土体中加固土体。可以对渗透系数很小的土体加固,并且浆液灌注均匀,注浆范围可调节控制。可在狭小或者构筑物狭缝场合进行土体加固,不需要搬迁管线和拆除构筑物。使用方便、移动灵活,可形成单排桩体,也可形成多排桩体,桩径可调。对排出的泥浆可以回收利用,改善施工环境,节省外运费用。

施工时严格按设计要求和施工方案施工,桩体直径大小、土质的类别、密实程度、高压喷射注浆方法、注浆管的类型、喷射的技术参数(喷射压力、流量、喷嘴直径、喷嘴个数、压缩空气的压力、流量与喷嘴间隙、注浆管提升速度和旋转速度等)等在无试验资料的情况下,可根据经验选用数值;特殊重要工程和环境安全风险比较多、大的工程需专题研究。

高压旋喷桩常见问题及处理方法,垂直度不符合设计要求的原因是钻机钻孔定位偏差和土质不均匀等,可加大旋喷压力、增加注浆量、重新布置相邻孔等措施进行处理;相邻孔位开叉的原因是土质不均匀、加固深度较深等,可有针对性地进行补强加固；桩径不符合技术要求的原因是旋喷压力不够、工艺不符合现场条件等，加大旋喷压力直到符合技术要求；地面隆沉的原因是加固参数不符合现场条件、加固工艺不符合现场条件，可采用调整加固参数、加固工艺和辅助措施控制周边隆沉等处理方法。

3. 冻结法施工特点和控制

当用其他方法难以满足盾构始发和接收（进出洞）范围土体稳定时，采取冻结法可取得良好的效果。冻结法依其冷却底层的方式可分为直接冻结和间接冻结，依冷却位置的方式可分为水平冻结和垂直冻结。冻结使不稳定的含水地层能形成很高强度的冻土体；能形成完整的防水屏蔽，起到隔水和挡土作用，以承受荷载。

由于钻机定位不准，操作精度不够，冻结孔钻孔不符合设计要求：补设冻结孔，以达到冻结效果。由于土体中结冰体积变大，发生冻胀：钻设泄压孔或合理控制冻土温度，满足工程需要。由于冷冻设备发生故障、临时停电等原因，使冷冻设备不能制冷，使得土体自然解冻，发生融沉：应立即恢复冷冻机工作，可对影响范围内的土体进行多层、长时间的均匀压注双液浆。

4. 降水法施工特点和控制要点

在软土含水地层中建设隧道，用降水法降排地下水是稳定开挖面的土体和防止地下施工产生流砂的有效措施，与其他疏干方法相比，比较经济。井点法降水适用范围、地区受到限制，但是在盾构施工始发和接收阶段可以使用。降水常用的方法有：轻型井点、喷射井点、电渗井点、管井井点、深井井点、真空深井井点等。应根据土体、土质的渗透系数，要求降低水位的深度、工程特点、设备条件和施工现场条件等综合考虑选择。

井点降水布置灵活、使用方便，且施工进度快、降水效率高；能满足盾构施工时深层降水要求，降水效果显著，经济效果好。井点管的埋设是整个井点降水的关键工序，插入井点管后需在井点与孔壁之间迅速填灌粗砂滤层，以防孔壁塌孔，管口应用黏性材料封口。喷射井点管施工用水不得含泥沙和其他杂物，否则会使喷嘴、混合室等部位受到磨损，影响降水设备使用寿命。

轻型井点管间距应根据现场土质、降水深度、工程性质按计算或者经验确定，一般为 0.8~1.6m，井点管露出地面 0.2~0.3m。降水深度大于 6m 以上时，土层渗透为弱透水层时，宜采用喷射井点，降水深度可达 20m。管井井点的水位降低值井内可达 6~10m，两井中间区域为 3~5m。

5. 地基加固质量检测

目前盾构始发和接收地基加固检测主要是通过抽检的钻孔取芯和加固土体

试块强度检测来进行判断；而冻结法主要是通过土体埋设测温孔和成冰计算公式进行判断。为此在盾构始发和接收吊除板块前，必须通过上、中、下、左、右等位置进行探孔观测，确认无渗漏方可吊除板块，如有漏泥、漏砂必须封堵，重新进行加固。

（二）洞口土体流失

盾构机进出洞过程中，往往会有大量水土从洞口流入井内，从而造成洞口外大量沉降。施工过程中，除做好施工准备、加强洞前土体加固质量管理之外，事故发生后要及时处理。

1. 风险原因

盾构接收和始发（进出洞）时，土体从洞口大量地流入井内，造成接收和始发井外侧地面发生沉降，引发事故。导致洞口土体流失的主要原因有：土体地基加固质量较差，强度未达到要求、地基加固不均匀、隔水效果不好、漏泥漏水；凿除洞门混凝土或者拔除封门钢板桩后，盾构机未及时支护土体，发生坍塌。洞门密封装置安装不到位，止水橡胶帘带内翻，造成水土流失；洞门密封装置强度不够，当受到较高的土压力时，受挤压破坏而失效；盾构机外壳上有突出的注浆管等物体，使密封受到影响；始发时未能及时安装好洞圈钢板；始发时未及时下调土压力，致使洞门装置损坏，大量土体塌入井内。

2. 控制方法

始发井洞口土体加固应保证加固后的土体强度均匀性；始发井洞口封门拆除前应做好各项始发和接收的准备工作；始发和接收洞门密封圈要安装准确，盾构机推进的过程中要注意观察，注意防止盾构刀盘的周边刀割伤橡胶密封圈，密封圈可涂润滑脂增强润滑性。洞门的扇形钢板要及时进行调整，改善密封圈的受力情况；盾构机始发进洞时要及时调整密封板位置，并及时将洞口封好，根据情况调整平衡压力。

3. 补救措施

将受压变形的密封圈重新压回洞口内，恢复密封性能，及时固定弧形板，改善密封橡胶带的工作状态；对洞口进行注浆堵漏，减少土体流失。

（三）洞口土体坍塌

确保洞门加固质量；加快洞门破除，减小洞门暴露时间；发生坍塌立即撤离周边人员，盾构立即顶入洞门，防止坍塌扩大；对坑外土体进行注浆加固，必要时使用液氮冻结。

根据封门的实际尺寸，制定合理的封门拆除工艺，施工安排周详，确保拆封门时安全、快速；里层地连墙凿除必须连续施工，及时清除洞口内杂物、混凝土碎块、钢筋等，尽量缩短作业时间，以减少正面土体的暴露时间；可采用木板、木撑对暴露土体进行简单加固，防止土体坍塌；在整个作业过程中，由专职安全员进行全过程监督，对洞口土体稳定性进行监测，并注意洞门渗水情况，确保洞口土体稳定和洞门附近作业人员的安全。

（四）盾构推进轴线偏离设计轴线

1. 风险原因

盾构机出洞段推进轴线上浮，偏离隧道设计轴线较大。导致盾构推进轴线偏离设计轴线的原因有：洞口土体加固强度太高，从而使盾构机推力提高；盾构机正面平衡压力设定过高，导致盾构正面土体拱起变形，引起盾构轴线上浮；未及时安装后盾支撑，使上半部分的千斤顶无法使用，当推力集中在下部时，使盾构机产生一个向上的力矩，导致盾构有向上偏离轴线的趋势；盾构机机械系统故障，造成上部千斤顶的顶力不足。

2. 预防和补救措施

正确设计进出洞口土体加固方案，采取合理的加固方法，达到所需的加固强度，保证加固土体强度均匀；施工过程中合理设定盾构正面平衡土压；及时安装上部的后盾支撑，改变推力的分布状况，防止盾构上浮；正确操作盾构机，按时保养设备，保证机械设备的功能完好；施工过程中在管片平拼装时加贴上部的楔子，调整管片环面与周线的垂直度，以便于盾构纠偏控制；管片拼装时尽量利用盾壳与管片间隙作隧道轴线纠偏，改善推进轴线；用注浆的办法对隧道作少量的纠偏，便于盾构机推进轴线的纠偏。

（五）盾构吊装设备倾覆

大型设备作业时与周边架空线路保持一定的安全距离，无关人员不得进入设备作业半径范围内；对大型设备作业地面承载力进行验算，选用科学合理的路面硬化方案；在道路周边设置排水设施，防止浸泡软化基层；吊机带载行走过程中要符合安全操作规定；禁止大风起吊。

（六）盾构基座设计和安装

合理验算始发接收架受力和保证始发接收架加工质量以确保始发接收安装精度。盾构机基座安置在始发井或接收井内的底板上，使盾构机稳妥地安装搁置，通过设在机座的导轨，使盾构机始发和接收时有正确的导向，因此导轨要根据隧道设计轴线及施工要求确定平面、高程和纵坡，以便进行测量定位。盾构机基座一般采用现浇混凝土结构或预制钢结构，盾构机基座除承受机器自重外，还应考虑盾构机切入地层后纠偏时产生的集中荷载，因此盾构机基座必须保证有足够的整体刚度和稳定性。

导致盾构机在安装和设计方面产生问题的原因有：盾构机固定方式考虑不周，安装时出现底板未垫平、未垫实等；盾构机基座的整体刚度、稳定性不够，或者局部构伸强度不足；盾构机多次使用，钢材发生疲劳或者钢材生锈等；加工人员不按图施工，更改结构形式，焊接人员漏焊或技术水平不高；技术人员、质量管理人员未进行过程检查及专项验收等。

针对上述原因，采取的控制措施有：选用盾构机基座时，基座框架结构的强度和刚度应满足盾构始发和接收进出洞要求，尤其是抵抗盾构机出洞时过土体加固区所形成反向推力；盾构机基座的底面与竖井底板之间要平整垫实，保证接触面积满足即做安放要求；多次使用的盾构机底座，应及时做好保养和维修工作，确保应有的强度和刚度。

（七）盾构机后靠变形

盾构机在出洞时，盾构机后靠支撑体系在受盾构推近顶力的作用后，发生支撑体系局部变形、断裂、位移过大，造成管片碎裂、轴线超标、十字错缝、渗漏水、管片环峰、高差、千斤顶行程较大，有时还会产生帘布橡胶板外翻，造成土体流失等风险。

产生风险的原因有：盾构机推力过大，或者受出洞千斤顶编组影响，造成后靠受力不均匀、不对称、应力集中；盾构机后靠、支撑受力作用面强度不够；盾构机后靠、支撑等混凝土充填不密实、充填混凝土强度未达到要求、结合面不平整；盾构机后靠、支撑体系不合理，部分构件的强度、刚度不够，钢构件焊接强度不够。

采取的控制措施有：推进过程中合理控制盾构机的总推力，尽量使千斤顶编组合理，使之受力合理；采用素混凝土或者水泥砂浆填充各构件连接处的缝隙，除填充密实外，还须确保填充材料强度和养护时间；对系统的各种构件必须进行强度、刚度效验，对受压构件进行稳定性验算，确保连接强度和焊接质量；尽快安装上部的后靠支撑构件，完善整个后靠支撑体系，开启盾构上部的千斤顶，使后靠支撑体系受力均匀。将产生的裂缝或者强度不够的缝隙填充材料凿除，重新填充，经过养护达到强度后再恢复推进；变形构件进行修补或进行加固，根据推进油压及千斤顶开启只数计算发生破坏时的实际推力，对后靠体系进行效验；对发生裂缝的接头进行修补。

二、盾构区间隧道掘进阶段重大风险源控制

（一）障碍物

盾构施工前，应对建（构）筑物地段进行详细调查，评估施工对建（构）筑物的影响，并有针对性地采取保护措施，控制地层变形；宜根据建（构）筑物基础与结构的类型、现状，采取地基加固或桩基托换措施；必须加强地表和建（构）筑物变形监测和及时反馈，优化调整盾构掘进参数和同步注浆参数；应根据建（构）筑物沉降速率进行多次壁后注浆，宜选择体积变化小、早期强度高、速凝型的注浆材料。

1. 预控措施

（1）障碍物调查

充分分析地质勘探报告、物探报告和管线报告，认真排摸盾构掘进线路范围是否存在障碍物；对报告中有疑惑的地方应及时与相关单位沟通或补勘，对盾构掘进范围内障碍物情况进行调查；根据地质勘察报告，查清隧道范围内的卵石、孤石、漂石等。

（2）优化盾构设备，提升穿越障碍物性能

考虑在刀盘前增加先行刀或滚刀等刀具，选取盾构刀盘开口率，利用盾构自身能力切削强度较低、体积较小的障碍物；配备双室人闸，人闸位于密封舱的背后上部，人闸室内的允许工作压力3bar，工作人员可通过人闸室进入土仓对刀盘上的零部件、刀具等进行保养维修或更换；螺旋机叶轮边焊接耐磨金属；配备注入膨润土和泡沫的渣土改良装置；适当降低外包式同步注浆管的高度。

对隧道范围内桩基拔除，拔桩过程须留有影像资料，并经过业主、设计、监理、施工单位等现场签署确认单，避免漏桩、断桩，隧道范围内不得有钢筋、混凝土块遗留，回填过程须按设计方案进行，回填应连续，不得中断，不得有空洞；制定专项的应急预案，确保现场组织有序并及时提供技术保障。盾构遭遇不明障碍物处理措施需进行专家论证后方可实施。

2. 现场处置方案

（1）一般事故处置方案

盾构推进速度突然降低或出现停滞不前：加强盾构机维修，查看盾构各部件

运行情况是否正常；通过调查、勘探手段查明该区域障碍物和地质条件；利用刀盘正转和反转，此时的推力变化要均匀，防止推力突然变化导致刀盘损坏；加强监测，并及时反馈，做到信息化指导施工，如有变形，及时进行二次补强注浆。

盾构推进阻力突然变大，与正常掘进时相比困难：加强盾构机维修，查看盾构各部件运行情况是否正常；通过调查、勘探手段查明该区域障碍物和地质条件。

刀盘扭矩突然变大，刀盘有卡住的现象，刀盘转速降低：利用刀盘正转和反转，此时的推力变化要均匀，防止推力突然变化导致刀盘损坏。

由于推进速度突然降低，刀盘切削的土体变少，螺旋输送机输送的渣土明显变少，土仓压力出现异常波动：在刀盘正反转的时候要注意观察刀盘扭矩、螺旋输送机扭矩、总推力等各参数的情况，同时派专人观察螺旋输送机出碴口和皮带机排除的碴土情况；正反转的期间，为了降低刀盘温度和润滑刀具和维持平衡开挖面水土压力，向刀盘注入膨润土浆液，注入的量可自动和手动调节。

刀盘切削的钢筋混凝土块进入螺旋输送机后出现螺旋叶片卡住的现象，出土不畅：在正反转的时候须注意观察刀盘扭矩、螺旋输送机扭矩、总推力等各参数的情况，同时专人观察螺旋输送机出碴口和皮带机排除的碴土情况；螺旋输送机被钢筋或混凝土块卡死，通过正反转仍然无法排除时，可打开螺旋输送机上、下部观察孔，及时排除障碍物。

刀盘主轴承及驱动机构、传动机构因受到冲击负载的影响而造成高温报警：盾构磨桩时不能长期高负荷运行，否则会导致机器部件温度超标，须采用循环水冷却降温。

盾构长期停顿：在盾构作业面建立值班制度，确保盾构作业面24小时有土木、机械、电气工程师值班；每天两次对盾构的姿态进行监测，了解盾构的沉降情况；每两天对隧道的沉降进行监测；定期对盾构所有电气和机械设备做全面检查和保养，确保盾构设备处于良好的状态；做好盾构保压措施，保证开挖面的稳定；注意观察盾尾密封压力，如有下降，及时注入油脂；保证同步注浆管路通畅，确保注浆阀门启闭灵活。

压力传感器受到损坏，影响土压控制，地面建筑物、管线沉降较大；掘断的尖状可能随着盾构一起前进，造成地层超挖，影响上方建筑物和管线的安全。应及时加强地面监测，加大对建（构）筑物及管线的沉降、变形监测频率，并及时向项目部汇报，根据监测情况判断是否需要注浆，若需注浆则及时进行二次补强注浆。严格控制出土量，确保开挖面土压平衡。

（2）扩大应急处置方案

扩大应急条件：盾构磨桩时停滞不前，由于地面条件的限制，场地无加固条件，若再次拔桩，地面交通、加固时间等造成的损失更加严重，且盾构危险性更大。为提高盾构磨桩效率，可采取人工带压进仓更换高强的滚刀磨桩。

发生事故情况描述：人工带压进仓更换具有高强的滚刀磨桩，为了避免开挖面的坍塌，要在土仓中建立并保持与该地层深度土压力与水压力相适应的气压，通过调整气闸前室和主室的压力，工作人员可以适应常压和开挖仓压力之间的变化进入土仓进行换刀。因在密闭的高压环境内作业，操作人员需适应压力的变化。

扩大应急响应的组织和职责：当事故发生后，值班工程师紧急向上级领导汇报工作，项目部应急系统立刻启动，应急领导小组迅速赶往现场，成立事故应急抢险指挥机构，应急处置程序如图4-4所示。

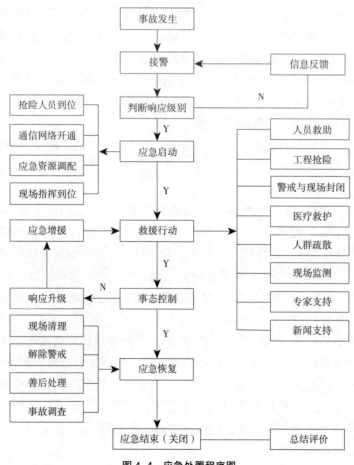

图4-4　应急处置程序图

（二）盾构掘削面土体失稳

1. 风险特点

开挖面失稳的风险原因可能是开挖中前方遭遇流沙或发生管涌，盾构机发生磕头或突沉；开挖中前方地层出现空洞，导致盾构机轴线偏移、沉陷以及隧道塌方冒顶；盾构机推进过程中，出现超浅覆土，导致冒顶；盾构推进中突然遇到涌水，导致盾构机正面发生大面积塌方；由于泥浆性能较差，不能保证开挖面土体稳定，致使地表产生过大变形。

造成掘削面失稳的原因有：正面土压力选择不当；地质条件发生变化；施工人员违规操作；掘进速度和出土速度不适应；施工机械出现故障等。

2. 控制措施

确定选择合理的舱压，舱压可取静止水土压力的1.2倍左右；掘进由膨润土悬胶液稳定，水压力可以精细调节。膨润土悬胶液由空气控制，随时补偿正面压力的变化。遇流沙地层时，应及时补充新鲜泥浆。事前检验泥浆物理性质，包括流变试验、渗透试验和成泥膜的检验。测定固体颗粒的密度、泥浆密度、屈服应力、塑性黏滞度和颗粒、大小及分布。泥浆可渗入砂性土层一定深度，短时间内可形成一层泥膜。这种泥膜有助于提高土层的自立能力，使泥水舱土压力泥浆对整个开挖面发挥有效的支护作用。对透水性小的黏性土可用原状土造浆，并使泥浆压力同开挖面土层始终保持动态平衡。超浅覆土段，一旦出现冒顶、冒浆随时开启气压平衡系统。控制推进速度和泥渣排土量、新鲜泥浆补给量，一旦出现冒顶、冒浆随时开启气压平衡系统。利用探测装置进行土体崩塌检查。为保证开挖面的稳定，施工中利用安装在盾构顶部的探测装置定期进行检查，判断盾构前上方的土体有无松动。地表沉降是反映盾构正面稳定的一个方面，跟踪测量因盾构掘进而引起的地表沉降情况。一般每天需对盾构前10～20m、盾构后30～50m轴线区域内的各沉降点进行监测。开挖面不稳定而产生的地表沉降往往发生在盾构切口前方，检查泥水质量及切口水压。在检查开挖面水压时，应注意检查开挖面水压信号传感器，有时会因管路堵塞而影响正常的数据采集。

（三）盾构内出现涌土、流沙、漏水

引起盾构内出现涌土、流沙、漏水的原因主要有：地质条件突变，参数选择不当，发生机械故障。控制措施有：采用全封闭、高度机械化、自动化的现代化盾构机；正确地计算选择合理的舱压；控制推进速度，正常推进时速度宜控制在2~4cm/min之间。通过建筑物时推进速度宜适当放慢，宜控制在1cm/min以内，控制泥渣排土量及新鲜泥浆补给量；设置气压平衡系统。

（四）盾尾密封装置泄漏

盾尾密封主要是防止地下水、泥水和壁后注浆浆液渗入盾壳后部，确保开挖面的稳定和盾构的正常掘进。由于盾尾密封装置随盾构机移动而向前滑动，当其配置不合理或受力后被磨损和撕拉损坏时，就会使密封失效，隧道涌水涌泥，从而造成开挖面失稳引起严重后果，因此，盾尾密封装置的耐久性、密封性能以及能安全方便地更换是盾构施工中一个特殊而重要的问题。

盾尾密封的控制措施有：经常向密封刷注油脂；避免同步注浆浆液对钢丝刷的损害；具备气压保护下更换维修盾尾密封系统；管片应居中拼装，以防盾构与管片之间建筑空隙一边增大、一边减少，从而降低盾尾密封效果；严格按地下工程防水施工验收规范标准要求施工；及时对接缝嵌缝，封堵手孔；针对漏水、渗水、漏泥浆部位集中压注盾尾油脂；配制初凝时间较短的双液浆进行壁后注浆，压浆部位在盾尾后5~10环。对发生漏水、渗水、漏泥浆部位进行注浆堵漏达到允许标准，防止由此引起不均匀沉降。

（五）盾构沉陷

引起盾构沉陷的原因有：地层空洞，软弱地层，如暗浜；掘进面失稳，如出现流沙、管涌；盾构停顿等。盾构沉陷的控制措施有：加密地质勘探孔的数量，准确确定不良地层的位置，分析对盾构掘进施工的影响；对开挖面前方20m进行地质探测，及时查出不良地层或障碍物；定期检查盾构机，使盾构机保持良好的工作性能，减小掘进施工时盾构机出现故障的发生概率；合理地组织施工，并对施工人员进行专业培训和安全教育，确保各施工环节的正常运转，减小产生质量或安全问题。

（六）掘进偏离轴线

导致盾构掘进轴线偏离设计轴线的原因有：施工测量出现差错，或施工测量误差太大；出现超挖、欠挖；盾构纠偏不及时，或纠偏不到位；地质条件发生变化；盾构推进力不均衡。盾构偏离轴线的控制措施有：在推进施工过程中，对每一环必须提交切口、盾尾高程及平面偏差实测结果，计算出盾构姿态及成环隧道中心与设计轴线的偏移量；将测量结果绘制成隧道施工轴线与设计轴线偏

第四章 隧道施工风险源管理与防控

差图,一旦发现有偏离轴线的趋势,必须及时告知施工工程师采取及时、连续、缓慢的纠偏方法。

(七)地面隆起变形

导致地面隆起变形的主要原因有:纠偏量过大,出土不畅,掘进速度设置不当等。主要控制措施有:详细了解地质状况,及时调整施工参数;尽快确定施工参数,严格控制平衡压力及推进速度设定值,避免其波动范围过大;按理论出土量和施工实际工况确定合理出土量。

三、盾构管片工程重大风险源及控制

(一)管片破损

1. 风险原因

导致管片破损的原因有:运输过程发生碰撞或掉落,堆放和吊运发生碰撞,拼装时与盾尾发生磕碰,管片凹凸错位,封顶块与邻接块接缝不平,邻接块开口量不够,施工操作不当,盾构推进,管片受力不均衡等。

2. 控制措施

(1)行车操作要平稳,防止过大的晃动;管片应使用翻身架或专用吊具翻身,保证管片翻身过程中的平稳。

(2)地面堆放管片时上下两块管片之间垫上垫木;设计吊运管片的专用吊具,使钢丝绳在起吊管片的过程中不碰到管片的边角;工作面储存管片的地方放置枕木将管片垫高,使存放的管片与隧道不产生碰撞。

(3)管片运输过程中,使用弹性的保护衬垫将管片与管片之间隔离开,以免发生碰撞而损坏管片;在起吊过程中要小心轻放,防止磕坏管片的边角。

(4)管片拼装时小心谨慎,动作平稳,减少管片的撞击;提高管片拼装的质量,及时纠正环面不平整度、环面与隧道设计轴线不垂直度、纵缝偏差等质量问题;拼装时将封顶块管片的开口部位留得稍大一些,使封顶块能顺利地插入;每环管片拼装时都对环面平整情况进行检查,发现环面不平,及时加贴衬垫予以纠正,使后拼上的管片受力均匀;及时调整管片环面与轴线的垂直度,使管片在盾尾能居中拼装。

(5)发生管片与盾壳相碰,应在下一环盾构推进时立即进行纠偏。

（二）管片就位不准

导致管片就位不准的原因有：拼装机故障，施工操作不当，螺栓变形、损伤，施工操作不当。其控制措施有：提高管片拼装质量，及时纠正环面不平或环面与隧道轴线不垂直度等，使每个螺栓都能正确地穿过螺孔；严格控制螺栓的加工质量，定期抽查，发现问题及时更换。不符合质量要求的螺栓应退换；加强施工管理，做好自检、互检、抽检工作，确保螺栓穿进及拧紧的质量；对螺栓和螺帽进行材质复检，检验合格后才能使用。

（三）管片接缝渗漏

导致管片接缝渗漏的原因有：管片纵缝出现内外张角、前后喇叭（缝隙不均匀，止水条失效），管片碎裂，密封材料失效。其主要控制措施有：

（1）提高管片的拼装质量，及时纠环面，拼装时保证管片的整圆度和止水条的正常工况，提高纵缝的拼装质量；

（2）拼装前做好盾壳与管片各面的清理工作，防止杂物夹入管片之间；

（3）环面的偏差及时进行纠正，使拼装完成的管片中心线与设计轴线误差减少，管片始终能够在盾尾内居中拼装；

（4）管片正确就位，千斤顶靠拢时要加力均匀，除封顶块外每块管片至少要有两只千斤顶工作；盾构推进时骑缝的千斤顶应开启，保证环面平整；

（5）对破损的管片及时进行修补，运输过程中造成的损坏应在贴止水条以前修补好；对于因为管片与盾壳相碰而在推进或拼装过程中被挤坏的管片，也应原地进行修补，以对止水条起保护作用；

（6）控制衬垫的厚度，在贴过较厚衬垫处的止水条上应按规定加贴一层遇水膨胀橡胶条；

（7）应严格按照粘贴止水条的规程进行操作，清理止水槽，胶水不流淌以后才能粘贴止水条。

四、盾构壁后注浆重大风险源及控制

（一）注浆管堵塞

导致注浆管堵塞的主要原因有：长时间没有注浆，注浆管没有及时清洗，浆液含砂量太高，浆液沉淀凝固，双液注浆泵压力不匹配。

主要控制措施有：为防止注浆管堵塞，应加强注浆系统设备的保养和维护；注浆完毕后，及时清洗注浆管道，防止注浆管道堵塞；加强浆液管理，选用合格的注浆材料，适当的配比，避免不合格材料堵塞管道。

单液注浆时，停止推进时定时用浆液打循环回路，使管路中的浆液不产生沉淀。长期停止推进，应将管路清洗干净；拌浆时注意配比准确，搅拌充分；定期清理浆管，清理后的第一个循环用膨润土泥浆压注，使注浆管路的管壁润滑良好；经常维修注浆系统的阀门，使它们启闭灵活。

双液注浆时，每次注浆结束都应清洗浆管，清洗浆管时要将橡胶清洗球取出，避免将清洗球遗漏在管路内；注意调整注浆泵的压力，对于已发生泄漏、压力不足的泵及时更换；保证两种浆液压力和流量的平衡；对于管路中存在分叉的部分，应经常性地人工对此部位进行清洗。

（二）注浆参数不合理

注浆参数包括注浆压力、注浆量、注浆位置等，其中，注浆压力的选择至关重要。注浆压力过大，可能引起管片局部或整体上浮、错台、开裂、压碎或其他形式的破坏，地表隆起，浆液从盾尾流入隧道内部等问题出现。反之，注浆压力过小，可能引起地表沉降超限，严重时会造成建筑物倾斜、开裂、倒塌，道路沉陷，影响交通。因此，壁后注浆过程中，必须合理选择注浆压力。

主要控制措施有：在正常施工阶段，以注浆压力控制注浆量，沉降控制要求高的地段，采用注浆压力和注浆量双标准进行控制。为防止盾尾被击穿，注浆压力不能大于盾尾密封所能承受的设计压力，一般不宜大于 0.4MPa。加强管片沉浮的监测，找出盾构机通过不同地质断面的沉浮规律，以此调节盾构机姿态和注浆参数。为控制管片上浮，并防止因浆液流动性而造成隧道顶部无浆液填充现象，在通过盾尾注浆管的同步注浆过程中，宜将位于上部的两根注浆管注浆压力和注浆量提高；在通过管片注浆孔注浆的操作中，一般应选择在顶部的 2 片管片注浆。通过地面沉降监测成果指导注浆施工，当盾构某环掘进过程发现出土量远超出理论方量时，则有可能前方地层发生坍塌，应增加注浆量。

（三）注浆质量不合格

如果管片背面注入浆液的效果不好，则管片背面产生的渗水现象严重，可能会导致地下水的流动或水位下降。隧道周围地下水的下降，导致土体产生排水固结，进而引起地层变形，甚至波及地表引起地表沉降过大，影响地面交通和周围建筑物安全。

主要控制措施有：在开工前制定详细的注浆作业指导书，并进行详细的浆材配比试验，选定合适的注浆材料及浆液配比。制订详细的注浆施工设计和工艺流程及注浆质量控制程序，严格按要求实施注浆、检查、记录、分析，及时做出 P（注浆压力）$-Q$（注浆量）$-t$（时间）曲线，分析注浆速度与掘进速度的关系，评价注浆效果，反馈指导下次注浆。成立专业注浆作业组，由富有经验的注浆工程师负责现场注浆技术和管理工作，根据洞内管片衬砌变形和地面及周围建筑物变形监测结果，及时进行信息反馈，修正注浆参数和施工工艺，发现情况及时解决。做好注浆设备的维修保养，注浆材料供应，定时对注浆管路及设备进行清洗，保证注浆作业顺利连续不中断进行。环形间隙充填不够、结构与地层变形不能得到有效控制或变形危及地面建筑物安全，或存在地下水渗漏区段，在必要时通过吊装孔对管片背后进行二次补强注浆。盾构隧道埋深较浅、地质较差时，在同步注浆时应严格控制注浆压力，防止冒顶现象发生。

（四）二次注浆不及时

盾构机穿越后考虑到环境保护和隧道稳定因素，如发现同步注浆有不足的地方，通过管片中部的注浆孔进行二次补注浆，补充一次注浆未填充部分和体积减少部分，从而减少盾构机通过后土体的后期沉降，减轻隧道的防水压力，提高止水效果。

主要控制措施有：二次注浆一般每5环注一次。形成有一定范围的环箍，从而限制隧道的变形和沉降。注浆孔位为支撑块和连接块的中心孔，长区间如遇邻接块注浆孔封住时，在下一环注浆。根据实际隧道沉降监测情况调整注浆量，以保证隧道线形在规范要求范围内。

五、盾构机械设备重大危险控制

（一）盾构刀盘轴承失效

导致刀盘轴承失效的主要原因有：刀盘轴承密封失效，封腔的润滑油脂压力小于开挖面平衡压力，轴承润滑失效，轴承断裂。

刀盘轴承失效的控制措施有：设计密封性能好、强度高的土砂密封，保护轴承不受外界杂质的侵害；密封壁内的润滑油脂压力设定要略高于开挖面平衡压力，并经常检查油脂压力；经常检查轴承的润滑情况，对轴承的润滑油定期取样检查。

（二）刀盘与刀具出现异常磨损

盾构掘进遇到障碍物时，容易致使刀盘与刀具出现异常磨损。可通过设置气压进出闸门，局部气压下进入密封舱排障，对刀盘维修。

（三）盾构内气动元件不工作

导致盾构内气动元件不工作的主要原因有：系统存在严重漏气点，气动控制阀杆发生锈蚀，气动元件发生疲劳断裂（气压太高，回位弹簧过载）。

其控制措施有：安装系统时连接好各管路接头，防止泄漏；使用过程中经常检查，发现漏点及时处理；经常将气包下的放水阀打开放水，减少压缩空气中的含水量，防止气动元件产生锈蚀；根据设计要求正确设定系统压力，保证各气动元件处于正常的工作状态。

（四）数据采集系统失灵

压力传感器损坏容易导致盾构机数据采集系统失灵。其控制措施有：经常检查数据采集系统；对操作人员进行培训；对数据系统进行保养；设置数据系统的保护装置。

（五）管片拼装系统失效

导致盾构管片拼装系统失效的主要原因有：拼装机卡具失效，拼装机旋转装置失效，拼装机液压系统失效。其控制措施有：盾构接收基座要设计合理，使盾构下落的距离不超过盾尾与管片的建筑空隙；将进洞段的最后一段管片，在上半圈的部位用槽钢相互连接，增加隧道刚度；在最后几环管片拼装时，注意对管片的拼装螺栓及时复紧，提高抗变形的能力；进洞前调整好盾构姿态，使盾构标高略高于接收基座标高。

六、盾构到达阶段重大风险源及控制

（一）盾构姿态突变

盾构机始发进洞后，最后几环管片与前几环管片存在明显高差，影响隧道净尺寸。产生盾构姿态变化的原因有：盾构机始发进洞时，由于接收机座中心夹角轴线与推进轴线不一致，盾构机姿态产生突变，使盾尾内的环管片位置发生相应的变化；最后两环管片在脱出盾尾后，由于洞口处无法及时地填充空隙，使管片产生沉降。

预防盾构姿态变化和补救措施有：盾构接受基座设计要合理，使盾构下落的距离不超过盾尾与管片的建筑空隙；将进洞的最后一段管片上半圈的部位用槽钢相互连接，增加隧道刚度；在最后几环管片拼装时，及时复紧管片的拼装螺栓，提高抗变形的能力；盾构机始发进洞前调整好盾构机姿态，使盾构机标高略高于接收基座标高；洞门密封钢板未焊接前，加减下落的管片向上托起，纠正偏差；将洞口处的管片拆除，重新按正确的轴线位置制作模板，浇筑混凝土。盾构机快要到达车站，为了盾构机能够顺利到达，应逐步把姿态向隧道中心坐标靠拢。但管片浮动所带来的测量值变化大，盾构姿态没有一个稳定的范围，为克服管片浮动这一困难，可采用隔环注双液浆的施工方法稳固管片。

（二）土体流失

导致洞口土体流失的主要原因有：洞口土体加固效果不好，洞口密封装置失效，掘进面土体失稳。其主要控制措施有：应提高洞口土体加固的施工质量，保证加固后土体强度和均匀性；洞口封门拆除前应充分做好各项进、出洞的准备工作；洞门密封圈安装要准确，在盾构推进的过程中要注意观察，防止盾构刀盘的周边刀割伤橡胶密封圈；密封圈可涂牛油增加润滑性；洞门的扇形钢板要及时调整，改善密封圈的受力状况；在设计、使用洞门密封时要预先考虑到盾壳上的凸出物体，在相应位置设置可调节的构造，保证密封的性能；盾构进洞时要及时调整密封钢板的位置，及时将洞口封好；盾构即将进入洞口进行土体加固区时，应降低正面的平衡压力。

（三）盾构基座变形

导致盾构基座变形的主要原因有：盾构基座的中心夹角与隧道轴线不平行，盾构基座整体刚度、稳定性不够，盾构基座受力不均匀，盾构基座固定不牢靠。控制措施有：盾构基座形成时中心夹角轴线应与隧道设计轴线方向一致，当洞口段隧道设计轴线曲线状态时，可考虑盾构基座沿隧道设计曲线的切线方向放置，切点必须取洞口内侧面处；基座框架结构的强度和刚度能克服出洞段穿越加固土体所产生的推力；合理控制盾构姿态，尽量使盾构轴线与盾构基座中心夹角轴线保持一致。盾构基座的底面与始发井的底板之间要垫平垫实，保证接触面积满足要求。

（四）偏离目标井或对接错位

盾构轴线偏差太大或纠偏距离太小时容易导致盾构偏离目标井或对接错位。主要控制措施有：盾构机应有可靠的轴线定位，如：激光导向，陀螺仪定位系统；设置可靠地面三角网及井下引进导线系统，每50m设吊架（栏）对轴线跟进测量；每环衬砌测量与设计轴线的偏差；发现偏差及时缓慢纠偏；两盾构地下对接，盾构进工作井前100m反复对比测量，确保对接及出洞精度；测量仪器如全站仪和水准仪应有较高的精度，并经常校验。

七、复杂地层条件下施工风险源及控制

（一）覆土厚度不大于盾构直径的浅覆土层地段

当盾构在覆土厚度不大于盾构直径的浅覆土层地段施工时，严格控制开挖面压力。由于覆土荷载较小，使开挖面压力允许的管理幅度缩小，即使少量的误差，也可能给开挖面稳定带来很大影响。因此，在掘进时，应特别注意使用的泥浆或添加剂的性质以及开挖面压力，尽量减小对地表或地下建（构）筑物的影响。

浅覆土地段的壁后注浆。由于盾尾空隙会立即影响到地面或地下建（构）筑物，要进行充分的壁后注浆管理以控制地层变形。宜使用具早期强度的壁后注浆材料，采用同步注浆方法进行施工。在进行开挖面压力管理或壁后注浆管理时，可通过试验确定开挖压力管理值和注浆参数等。穿越河流的浅覆土施工，应对开挖面的稳定、泥浆或添加材料的泄漏或喷出采取措施，采取相应措施防止隧道的上浮或管片的变形。

（二）小半径曲线施工

根据地层条件、超挖量、壁后注浆、辅助工法等制定小半径曲线施工方案和安全施工措施，并注意防止推进反力引起隧道变形、移动等。

用部分外扩式超挖刀进行开挖时，超挖量大，小半径曲线施工容易。但是，大超挖量产生围岩地层的松动、壁后注浆材料绕入开挖面、推进反力的下降，使隧道变形增大，因此，要考虑地层的稳定性，把超挖量控制在容许范围内。小半径曲线施工时，管片从盾尾脱出后如果不能立即与围岩形成一体，盾构推

进就不能充分取得反力,会产生较大的管片变形和隧道位移,可应选择体积变化小、早期强度高的注浆材料。考虑到超挖量,适当增加浆液的注入量。小半径曲线施工时,应根据需要增加测量频率。在地层稳定性差的地段,为了防止曲线部分的超挖引起地层松动可采用化学加固或高压喷射搅拌施工等辅助措施。

（三）小净距隧道施工

小净距隧道施工相互影响,因施工条件各不相同,一般要考虑后续盾构的推进对先行隧道的挤压和松动效应;后续盾构的盾尾通过对先行隧道的松动效应;后续盾构的壁后注浆对先行隧道的挤压效应;先行盾构引起的地层松弛而造成或引起后续盾构的偏移等。伴随以上现象会发生的管片变形、接头螺栓的变形和断裂、漏水、地表下沉量的增大等。监测到异常变形时,应立即停止施工,查明原因,采用适当的辅助措施进行施工。

（四）大坡度地段施工

在选择运输设备和安全设施时,应考虑大坡度区段的施工安全,对牵引机车进行必要的牵引计算,并考虑一定的余量;上坡时应加大盾构下半部推进千斤顶的推力,这样可以有效控制盾构的方向。对后方台车,应采取防止脱滑措施;同步及即时注浆时宜采用收缩率小、早期强度高的浆液;在急下坡始发与到达时,基座应有防滑移安全措施;在急上坡到达时,为防止地层坍塌、漏水等,事先必须制订相应对策;在大坡度区段,地层的土水压力随着推进而时刻变化,因此开挖面压力也必须根据土水压力进行适当调整,特别是下坡时,由于压力仓内的开挖土砂有可能出现滞留而不能充分取土,慎重管理开挖土量。

（五）地下管线和地下障碍物地段施工

盾构施工之前,应查明隧道所经过地段地下管线的分布、类型、允许变形值等情况,制定具体施工方案;对重要管线和施工中难以控制的管线施工前应根据不同情况采用迁移、加固措施;盾构掘进时应及时调整掘进速度和出土量,从而减少地表的沉降和隆起。

地下障碍物处理前,查明障碍物具体位置和实物,制定处理方案,以确保施工安全;地下障碍物的处理一般遵循提前从地面采取措施处理的原则,如确需在盾构掘进工作面进行处理时,必须充分研究可行性与对策;从地面拆除障碍物时,可选择合适的辅助工法,拆除后进行回填;在盾构掘进工作面拆除障碍物时,可选择带压作业或地层加固方法;在开挖面的狭窄空间内进行人工拆除障碍物时，对障碍物的切断、破碎、拆除和运出作业，应控制地层的开挖量以保障开挖面的稳定。

（六）穿越建（构）筑物施工

盾构施工前，应对建（构）筑物地段进行详细调查，评估施工对建（构）筑物的影响，并有针对性地采取保护措施，控制地层变形；宜根据建（构）筑物基础与结构的类型、现状，采取地基加固或桩基托换措施；加强地表和建（构）筑物变形监测，优化调整盾构掘进参数和同步注浆参数；根据建（构）筑物沉降速率进行多次壁后注浆，宜选择体积变化小、早期强度高、速凝型的注浆材料。

（七）穿越江河地段施工

穿越过江河地段施工应特别重视详细查明地层条件和河流情况，制定可靠的施工措施；穿越江河施工时，选择合理的盾构设备类型；施工过程中，应确保开挖面的稳定，防止地层坍塌，防止突水突泥；现场准备足够的防排水设备与设施；必要时，对水底地层进行预加固处理；采取措施防止对堤岸、周边结构物的影响；特别注意观察与防止泥浆和添加材料的泄漏和喷出；注意观察与解决管片的变形和隧道上浮问题。

（八）地质条件复杂地段

当在砂卵石地段盾构施工，应根据砾石粒径、含量和施工长度及出碴设备能力等因素，选择盾构的刀盘形式和刀具配制方式、数量；采用土压平衡盾构时，应根据螺旋输送机出渣情况，做好渣土改良工作；采用泥水平衡盾构时，根据砾石含量和粒径选择破碎方法或输送泵；当遇有大孤石影响掘进时，应采取措施排除。

在穿越复杂地层地段盾构施工时，应优先使用复合式盾构机进行施工；综合考虑地质条件，合理选择盾构刀具形状和配置，以适应各种地层的掘进，及时更换刀具或改变其配置，以适应前方地层的掘进；根据开挖面地质预测预报信息，调整掘进和壁后注浆参数，以确保开挖面的稳定和掘进速度；根据开挖面地质条件，及时调整土压平衡压力，及时决定是否采用渣土改良或及时调整渣土改良参数。

第四节　盾构隧道施工风险监控管理

盾构法隧道施工，掘进速度快、质量优、对周围环境影响小，施工安全性相对较高，但盾构施工技术有着自身的特点，安全管理和风险防范工作只有适应盾构施工的特点，才能利用盾构的优势，克服传统隧道施工的劣势。真正做好轨道交通的安全工作，应充分发挥信息化监控技术和第三方监测的作用，确保轨道交通建设又好又快地推进。

一、施工现场监控、评估与预警

对于盾构实时安全风险管理系统不能监控到的现场施工状况，例如盾构铰接密封、管片破损、管片错台和管片间渗漏水/沙/泥、橡胶止水条的位移情况等，可采用现场巡视评估方法来对这些安全风险因素进行评估。施工、监理、第三方监测单位每日对现场进行巡视。表4-3为某地铁公司盾构法施工巡视预警参考表。

某地铁公司盾构法施工巡视预警参考表　　　　表4-3

巡视内容	巡视状况描述	安全状态评价		
		黄色预警	橙色预警	红色预警
铰接密封情况	渗水~滴水			
	滴水（水质混浊，含沙或泥）~小股流水/流沙（泥）			
	严重漏水、涌砂或涌泥			
管片破损情况	一般破损（管片表面出现裂纹，裂纹较浅，仅伤及管片部分保护层，对隧道安全影响较小，今后修复即可）			
	较严重破损（管片出现裂缝，裂缝有一定宽度，穿过保护层厚度；或管片大面积掉块，内部钢筋裸露；对隧道安全影响较大，需要立即修复）			
	严重破损（管片出现贯通的裂缝，对隧道安全影响严重，立刻停工组织专业人员抢修）			
管片错台情况	5~10mm			
	10~15mm			
	>15mm			

续表

巡视内容	巡视状况描述	安全状态评价		
		黄色预警	橙色预警	红色预警
管片间渗漏水/沙/泥等情况	渗水~滴水			
	滴水（水质混沌，含沙或泥）~小股流水/流沙（泥）			
	流水、涌泥或涌砂			
盾尾漏浆情况	一般流浆			
	浆液喷出（喷出长度＜0.5m）			
	浆液剧烈喷出（喷出长度＞0.5m）			
橡胶止水条的位移情况	橡胶止水条错位或扭曲，位移小于其宽度的一半			
	橡胶止水条错位或扭曲，位移大于其宽度的一半			
	橡胶止水条错位或扭曲，且大面积损坏，完全脱离管片			

二、周边环境监控、评估与预警

周边环境监测项目与明挖法和矿山法相同，即建（构）筑物沉降、倾斜；桥梁墩柱（台）沉降及相邻墩柱（台）差异沉降；地下管线沉降及差异沉降和道路及地表沉降等，详见监测等章节。

三、换刀施工的监控、评估与预警

换刀施工评估主要内容有：正常换刀地点地质与环境条件的确认；常压换刀或带压换刀及其控制方案与参数；突发性刀盘检修与刀具更换方案，实施条件与危险性预测。

四、盾构施工参数监控、评估与预警

盾构主要施工参数（包括土压力、刀盘扭矩、总推力、推进速度、刀盘转速、贯入度、同步注浆压力和同步注浆量）的评估需要建立适宜不同组段的施工参数的控制准则和控制范围，另外，须注意盾构姿态的控制。由监理、第三方监测单位对施工单位的操作指令情况进行监控、评估。

五、施工组织管理及作业状况监控、评估与预警

施工组织管理及作业状况的监控、评估主要由监理单位进行，针对评估内容逐项评定，达到预警级别及时发布预警信息，施工单位必须根据相应的信息及时进行整改和响应。具体评估内容如下：
（1）安全保护措施落实情况；
（2）设计文件落实情况；
（3）违章作业情况；
（4）安全风险管理体系运行情况；
（5）施工组织管理状况；
（6）隧道内施工队伍的作业水平和盾构操作能力评估。

六、安全风险预警与响应机制

为应对突发安全隐患或事故，可建立相应黄色、橙色、红色的三级预警响应机制。针对预警级别的不同，予以不同的响应（包括参与或决策、信息报送、应急响应和抢险处置等），建立分工明确、责任到位、常备不懈、运转协调的应急处置保障体系，表4-4为某地铁盾构隧道工程预警分级体系。

某地铁盾构隧道工程预警分级体系　　　　表4-4

预警级别	预警状态描述	预警响应责任人	预警响应，应急处理要点
黄色预警	"双控"指标（变化量，变化速率）均超过监测控制值的70%时，或双控指标之一超过监测控制值的85%时	总工程师、安全副经理	预警发布后1天内响应、处理
		工程部长、安质部长	项目部总工组织分析、预测、处理
		总监代表	项目部联合第三方加强监测、巡视
		第三方项目技术负责	报请总监代表现场加强巡视、监管
		设计单位项目技术负责	报请分中心加强协调和督察；处理结果上报总监办、第三方
橙色预警	"双控"指标均超过监测控制值的85%时，或双控指标之一超过监测控制值时	项目经理、总工、安全副经理、工程部长、安质部长	预警发布后1天内响应、处理
		局指挥长（特一级）	项目经理主持实施风险处理
		总监代表、总监	项目部联合第三方加强监测、巡视
		公司主管领导（特一级）	报请总监现场加强巡视、监管
		第三方项目经理、技术负责；单位主管领导（特一级）；勘察、设计及评估单位的项目技术负责、专业负责	报请分中心加强协调和督察
		单位主管领导（特一级）	特一级报请中心专业组加强现场跟踪

续表

预警级别	预警状态描述	预警响应责任人	预警响应，应急处理要点
红色预警	"双控"指标均超过监测控制，或实测变化速率出现急剧增长时	局指挥长、项目经理、总工、安全副经理、工程部长、安质部长	预警发布后2小时内响应、处理
		集团总经理（特一级）；总监代表、总监、公司主管领导	局指挥长主持实施风险处理
		公司主要领导（特一级）	项目部联合第三方加强监测、巡视
		第三方项目经理、技术负责、单位主管领导；单位主要领导（特一级）	报请总监现场加强巡视、监管
		勘察、设计及评估单位的项目技术负责、专业负责、单位主管领导；单位主要领导（特一级）	报请监管中心总体组及相关专业组加强现场跟踪

第五节　联络通道风险源的管理与防控

区间联络通道是设置在两个隧道之间的通道，若一条隧道出现问题，行人可通过连接通道转移到另外一条隧道，安全系数将大大增加，因此有"逃生通道"之称。区间联络通道不仅承担着横向救援和疏散的功能，同时还承担着区间泵房的功能。

联络通道一般埋深位置较大，地下水位高，地质情况复杂；施工空间狭小，各种工序交叉作业多；由于工序的特殊性，通道施工一般在隧道贯通后进行，造成进料出渣距离长；因涉及周边结构及工后沉降，监控量测任务重；通道与隧道接口处需割除管片，切口小，开挖面大，风险高。

联络通道工程风险源主要有：在勘察设计阶段的风险，地质情况不明，造成加固体缺陷或失效；土层加固阶段，地面加固质量有缺陷，管片开孔时漏水，冷冻管盐水泄漏，泄压孔压力没有上升或很小，探孔漏泥漏水；在通道开挖阶段，钢管片掉落，钢管片焊接，冻结管断裂，掌子面漏水漏砂；在结构施工阶段，脚手架及模板搭设，钢筋焊接，混凝土管片冻结孔封堵，钢管片冻结孔封堵；在充填注浆与融沉注浆时，通道结构沉降超标，地面沉降超标，注浆管的封堵，结构及管片漏水。

一、勘察设计阶段风险预防

（一）地质资料调查

联络通道一般是在区间隧道贯通后再施作，由于隧道区间开挖，必然造成对地下土层的力学性质及含水层有关技术指标的扰动，按项目审批时的地勘资料计算联络通道加固土的效果及工后影响，必然会对后期的缺陷治理造成影响，所以联络通道设计验算时，应充分考虑周围情况及地质参数的变化，及时修正地质资料，包括主要土层的地质构造及地温；土层的常规土工试验指标，其土样的层位、深度应与冻土物理力学性能试验一致；土层中各含水层的特征，应包括含水层埋深、层厚、静止水位、水位波动情况、渗透系数、流向、流速、水质、水温、含盐量等指标，表土层各含水层之间、表土层与基岩的水力联系。土层中废弃建（构）筑物和管线的调查，包括地下管线、沟、渠、井、障碍物等。

（二）专项施工方案的技术与管理

（1）按《危险性较大的分部分项工程安全管理办法》（建质〔2009〕87号）编制专项施工方案和应急预案，组织专家审查。

（2）对施工过程的关键工序应组织各参建单位进行节点验收，主要包括土体加固前条件验收。

（3）在旁通道施工前，有针对性地对旁通道的冻结加固、开挖施工的监控与监测、融沉注浆，以及施工过程中可能发生的安全质量事故编制应急方案。辅助旁通道施工的方案有：土体加固施工方案、旁通道施工组织设计、融沉注浆方案、监控与监测方案、临时用电施工方案、安全应急预案和应急演练方案等。

（4）联络通道开挖要坚持"短掘短支"的原则，根据设计要求及时架设钢拱架，在钢拱架外侧铺设木背板，并及时对木背板后空隙进行回填；初支喷射混凝土需及时跟进，一般情况下不得超过4榀钢拱架，并满足冻土面在24小时内封闭的设计要求，但当钢拱架受力明显时，架设钢拱架后应即时进行喷射混凝土施工。

（5）融沉注浆施工应根据联络通道所处的地质情况、施工季节、地下水及监测情况，合理确定浆液配比、浆液稠度等施工参数；融沉注浆时间一般不少于100天。注浆量应紧密结合监测数据，控制好周边环境的沉降变形；施工、监理单位需做好注浆记录，注浆记录要求内容详实、资料完整。

（6）联络通道施工期间，需加强对测点的保护，施工、监理单位应专人定期记录冻结温度变化情况，温度或监测数据异常时及时处理，及时反馈。

二、联络通道施工阶段的重大风险源及控制

（一）主要土层加固阶段的重大风险源

项目设计阶段应充分考虑联络通道周围环境及地质情况、加固方法，目前常用的加固方式主要有地面加固和冷冻加固法。

1. 地面加固过程中的风险及措施

地面加固就是在区间隧道开挖前，对联络通道范围提前进行水泥土置换，隧道贯通后可以开挖通道的一种加固方法。如果土体加固质量不好，可能会出现桩与桩之间咬合不好或出现断桩现象，加固土体不能连成整体，在开挖过程中容易出现掌子面坍塌以及冒顶漏水等现象；除此之外对管片上部扇形三角区的加固也非常重要，在地层加固施工中须严格控制施工质量，保证土体加固稳定，止水效果良好，加强扇形区域的注浆。加固过程中应注意以下几点。

三轴水泥搅拌桩在下沉和提升过程中严格控制下沉和提升速度。根据设计要求和技术资料，下沉速度控制在 0.5~0.8m/min，提升速度不大于 1m/min，在桩底部分适当持续搅拌注浆，做好每次成桩的原始记录。搅拌下沉和提升速度要均匀，遇到障碍物减速慢行防止设备损坏。采用信息法施工，后台和桩机要密切联系配合，保证工序的连续性和完整性。报表记录，施工过程中由专人负责记录，详细记录每根桩的下沉时间、提升时间和注浆状况，记录要求详细、真实、准确。

开挖前须对加固体进行检验。开挖前应对地层加固效果进行取芯检测，其无侧限抗压强度（28d）$qu \geqslant 1.0MPa$，土体渗透系数 $\leqslant 1 \times 10^{-8}$cm/sec。因此判定搅拌桩加固体是否满足设计要求，达到开挖条件。

2. 冷冻加固过程中的风险及措施

在隧道内利用水平孔和部分倾斜孔冻结加固地层，使旁通道及泵房外围土体冻结，形成强度高、封闭性好的冻结帷幕。在冻土中采用矿山法进行旁通道及泵房的开挖构筑施工，地层冻结和开挖构筑施工均在区间隧道内进行。冷冻体的冻结效果是本工艺能否顺利实施的重点，所以在冷冻设计阶段应充分考虑主要地层的土力学性质，冻结区域内有以下情况时，设计中应进行深入分析并采取针对性措施。

3. 冷冻加固过程中的重大风险源及防控

管片开孔漏水时，在隧道管片上施工冻结孔，取芯钻机钻进深 220~300mm，直径大于孔口管管径 2~4mm 的钻孔，然后插入缠上麻丝的孔口管（麻丝外最

好涂抹速凝水泥),孔口管插入钻孔深度不得小于200mm,与钻孔配合要紧密,不渗漏,并用不少于4个膨胀螺栓与隧道管片固定。固定孔口管用膨胀螺栓直径不得小于12mm,膨胀螺栓与孔口管之间用等直径钢筋(最好用钢板)焊接。在钢管片上施工冻结孔时,应采用焊接方法固定孔口管,焊缝高度不得小于孔口管管壁厚度。开孔隔舱和四周隔舱应填满水泥,并用10mm厚钢板焊接密封。然后在孔口管上安装阀门和孔口密封装置后再用钻机或开孔器钻透隧道管片(二次开孔)。

采用盐水冷冻的冻结加固工艺,冷冻过程中盐水渗漏对冻结壁交圈,冻结壁的厚度、冻土的抗折强度等有很大的影响,直接影响冻结效果,对开挖阶段的风险较大。所以冻结管下管完成后,应先用高压清水冲洗管内,确保管内无杂物,然后再上丝堵。丝堵上应加密封圈,然后缠生料带加以密封。冻结管下入地层后必须进行试压。试验压力应为冻结工作面盐水压力的1.5~2倍。经试压30min压力下降不超过0.05MPa,再延续15min压力保持不变为合格。

漏管处理:试压不合格的冻结管必须进行处理达到密封要求后方可使用。无法处理时应补孔。对于向下倾斜的冻结管漏管,可以在漏管中下入小直径冻结管,并在小直径冻结管外侧充满清水或泥浆。小直径冻结管的内径不应小于48mm,下小直径冻结管的冻结孔不得相邻,下小直径冻结管的冻结孔数不得多于冻结孔总数的5%。小直径冻结管的下放深度和耐压必须符合设计要求。水平或向上倾斜的冻结管漏管不得采用下小直径冻结管的方法处理,应及时补孔。

冻结过程中,随着冻结圆柱体逐渐增大而交圈形成封闭的腔体,内部的水土体压力受到冻结胀力的挤压而慢慢增大,如果不及时采取措施释放,就会对管片造成破坏,通常的做法是在腔体内部设置卸压孔及时释放一部分水土。孔端安装压力表,一旦压力大于正常的水土压力的0.1~0.15MPa时,打开卸压阀卸压。卸压孔的布置如图4-5所示,卸压的管材选用$\phi 32mm \times 3.5mm$ 20号低碳钢无缝钢管,长度为1~3m。冻结初期冻结圆柱体没交圈,卸压孔的压力为土体静水压力,交圈后,卸压孔上的表的压力会随着土体冻胀力增大而上涨,我们可以通过压力上涨时间与速度判断冻结壁的发展良好程度。

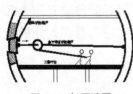

图4-5 卸压孔图

如果压力没有上涨或很小、其表现为:土体含水量少,冻胀力较小;冻结帷幕没有完全充分交圈,冻结壁内外之间串通,压力向外侧释放;卸压孔处没有密封好,存在漏水现象而压力提前卸掉了;管片连接处自身存在漏水现象而使压力没有明显上涨。

为了更直观地观测冻结加固效果，在开挖断面未冻区内施工两个探孔，探明冻结状况，如若没有连续涌砂、涌水现象，说明冻结效果良好。如果发现探孔里有泥水流出，要进行跟踪观察，看看流量是变大还是变小，流出的压力是变大还是变小，测量流出水土的温度。如果温度低且没上升的趋势，流出量变小、压力变小则内部土体是稳定的。反之，要长时间观察，直至确保内部土体稳定为止。

（二）通道开挖阶段的重大风险源防控

1. 拉钢管片时掉落

拉管片是开挖工序中危险系数较高的一项工作。因此拉管片时，管理人员必须全程跟踪，为安全起见，为了防止管片自行脱落，在拆除所拉管片的螺丝前，要在相邻管片上焊接限位装置，如图4-6所示。

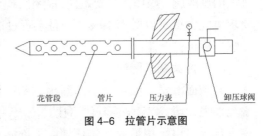

图 4-6 拉管片示意图

先把中间部分管片分解一块拉出，再把另一块拉掉。中间两块拉完后再拉上面两块，拉管片时工作人员要站在安全位置操作，拉手拉葫芦的人员不得超过2人，而且拉时要注意不能拉得太快，边观察边拉，上面拉葫要紧跟拉紧。上面两块拉完后再拉下面两块，拉出的管片及时运到隧道外，保持开挖线路畅通。

2. 钢片缝的焊接

在开挖前，预留的开口环处的钢管片要接掉，这样隧道管片内部应力会重新分布，为了减小管片的不利受力影响，将旁通道开口部的钢管片之间（欲拉开的管片除外）环向及纵向接缝采用满焊的方式将每条拼装缝一一焊接好，提高其整体稳定性，以控制隧道管片变形。

注意事项：

（1）焊接前应首先对拼装缝进行除锈除垢处理，避免虚焊。

（2）焊接时，划分区域，采取对称方式焊接，以防止应力集中，引起钢管片变形。

3. 冻结管断裂

冻结管断裂的原因：

主要原因是冻结管接头处没有安全焊接好，强度过低造成的。其次有不同土层冻胀力挤压、土体流失过多后的管片变形、冻结管与焊接材料匹配，管材焊材质量不合格等因素都会造成冻结管的断裂。

另外冻结壁加固厚度（强度）不够、在开挖时超挖太多，造成冻结壁变形过大超过管材允许变形量也会造成断裂。

一旦发生冻结管断裂时，要及时采用排除法将冻结管找到。如果是下俯的冻结孔，可以采用下套管（$\phi 63.5 \times 3$，供液管 $\phi 38 \times 3$）的方法进行处理。如果是上仰的冻结孔，只好采用液氮冻结。

采用液氮时，要先将冻结管里的盐水放空，将不锈钢软管与冻结管里的供液管对接。同时对供液管及不锈钢管进棉胎进行保温处理。将冻结管里的回液管与排气管相连，现场安装风扇，加强通风。检查无误后，方可慢慢打开液氮罐上的供液阀。操作人员要戴防冻手套，现场要安排专门人员进行氧气浓度检测，要求氧气含量不得低于19%，一旦发现过低，要立即关闭供液阀，检查泄漏点，处理好后再打开制冷。

4. 开挖面漏水漏沙

开挖面漏水、漏沙，小的漏水、漏沙快速用棉被等进行封堵，同时用快速水泥加强封堵，一定要控制住不让其流水，一旦流动就会造成土体的解冻而加剧。在下部时可以采用堆放沙袋压堵，上部时加设钢支架用木背板压紧。可以考虑用液氮直接对漏点加强冻结。

如果现场越来越得不到控制，要果断向通道里充填水泥、沙袋等，及时关闭安全应急门，接通空压机向通道里压气以保持内部压力平衡或直接注浆充填。控制住现场后，及时分析原因，加强冻结，择日再开挖等。

（三）结构施工阶段的重大风险源防控

1. 混凝土管片上的冻结孔封孔方式

封孔时，首先割除孔口管、冻结管，深度要求进入管片不得小于120mm；先用锹把填入面纱，再用快速水泥填充，填充深度不小于500mm。然后用10mm厚盖板在孔口管内部焊接密封。在管片内的空挡部位对称打设2个膨胀螺丝，底部布置3cm棉纱缓冲层，在内部布设两根注胶管，注胶管底部用1寸钉穿透，防止注胶管滑出；然后用速凝水泥进行封堵，如图4-7所示。

2. 钢管片上的冻结孔封孔方式

首先割除孔口管、冻结管，深度要求进入管片不得小于60mm；先用锹把填入面纱，再用快速水泥填充，填充深度不小于500mm。然后用10mm厚盖板在孔口管内部焊接密封。用速凝水泥进行封堵。最后用10mm厚钢板焊实密封钢管片隔舱，如图4-8所示。

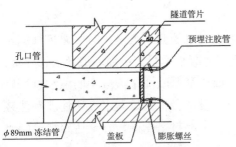
图4-7 混凝土管片上的冻结孔封孔示意图

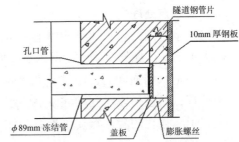
图4-8 钢管片上的冻结孔封孔示意图

（四）充填注浆与融沉注浆

1. 融沉沉降的原因与注浆的必要性

冻结法施工的旁通道引起的沉降原因主要有：临时支护层与开挖面之间人工充填，密实度很低，具有很大的压缩空间。受结构与施工方法的制约，通道上部与临时支护层之间易出现空洞。冻结土体融化后体积变小而引起土体沉降。上述各种原因而引起的土层沉降，如果不能得到有效地控制，会对旁通道本体、隧道和地面环境造成一定的影响，也会造成一定的经济损失和不良的社会影响。

目前采取的方法是，在旁通道结构完成停止冻结后，及时对两大空隙进行充填注浆，充分的充填注浆可以使后期的沉降得到非常好的控制。充填注浆后，再根据冻结土体的融化特点进行跟踪注浆，要遵循"少量、多次、均匀"的原则进行注浆控制。

2. 解冻不彻底造成二次补浆

自然解冻在停止冷冻后，通过土体与外界自然热交换来达到吸热化冻的过程，从停止冻结到冻土完全化完，此过程时间较长，通常达6个月以上。目前大部分还是采取自然解冻方式。

强制解冻则是在原冻结管内循环热盐水，为冻结的逆循环。这种解冻速度相对较快，但与解冻相配合的注浆过程还不是太成熟，实际的处理效果技术经济上优越性还没有充分得到体现，目前工程对此种方式的应用还在试验总结过程中，离实际推广应用还有一定的过程。

3. 注浆管的封堵

停止融沉注浆后，要及时对注浆管进行封堵。在注浆孔没有堵好时，注浆机不宜撤走。先向每个注浆孔压水泥浆，待其凝固后，拧下阀门，将专用堵头拧紧，外表用水泥浆将表面修补平整美观。

4. 漏水点处理

在注浆初期，管片和结构体上经常出现大量的漏水点，这时候要根据漏水点的大小情况，如果特别大的漏水点，要用速凝水泥封堵，加一根导水管导水，待达到一定水泥强度后，通过导水管向里面压聚氨酯注浆液。小的漏水点可以暂不处理，经过一段时间的注浆后，水泥浆慢慢会将大量漏水点堵住。到注浆后期，仍然存在的漏水点要用聚氨酯注浆液全部封堵一遍，直至达到结构防水要求为止。

第六节　机械法联络通道工法简介

一、前言

联络通道作为联系地下空间之间、地下空间与地上空间之间的基本结构单位具有极为重要的作用。现有联络通道施工根据施工开挖过程的机械化程度可分为非机械法施工技术和机械法施工技术。

非机械法施工技术主要采用的是经地层加固后实行矿山法开挖的方式，其中最为常见的加固方式为冻结法。该施工方法技术效果控制影响因素众多，存在较大的安全风险，施工周期长、费用高、运维病害突出。为了克服非机械法施工存在的诸多不足，近年，国内外均进行了机械法施工技术的探索与实践。

经调研，根据使用的机械类型不同可分为三大类：顶管法、盾构法、智能掘进机法。目前的机械法施工方法相比非机械法施工可在一定程度上缩短施工工期，还能消除冻结加固冻融引起的结构损害及环境影响。但该施工方法仍需进行较大面积的地层加固，加固费用高，加固过程也会加长施工工期，同时现有的顶管法较难适用于长距离的联络通道掘进，而盾构法对主隧道空间要求较高。

为了适应地下空间开发要求，减小联络通道施工影响，降低施工成本，缩短施工工期，弥补现有施工工艺不足，提出了"微加固、可切削、严密封、强支护"为基本特点的联络通道微加固机械法 T 接施工技术理念。

二、技术分析

机械法联络通道技术（图4-9）是盾构隧道"T"接技术的代表,以"微加固、可切削、严密封、强支护"为基本特点：**微加固**即联络通道与主体结构连接部位进行局部的微加固处理；**可切削**即通过掘进机切削洞门管片后进行施工掘进；**严密封**即套箱始发、接收，实现施工过程全封闭，提高安全性；**强支护**即将掘进机反力进行合理分配同时强化主隧道内部的支护性。

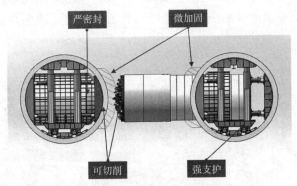

图4-9 机械法联络通道技术

该技术包括盾构法和顶管法两种工艺（图4-10），在结构设计、专用设备研发、关键施工技术等方面取得了实质性突破，为国内首创。

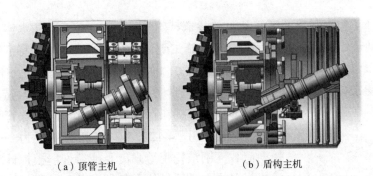

（a）顶管主机　　　　　　（b）盾构主机

图4-10 机械法联络通道技术的两种工艺设备

（一）装备研发

研制了满足既有城市地铁隧道狭小空间内快速施工、地层微加固条件下施工要求，兼具盾构、顶管模式的掘进机整机及辅助后配套装备。**（1）可切削刀盘**。为获得更好的空间利用率，顶管法采用矩形断面，采用弧面偏心多轴刀盘，整个刀盘可与隧道内壁实现无缝接触；盾构法采用常规圆形断面盾构，始发和掘进时需切削主隧道弧形管片，为了使盾构机切削管片时盾构姿态更加稳定，设计锥形刀盘系统，切削时刀具轨迹从中心向周边扩展，有利于盾构姿态控制。**（2）集成化掘进装备**。满足隧道内始发条件，顶管主机、盾构主机高功率密度、高质量密度设计。**（3）快速支撑体系（智能台车，见图4-11）**。始发及接收影响范围内设置一体化的内支撑台车系统，支撑系统由液压控制，通过伺服控制的千斤顶支撑，达到施工全过程隧道结构保护的目的，确保微加固情况下的管片结构安全。

（a）

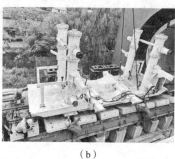
（b）

（c）

图4-11 智能台车

（二）结构设计

设计了包含联络通道管片、主隧道特殊管片、T形接头、防水体系的机械法联络通道结构体系，揭示了结构从施工到运营全过程受荷响应特征并提出计算方法，形成了机械法联络通道设计标准。**（1）主隧道特殊管片设计**。环宽1.5m、管片厚度350mm、外径6.2m，纵缝与环缝形态与主隧道一致。三环特殊环采用半通缝形式，统一在标准块设置可切削特殊管片（钢—混复合结构）（图4-12）。**（2）T形接头受力**。通过开展长期荷载下钢结构焊缝强度及疲劳性能模拟计算以及洞门接头混凝土环梁结构在长期荷载下的强度、刚度变化以及疲劳性能模拟计算进行T形接头受力分析。**（3）结构及防水试验**。研发了综合结构试验平台，并开展接缝试验、足尺破坏试验及防水试验；模拟不同工况下的结构受力机制和破坏行为，验证结构设计的合理性；通过防

图4-12 特殊衬砌环设计

水试验验证各部分防水试验合理性，为结构和防水设计优化提供理论支撑。

（三）施工技术

揭示了机械法联络通道施工全过程主隧道变形规律及环境影响规律，提出了联络通道施工综合控制理论，建立了集掘进、拼装、注浆等为一体的施工技术体系。**（1）狭小空间管片拼装**。主梁回转式拼装机纵向行程较大，满足狭小空间管片抓取需求；中心空间较大，满足螺旋机布置，具备手动拼装和半自动拼装两种模式，可实现承插接头管片的半自动拼装。**（2）微加固注浆**。明确强刚度、强度差异条件下的注浆机理，了解一侧为固定边界、一侧为土体情况下浆液的扩散规律，根据不同注浆材料、注浆参数条件下浆液的加固效果，选择满足施工要求的浆液配比及施工工艺。**（3）全环境模拟**。联络通道施工过程结构受力机理复杂，涉及机械—结构—土体多体系之间的相互作用问题，同时其受力特征会随着施工工序的变化发生动态调整，为了模拟掘进机真实的进出洞施工过程及过程中隧道结构的受荷演变规律，分析支撑体系的安全性及有效性，进行相应的模型试验，设计了可模拟联络通道掘进施工的全环境模拟试验系统。试验系统采用"站立式"以考虑隧道的自重荷载，最多可实现7环管片的同时加载（以单环管片宽度1.2m为标准设计），以考虑隧道局部受荷情况下的纵向传递特性，同时在模型装置一侧开口可模拟联络通道结构的施工过程及受荷过程。装置净空直径初步设计为10m，可满足目前国内所有常规盾构隧道结构尺寸的试验要求（图4-13）。**（4）数字化管控**。通过有线及无线相结合的网络技术，

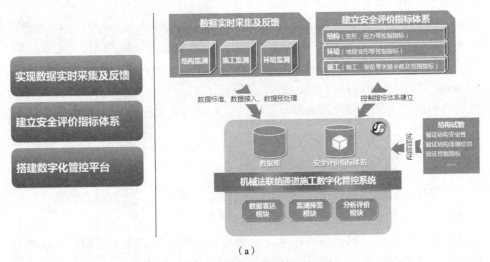

(a)

图4-13　站立式多环隧道结构足尺加载试验装置（一）

(b)   (c)

图4-13 站立式多环隧道结构足尺加载试验装置（二）

实现施工及监测数据的实时采集与反馈，再结合关键工况、关键位置、关键参数等安全评价指标，进行梳理、融合，建立安全评价指标体系，搭建数字化管控系统，接入各类数据，进行安全评价与预警。

（四）内置式泵房

在满足规范要求的前提下，进行了积水池尺寸及结构形式设计、防水设计、积水坑处特殊管片设计、杂散电流设计、排水泵的选型设计等，通过空间集约化的集水池设计和高性能水泵选型，在隧道道床范围内实现满足消防规范要求的区间泵房设置（图4-14）。泵房内置于正线隧道道床中间，内置高性能水泵，集水池顶设密封式步板。集水坑尺寸为800mm（B）× 600mm（H）×14400mm（L），泵房及排

图4-14 内置式泵房

水能力的设计满足消防及排水规范要求，道床结构满足相关规范要求。

三、技术应用

本机械法联络通道技术适用范围涵盖软土、粉细砂、高富水砂卵石、风化岩层、复合地层等各种不同的地质环境，在安全性、建设工效以及造价方面有无可比拟的优势，是解决现阶段联络通道建设存在问题的重要手段，为联络通道施工乃至所有隧道的"T"接提供了优秀的技术选项。

自2018年国内首条盾构法联络通道在宁波轨道交通3号线一期工程鄞南区间顺利贯通以来（图4-15），截至目前，已有20多条机械法联络通道在宁波、无锡地铁线路中顺利贯通，最短仅用时8天。

宁波轨道交通3号线一期工程鄞南（鄞州区政府站~南部商务区站）区间联络通道位于鄞州公园东门北侧，隧道中心埋深16.94m，直径3.15m，长17m，盾构主要穿越地层为淤泥质黏土和粉质黏土，是国内首次采用"盾构法施工"贯通的联络通道（图4-16）。

图4-15 国内首条盾构法联络通道顺利贯通　　图4-16 首条盾构法施工的联络通道

2018年12月10日上午9点58分，伴随着马达声的响起，顶管法联络通道工程在无锡地铁3号线一期工程新锡路站~高浪路东站区间内顺利始发，标志着地铁建设施工领域中又一项新技术、新工艺施工的起航。据悉，此番施工也是国内地铁工程中，经过系统科研和试验验证后实施的第一座圆形顶管法联络通道。技术应用于宁波地铁多条线路见图4-17。

图4-17 技术应用于宁波地铁多条线路

第七节　矿山法施工风险源及风险监控管理

一、矿山法隧道施工安全风险的特征

（一）矿山法隧道施工安全风险的一般特征

风险作为项目中存在的普遍现象，一般都具有客观性和普遍性、突发性和可变性、多样性和多层次性、阶段性和整体性、相对性和无形性、长期性和规律性、具体风险发生的偶然性和大量风险发生的必然性等特征。对于矿山法隧道施工项目风险而言，作为工程风险中的一种，它具有风险的一般特征：

（1）由于地基岩层的性质、工程水文地质条件复杂多变，隧道建设投资大、周期长、施工工艺复杂、施工过程中涉及的不确定因素多等特点，隧道施工风险是客观和普遍存在的。

（2）由于勘察设计资料有限，设计计算理论不完善和在隧道施工中会不可避免地遇到一些突发偶然事件等原因，使得隧道施工的风险具有发生的偶然性和大量发生的必然性。

（3）在隧道施工过程中，由于试验数据离散性大，勘察报告提供的场地性质资料有限，地下情况的不可预知，施工方案和方法是随着施工的开展，进行动态的调整，因此施工风险的可变性就更加明显。

（4）由于隧道施工对场地周围土体的扰动大，造成了对场地周围环境的影响，除本身的技术因素影响外，隧道施工还不得不与外部环境发生关系，这样使得隧道施工风险不但具有内部因素的多样性，而且还具有鲜明的层次性。

（二）矿山法隧道施工安全风险的特有特征

由于隧道施工属于地下作业，穿过山体，其施工场地远不如地面开阔，而且照明、通风、防尘、防水、排水、塌方等问题都是地下作业特有的问题。另外，由于地质勘探的局限性、地质条件的复杂性和多变性，地质条件的优劣直接影响隧道施工安全、质量和进度。所以，隧道施工风险除具有一般风险的特征外，

还具有许多自身所特有的特征,如空间性和时间性。主要有以下几个方面:

1. 隧道施工安全风险的空间性

隧道施工安全风险的空间性表现在隧道施工过程中洞内的含氧量和粉尘含量的偏低会引发风险事故的发生。

2. 隧道施工安全风险的时间性

隧道施工安全风险的时间性表现在隧道施工安全的一些风险会随时间的推移而发生量变或质变,可能演变成为更大的风险。

3. 隧道施工安全风险对工程地质和水文条件的依赖性

由于隧道施工整个工程埋设于地下,工程的地质和水文条件对隧道施工的成败起着重要的,甚至是决定性的作用。很多情况下工程的地质和水文条件决定了隧道施工可能出现的不确定性因素。如果在隧道施工前,能够尽可能准确地掌握工程范围内的岩层性质、岩石强度、完整程度、地应力场、自稳能力、地下水状态、有害气体和地温状况等资料,并根据这些原始材料,选定合适的施工方法,确定相应的施工措施和配套的施工机具,则可以使施工风险降到最低程度。反之,如果没有做好这些工作,那么在隧道施工过程中,遇到未曾料想的地质水文条件会给隧道施工带来极大的风险。同时由于隧道施工风险对工程地质水文条件的依赖性,派生出了隧道施工风险的其他许多特征。

4. 隧道施工安全风险发生的随时性

由于地质水文条件的分布是由几十亿年以来的地壳运动与变迁所形成,其分部具有一定的规律性,但在更大程度上表现出来的是不确定性,这就决定了隧道施工时风险发生的随时性。

5. 隧道施工安全风险后果的严重性

由于隧道工程一般都比较庞大,施工都位于地下,断面较小,工作场地狭窄,施工工艺复杂,一旦风险事件发生时,想及时进行补救或是排除险情都比较困难。因此,轻则已施工的结构被破坏,施工机械遭到毁损,工期延误、成本增加;重则造成严重的安全隐患或安全事故,人员伤亡、工程停工,同时遭受严重的经济损失。

由于隧道施工风险具有以上诸多的一般特性和特有特性,在隧道施工风险管理中,要充分认识与了解这些特性,以便针对不同的特性,采取相应的措施与方法予以应对和控制,才能实现对隧道施工安全风险的有效管理。

二、矿山法隧道施工安全风险源的特征

在矿山法隧道施工过程中,施工情况复杂,各种风险、有害因素相互交织,

工伤事故屡见不鲜，是一个复杂多变的人—机—环境系统，通常作业中的人员、设备和设施处于诸多不安全因素的威胁之下，而这些因素具有客观存在性、不确定性、空间性、变异性、隐藏性、可知可预防性、潜在性和复杂多变性等特征。

（一）矿山法隧道施工安全风险源的客观存在性

隧道施工过程中的一些风险源是客观存在的，不以人的主观意识为转移。一旦主观条件具备，它就会由潜在的风险导致安全风险事故。

（二）矿山法隧道施工安全风险源的不确定性

对于矿山法隧道施工过程中的一部分风险因素目前是不能控制和确定的，如一些自然因素、地质的演变因素等。

（三）矿山法隧道施工安全风险源的空间性

风险源的空间性是指在隧道施工过程中的部分风险因素不是实体存在的，而是分布在空间里，如粉尘、含氧量等都是空间里的风险源。

（四）矿山法隧道施工安全风险源的变异性

风险源的变异性是指随着隧道施工的进行固有而没有被发现的风险源变异或延伸出新的其他风险源，而往往这些变异后的风险源就成了主要风险源，可能会导致严重的风险事故。

（五）矿山法隧道施工安全风险源的隐蔽性

由于隧道施工整个工程埋设于地下，在进行施工之前，地质水文情况都仅仅依靠有限的抽样勘测或以前的地质资料得出，所以开挖以后究竟会出现何种情况是不能完全确定的，可能会遇到意料不到的情况发生，只有当工程实施以后，地下的形态才会完全显露出来，所以隧道施工风险具有很大的隐蔽性。

（六）风险源具有可知可预防性

虽然，日常工作中存在的风险源具有一定的隐蔽性，它常常隐藏在作业环境、机器设备或作业人员的行为之中。但按照辩证的观点来看，一切客观事物都是可知的。只要思想重视，认真分析每一项具体施工及维护工作，采取的措施得力可靠，风险源可以在日常作业中预先得到辨识和预防，这也是风险源辨识的基础和前提。

（七）矿山法隧道施工安全风险源具有潜在性

这种潜在性，一是指存在于即将进行的作业过程中，不容易被人们意识到或能够及时发觉而又有一定风险性的因素；二是指存在于作业过程中的风险源虽然明确地暴露出来，但没有变为现实的风险事故。应该指出，并不是所有的风险源都必然会转变为现实的危害，导致事故的发生，但只要有风险源存在，就有可能发生风险事故。

（八）矿山法隧道施工安全风险源具有复杂多变性

矿山法隧道施工安全风险源的复杂性是由于公路山岭隧道施工的实际情况的复杂性决定的。每次作业尽管任务相同，但由于参加作业的人员、作业的场合地点、使用的工具以及采取的作业方式各异，可能存在的风险源也会不同。相同的风险源也有可能存在于不同的作业过程中。

三、矿山法隧道风险源辨识

（一）塌方或崩塌风险

隧道塌方是隧道施工中最为常见、比较典型的一种事故。塌方事故会直接导致人员伤亡，而且伤亡人数不确定。

1. 产生原因

隧道开挖时，导致塌方的原因有多种，概括起来可归结为：一是自然因素，即地质状态、受力状态、地下水变化等；二是人为因素，即不适当的设计，或不适当的施工作业方法等。由于塌方和崩塌的后果的严重性。我们应尽量注意排除会导致塌方的各种因素，尽可能避免可以避免的塌方或崩塌事故的发生。塌方或崩塌的原因主要是不良地质及水文地质条件、隧道设计考虑不周、施工方法或措施不当。

（1）不良地质及水文地质条件

1）隧道穿过断层及其破碎带，或在薄层岩体的小曲褶、错动发育地段，一经开挖，潜在应力释放快、围岩失稳，小则引起围岩掉块、坍落，大则引起塌方。当通过各种堆积体时，由于结构松散，颗粒间无胶结或胶结差，开挖后引起坍塌。在软弱结构面发育或泥质充填物过多时，均易产生较大的坍塌。

2）隧道穿越断层破碎带、岩溶陷落柱、松散性围岩、地层覆盖过薄等地质地段时极易发生塌方和崩塌。地层覆盖过薄地段如在沿河傍山、偏压地段、沟谷凹地浅埋和丘陵浅埋地段，也易发生塌方和崩塌。

3）水是造成塌方的重要原因之一。地下水的软化、浸泡、冲蚀、溶解等作用加剧岩体的失稳和坍落。岩层软硬相间或有软弱夹层的岩体，在地下水的作用下，软弱面的强度大为降低，因而发生滑坍。

（2）隧道设计考虑不周

1）隧道选定位置时，地质调查不细，未能作详细的分析，或未能查明可能塌方的因素。没有绕开可以绕避的不良地质地段。

2）缺乏较详细的隧道所处位置的地质及水文地质资料，引起施工指导或施工方案的失误。

（3）施工方法和措施不当

1）施工方法与地质条件不相适应；地质条件发生变化，没有及时改变施工方法。

2）工序间距安排不当。

3）施工支护不及时，支撑架立不合要求，或抽换不当"先拆后支"。

4）地层暴露过久，引起围岩松动、风化，导致塌方。

5）喷锚支护不及时；喷射混凝土的质量、厚度不符合要求。

6）采用新奥法施工的隧道，没有按规定进行量测，或信息反馈不及时，决策失误、措施不力。

7）围岩爆破用药量过多，因震动引起坍塌。

8）对危石检查不重视、不及时，处理危石措施不当，引起岩层坍塌。

2. 辨识方法

（1）在碎裂结构地层中，岩块间互相挤压，开挖后失稳，局部块石坍塌。

（2）喷层大量开裂，喷混凝土质量、厚度未达到要求。

（3）薄层岩体在构造运动作用下，形成小褶曲、错动，岩层层状劈裂，层理、节理缝或裂隙变大、张开。

（4）岩层软弱相间或有软弱夹层，有地下水作用，软弱面强度降低或软弱层泥质充填物较多。

（5）隧道穿越断层或各种堆积体，开挖后，容易引起坍塌。

（6）由于地下水的浸泡、软化等作用，加剧岩体的失稳而坍塌。

（7）洞内围岩变形异常，变形速度加大。

3. 防控对策

（1）采用围岩"预加固"技术，即通过打超前管棚，超前锚杆预注浆加固围岩，提高围岩的性能指标。或者采用旋喷拱或预切槽，减少围岩变形。

（2）做好排水。在施工前或施工中，均应采取可行的防排水措施，尽可能将地表水引排，不渗入隧道中。

（3）选择正确的开挖方法。采用台阶法、短台阶法、中壁法、眼镜法等工法进行隧道开挖。

（4）加强初期支护。

增加喷射混凝土的厚度；加密加长锚杆；增设钢筋网或使用喷射钢纤维混凝土；采用或者加密钢架。

（5）加强围岩量测。发现围岩变形或异常情况，及时采取紧急措施处理。

按设计进行永久性混凝土衬砌支护；采用钢筋混凝土衬砌；增加衬砌混凝土厚度；改变衬砌断面形式（如直墙变曲墙等）；提高衬砌混凝土强度等级。

（二）岩爆风险

在众多的地质灾害中，最主要的就是岩爆。岩爆是高地应力条件下地下工程开挖过程中，硬脆性围岩因开挖卸荷导致洞壁应力重新分布，储存于岩体中的弹性应变能突然释放，因而产生爆裂松脱、剥落、弹射甚至抛掷现象的一种动力失稳地质灾害。

1. 产生原因

由于岩爆具有突发性，很难提前防备，极易将设备砸坏或砸毁，将人砸伤或砸死。它直接威胁施工人员、设备的安全，影响工程进度，而且还会造成超挖、初期支护失效，严重时还会诱发地震，已经成为硬岩隧道勘测设计及施工组织中必须考虑的重要问题，也是世界性的地下工程难题之一。并受到世界各国相关学者的广泛关注。岩爆多发生在金属矿山，煤矿岩巷掘进过程中，也经常发生。

（1）岩爆的产生需要具备两方面的条件：

1）高储能体的存在，且其应力接近岩体强度是岩爆产生的内因；

2）某些附加荷载的触发是其产生的外因，应该是迄今为止对岩爆机理给出的最为清晰的概括。上述机理的另一种说法应该是处于高地应力环境中的结构，在隧道开挖后，因为人为因素，切应力达到或接近围岩无侧限压缩强度，围岩便以岩爆的形式失稳，从而发生岩爆的可能性。

（2）隧道内岩爆的特点

1）岩爆在未发生前并无明显的预兆（虽然经过仔细找顶并无空响声）。一般认为不会掉落石块的地方，也会突然发生岩石爆裂声响，石块有时应声而下，有时暂不坠落。这与塌顶和侧壁坍塌现象有明显的区别。

2）岩爆时，岩块自洞壁围岩母体弹射出来，一般呈中厚边薄的不规则片状，块度大小多呈几厘米长宽的薄片，个别达几十厘米长宽。严重时，上吨重的岩石从拱部弹落，造成岩爆性塌方。

3）岩爆发生的地点，多在新开挖工作面及其附近，个别的也有距新开挖工作面较远处。岩爆发生的频率随暴露后的时间延长而降低。一般岩爆发生在16天之内，但是也有滞后一个月甚至数月还有发生岩爆。

2. 监控管理

（1）岩爆多发生在埋藏很深、整体、干燥和质地坚硬的岩层中，当设计文件有该类地质时，应提前防范。

（2）岩爆多发生在新开挖工作面及其附近，以顶部或拱腰部位为多，此时是防范岩爆伤人的重点部位。

（3）超前释放孔。在掌子面自拱部至边墙打超前释放孔。

（4）超前周边预裂爆破松弛。采用松动爆破、超前钻孔预爆法，先期将岩层的原始应力释放一些，以减少岩爆发生的可能性或避免大的危险。

（5）岩面喷洒水湿润。即向开挖的岩石表面喷射高压水冲洗，预先释放部分能量。

（6）锚杆挂网。爆破开挖后及时向拱顶及边墙进行喷射混凝土，加设锚杆和钢筋网，减少岩层暴露时间和岩爆发生的次数。

（7）及时清撬。岩爆发生时，有的石块暂不落地，呈摇摇欲坠之势，要及时清撬。

（8）增加防护钢棚。岩爆发生范围内的机械设备要增加防护钢棚，工作人员要佩戴钢盔及防弹背心。

（9）岩爆高发期，即有片石弹射状、爆炸抛掷状的强烈岩爆发生时，机械设备及人员要撤出岩爆区域，躲避岩爆。

（三）突水突泥风险

1. 产生原因

突水突泥是隧道施工中仅次于塌方的最常见的地质灾害之一。特别在我国降雨量较大的地区施工的隧道更为常见。发生突水后，由于大量的水涌入隧道，造成停工、设备被冲毁、人被冲走撞洞壁而死或被淹死。突水突泥事故发生后不及时采取措施还会引发新的透水和塌方等事故。

造成突水突泥最为常见的不良地质是断层（断层裂隙水）、大型溶洞和暗河

（岩溶水）、煤系地层中的采空区（老窑积水）和金属、非金属矿山老积水。如果在施工过程中没有对这些特殊地质监测或监测不准确，就有可能毫无预防地触碰到这些有可能发生突水突泥的地带。

2. 监控管理

（1）引排水。查明溶洞或暗河水源流向及其与隧道位置关系，用涵洞、暗管、暗沟、泄水洞、开凿引水槽、铺砌排水沟等。

（2）堵水。溶洞或暗河的流水量不大，有其他出口或有分支，采用注浆堵水。

（3）隧道反坡排水。利用抽水机配以管道排水，分段设置固定泵站和集水井。固定泵站与开挖面之间设置临时移动泵站，用潜水泵抽水至固定泵站的集水井。

（四）瓦斯爆炸和煤与瓦斯突出风险

1. 产生原因

（1）瓦斯爆炸

瓦斯爆炸是一种热–链式反应（也叫链锁反应）。瓦斯爆炸就其本质来说，是一定浓度的甲烷和空气中的氧气在一定温度作用下产生的激烈氧化反应。因此瓦斯爆炸的必备条件是：①瓦斯含量达到爆炸的浓度界限；②要有火源。

一般瓦斯指的是甲烷（CH_4），又称沼气。一种无色、无味、无臭、无毒的气体，比空气轻，因此常常聚集在隧道的顶部。瓦斯本身不助燃，但当与空气混合到一定程度，遇到火时，就能燃烧或爆炸；瓦斯含量为 5%～16% 时，可发生爆炸；含量为 8% 时，最易爆炸；含量为 9.5% 时，爆炸威力最猛。当空气中的瓦斯的浓度超过 16% 时，它既不会燃烧，也不会爆炸；但当浓度超过 40%（O_2 含量下降到 12% 以下）时，可以使人因严重缺氧而窒息或死亡。

影响瓦斯含量的地质因素：主要是煤的变质程度；围岩和煤层本身的渗透性；地质构造、地下水活动。一般情况下，煤变质程度高；围岩透气性差；压冲逆断层下盘和地下水活动差有利于瓦斯含量增加的地质因素。

影响瓦斯爆炸的人为因素：在隧道施工中，如果不对工人进行专业的培训和安全知识培训，出现带打火机、火柴等可能产生火源的物品进洞；电工不按时检查电线路或及时更换老化的电线，出现电线漏电，电路短路产生火花遇瓦斯发生瓦斯爆炸等其他人为因素引起瓦斯爆炸事故的发生。

（2）煤与瓦斯突出

在隧道施工过程中，瞬间（几分钟甚至几秒钟）从煤体中大量的煤与岩石被抛出，并喷出大量的瓦斯，这种现象叫煤与瓦斯突出，简称突出。因为煤与瓦斯突出发生时煤和高量、高压瓦斯在很短时间内突然大量喷出，会伴随巨大声响和强大的冲击波。喷出的粉煤、碎煤可达几吨到几千吨。不仅采掘工作面和通风系统会遭到破坏，大量的煤与瓦斯还可能会充塞整个洞，造成人员窒息和瓦斯爆炸、燃烧及煤（岩）埋人事故。所以如果发生煤与瓦斯突出事故，后果和瓦斯爆炸同等的严重。

煤与瓦斯突出的主要因素：

1）地质因素即内因，主要是高地应力、高量高压瓦斯、特殊构造部位和构造煤。绝大多数煤与瓦斯突出事故都是发生在具有这些特征的煤系地层中。

2）人为因素，穿层掘进和快速掘进均容易发生煤与瓦斯突出；还有就是矿井通风系统不合理，通风、瓦斯监测设施不完善、不健全，防突措施不落实等都会造成煤与瓦斯突出。

2. 风险管控

在瓦斯隧道建设工程中，氧气浓度大的条件是自始至终都具备的。所以预防瓦斯爆炸的措施就是防止瓦斯的积聚和杜绝或限制高温热源的出现。另外，在爆炸发生后，还要采取措施防止事故的扩大。

（1）合理选择通风方式

隧道瓦斯超限的主要原因是通风效果不佳，比如风速偏低、出现循环风等都对瓦斯积聚有利。因此，要建立合理、可靠的通风系统。有效的通风是防止瓦斯积聚最基本最有效的方法。针对隧道掌子面瓦斯涌出特点选择通风系统，做到风流稳定，实现按需供风，保障足够的风量和风速，避免循环风。风筒末端要靠近工作面，爆破时间内也不能中断通风，向瓦斯积聚地点加大风量或提高风速等。根据风道类型和通风机安装位置不同，通风方式分为风管式、巷道式和风墙式三种，其中隧道施工通风常用的是风管式和巷道式。《铁路瓦斯隧道技术规范》明确规定："非瓦斯工区的施工通风方式宜采用压入式或混合式；低瓦斯工区的施工通风应采用压入式，也可以采用巷道式；高瓦斯工区和瓦斯突出工区，施工宜采用巷道式。"

（2）瓦斯局部积聚防治

国内外的煤矿、隧道瓦斯爆炸事故分析表明，约一半以上的爆炸事故是由局部瓦斯积聚引发的。因此预防和处理局部瓦斯积聚是高瓦斯隧道通风的一项重要工作。瓦斯积聚一般由于隧道内风速偏低或者隧道顶部有瓦斯涌出源引起的。瓦斯积聚分为空洞积聚和层状积聚。空洞积聚发生在隧道将方处或严重超挖处，空洞中的瓦斯浓度高，并且瓦斯浓度沿空洞高度基本相等。层状瓦斯积聚发生时由于瓦斯密度小于空气，易停滞在隧道顶部，而附壁效应也使靠近洞壁的瓦斯浓度较大。根据相关资料，瓦斯逸出处附近的拱顶往往会形成一片长、宽的瓦斯层。

借鉴煤矿系统处理瓦斯积聚的措施,结合隧道施工特点,在高瓦斯隧道中可采取下列防止瓦斯层状积聚的措施:提高光面爆破效果,使隧道壁面尽量平整,既可减少瓦斯积聚空间,又可以减小通风阻力,达到通风气流顺畅。及时喷混凝土封堵岩壁的裂隙和残存的炮眼,减少瓦斯渗入隧道。增大风速,减少瓦斯积聚可能。向瓦斯积聚部位送风驱散瓦斯。

(3)瓦斯隧道火源防治

防止瓦斯引燃的原则就是要坚决杜绝一切非生产必需的热源。生产中可能发生的热源,必须严加管理和控制,防止它的产生或限定其引燃的能力。选用安全炸药,严格执行爆破安全规程。正确选用隧道工程设备,做好安装、使用和维修工作。瓦斯隧道施工中使用的柔性风管和塑料管道等,都必须使用防静电材料,否则容易因摩擦而积聚静电,当静电放电时,就能引燃瓦斯引发爆炸。此外对管道内外层表面的电阻也有要求,电阻过高,容易积聚静电。严禁在瓦斯隧道内吸烟、点火取暖、焊接作业、堆放易燃易爆物品,不得携带火种进入隧道内作业,在进入隧道之前要进行仔细的检查。

(4)隧道瓦斯监测

全面、实时把握隧道内瓦斯信息是采取相应防治措施、防止瓦斯灾害事故的重要依据,建立完善的长大隧道瓦斯监测网络意义重大。目前,隧道施工期瓦斯监测网络多采用系统自动监控和人工检测相结合的模式,即通过自动监测,由监控系统覆盖隧道重点部位和易发生瓦斯积聚的部位,实现实时监测及预警;通过人工检测,实现全隧道范围内的瓦斯数据补充采集。

在做好瓦斯系统监控的同时,还要做好人工检测。隧道内监控系统的探头的布置是有限而又离散的,人工检测主要作用在于补充没有布置监控探头的部分的瓦斯信息,对于瓦斯随机性特征有较强的适应性。

通过人机结合的方式可对瓦斯检测起到相互补充、相互配合的作用,可以覆盖到整个隧道的瓦斯监控,有效解决瓦斯漏检漏测的问题。此外还可以全面把握隧道任意位置、任意时刻的瓦斯信息。

在构建瓦斯实时监测网络的基础上,建立隧道施工瓦斯监测预警分级管理机制,在监测到瓦斯异常变化情况时,及时通报相关领导和部门责任人,并采取有效措施,防止瓦斯安全事故的发生。

第五章

轨道交通高架桥风险源辨识与防控

轨道交通高架桥是将轨道铺设在架空的桥形建筑物上面的铁路，一般为了缓和大城市中心街道而修建。与地铁比，高架轨道工程造价便宜，通风采光皆好，但也有占用土地、产生振动和噪声的缺点，穿越河流或其他建筑物时，桥梁跨径不同，桥梁结构形式不同，施工难易程度不同。轨道交通高架桥最主要的几种施工方法如下：

（1）支架现浇法：支架形式有碗扣式满堂支架、钢管立柱贝雷梁支架等多种形式，根据工程实际情况选择，在支架上支立模板，绑扎钢筋，原位现浇。

（2）整孔预制吊装法：整孔预制吊装法指在预制厂或现场整孔预制单箱单室双线箱梁或U形梁等，通过运输车辆将箱梁或U形梁等运至桥位下，再利用架桥机或汽车吊将箱梁或U形梁安装就位。

（3）移动模架法：移动模架是一种自带模板在桥位间自行移位，逐孔完成箱梁现浇施工的大型制梁设备。该设备相当于提供了1个移动的空中制梁平台，箱梁的钢筋绑扎、混凝土浇筑和养护、预应力张拉等作业均在移动模架上进行。箱梁在原位现浇完成后，无须进行体系转换，施工操作便于工厂化管理。移动模架在完成一孔梁的施工后，依靠自身带有的动力设备，滑移至下一桥跨。具体过程是移动模架下落脱模，吊挂外肋携带的外模横向开启使其能够通过桥墩，模架结构纵向前移过孔到达下一施工位，吊挂外肋携带的外模横向合龙再次形成施工平台，开始下一孔施工。

（4）挂篮法：也称悬臂灌筑法，是指在桥墩两侧采用支（托）架支撑，灌筑一定长度的梁段（称为0号块），以此节段为起点，桥墩为中心，利用挂篮对称向两侧逐段灌筑混凝土，待混凝土达到规定强度后，张拉预应力钢束，再移动挂篮至下一节段进行循环作业直至合龙的施工方法。

第一节　轨道交通高架桥工程的特点及风险

一、轨道交通高架桥工程的特点

（一）结构形式多样，施工工法众多

桥梁按结构形式可分为简支梁、连续梁和连续刚构等结构体系，在施工工

法选择中不仅有常见的现浇施工工法，还有移动模架施工、节段拼装、机械架设、整体运架等施工工法。

（二）控制条件复杂

轨道交通高架桥梁不仅跨越交通繁忙的城市干道和大型河流、铁路等构筑物，而且可能会跨越已有的建筑物、绿化带等。沿线管线众多，多处管线成为控制桥梁走向的决定因素，基本涵盖了城市轨道交通所有的控制因素，在运营及施工阶段对环境的影响决定桥梁的施工和设计。

（三）环境影响

现浇桥梁需在结构范围外侧增加约10m宽的临时用地，用以浇筑混凝土、钢筋堆放运输及绑扎等，临时占地时间需贯穿桥梁施工的全部周期，对周边环境及相交道路的影响很大。机械化施工已成为国内轨道交通高架桥建设的趋势。

二、轨道交通高架桥工程风险源

高架桥梁结构工程包括钢筋工程、模板工程、混凝土工程、构件安装工程和预应力混凝土工程等，可分为现浇和预制装配。在钢筋混凝土结构工程中，因种种原因使得结构的整体或一部分不能满足功能要求，可能会引起设备损坏、人员伤亡等工程质量事故。发生工程质量事故和质量问题的可能性就是风险。研究这些风险是为了减少事故的发生和减小事故发生后的损失。风险源或引起工程质量事故和质量问题的因素有很多种，主要有以下几类。

自然因素不利或恶劣的气候条件，如大雨和大风、干热和冰冻等，地震、火灾、洪水等灾害。建筑材料、制品质量低劣，结构材料的物理力学性能不良、化学成分不合格，水泥的强度不足、安定性不合格，钢筋的强度低、塑性差，砂、石质量不合格，混凝土强度不合格等。测量精度不够，测量、放样方法有问题，失误等。模板尺寸有误，模板的强度和刚度不足，模板的支撑不够，模板有缝隙等。钢筋加工制作的错误，钢筋布置的差错。混凝土拌制和运输方面的不当，混凝土浇筑时的错误，振捣不够、养护不当、拆模时间过早等。构件制作错误，安装时构件的位置偏差，构件安装的连接不足等。预应力钢筋和锚具的质量有问题，先张法时预应力钢筋表面不洁净、有油污。张拉台座的强度和刚度不足，后张法时孔道质量差，孔道发生堵塞，张拉应力控制不准确等。也有某些错误的施工方法，如堆重超载、施工顺序不当、过早加荷。

以上这些因素会使整个钢筋混凝土结构工程发生质量问题，造成一定的经济损失，针对这些问题进行妥善处理，使整个结构满足要求。

第二节　勘察设计阶段风险预防

工程所在区域的工程地质、水文地质条件复杂，表现出很大的随机变异性；同时地层中还存在水的活动与作用。在地质勘察过程中，受到施工条件的限制，勘察结果不可避免地与现场情况有一定的差距。城市轨道交通一般修建于城市中心，周边的地面建（构）筑物和环境设施十分复杂。各种建筑物资料及管线资料勘测不全、调查不详或是因有关部门无法提供准确资料，使施工的危险性和不确定性增加，同时设计方案不符合地质情况及周边环境。风险的主要防控措施有：

地质勘察应当在不同阶段满足不同范围和目标的要求。在踏勘阶段应在大于可能方案的范围内进行调查，为工程比选提供区域地形、地质等基本资料；在初勘阶段应在大于比选方案范围提供工程所需的地形、地质基础资料；在详勘阶段应为工程项目提供技术设计、施工图设计、预算等所需的地质资料。

从工程实践表明，地质勘察手段主要包括收集地质文献、地质测绘、坑探、物理勘探、钻探和试验测试工作等。收集地质文献包括收集地质资料和工程资料。地质资料指地质图和相应说明书及区域工程地质条件，还应参考遥感资料，概略了解项目区域的地形、地貌、地层、岩性、不良地质现象、灾害资料、区域地震动峰值加速度系数等。在地质勘察过程中应着重查明滑坡、崩塌、岩堆、岩溶、膨胀性岩土、软土、湿陷性黄土、泥石流、盐渍土、泥沼、煤层、冰川、雪崩、冻土和流沙等不良地质和特殊地质现象，查明其成因、范围、规模、水力联系等问题以及对项目可能产生的影响等。勘察阶段应提供不良地质地段详尽的资料，以便在确定项目位置或方案时有具体的可靠依据。

设计单位遵守"先勘察、后设计、再施工"的原则；没有经批准的项目建议书、资源报告、意见书、可行性研究报告和勘察报告，不能进行初步设计；没有经批准的初步设计，不得提供施工设计图；施工图未经审查，不得提供施工设计图，不能进行施工。

第三节 桥梁下部结构施工阶段重大风险源辨识与防控

一、桩基础

(一)沉桩及对周边影响

沉桩引起附近已施工的灌注桩发生断桩。防控措施有:与灌注桩距离小于50m范围内的沉入桩,均应在灌注桩混凝土龄期达到28天后进行。或者先施工沉入桩,后施工灌注桩。沉桩时土体和桩的变形和位移,使土体原来所处的平衡状态遭到破坏,对周围原有的建筑物和地下设施带来不利影响,主要体现在:

地面隆起,土体产生水平位移(包括表层土和深层土的水平位移)。沉桩时锤击猛烈,土体受到超过其极限强度的冲击,很快形成挤出破坏,使桩周地面隆起并产生水平位移。土孔隙中静水压力升高,形成超静孔隙水压力。深层土受到上层土体覆盖压力的约束较大,土体不能向上挤出,导致土中孔隙水压力升高(压力达到上覆土层压力的3~4倍),孔隙水有时可沿桩身向上渗流,经已破坏土体中的裂隙而逸出。孔隙水压力的消散,受土渗透性的影响,在软土地区完全消散往往需要几个月。

沉桩后期地面会发生新的沉降,使已入土的群桩产生负摩擦力。超静孔隙水压力随着时间而消散,有效应力增加,孔隙水压力减小,土体会产生新的固结,从而形成地面沉降。打桩顺序不同,土体也会发生变形,如:桩顶隆起,使桩尖可能脱离设计标高和持力层,从而减少单桩承载力、增加桩基沉降量。桩身受到土体挤压,严重时会产生弯曲和扭转。桩顶产生水平位移,对于条形基础会造成偏心受力和各桩受力不等。主要防控措施有:

1)在土体中创造排水条件,使孔隙水压力得以较快消散,从而缩短地基固结时间。可先施工基坑支护结构,形成封闭不渗水的基坑,然后施工轻型井点,在打桩的同时进行降水施工,使打桩产生的大部分超静孔隙水压力被轻型井点降水而消散,从而减小地面隆起,减小对市政管线、基坑支护、已施工的工程桩的影响。2）减少沉桩对土体的冲击、振动和挤压，如采用浅层钻孔沉桩工艺。3）合理确定打桩顺序，离开市政管线，由近向远处沉桩。打桩时对每根桩的标高进行测量并做好记录，在某个区域打桩结束后，对已沉桩结束的桩顶标高进行复测，如果标高抬高，则需要进行复打，直到设计标高。控制打桩速率，以减少对周边环境的影响，必要时在场地四周设置防挤沟或应力释放孔等措施。加强桩基施工期间的现场监测工作，及时掌握被保护对象的位移情况，做到动态的信息化施工。初沉桩时，如发现桩不垂直应及时纠正，稳桩要垂直。钻孔埋桩时，钻孔垂直偏差严格控制在1%以内。沉桩时，桩身顺孔埋入。如桩帽与桩接触面处及替打木不平整，应进行处理后，方可继续沉入。当锤回弹时，可偏移桩位，加装铁靴，射水配合沉桩。

（二）灌注桩埋导管事故

从已灌入孔内的混凝土中提升导管较难，甚至拔不出，造成导管被埋事故，灌注水下混凝土时，施工中断，易发展为断桩事故。其主要防控措施有：

导管采用接头形式宜为卡口式，可缩短卸导管引起的停留时间，各批混凝土均掺入缓凝剂，并采取措施，加快灌注速度。随混凝土的灌入，提升导管，使导管埋深不大于6m。埋导管时，用链式滑车、千斤顶、卷扬机进行试拔。若拔不出时，可施力拔断导管，然后按断桩处理。

（三）灌注桩断桩

两次灌注的混凝土层之间夹有泥浆或钻渣层，如存在于部分截面夹泥；如整个截面夹泥层或混凝土有一层完全离析，无水泥浆粘结时，为断桩。夹泥、断桩使桩身混凝土不连续，无法承受弯矩和地震引起的水平剪切力。其主要防控措施有：

严格按设计或规范要求控制混凝土坍落度，尽量延长混凝土初凝时间（如加缓凝剂，尽量用卵石，加大砂率，控制石料最大粒径）。灌注混凝土前，检查导管、混凝土罐车、搅拌机等设备是否正常，并有备用的设备、导管，确保混凝土能连续灌注。一边灌混凝土，一边提升导管，做到连灌、勤测、勤拔管，随时掌握导管埋入深度，避免导管埋入过深或过浅。采取措施，避免导管卡挂钢筋笼；避免出现堵导管、埋导管、灌注中坍孔、导管进水等质量通病的发生。断桩或夹泥发生在桩顶部时，可将其剔除，然后接长护筒，并将护筒压至灌注好的混凝土面以下，抽水、除渣，进行接桩处理。断桩或夹泥发生在较深位置时，桩身可用地质钻机钻芯取样，有蜂窝、松散、裹浆等情况（取芯率小于40%时），和桩身混凝土有局部混凝土松散或夹泥、局部断桩时,应采用压浆补强方法处理。对于严重夹泥、断桩,需要重钻补桩处理。

(四)钻孔灌注桩桩基承载力不足

1. 施工方面

泥浆护壁技术是钻孔桩施工中是最基本和最常用的施工技术,泥浆颗粒吸附于孔壁形成泥皮,保护孔壁的稳定。《公路桥涵施工规范》JTJ 041—2011 要求泥皮厚度不大于 2~3mm,因此大多数静荷载试验均能满足设计提出的承载力要求。如果采用了较大的泥浆比重,形成了较大的泥皮厚度,在桩土间形成一道隔离层,桩与土体间的摩擦在较大程度上转变为桩与泥皮间的摩擦,桩身混凝土与桩周土体的粘结度降低,大大降低桩侧摩阻力。钻孔灌注成孔时间较长,孔壁侧向应力解除,桩周土体出现应力松弛,成孔时间越长,应力松弛越明显,孔壁泡水软化现象越严重,从而影响桩侧摩阻力的发挥。同时由于桩底泥浆长时间浸泡桩底持力层,导致桩端土体软化下沉,使桩端侧面一定范围产生负摩阻力,从而降低桩侧正摩阻力。成孔后桩底泥浆长时间浸泡桩底持力层,残积黏性土遇水土体产生崩解,使土体软化,压缩性增大,导致桩端承载力降低;由于施工时泥浆作为清洗介质,如果泥浆比重控制不当,同时二次清渣与桩身混凝土灌注有时间差,这段时间孔内泥浆中的部分沉渣继续沉淀于孔底,形成桩底沉渣,若桩底沉渣过厚,在桩底形成一个"软垫子",会影响桩底承载力发挥。

2. 设计方面

确定单桩竖向承载力的方法不同。确定单桩竖向承载力的方法有多种,如静载试验法、动静力触探法、动测试桩法、经验公式法等,经验公式法中不同的规范采用的公式不同,如《公路桥涵地基与基础设计规范》JTG 3363—2019、《铁路桥涵设计规范》TB 10002—2017、《建筑桩基技术规范》JGJ 94—2008 采用的公式、参数不同,设计计算的竖向容许承载力结果可能差异甚远,有可能造成设计与实际桩基承载力的差异。还需通过不断的工程实践来逐渐完善经验公式。桩土摩阻力和桩底土层容许承载力是计算摩擦桩单桩竖向承载力的两个重要参数,在公路桥梁桩基设计中,根据《公路桥涵地基与基础设计规范》的经验公式法确定单桩竖向承载力。一方面,桩侧土的摩阻力参数不是通过单桩摩阻力试验确定,而是根据有关规范推荐的取值范围采用,由于地基土具有多变性、复杂性和地域性等特点,参数取值可能与实际情况相差甚远,理论计算结果有可能与实际情况不符,造成桩基承载力不足;另一方面,在近些年实际应用中发现,对于某些特殊地质按《公路桥涵地基与基础设计规范》(1985 年版)计算的桩端处土的承载力容许值大出实测值较多,因此新版《公路桥涵地基与基础设计规范》对桩端持力层为砂土规定了桩端处土的承载力容许值的上限,桩端处土的性质已引起工程界的重视。而残积土作为一种遇水会软化且压缩量较大的地层,其承载力容许值也具有较大的差异空间,理论取值有可能与实际情况存在较大差异,若作为桩端持力层有可能造成桩基承载力不足。其主要防控措施有:

在设计上,应全面掌握地质情况,使设计计算的地层结构与实际吻合。地基土具有多变性、复杂性和地域性等特点,参数选用可通过试验分析取得,注意桩端持力层性质,选用承载能力高的地层,对类似残积黏性土土质,应充分考虑遇水软化特性,桩侧摩阻及桩端承载力应予一定折减。对于地层中出现较厚砂、卵砾石层,应充分考虑施工工艺造成的泥皮厚度对桩侧摩阻力的影响,设计桩长应适当加长,满足设计承载力要求。

在施工上,应加强施工过程控制,严格按施工规范操作,根据掌握的地质情况,合理使用泥浆浓度,提高泥浆质量;控制成孔进尺速度和混凝土浇筑时间;控制泥皮和沉渣厚度,严格按施工规范操作。

对于桩基沉降量异常、承载力不足的情况应采取有效措施加固,满足设计要求。压力注浆加固时,桩侧压浆可以破坏、消除泥皮,加大桩侧混凝土与桩侧周围土之间的粘结力,从而提高桩侧摩阻力;桩底压浆在桩下端形成扩大头,挤压桩底土层使周围土层更密实,增加桩端及周围土层侧压力,同时桩端土层密实向上传递反力,提高桩侧摩阻力,且扩大承压面积,使浆液向持力层渗透,改善持力层性能,提高桩底承载力。但该方案压浆量难以估算,效果需通过试验验证。采用钻孔灌注桩抬桩加固时,桩基承载力不足部分可通过计算,在原桩前后各增设一根新桩,通过联系梁将新老桩基连成一体,以满足设计要求。该方案桩基补强受施工工艺影响较大,需通过试验验证。锚杆静压桩加固时,因桩基承载力不足部分可通过计算得到,因此可以根据压桩力确定锚杆静压桩根数,在桩周增设锚杆静压桩,通过承台将锚杆静压桩与原桩基连成一体,以满足设计要求。该法受力明确,桩身为预制桩,施工方便、快捷,压桩力即为承载力,无须通过静载试验验证。

(五)人工挖孔桩遇地下有毒气体

在轨道交通高架桥桩基施工时,碰到特殊地质时,需要采用人工挖孔桩施工,在地表下经常会遇到如沼气等有毒有害气体,会发生爆炸与人员中毒死亡事故。当孔深大于5m以上时,应向孔内通风,加强空气对流,采用鼓风机从地面向孔内送风方式。必要时输送氧气,防止有毒气体危害。操作时上下人员轮换作业,桩孔上人员密切注意观察桩孔下人员情况,预防安全事故发生。为了预防有害气体中毒和孔井内缺氧,每日开工前必须先检测或放鸟等方法测试,如不符合要求应先通风充氧,符合要求方准作业。如孔内实施爆破,炸药爆破之后产生的炮烟均为有毒有害气体,必须进行机械性强制通风排烟,施工现场可利用鼓风机在井口进行压入式通风排烟,或采用空压机风管在井底通风排烟。通风排烟的时间以清除工作面炮烟为准。不准在孔内吸烟;不准在孔内使用明火。

【案例5-1】某大型桥桩断桩事故的处理

某特大桥梁,主桥墩桩基直径为2.5m钻孔桩,深度94.0m,施工单位在灌注混凝土过程中,出现导管被埋现象,在强行上拔过程中又出现导管被拔断的事故,此时混凝土灌注高度约20m,标高位置约在-64.0m处,导管拉断位置约在-10.0m处,导管斜插于桩孔中,如图5-1所示。事故处理方案:

(1)继续灌注混凝土使其成桩。灌注混凝土前,在桩孔内留置6根φ120的钢管,下端距桩的断层处约1m,管底用普通混凝土塞封底,管内充填泥浆或水以保持平衡。钢管分布位置均匀、固定,如图5-2所示。

(2)将6个钢管孔作为取芯检查孔进行钻孔取样,确定断层的具体位置。经取样,最终确认的位置如图5-3所示,夹层厚度为0.4~0.5m,夹层主要成分为粉砂和低强度等级砂浆。

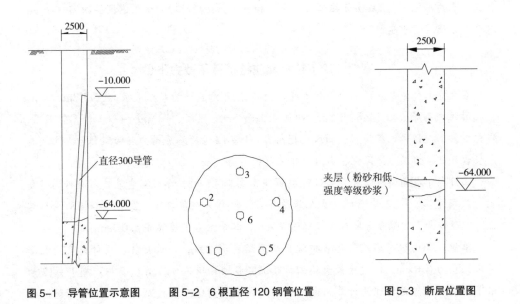

图5-1 导管位置示意图　　图5-2 6根直径120钢管位置　　图5-3 断层位置图

（3）从钢管孔内（每个孔依次进行）用高压旋喷对断层面进行清洗处理。均匀布置6个旋喷孔，使旋喷切割力波及整个桩平面。浆液压力较高（24～25MPa，旋转速度15～20r/min），（优质泥浆）速度快、能量大，呈脉动状喷射，泥沙土粒及低强度等级砂浆在喷射流的冲击力、离心力等作用下，与浆水搅拌混合，随浆水从其他孔冒出地面。优质泥浆采用优质陶土等材料配置，使其具有较强携带粉细砂的能力。泥浆性能如下：黏度18～23s，密度1.06～1.10g/cm^3，含砂率0.5%，利用850型往复泵往孔内灌压优质泥浆，增加流量，以加快洗孔速度。

（4）检查清孔。采用取渣锤检查沉渣情况，应用伞形测锤、横向测锤检查旋喷后的纵向和横向空间。

（5）用水泥浆置换优质泥浆。水泥浆设计强度等级为C30，比桩身提高一级，水泥为P·O42.5，水灰比0.5，要求初凝时间在20h以上，以保证水泥浆在置换泥浆时和泵送混凝土置换水泥浆过程中，水泥浆不初凝。

（6）用泵送混凝土置换水泥浆。混凝土强度等级C30，比桩身提高一级，要求初凝时间16h以上。压入混凝土至周围钢管中停止冒出水泥浆为止。

实施效果：

采用"高压旋喷切割＋优质泥浆清孔＋高强度等级水泥浆置换＋灌注混凝土"的处理方案后，经钻芯取样，芯样较完整，混凝土抗压强度平均值达到31.93MPa；采用超声波透射法检测，原断桩部位各剖面的声学参数均无异常，无声速低于低限值。施工前进行了详细测定，水泥浆和混凝土初凝时间分别是20h和16h，由于忽视了大体积水泥浆和混凝土的水化热，造成实际施工时水泥浆和混凝土初凝时间比试验室提供的缩短很多，以至部分压浆管未能拆除。

【案例5-2】钻孔灌注桩桩基承载力不足

某大桥上部为部分预应力混凝土连续箱梁桥，下部构造为双柱式墩，直径1.2m、1.4m，钻孔灌注桩基础直径1.2m、1.5m。地质从上而下为：淤泥、泥质中细砂、含泥卵石层、残积砂黏土、强风化花岗岩、弱风化花岗岩。1～12号墩基底持力层为残积砂黏土，其余墩台基底持力层为强风化花岗岩或弱风化花岗岩。

该桥在完成箱梁吊装并准备进行桥面铺装施工时，施工单位对支座垫石进行高程复测，结果发现1～12号墩顶发生沉降量异常，大部分沉降在1～2cm，其中8～10号墩下沉量较大，右幅9号墩最大沉降达7.7cm，其余墩台支座沉降在0.3cm以内。

单桩沉降由桩身压缩变形和桩端土的压缩变形组成，通过验算，设计荷载总沉降量理论值为0.46cm，已发生最大施工荷载沉降量理论值为0.27cm。而施工期1～12号墩下沉量已明显超出理论计算的最大施工荷载沉降量0.27cm，尤其8～10号墩沉降量已明显表明桩基承载力不足。以沉降最大的右幅9号墩为例,根据原地勘报告对桩基承载力重新进行核查验算,控制桩单桩顶轴向力为4329kN,桩入土计算长度为26m,实际采用27m,设计桩侧极限承载力为8391kN,桩端持力层残积砂黏土极限承载力为1192kN,设计桩长满足桩基承载力要求,并对沉降较大的8～10号墩位进行地质补勘9个孔,根据补勘地质资料重新验算桩基承载力,设计桩长满足桩基承载力要求,排除了因地层性质变差造成桩身承载力不足的因素。通过施工验算,作用于单桩顶的最大施工荷载为2674kN,仅占设计控制桩单桩顶轴向力61.7%。显然,如果桩侧摩阻或端阻正常发挥,设计桩长完全可以满足施工荷载要求。该桥桩基都已通过质检部门检测,未发现有断桩、缩径等病害,排除了因桩身材料及尺寸变化造成的承载力不足。

桩基承载力通过桩身本身强度、桩侧摩阻力和桩端阻力来实现,而桩侧摩阻力与桩端阻力的发挥过程是桩体荷载的传递过程。钻孔灌注桩在加荷初期,桩和土产生相对位移,桩顶侧摩阻力首先发挥,仅有极小的荷载传到桩尖。随着荷载的逐渐增大,较长一段桩身的侧摩阻力得以发挥,桩尖土的支承作用也逐渐增大,引起地基土的弹性变形和塑性变形。进一步加荷,侧摩阻力达到极限值,若继续增加荷载,其荷载增量将全部由桩端阻力承担。一般说来,靠近桩身上部土层的侧阻力先于下部土层发挥,而侧阻力先于端阻力发挥出来。桩基竖向承载力随桩的几何尺寸、桩侧与桩端土的性质、成桩工艺等而变化。

采用锚杆静压桩技术,持力层为砾卵石层,按现有桩基能承受上部箱梁、盖梁、柱、桩自重,满足设计要求的桩基承载力不足部分由锚杆静压桩承担,考虑安全系数一般取2.0,锚杆静压桩断面采用300mm×300mm,以压桩力为主,桩长为辅,经过计算每根桩压桩力为1000kN,通过计算1～5号墩基础每个承台增设8个锚杆静压桩,6～12号墩基础每个承台增设10个锚杆静压桩,其中2根为预留桩位。通过锚杆静压桩处理后,经多年通车验证,桩不再继续沉降,满足设计及运营要求。

二、沉井基础

(一)沉井突沉

沉井在排水下沉施工中可能会在短时间(一般为1h)内产生大幅度的快速下沉。有时还会产生倾斜过大、超沉、人员伤亡或设备损坏等事故。其主要防控措施有:

当井身重而井底土层很软弱时,要控制挖土速度不宜过快;当预知井底土层接近由较硬转为较软的分界面时,要放慢挖土速度,并加强沉降观测,当发现沉井出现加速下沉情况时要暂停挖土；尽可能避免挖深锅底；避免刃脚踏面下掏挖过深；采取防止流沙现象的技术措施（井边补打降水井点或土层加固等），使沉井正常下沉。当沉井倾斜稍大则应及时纠偏；如沉井已经超沉则可采取底板下压浆顶升等技术措施。

（二）沉井施工致相邻建筑物倾斜事故

沉井下沉时不对称挖土，造成沉井偏位，纠偏过程中造成相邻建筑物倾斜；下沉时开挖的土方堆在沉井的一侧，会造成沉井偏位，纠偏过程中造成相邻建筑物倾斜；刃脚下面挖土过多，沉井外侧的土方涌入沉井内，造成相邻建筑物倾斜；若有承压水，采用排水下沉，造成承压水突涌，沉井外侧的泥土和水涌入沉井内，造成相邻建筑物倾斜。其防控措施有：

沉井下沉时对称挖土，及时纠偏，施工中要做到多挖少纠；沉井下沉挖土时，土方及时外运，不能堆在沉井的附近；沉井下面有微承压水或承压水时，采用不排水下沉；沉井下沉挖土时，刃脚下面尽量不挖土，形成锅底状；施工顺序按照"先深后浅"原则，先施工沉井，沉井下沉到位稳定后施工周围建筑物。

【案例5-3】某工程沉井施工致相邻建筑物倾斜

某沉井相邻建筑物为车间的附属配套工程，沉井长×宽×高为20.6m×15.6m×14.95m（其中刃脚高为3.2m），沉井内底板处十字形钢筋混凝土梁将沉井分隔为四个仓。沉井的南侧为相邻建筑物，西侧是车间厂房，沉井与厂房净距为4.9m，与相邻建筑物净距为4.1m。沉井施工前厂房和相邻建筑物均已建成投入使用，施工时在沉井和厂房、相邻建筑物中间采用水泥搅拌桩进行围护（水泥搅拌桩距沉井净距2m），待围护桩达到设计强度后，进行基坑开挖。沉井分两段制作，两次下沉。第一段高度为7.5m（包括刃脚），第二段高度为7.45m。下沉采用长臂挖机坑外挖土。由于沉井的东、南、西分别为道路、相邻建筑物和厂房，挖机停在北侧进行挖土作业。

下沉过程中，由于北侧长臂挖机工作面堆土很高，造成沉井南北两侧土压力不同，进而影响到沉井下沉过程中的平面位置控制，使沉井逐步向南偏移，直至第二段沉井还差3m到标高位置时，沉井向南偏位已达860mm。为了纠偏，先在沉井南侧井壁与土体空隙中填碎石，南侧下沉速度明显低于北侧，即使只挖南侧两个仓内的土，也无法使沉井南北两侧的标高控制一致；然后，在南侧井壁上放置了约30t的铁块增加南侧井壁的重量。此时，南侧依然相差300mm才能达到设计下沉标高，而北侧已经较设计标高低了100mm；最终在南侧刃脚部位冲水进行下沉，下沉过程中产生流沙、管涌等现象，沉井南侧很快形成了水土流失通道，致使沉井外的水土大量流失，造成南侧相邻建筑物倾斜达1.5%。

分析原因有，沉井和相邻建筑物的施工顺序违反了"先深后浅"原则。由于业主需要，厂房和相邻建筑物要先期建成投入使用。尽管有关单位曾提出应先施工沉井，再施工相邻建筑物，但业主考虑其使用要求，未能采纳。施工前未能考虑沉井施工时对已投入使用的相邻建筑物的围护费用。施工单位提出增加钻孔桩围护，但业主没有同意，施工单位只能采用水泥搅拌桩进行简单围护。沉井与相邻建筑物之间采用φ850@600mm的双排水泥搅拌桩，深度为20m；沉井与厂房之间采用φ850@600mm的单排水泥搅拌桩，沉井施工在下沉过程中会对周边土体产生挤压作用，而水泥搅拌桩的强度很低，无法抵抗来自于沉井的挤压，桩体碎裂，原有的止水作用失效。挖土方式选择不当，由于现场环境限制，采用长臂挖机坑外挖土，挖机只能停在北侧进行挖土作业，北侧堆土高度同沉井高度一致，造成沉井南北两侧土压力不同，进而影响沉井下沉过程中的平面位置控制，使沉井逐步向南偏移。如果采用塔吊抓斗进行挖土，则不存在这种情况，即使采用长臂挖机，也应该对位移产生的必然性作出足够的预估，提前进行消化。选用冲水下沉不慎重。根据地质资料，沉井刃脚下沉到-14.65m时已进入微存压水层⑤2层，由于沉井内外水压力的作用，再加上井内抽水，加速了流沙、管涌的产生，很快形成水土流失通道，致使井外大量水土流失，造成地面沉降，引起相邻建筑物倾斜。应急抢险措施不力，根据施工单位的日监测数据，冲水下沉第二天，相邻建筑物南北沉降差为124mm，之前该建筑物的沉降基本保持稳定，每日不超过2mm，对此数据突变，施工单位停止了施工，但未采取任何措施，两天后，在监理和业主的监督下，施工单位作出抢险方案，此时建筑物南北沉降差最大处为170mm，倾斜率达到1.5%。

三、基坑开挖

（一）基坑开挖时桩基偏位及断裂

在桩基四周开挖土方，引起桩基偏位及断裂，造成桩基位置不符合设计要求，桩基断裂后承载力下降，无法满足工程要求。其防控措施有：桩基四周的基坑待承台施工结束后再开挖；承台基坑开挖时对称进行，挖土坡度不能太陡；桩基如为预应力混凝土管桩，承台四周必须开挖基坑时，可考虑把预应力混凝土管桩改为钻孔灌注桩。

（二）基坑开挖时基坑发生坍塌

基坑开挖时，发生坑底隆起、基坑流沙、支撑失稳、边坡滑移等引起的基坑坍塌，从而影响施工人员的人身安全，造成周围管线断裂和建筑物沉降、开裂事故。其防控措施有：

放坡开挖的基坑，坡顶或坑边不宜堆土或堆载。基坑边坡必须按施工图纸和经过验算，保证边坡稳定性。土方开挖应在降水达到要求后，采用分层开挖的方法施工，分层厚度不宜超过 2.5m。土质较差且施工期较长的基坑，边坡宜进行支撑。放坡开挖应采取有效的措施排除地表水。严禁地表水或基坑排出的水倒流回渗入基坑。有支撑的基坑，在基坑开挖过程中，基坑支护结构的变形、基坑周边地层的位移和沉降会随时间推移继续发展，因此开挖基坑的时间不宜太久。先撑后挖，严禁超挖。超挖增大了围护结构暴露面积，并且延误支撑安装时间，会增大围护结构墙体变形和相应的地面位移与沉降。为了防止边坡失稳，土方开挖应在降水达到要求后，采用分层开挖的方式施工，分层厚度不宜超过 2.5m，开挖深度超过 4m 时，宜设置多级平台开挖。钢支撑与围檩节点处，围檩构件的翼缘和腹板应加焊加劲板，且钢支撑应垂直接触处的承载面。在每道支撑位置的围檩翼缘和腹板处上下各焊三道加劲板。如围檩结构不能形成封闭的结构，如围护结构为钻孔灌注桩时在斜撑围檩上焊接抗剪凳，如围护结构为 SMW 工法桩时，钢围檩与型钢焊接。环境保护等级为一、二级且开挖深度超过 8m 的深基坑不得采用一道支撑。开挖深度超过 5m（含 5m）的基坑必须由建设单位委托符合资质条件的第三方进行监测。严禁施工现场在基坑周边随意堆土、堆物。深基坑工程中采用真空式管井降水时，管井必须同时配备真空泵和潜水泵。开挖深度超过 5m（含 5m）或深度虽未超过 5m，但地质条件和周围环境及地下管线极其复杂的工程，必须组织专家对基坑开挖方案进行专家评审。基坑方案作重大调整时（包括围护结构的受力体系、支撑体系、防渗体系），必须由原评审机构重新组织专项评审。

四、承台、桥台、墩柱、盖梁

（一）桥台发生位移

桥台修筑后，台后填土用推土机推填，没有分层压实，桥台发生水平位移；由于填土不密实，下雨后，雨水渗入填土，增大了台后的土压力，当超过设计值时，桥台发生水平位移；台后填土土质采用淤泥质土，对桥台的水平土压力大，桥台发生水平位移。其主要防控措施有：

台后填土是薄弱环节，又是极重要的质控部位，因此要严格控制填土操作方式，认真按有关技术操作规程执行，对违章作业要从严执法，绝不宽容，并立即纠正。如不能尽早修建面层结构，应将分层压实的填土留有横坡，而纵坡坡向桥台相反方向，使雨水及时排除，避免浸入台后。台后填土材料采用轻质材料，如粉煤灰等。先施工梁体结构，在梁体结构与桥台之间插入木板，防止桥台位移，然后在台后回填土。

（二）桩基重力式桥台水平裂缝

桥梁建成通车后，容易在重力式桥台台身变截面处出现水平裂纹。其防控措施有：

改变桥台形式，采用桩柱式桥台，减小土压力对桥台的作用。采用轻质填料，对填土挤压密实提高其内摩擦角，减小台后土压力。挖去台后填土，以达到卸荷的作用。在台后实施挡土结构，如悬臂式或扶臂式挡墙。对单跨桥梁，可以在承台处设撑梁，防止桥台进一步位移。拆除伸缩缝和台背，释放桥台位移。

（三）墩柱模板倒塌

浇筑墩柱混凝土时，发生墩柱模板崩裂倒塌事故，严重时引起人员伤亡，其防控措施有：

墩柱模板上的螺栓孔要全部穿上螺栓，不能遗漏。模板设计后要经过专业技术人员验算复核。对加工好的墩柱钢模板在进入施工现场前必须经过验收。墩柱模板立好后，组织相关人员进行验收。在墩柱混凝土浇筑过程中，派专职木工现场监护。控制好混凝土的坍落度和初凝时间，坍落度不能太大，初凝时间不能太长。

（四）墩柱钢筋笼倒塌

墩柱钢筋笼由于没有斜撑，在风力较大的时候被风吹倒，从而引起四周的脚手架倒塌，严重时会发生死亡事故。其防控措施有：墩柱钢筋笼绑扎结束后，四周设钢管斜撑。墩柱钢筋笼绑扎结束后，四周设缆风绳拉紧墩柱钢筋笼。在墩柱钢筋笼内焊接斜撑钢筋。墩柱钢筋笼绑扎结束后，四周用钢管脚手架固定绑紧，钢管脚手架用斜撑固定。

（五）V形墩底部内侧混凝土开裂

V形墩混凝土浇筑结束后，在V形墩底部内侧容易出现混凝土开裂等现象，其防控措施有：

V形墩斜立柱模板设对拉螺栓时，对拉螺栓垂直于斜立柱混凝土面，防止上面的模板上浮。V形墩斜立柱模板下面设斜撑,斜撑垂直于模板表面,斜撑直接支撑到地面。承台四周回填砂夹碎石并压实,防止支架下沉。当利用上部结构的模板支架作为承重架时,两侧的斜立柱混凝土对称浇筑。

(六)盖梁混凝土开裂

盖梁底模采用贝雷梁或型钢梁作为承重门洞支架,由于浇筑混凝土时间过长,再浇筑上层混凝土时,下层混凝土已经初凝,在浇筑上层混凝土时,贝雷梁或型钢梁发生下挠,从而导致下层已初凝的混凝土开裂。其防控措施有:

加快混凝土浇筑速度,在第一车混凝土初凝前结束盖梁混凝土浇筑。做盖梁混凝土配合比时,适当延长混凝土的初凝时间,使初凝时间大于盖梁混凝土浇筑时间。门洞支架设计时,提高贝雷梁或型钢梁的截面惯性矩,减小贝雷梁或型钢梁的挠度。门洞支架设计时,尽量缩小贝雷梁或型钢梁的跨度。盖梁钢筋密集,混凝土振捣时发生漏振,混凝土中没有逸出,混凝土硬化后产生裂纹。

(七)承台、墩柱、盖梁整体位移

轨道交通高架桥施工结束后,在高架附近随意堆载或覆土,高架桥受到偏载作用,会引起承台、墩柱、盖梁整体位移。其防控措施有:

严禁施工现场随意堆土、堆物。施工现场要求在设计明确的堆载范围以外临时堆土的,应由施工总包单位验算后制定专项方案,明确堆土高度和范围,应经设计单位同意和报监理审核后方可实施。在轨道交通高架周边长期堆载或覆土(如景观设计的假山等),建设单位必须委托轨道交通高架设计单位重新计算复核由于地面堆载或覆土引起的轨道交通高架地基附加变形,经确认符合要求后方可实施。在轨道交通高架周边堆载或覆土,应对轨道交通高架进行监控检测。

【案例5-4】某大桥软土路基桥台水平位移处理

某大桥桥台的台身为肋板式,基础由6根直径1.0 m,长15m的钻孔灌注桩组成。0号桥台处地基上有1.5m地表覆盖层,下面是2.5m厚淤泥质黏土软基层,再下层是中细砂和风化片岩。地表以下4m分布有密排的芦苇根。经研究认为可以不清除苇根,直接填筑路堤,预压2年,稳定路堤。实践证明,效果十分理想。但是桥台处填土,由于沿用以前方法,从台后填土碾压、台前夯实,致使台前后土压不平衡,结果导致桥台向前移位的情况。

大桥0号桥台,在1994年5月30日竣工,同时开始施作架梁和路基填筑土方,10月桥台锥坡及路堤填土完毕。施工期间发现桥台向河心侧位移,10月20日0号桥台位移达到9.6cm。根据观测数据，采用台后挖掉填土卸载、台前加载的方法，控制桥台继续向前移位。11月20日观测数据显示回缩1.8cm，达到预期目的。

10月中旬，撤去第1孔6片T梁中的4片，保留中间两片继续施工，凿掉中间两片T梁端部的背墙。这样，T梁不再顶紧背墙，桥台不再受上部T梁水平力作用，台顶可以水平自由移动。此时台后填土已经挖掉，台前仍有锥坡土（台前加载），桥一侧外露出肋板、承台和桩顶。0号桥台三个肋板均匀向河心方向偏移，无扭曲现象发生。桥台向前倾斜。肋板背面，由承台顶测点向上1.7m处，桥台前倾1.0cm。桥台钢筋混凝土结构完好无损，没有发现开裂等破坏现象。1995年4月观测，背墙顶偏移值为7.8cm，说明桥台趋于稳定。在施工期间，研究决策采取如下措施处理。

桥台换填摩擦角大于32°的砂性土，距背墙9m范围，以利于固结排水，稳定桥台锥坡处路基。在肋板顶端与台帽连接处，用ϕ32精轧螺纹钢筋，制成8m长钢筋混凝土锚定板3道。锚定板尺寸为120cm×120cm，厚20cm，用来消除软基产生的不平衡力。

具体施工时注意台背与台前填土，同时逐层夯实，达到要求的密实度。施工中进行填土沉降和桥台水平位移观测，台背填土宜缓后施工。锚定板施工保持板周围填土密实，使拉杆受力均匀。

【案例5-5】某桥梁桩基重力式桥台水平裂缝事故

某桥梁，采用单跨25m简支梁桥，桥面宽40m，车行道宽31m，采用重力式桥台，承台下为双排钻孔灌注桩基础。根据地质勘察报告，桥梁场地地貌单元属第四系浅海相沉积相带。其中淤泥质粉质黏土具有高含水量、高压缩性、高灵敏度、易触变、分布较厚等特点，为场地内不良地质。

桥梁建成通车后不久，一侧桥台台身变截面处出现一条水平裂纹。1个月后，裂缝宽度达到4~5cm，伸入台身约50cm。台身为素混凝土结构，无配筋且裂缝位置为施工缝，台身强度存在问题，因此通过植筋方法进行处理，在平行水平裂缝高1m处，打了1排植筋孔后发现裂缝发展较快，遂放弃植筋。从桥面观察，两侧桥台伸缩缝已挤牢，橡胶条挤出，伸缩缝已完全破坏，失去伸缩功能。采取的措施：

桥台较大的水平位移以及承台处发生的较大的转角位移是导致此桥台开裂的原因，要减小这两项位移最好的办法是减小台后的土压力。未开裂的一侧桥台采用挖土卸荷，改填粉煤灰后，未发现桥台继续位移。

【案例5-6】某大桥墩柱模板倒塌事故

某大桥桥墩为门式桥墩，桥墩柱直径为2m，总高度约30m，当左侧墩柱浇筑3h后，柱混凝土高度约12m时，发生模板崩塌倒下，3个正在模板顶部操作平台上的工人从高约30m模板架体上坠落身亡。

桥墩混凝土柱模板由2片半圆形的定型钢模板组成,每节长3m。定型钢模板由6mm厚钢板与[8的横肋焊接而成,横肋间距500mm,横肋再与[8的竖肋焊接,竖肋沿钢模半圆弧长四等分布置。柱定型钢模板两侧为80mm×16mm(宽×厚)的连接钢板,钢板上钻ϕ20mm孔,孔距260mm,上穿M18的螺栓与另一片模板连接,连接钢板与[8的横肋焊接,焊缝高度为6mm,横肋之间布置80mm×80mm三角形加强缀板与6mm厚的钢模板和连接板焊接。钢模板上下节之间用80mm×16mm(宽×厚)法兰钢板连接。

支模情况:桥墩柱子分段施工,施工上段时定型钢模板共五节一次性安装,顶部依靠4个不同方向的缆风绳固定。

模板倒塌情况:从分离的两节半片的连体观察,根部节的80mm×16mm(宽×厚)的螺栓连接钢板已完全脱开,上节的80mm×16mm(宽×厚)的螺栓连接钢板还在,但所有的螺栓都没有,说明螺栓的螺帽已滑丝破坏。从尚存完整模板的连接钢板上观察,两半片的连接螺栓孔距为260mm,从分离的两节半片的连接体观察,孔周边变形痕迹间隔存在,说明连接螺栓也是间隔安装的,螺栓间距为520mm,显然钢模板的连接螺栓少了一半。

模板紧固螺栓所承受拉力为:$T=35.45kN > [N]=25.5kN$,螺栓强度不满足要求。经现场勘察及理论推算,钢模板连接螺栓减半拼装,螺栓承受加倍的荷载而破坏,导致模板崩塌。查阅当地气象资料,当天气温约为12℃,由于时值初冬且事故发生地处偏僻山区,实际气温低于气象资料数值,气温相对较低延长了混凝土的初凝时间,混凝土自稳能力差,且混凝土以约3.86m/h的浇筑速度也相对过快,致使混凝土对模板的侧向压力在短时间内急剧增加,再加上钢模板拼装时螺栓减半拼装,以上各方面因素致使模板连接螺栓实际承受的荷载远大于理论计算值,从而导致下部2节(6m长)钢模板连接处螺栓破坏而首先脱开,此时混凝土倾泻而出。

【案例5-7】某1~90m系杆拱桥拱脚墩身钢筋笼倒塌

某1~90m系杆拱桥,拱脚墩身截面尺寸为2m×3.5m,高约9m,墩身钢筋绑扎好后,由于没有斜撑,被风吹倒,在钢筋笼的根部全部弯折。

【案例5-8】某桥盖梁贝雷梁支架发生下挠,盖梁下层已初凝的混凝土开裂

2009年上海某高架桥盖梁底模采用单层间距为20cm贝雷梁,贝雷梁跨度为25m,盖梁高度为2.8m,由于浇筑盖梁混凝土时间过长,在浇筑上层混凝土时,下层混凝土已经初凝,在浇筑上层混凝土时,贝雷梁发生下挠,从而导致下层已初凝的混凝土开裂。

【案例 5-9】侧方堆土超载引起桩基水平位移的事故

某软土地基上的高架桥桩基、承台、立柱已施工完成，侧方 20m 外有河道开挖工程的堆土，堆土高 5~10m。半年后测量发现桥梁中心线侧向偏移最大值达 10cm，但检测立柱无偏斜，桩顶与承台连接处无开裂破坏。事后查明承台下 3 排 ×3 列共 9 根直径 0.8m、桩长 45m 钻孔灌注桩桩顶水平位移达 10cm，因此可推定侧方堆土超载引起桩基水平位移。

第四节 桥梁上部结构施工阶段重大风险源辨识与防控

一、钢管满堂支架

（一）地基处理不到位引起的支架倒塌

对钢管满堂支架地基没有进行处理或没有按技术规程处理，箱梁混凝土浇筑结束后发生混凝土开裂现象。其防控措施有：

在钢管满堂支架搭设之前，应对地基做必要处理，以使地基稳定性与承载力满足支架现浇上部结构施工的要求。对于市内原状道路、岩基或类似硬壳层，由于其承载力较好，可不再进行地基处理。遇到软土、垃圾、淤泥地层必须要换填彻底，分层碾压至合格后方可进行预压。对于坑、塘、沟渠地段，应进行打坝抽水，将软泥挖出，换填碎石、拆房土或黄土、石灰土等。换填时应分层填筑碾压，分层厚度不超过 20cm。地基处理应避免在同一跨地基基础上出现强弱不同的情况。地基处理宽度按照桥梁实际投影面两侧各加宽至少 1m 进行施工。地基应布置良好排水措施，严禁上部混凝土结构养护用水和雨水对地基浸泡。地基承载力、稳定性与沉降达不到施工要求时应重新对地基进行处理，之后再搭设钢管满堂支架。水平混凝土模板支撑系统高度超过 8m，或跨度超过 25m，施工总荷载大于 10kN/m^2，或集中线荷载大于 15kN/m 的模板支撑系统，必须组织专家对模板方案进行论证评审。

（二）支架预压不符合规程要求引起支架倒塌

对钢管满堂支架没有进行预压或预压不按照《钢管满堂支架预压技术规程》JGJ/T 194—2009 的要求进行处理，箱梁混凝土浇筑时钢管满堂支架有坍塌的危险。其防控措施有：

不同类型的支架应根据支架高度、支架基础情况等选择具有代表性区域进行预压。支架预压加载范围不应小于现浇混凝土结构物的实际投影面。支架预压前，应布置支架的沉降监测点；支架预压过程中，应对支架的沉降进行监测。在全部加载完成后的支架预压监测过程中，当满足下列条件之一时，应判定支架预压合格：各监测点最初 24h 的沉降量平均值小于 1mm；各监测点最初 72h 的沉降量平均值小于 5mm。

对支架的代表性区域预压监测过程中，当不满足规定时，应查明原因后对同类支架全部进行处理，处理后的支架应重新选择代表性区域进行预压，并应满足规定。

（三）预压荷载不符合要求引起支架倒塌

钢管满堂支架的预压荷载不满足规程的规定，预压荷载量小于规程的要求，在支架预压时或混凝土浇筑时有发生支架坍塌的危险。其防控措施有：

支架预压荷载不应小于支架承受的混凝土结构恒载与模板重量之和的 1.1 倍。支架预压区域应划分成若干预压单元，每个预压单元内实际预压荷载强度的最大值不应超过该预压单元内预压荷载强度平均值的 110%。每个预压单元内的预压荷载可采用均布形式。支架预压应按预压单元进行分级加载，且不应少于 3 级。3 级加载依次宜为单元内预压荷载值的 60%、80%、100%。当纵向加载时，宜从混凝土结构跨中开始向支点处进行对称布载；当横向加载时，应从混凝土结构中心线向两侧进行对称布载。每级加载完成后，应先停止下一级加载，并应每间隔 12h 对支架沉降量进行一次监测。当支架顶部监测点 12h 的沉降量平均值小于 2mm 时，可进行下一级加载。支架预压可一次性卸载，预压荷载应对称、均衡、同步卸载。

（四）预压时监测不符合规程要求引起支架倒塌

钢管满堂支架预压时，监测不按规程要求，监测数据失真，不能真实反映实际情况，支架预压或浇筑混凝土时发生支架坍塌的危险。其防控措施有：

对支架预压进行监测,包括加载之前监测点标高;每级加载后监测点标高;加载至100%后每间隔24h监测点标高;卸载6h后监测点标高。预压监测应计算沉降量、弹性变形量、非弹性变形量。支架预压应进行监测数据记录。

支架的沉降监测点的布置应符合下列规定:沿混凝土结构纵向每隔1/4跨径应布置一个监测断面;每个监测断面上的监测点不宜少于5个,并应对称布置。对于支架基础沉降监测,在支架基础条件变化处应增加监测点。支架沉降监测点应在支架顶部和底部对应位置上分别布置。预压监测应采用水准仪,水准仪应按现行行业标准《水准仪检定规程》JJG 425—2003规定进行检定。预压监测宜采用三等水准测量要求作业。

(五)扣件发生滑移引起的支架倒塌

钢管满堂支架采用扣件式钢管支架,钢管顶部不采用可调顶托受力,利用扣件的抗滑强度来承受上面的荷载,扣件螺栓的扭矩没有达到技术规程的要求,引起扣件向下滑移而造成支架坍塌。其防控措施有:

纵向、横向水平杆传给立杆的竖向作用力设计值为 R,当 $R \leqslant 8.0$kN 时,可采用单扣件;8.0kN $< R \leqslant 12.0$kN 时,应采用双扣件;$R \geqslant 12.0$kN 时,应采用可调托座。扣件螺栓拧紧扭力矩值不应小于40N·m,且不应大于65N·m。施工现场配备带有刻度的扭矩扳手,对主要的受力扣件在浇筑混凝土之前用该扭矩扳手全部复拧一遍,保证扣件螺栓拧紧扭力矩值不小于40N·m,且不大于65N·m。同时由于时间久了以后,扣件螺栓会松动,从而引起螺栓的拧紧扭力矩可能小于40N·m,因此需要对螺栓的拧紧扭力矩值进行检查,必要时进行复拧。模板支架采用的扣件,在螺栓拧紧扭力矩达65N·m时,不得发生破坏。扣件式钢管模板支架应采用可锻铸铁制作的扣件,其材质应符合现行国家标准《钢管脚手架扣件》GB 15831—2006的规定。采用其他材料制作扣件时,应经试验证明其质量符合相关标准的规定后方可使用。扣件规格必须与钢管外径相匹配。有裂缝、变形或螺栓出现滑丝的扣件严禁使用。

(六)斜撑、水平撑搭设不符合要求引起的支架倒塌

钢管满堂支架搭设时对斜撑、水平撑的重要性认识不足,缺少斜撑、水平撑或斜撑、水平撑的间距偏大,不按照经审批通过的施工方案和规范施工,引起模板支架在预压或浇筑混凝土时坍塌。其防控措施有:

混凝土浇筑过程中,应派专人观测模板支撑系统的工作状态,观测人员发现异常时应及时报告施工负责人,施工负责人应立即通知浇筑人员暂停作业,

情况紧急时应采取迅速撤离人员的应急措施,并进行加固处理。

高度超过4m的模板支架应按下列规定设置剪刀撑:模板支架四边满布竖向剪刀撑,中间每隔四排立杆设置一道纵、横向竖向剪刀撑,由底至顶连续设置;从顶层开始向下每隔4步设置一道水平剪刀撑。

剪刀撑的构造应符合下列规定:每道剪刀撑宽度不应小于4跨,且不应小于6m,剪刀撑斜杆与地面倾角宜在45°~60°;剪刀撑斜杆的接长应采用搭接;剪刀撑应用旋转扣件固定在与之相交的横向水平杆的伸出端或立杆上,旋转扣件中心线至主节点的距离不宜大于150mm;设置水平剪刀撑时,有剪刀撑斜杆的框格数量应大于框格总数的1/3。

(七)立杆自由段伸出长度太长引起的支架倒塌

满堂钢管支架立杆自由段伸出长度太长,浇筑混凝土时引起立杆失稳而造成支架坍塌。其防控措施有:

底腹板下立杆自由段不得大于70cm,可调底座、顶托螺杆伸出长度不宜超过30cm,插入立杆内的长度不得小于15cm,自由段大于70cm处立杆每道设置横向水平杆,腹板处设置纵向水平杆一道。

(八)支架拆除时发生支架坍塌

钢管满堂支架拆除时发生支架坍塌。其防控措施有:

模板支架拆除前应对拆除人员进行技术交底,并做好交底书面手续。模板支架拆除时,应按施工方案确定的方法和顺序进行。拆除作业必须由上而下逐步进行,严禁上下同时作业。分段拆除的高度差不应大于两步。设有附墙连接件的模板支架,连接件必须随支架逐层拆除,严禁先将连接件全部或数步拆除后再拆除支架。

(九)钢管满堂支架预压时支架坍塌

钢管满堂支架预压时采用沙袋预压,下雨时沙袋重量增加,发生满堂支架坍塌。其防控措施有:

支架预压采用混凝土块、钢筋、水箱等,不采用沙袋预压。采用沙袋预压时,下雨天用防水雨布覆盖。

【案例5-10】某地铁工地箱梁支架预压时坍塌事故

2008年11月8日,位于某市的地铁一号线南延线第15标段发生箱梁支架坍塌事故,

7名工人被大量支架及沙袋压在下面。7日18点20分左右,记者赶到事故现场,第15标段第12～13号墩之间,脚手架密布,高10m左右。脚手架中间有一个三四十平方米的坍塌区域,10多个抢救人员正在施救。现场散落着大量巨大的沙袋,周围的脚手架严重变形,不少较粗的钢管被拧成了麻花状。地铁一号线南延线第15标段正处于箱梁支架试压中,这些脚手架是用来为高架箱梁浇筑做准备的,当时正在试压,采用较重的沙袋测试脚手架的承载力。但因为沙袋过重,致使脚手架倒塌。

【案例 5-11】某大桥工地脚手架预压时坍塌

2007年6月13日,上午11时20分,某大桥工地7～8号墩在预压试验过程中,脚手架突然坍塌,造成4名现场作业人员被压。

坍塌的施工支架在第7、第8号桥墩之间,长50多米。事发在上午11点半钟左右,当时正在做桥面测试,第7和第8号桥墩上堆放着约2万多个30～40kg重的沙包。在不断加载沙包的过程,施工支架突然发生坍塌。

【案例 5-12】某桥箱梁支架倒塌事故

2004年4月16日下午,某桥第一孔现浇箱梁满堂支架模板预压试验施工时,因预压沙袋部分的满堂支架突然发生倾斜倒塌,一名工人当场死亡。

下午3时许,5号桥1号孔搭好支架,并堆上大量沙包进行堆载预压测试。4时10分,3位结构班工人在工地进行检查时,支架突然发出喀喀声,站在支架上面的工人被倒塌的支架压住,不幸遇难。事故发生原因分析有多种可能:支架搭建重心偏移、地基沉降、支架搭建强度不够、支架加固扣件质量问题或外力原因。

【案例 5-13】某大桥突然发生支架垮塌事故

2005年12月14日5时30分左右,某大桥突然发生支架垮塌,横跨在3个桥墩上的两段正在浇铸的桥面轰然坠下,桥面上施工的工人也同时飞落谷中。事故当场造成3人死亡,1人失踪,1人被卡在钢管架中,15人受伤。受伤者中5人后因伤势过重抢救无效死亡。

事故发生的原因:一是大桥在施工中,支架搭设时基础施工不符合相关规范要求,部分支架钢管壁厚不够,部分支架主管与枕木之间缺垫板;二是支架预压时,预压范围很不充分,每跨有部分区域未压到;三是施工方的工程管理不到位,劳务工程以包代管,在支架搭设中大量使用未经培训的农民工,在施工质量上存在一定问题;四是监理方、施工方在支架搭设过程及完工后的验收工作草率,且无文字记录;五是部分特种作业人员无特种作业资格证或资格证过期,部分安全管理人员未持《安全生产考核合格证》上岗。

二、少支架事故

（一）贝雷梁支架倒塌

贝雷梁作为模板支架，发生事故的原因有以下几个方面：支架预压不符合要求；支架沉降监测不按规程要求；钢管立柱下基础和地基不坚实；贝雷梁侧向失稳；贝雷梁两端下弦杆失稳；贝雷梁和支撑材料不符合要求等。其防控措施有：

支架预压荷载不应小于支架承受的混凝土结构恒载与模板重量之和的1.1倍。支架预压区域应划分成若干预压单元，每个预压单元内实际预压荷载强度的最大值不应超过该预压单元内预压荷载强度平均值的110%。每个预压单元内的预压荷载可采用均布形式。支架预压应按预压单元进行分级加载，且不应少于3级。3级加载宜依次为单元内预压荷载值的60%、80%、100%。当纵向加载时，宜从混凝土结构跨中开始向支点处进行对称布载；当横向加载时，应从混凝土结构中心线向两侧进行对称布载。每级加载完成后，应先停止下一级加载，并应每间隔12h对支架沉降量进行一次监测。当支架顶部监测点12h的沉降量平均值小于2mm时，可进行下一级加载。支架预压时，监测按规程要求，监测数据不能失真，能真实反应实际情况。钢管立柱下基础和地基如不坚实，要加固处理，施工前编制专项方案，并经过专家评审。贝雷梁横向之间用专用支撑架连接，如贝雷梁间距原因无法用支撑架连接，用 ϕ48mm 钢管和扣件横向连接。在贝雷梁的上下弦杆上拼接加强弦杆。购买、租用具备安全生产许可证、产品质量合格证明、检测证明和产品标设的支撑材料和贝雷梁。

（二）少支架变形

少支架由于采用立柱作为主要受压构件，在高度较高、荷载重量较大的情况下立柱间缺少必要的纵横向联系和斜撑，或者立柱基础下面的地基没有处理好，地基承载力不够，引起立柱下沉，从而引起支架变形。其防控措施有：

施工前，应安排专业人员编制专项技术方案，必要时应委托专业设计单位进行复核和审定。专项技术方案经过公司技术负责人、总监理工程师、建设单位的审定，并组织专家评审。为确保正常施工，预防突发事件的发生，在进行高架桥施工前有充足的技术措施准备，抢险物质的储备，在发生问题和事故时，能迅速介入，控制问题和事故的继续发展。问题和事故发生后，应立即启动应急响应机制，对问题和事故进行控制，疏散人员，将安全、财产损失降到最低限度，同时及时组织业主、设计、监理、监控及当地安监等职能部门和相关单位对事故发生的原因进行分析，组织专业人员确定控制和改善方案。

【案例 5-14】某桥支架变形事件

2007年1月15日某桥施工过程中现浇箱梁支架大面积出现较大的弯曲变形甚至失稳，局部基础出现沉陷，梁体出现下挠，整个支架和梁体随时都有垮塌的危险，后经有关各方紧急处理、及时控制，排除险情并避免了灾难性的重大事故发生。

该桥南引桥为逐跨搭设支架现浇预应力混凝土连续箱梁，分上下两层浇筑。2007年1月1日南引桥施工单位完成第一联第一施工节段下层混凝土浇筑工作，13日施工单位开始浇筑本梁段上层混凝土。在15日晚7时左右，支撑该梁的部分支架出现较大的弯曲变形，同时部分支架的基础出现明显沉陷，混凝土梁体也出现下挠，整个支架和梁体随时都有垮塌的危险。

采取的技术处理措施有：问题发生后，施工单位立即组织力量对发生问题的箱梁及支架进行全方位的监控与量测，监控与量测表明：下层混凝土强度已达设计强度的90%以上，上层混凝土强度仅达到设计强度的45%；支架变形严重，部分支架已成S形，梁体变形较大，最大挠度达到127mm。首先对梁体进行卸载，减少混凝土梁对支架的荷载，充分利用梁体下层混凝土达到设计强度这一有利条件，最大限度张拉底板和腹板预应力钢绞线索，使梁体的重量最大限度转移为由底板束和腹板索承受；同时，底板束和腹板索的施加预应力必须考虑梁体上层混凝土只有达到45%设计强度的情况，避免施工过程中出现新的病害。最终的处理方案和张拉预应力的步骤为：先张拉每个腹板的N4束，再张拉N2束，每束拉力为设计值的60%；底板束只张拉总束数的一半，即32束，且采用间隔1束张拉1束，每束张拉为设计值的60%；顶板束只张拉靠近腹板的2束，共10束，每束拉力为设计值的30%；张拉每个腹板的N3束，再张拉N1束，每束拉力为设计值的60%；最后张拉底板束剩余的部分束，每束拉力为设计值的60%；所有预应力的施加过程都要保持横向对称于中腹板，且均匀进行。按照如上方案使整个梁体出现微量上挠，同时顶板混凝土的应力又在规范容许范围内的最佳状态，并保持这种状态到上层混凝土达到设计强度，再按照设计施工步骤完成剩余的预应力。

由于支架采用贝雷梁作为受压杆件—立柱，在高度较高的情况下立柱间缺少必要的纵横向联系和斜撑，特别是缺乏稳定体系三角形连接系，由于主梁混凝土自重过大，贝雷梁立柱作为压杆产生了较为明显的失稳问题。通过以上技术方案的实施，梁体混凝土达到设计强度并张拉完全部预应力钢束后，梁体与支架间已基本脱空。从第一阶段张拉完部分预应力束后，在等强度期间，到最后全部张拉完预应力束，支架的变形不仅没有增加，而是随着上部梁体的自重转移到预应力承受，变形还出现了回弹。经跟踪监控与量测，通过第一次应急处理后，梁体和支架的变形处于稳定状态；全部预应力束张拉完成后，梁体预拱度符合设计要求，跨中底板拱度为 20mm；施工过程的应力值与设计值吻合；通过对该梁段进行探伤检测，未发现异常情况，梁体未发现裂纹。

三、预应力混凝土箱梁、T 梁、板梁

（一）张拉预应力后结构产生较大的扭曲变形

张拉顺序未按设计要求进行操作，构件受力严重不对称，构件在张拉后发生扭曲变形。其防控措施有：

张拉时按照设计要求的顺序进行，左右对称施加预应力，张拉速度应一致。由于预应力束张拉不对称引起的扭曲变形，可释放某些预应力束后重新张拉纠偏；如偏差超限，且有裂缝产生，影响结构的安全，构件不能使用。

（二）预应力孔道压浆不密实

水泥浆从入口压入孔道后，前方通气孔或观察孔不见有浆水流过；或有的是溢出的浆水稀薄。钻孔检查发现孔道中有空隙，甚至没有水泥浆。其防控措施有：

孔道在灌浆前应以高压水冲洗，除去杂物、疏通和润湿整个管道。配置高质量的浆液。灰浆应具有良好的流动速度并不易离析，可掺入适量的减水剂和微膨胀剂，但不得掺入对管道和钢束有腐蚀作用的外掺剂，掺量和配方应经试验确定。管道及排气口应通畅。压浆时应从低处往高处压（参考压力 0.3～0.5MPa），待高端孔眼冒溢浓浆后，堵住排气口持荷（0.5～0.6MPa）继续加压，待泌水流干后再塞住孔口。对管道较长或第一次压浆不够理想的，可进行二次压浆。

（三）预应力孔道压不进去水泥浆

灰浆灌不进孔道，压浆机压力却不断升高，水泥灰浆喷溢但出浆口未见灰浆溢出。其防控措施有：用高压水冲洗多次，尽可能清除杂物。

疏通排气管，用两端压浆的办法，将浆液注满管道。

（四）箱梁底板在沿预应力钢束波纹管位置下出现的纵向裂缝

采用支架现浇法施工的预应力混凝土箱梁底板，在沿预应力钢束波纹管位置下出现断断续续、长度不等的裂缝，宽度大部分在 0.2mm 以下。其防控措施有：

改进混凝土的配置，优化降低混凝土收缩变形的材料配合比。其中包括水

泥用量、水灰比、外加剂等。采取技术措施，确保预应力钢束的波纹管的保护层厚度。对底板构造钢筋和底板预应力钢束的间距采取合理布置。加强对箱梁底板混凝土外表面的养护。适当延长混凝土张拉龄期。

（五）箱梁腹板出现斜向裂缝

悬臂现浇混凝土箱梁拆模后张拉预应力束，腹板混凝土出现裂缝。一种是有规律地出现于底板约呈45°的斜裂缝；另一种为沿着预应力管道方向的斜向裂缝，往往是靠近锚头处裂缝开展较宽，逐渐变窄而至消失。其防控措施有：

悬臂现浇混凝土箱梁腹板斜向裂缝的出现往往是设计、施工、材料、工艺等综合因素作用的结果，原因复杂。主要针对施工产生的原因进行分析。施工工况、工艺流程必须与设计相符。如有变更应立即与设计单位联系，核算无误后方可施工。混凝土未到龄期和强度，不得拆模和张拉。施工时严格控制施工荷载，不得有超载或有不同于设计工况的集中荷载。确保混凝土的保护层厚度及其质量。加强混凝土振捣，防止漏捣。

（六）预应力混凝土梁预制场地不均匀沉降

预制梁基础未进行加固，施加预应力后由于在支座附近荷载集中容易引起地基不均匀沉降。其防控措施有：施工前将场地整平夯实，浇筑15cm厚的C20素混凝土。在支座附近的基础采用混凝土加固，并设沉降缝。

（七）T形梁在运输和安装过程中发生侧倾

T形梁在运输和安装就位后两侧支撑布置不对称或支撑不牢靠，特别是边梁外侧无端横隔梁更易侧倾；T形梁运输车辆的转向架转向失灵或转弯时过快；T形梁支座布置偏位太大，在T形梁间没有连接前，更易发生；T形梁安装完成后T梁间没有互相连接前，受到其他外力作用。其防控措施有：

T形梁在运输和安装就位后，必须立即设置支撑，先安好的T梁，采取临时或永久的措施与后安装的梁横向连接，待整孔T梁安装完毕后立即连成整体。T形梁在运输前应检查车辆的转向架，运输过程中速度不宜过快，转弯时放慢速度。施工过程中注意避免对已安装到位的T形梁施加水平力。

（八）板梁的上拱度差别过大

张拉预应力束时每根梁的混凝土龄期不同，弹性模量大小不同，混凝土收缩徐变也有差异，造成每根梁的上拱度差别过大。其防控措施有：

混凝土梁浇筑后，要等龄期到后再张拉预应力束。每根梁张拉预应力束时混凝土的龄期应当一样。应尽量减小混凝土的收缩和徐变，如在配合比中尽量减少水泥的用量，减小混凝土的水灰比，增加粗骨料用量；尽可能延长混凝土的龄期和存放时间，加强混凝土的养生等。架设时尽可能将上拱度相近的梁安装在同一孔内，使相邻梁的拱度差不大于1cm。

（九）板梁内部的配筋不一定相同，任意套用，产生事故

跨度相同的板梁，板梁内部的配筋不一定相同，如果任意套用，会产生事故。其防控措施有：

预制混凝土板梁时，必须看清图纸，搞清楚板梁钢筋图采用什么定型图。架设板梁时，不能随意调用其他工地上相同跨度的板梁。架设板梁时，需要调用其他工地上相同跨度的板梁时需经过设计单位确认同意。

四、预应力混凝土连续梁桥平衡悬臂挂篮施工

（一）挂篮临时固结不牢、失稳

挂篮最危险的工况是在大节段的浇筑过程，但一般挂篮都经过认真计算，受力明确，在浇筑前经过多方的检查验收，思想上高度重视，发生事故反而较少。事故都发生于试压阶段和行走过程较多。因为试压时第一次重载使用，而行走过程是一个动态过程，锚固力小，细节落实与检查不到位反而时有发生倾覆事故。直接原因就是配重不足或锚固不牢靠，施工方面的因素有以下几种情况：配重块重量不足或位置不正确、后锚杆数量不足，使用受过电焊烧伤的精轧螺纹钢发生脆断。后锚直接作用于滑道时，滑道本身与混凝土锚固不牢。行走时采用反压滑轮时，反力支架脱焊或连接脱落。后锚杆、锚固螺帽、连接器质量不合格或多次使用损伤未更换，连接器连接不正确。下坡行走时未有效限位措施，行走过快、行走不一致，主梁脱离反压锚固架或锚固滑道。采用预留孔穿精轧钢筋进行锚固时，预留孔过大或锚垫板太小，厚度太薄。锚固作用于主梁尾部加长段上，而加长段现场设计未经验算，连接不牢固发生断裂。其防控措施有：

要认真核对工况的配重块数量、锚杆数量是否正确，锚固位置、预留孔位置、预埋锚杆数量位置是否正确，如有出入，要采取有效的补救措施。配套使用合格可靠的锚杆、连接器、螺帽、垫板、反力支架，并定期检查，确保状态良好。

连接器和锚杆均做好长度标识，保证锚杆旋入连接器足够长度，保证连接器对中顶紧连接。参与锚固的滑道与滑座要进行保护，不得随意氧割，致使滑座反扣板损坏或滑道与混凝土梁体锚固不牢。行走时另加浇筑锚固钢镫作保险，钢镫离主梁面有 2~3cm 的空隙，既能保证行走且一旦行走锚固发生意外时，浇筑锚固钢镫就立即产生作用，但移动时要注意随时挪动保险钢镫的位置，下坡行走时还要用卷扬机穿滑车组系结于主梁，作为后梢慢慢溜放，防止自行滑动，冲出锚固范围。制订好检查签证表格，逐项进行检查，落实责任人，实行检查签证制度，确保万无一失。

（二）承重底平台整体坠落

承重平台因吊杆数量较多，不易发生整体坠落事故，一般只发生在试压过程、拆除过程或是吊杆调整后首次浇筑的过程，主要问题是吊杆与上横梁连接不可靠，施工直接原因有：精轧螺纹钢筋吊杆使用过程中受电焊烧伤脆断，吊杆与上下横梁的连接不牢，连接脱落。吊杆连接器损坏或连接不正确，精轧螺纹钢筋吊杆螺帽滑丝失效。行走时采用反压滑轮时，反力支架脱焊或连接脱落。拆除时整体下放吊机站位不正确、地基下陷、超载吊重，同时两台吊机作业不同步发生过大倾斜，折断吊杆或回转时吊机超过作业范围发生倾覆事故。采用卷扬机穿滑车组整体下放时刹车失灵，钢丝绳、卡环等吊具发生破坏。吊杆受力不均，先期受力时只有部分吊杆受力，受重载后逐根破坏。因拼装误差较大，多道纵梁与前后横梁的连接支座不在一条线上，且各纵梁之间并不平行，致使原本可以自由转动，可用于底板线型调整的销轴不能转动，横梁与纵梁基本保持拼装时状态，横梁与吊杆并不垂直，在吊杆受约束不能满足倾斜角度时受弯被折断。这一情况容易忽视较为危险，但发生几率少。其主要防控措施有：

采用合格可靠的吊杆、连接器、螺帽、垫板，并加以保护，并定期检查，确保状态良好。浇筑前检查，确保吊杆受力基本一致。在横梁上画线安装纵梁连接支座，严格按图拼装，尽量减少拼装误差。做好销子防脱措施，吊杆的底部加拧双螺帽作为保险。事先分析各个工况与步骤，选择合适的拆除方案，编制好施工组织设计、工艺、作业指导书，认真交底，统一指挥。经检查选择好吊具，对机械进行检查检修，保证机具设备状态良好。

（三）墩顶梁段（零号块）临时固结不牢

施工中出现结构不稳定的现象：如晃动、不对称变形、倾斜、挠度过大等。其防控措施：

正确选用临时固结方式和采用可靠的支承措施。临时固结或支承措施的要求是固结和支承可靠，确保施工中的稳定与安全，同时又能在体系转换时，方便快捷地解除约束。正确设置临时支座。

（四）起步段线形偏差过大

支架变形，节段外形和线形与设计要求相差较大；混凝土浇筑组织不当；漏放拼装挂篮的预埋件或因长度不够使拼装挂篮困难；起步段长度选择不当，对安装吊篮要求考虑不周；支架设计未经整体刚度、稳定性验算。支架未经预压或抛高不够。结构弹性、非弹性变形过大或地基沉降过大；施工时实际工况与设想相差过大，对施工中可能发生的因素考虑不周。其防控措施：

为拼装挂篮，需在桥墩中心两侧先用支架浇筑一定长度的梁段，称为起步段。其施工支架可视实际情况，分别支承在墩身、承台或经过加固的地基上。该起步段可在零号段完成后利用支架对称浇筑，亦可将起步段与零号段同时浇筑。起步段应有足够的长度能满足两侧拼装挂篮的作业长度。同时确定其长度时应与全桥节段施工相协调，混凝土工艺与机械设备应与工程量相配套。施工支架的长度视所选用的挂篮拼装的需要而定。支架顶面应与箱梁底面纵向线形的变化一致。支架有扇形、门形等。为了减少支架变形，除了考虑支架的强度和刚度外，还应尽可能增大支架的整体性，并采用等荷载预压，设置抛高及调整措施，以减少支架变形对混凝土箱梁质量的影响。支架上模板安装及混凝土浇筑，应符合模板施工和混凝土施工的要求。悬臂浇筑施工过程中，为确保施工期间结构的稳定，需采用临时锚固或支承措施。

（五）边跨现浇段变形过大

支架在施工时下沉，造成现浇段线形与设计不符，如跨中挠度过大，甚至出现混凝土裂缝。其防控措施有：

根据现浇段的工程量、施工装备、地基承载力等因素选择合适的支架形式和模板系统，确定一次立模浇筑的施工方法。支架基础根据地基承载力和荷载采用换土、桩基础等方法加固基础，减少支架沉降。除进行支架整体刚度和稳定性验算外，可采用预压、设置支架可调底座、预留足够的预拱度和抛高值等措施控制施工最终沉降值。

（六）边跨合龙段线形偏差过大

边跨合龙后纵向变形大或在梁体内造成次应力发生裂缝，支架变形，影响边跨线形。其防控措施有：

边跨直线段的合龙、预加施工应力及温度变化时，将产生纵向变形，合龙时应尽量卸去对梁体纵向变形有约束的支承，以利梁体纵向变形。支架与梁间可设置聚四氟乙烯滑板，以消除纵向变形对支架稳定产生的不利影响，同时应加强支架梁与墩身的连接，使之能承受一定的附加水平力。为减少直线段与悬浇段混凝土收缩徐变的相互影响，并考虑到直线段不宜过早浇筑，以免基础下沉产生裂缝，边跨直线段施工时间基本与悬浇段的最后梁段同步进行。边跨直线段浇筑推进方向应使永久支座均匀受力，以免一次加载引起不均匀变形。合龙段支架应有较大的刚度，预留抛高值。对其在施工中的纵向、竖向变形量、整体刚度与稳定性要逐项估算与验证。

（七）中跨合龙段施工线形偏差过大

当悬臂较长时，由于结构的恒载和施工重量将产生较大的挠度，这些施工变形在各节段施工过程中经过不断调整后，将最后反映在合龙段两端。如果高差过大或合龙段施工不当，将不仅使合龙段两端变形过大，还会影响全桥最终的线形和成桥后的受力状态。同时对影响合龙段的各项因素，如温度、临时"锁定装置"的刚度、强度、混凝土工艺、体系转换的方式与时机等考虑不周，也会影响全桥最终的线形和成桥后的受力状态。最终合龙段混凝土发现裂缝，合龙处下挠，线形与设计不符。其防控措施有：

按照设计要求，正确制定合龙段施工顺序。临时锁定合龙段两端。做好合龙段混凝土浇筑前的准备工作。做好合龙段混凝土的浇筑和养护工作。按设计要求完成结构体系转换。

（八）成桥后线形偏差过大

合龙误差超过允许范围或成桥后的线形不够平顺或实际桥梁结构的受力状态与设计分析不一致。其防控措施有：

在大跨径桥梁悬臂浇筑施工过程中，由于受许多确定的和不确定的因素影响，施工中的实际结构状态将偏离预先确定的目标，在施工过程中应随时进行控制和调整。一般采用计算机跟踪控制技术，进行悬臂浇筑施工的线形控制，使得结构的各种控制变量的偏差在允许的范围内。根据计算提供的梁体各截面的最终挠度变化值（即竖向变形），设置施工预拱度，据此调整每块梁段模板安装时的前缘标高。

五、弯桥支座与梁脱开

两跨以上连续弯桥（包括预应力混凝土桥、钢筋混凝土桥和钢桥）中间支墩采用单支座，端部支墩采用双支座，有时会发现端部支座中的弯道内侧支座与梁脱开，支座起不到支承的作用。原因有：弯桥在自重作用下梁受扭矩，发生扭转变形，当中间单支座仍按梁中心线设置时，支座不能承受扭矩，因而梁体扭转变形会累积传到端支座上，当变形过大时就会出现弯桥内侧支座脱离梁体。弯道桥在预应力索张拉时会有非平面变形，具体变形形状与梁的形状和索的形状有关。支座的标高不准确或有错误。采取的防控措施有：

弯桥在设计时应充分考虑梁在受扭后的变形，变形较小时可将中间单支座对梁轴预设偏心，偏心大小由计算取得；当扭转变形较大，用预设偏心的方法不能解决时，中墩应设置双支座。施工时严格测设和复核支座的标高。

【案例 5-15】某立交桥发生侧倾事故

国内某座 4 跨预应力混凝土连续弯梁桥，横桥向采用单箱单室截面，梁高 1.6m，桥跨布置为（30+2×35+30）m，边墩为双柱支承，盖梁与箱梁间设板式橡胶支座，3 个中墩均为独柱支承，桥墩与箱梁间设抗震盆式橡胶支座，由于多辆重车在外侧车道行驶，导致立交桥发生侧倾事故。

六、悬臂拼装

（一）悬拼块件上滑、错动

块件间涂抹胶结料，由于未硬化的胶粘料的润滑作用，降低接缝间的摩阻力，或者多束钢丝束张拉时，产生的向上分力克服了块件自重和接缝间摩阻力而使块件向上滑移，造成梁段悬臂拼装时，个别预制块件从设计位置向上滑动，使悬拼装块件的预留孔道错位，难于穿束进行整体张拉。其防控措施有：

块件接缝涂胶宜薄而且均匀。放松吊点，让自重克服上滑力。在箱梁顶面用型钢组成压梁，一端锚固于已拼块件的吊环或竖向预应力钢筋上，一端压住拼装块件以限制上滑。变更张拉程序：在胶结剂硬化前根据胶粘剂固化所需的压力，规定顶板、底板及腹板的张拉束数，其余钢丝束则待胶粘料硬化后张拉。改进块件接缝间的抗剪切形式。

（二）块件悬拼合龙时对中偏移

当连续梁由其相邻两墩顶向跨中悬拼时，最后块件合龙对中，中线发生偏离，超过标准。中线发生偏差，影响梁体受力线的直顺，造成附加内力。原因有：已拼装的悬臂，在自重作用下，产生纵向水平位移下挠及转角。被提升的中孔合龙梁段受自重作用，也会产生挠度、转角。拼装块件预制时尺寸误差和吊拼时对位的误差。其防控措施有：

中孔合龙梁段采取两头起吊，并让吊点靠近梁端，从而减少下挠及转角。拼装段设计预拱度来克服自重挠度。合龙前，对跨径及中孔就位误差进行调整。设计时考虑受力体系变化引起的内力。

七、钢管混凝土系杆拱桥

（一）钢管拱内混凝土不密实

钢管拱内灌注微膨胀混凝土或无收缩混凝土时，由于施工工艺和混凝土收缩，混凝土总是无法完全充满钢管，使得"紧箍效应"无法实现，混凝土达不到三轴压缩的理想效果。待混凝土大于28d龄期后，用超声波检测和小锤对拱肋进行全面敲击检查，发现空隙。其防控措施有：

（1）在钢管拱顶部钢管内腔设隔仓板，在隔仓板的两侧设出气孔，出气孔上焊接钢管，此钢管高度达到2m，直径为$\phi 200mm$，作为混凝土的反压管，以保证混凝土的密实度。

（2）在拱脚处钢管上开设灌浆孔，并在灌浆口焊接内径与高压水平泵导管内径相同的输送泵钢管，采用泵送顶升倒灌工艺灌注混凝土。

（3）如拱肋为上下双钢管，中间用缀板连接，在下钢管的出气孔及缀板的出气孔上焊接呈"L"形的钢管，水平段钢管与出气孔焊接，竖直管开口向上2m。

（4）在钢管的圆截面顶部加筋钢箍处开适当数量的直径为$\phi 8mm$的出气孔，以保证混凝土密实，同时可观测混凝土的泵送高度，使钢管拱混凝土泵送时两侧对称泵送，当$\phi 8mm$的出气孔冒浆时，用钢插销塞紧。

（5）在钢管内部的加筋钢箍的圆环钢板上沿环向均匀钻$\phi 30mm$的气孔，防止泵送混凝土时产生空洞，减少泵送混凝土的卡口。

（6）泵送混凝土之前在钢管内先压入少量的水，以湿润管壁，再压入一定数量的水泥浆作为先导，然后才连续泵入微膨胀混凝土或无收缩混凝土。

（7）钢管的混凝土的灌注完成时间，不得超过第一盘入管混凝土的初凝时间。

（8）泵送混凝土时，采用 3 台高压水平输送泵，其中 1 台水平泵作为备用。待上面的出气孔钢管冒浆并冒出混凝土后，停止泵送混凝土，并稳压一段时间。

（9）泵送混凝土完成，待混凝土大于 28d 龄期后，用超声波检测和小锤对拱肋进行全面敲击检查，发现不密实的地方可在钢管及缀板上开口压入高强度等级水泥浆使钢管或缀板内密实。

（10）微膨胀混凝土随着龄期增长，混凝土的收缩仍然不可避免，为防止这类问题发生，在混凝土配合比设计时，在添加 UEF 微膨胀剂的同时增添"聚丙烯腈纤维"。

（11）配制高性能微膨胀混凝土须使用干净的河砂并严格控制云母含量、硫化物含量、含泥量和压碎值，一般选用细度模数 2.6～3.1 的中砂为宜。不宜用砂岩类山砂、机制砂、海砂，此类砂对混凝土的膨胀率影响极大。

（12）选择外加剂一定要经过多次试验。试验表明，缓凝型减水剂会降低混凝土膨胀率，所以应反复试验，膨胀率合适才可使用；高效减水剂还应具有缓效凝作用和缓凝剂掺配作用，且是非引气型、低气泡减水剂；其质量应符合现行标准《混凝土外加剂》GB 8076—2008 规定。

（13）膨胀剂在钢管和缀板约束条件下，在结构中建立 0.2～0.3MPa 预应力，可抵消混凝土在硬化过程中产生的收缩应力，从而提高抗裂能力。选择时一定要多试验几个品种，膨胀剂应对混凝土后期强度及质量无害，与所用水泥适应性好。我国主要使用 U 形膨胀剂、复合膨胀剂及明矾石膨胀剂。

（14）工程实践认为钢管混凝土设计为微应力时，限制膨胀率 28 天内应控制在 $(2～6)\times 10^{-4}$ 的范围内是合理的。

（二）灌注混凝土时缀板脱焊

拱肋为上下双钢管，中间用缀板连接，在拱脚附近的缀板尺寸大，而且在钢管拱肋的底部，灌注混凝土时所受的混凝土的侧压力较大，此部位的缀板在灌注混凝土时往往发生缀板鼓胀，缀板与钢管之间脱焊。其防控措施有：

（1）在缀板上布置加筋螺杆，加筋螺杆对穿钢管拱两侧的缀板，并用双螺母拧紧，微膨胀混凝土灌注结束后，割除两侧的螺母再涂装。

（2）泵送缀板内的混凝土时，设专人观看高压水平输送泵的压力表，以防压力过大，使缀板鼓胀、爆裂、脱焊。

（3）在钢管拱的两端即拱脚附近圆端形截面的钢管拱的缀板上的加筋螺杆。

（4）控制混凝土中石子粒径，采用 5～25mm 连续级配，在混凝土搅拌站拌制混凝土时防止大粒径石子混入。

（5）一根钢管的混凝土应连续灌注。

（6）混凝土采用顶升倒灌工法，粗骨料在顶升过程中不能因自身重力而下落，否则会造成顶升压力过大而发生缀板鼓胀、爆裂、脱焊。在设计混凝土配合比过程中碎石应稍微呈悬浮状态，不能下沉。

（三）钢管拱肋拼装后线形不符合设计要求

钢管拱肋拼装时接缝过大，线形不顺，轴线和标高与设计要求相差太大，影响吊杆安装和张拉。其防控措施有：

钢管拱制作采用侧卧法，将管节按编号摆到 1∶1 大样焊接胎形平台上，用型钢侧向支住，检查钢管拼装是否与大样吻合。吊线锤控制立面位置，使各管的侧面与大样边缘线在同一平面上。为保证钢管拱焊接质量和线形，施焊时尽量采用平焊。拼装好的钢管拱采用吊车翻转、移运。钢管拱制作 1∶1 大样胎架用全站仪根据坐标复核，以其中的一点为置镜点，另一点为后视点，复核其他点坐标是否正确。在工厂内进行整体预拼装，在合龙段和横撑上留余量，吊装前根据实量尺寸切割余量。

【案例5-16】某钢管拱桥拱肋灌注混凝土时缀板脱焊

某高速公路上跨铁路火车站，高速公路在此处采用 1~75m 钢管混凝土刚架系杆拱一次跨越 10 股道，每根拱肋由上下两根 $\phi 900mm \times 14mm$ 钢管及其中间的缀板所组成，拱肋高 2.3m、宽 0.9m，拱肋在端部 10m 处由两个圆端形变为哑铃形截面，钢管和缀板内灌有 C50 微膨胀混凝土，在每条钢管拱顶部的上钢管、下钢管内腔设有隔仓板，在隔仓板的两侧，包括上钢管、下钢管设有出气孔。缀板内没有隔仓板，在顶部设有出气孔。在拱脚处，包括上钢管、下钢管及缀板内腔各开设一个灌浆孔，并在灌浆口焊接一个内径与高压水平泵导管内径相同的输送泵钢管，此钢管伸入内腔约 10cm。在钢管拱顶部的出气孔包括上钢管、下钢管、缀板内腔也各自焊接一个钢管，此 3 根钢管高度达到 2m，直径为 $\phi 200mm$，作为混凝土的反压管，以保证混凝土的密实度。出气孔与灌浆孔位置详见图 5-4~图 5-6。在钢管拱上开孔，然后焊接灌浆孔钢管和出气孔钢管，保留开口盖板，待混凝土强度达到设计强度的 50% 以上后，割去上下钢管及缀板上的灌浆孔钢管和出气孔钢管，将开口盖板按设计要求进行补焊。下钢管的出气孔钢管及缀板的出气孔钢管呈"L"形，水平段钢管与出气孔焊接，竖直管开口向上 2m。上钢管、下钢管的灌浆孔在钢管的中上部，与钢管面成 30°角，缀板的灌浆孔钢管与缀板面成 30°角。上钢管、下钢管和缀板的灌浆孔钢管的表面与水平面平齐。

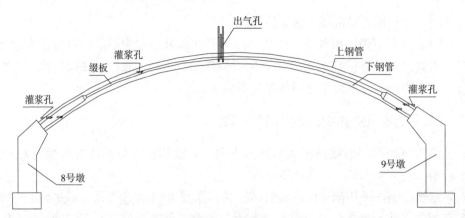

图 5-4 出气孔与灌浆孔位置详图

图 5-5 灌浆孔位置实况图

图 5-6 出气孔位置实况图

在上钢管的圆截面顶部加筋钢箍处开适当数量的直径为 $\phi 8mm$ 的出气孔,以保证混凝土密实,同时可观测混凝土的泵送高度,使钢管拱混凝土泵送时两侧对称泵送,当 $\phi 8mm$ 的出气孔冒浆时,用钢插销塞紧。为了增加钢管拱的强度,设计在钢管拱的内腔布置有 75mm×75mm 角钢弯制而成的加筋钢箍,在加劲钢箍的圆环钢板沿环向均匀钻 $\phi 30mm$ 的气孔,防止泵送混凝土时产生空洞,减少泵送混凝土的卡口。为了防止缀板变形,在缀板上布置有加筋螺杆,加筋螺杆对穿钢管拱两侧的缀板,并用螺母拧紧,微膨胀混凝土灌注结束后,割除两侧的螺母再涂装。出气孔和灌浆孔应避开吊杆、加筋钢箍和加筋螺杆。

灌注混凝土之前,先压入少量的水,以湿润管壁,再压入一定数量的水泥浆约 $2m^3$ 作为先导,然后才连续泵入微膨胀混凝土。泵送混凝土时,采用 3 台高压水平输送泵,每台最大工作压力为 18MPa,其中 1 台水平泵作为备用,由水平泵把 C50 微膨胀混凝土泵送到钢管拱弦管内,待上面的出气孔钢管冒浆并冒出混凝土后,停止泵送混凝土。对高压水平输送泵应设有专人观看压力表,以防压力过大,使钢管拱爆裂,正常泵送时压力控制在 6MPa。

为了防止泵送混凝土时，缀板鼓胀或爆裂，在钢管拱的两头即拱脚附近圆端形截面的钢管拱的缀板上比原设计多加一倍的加筋螺杆。压注右侧拱缀板内腔混凝土（压注 $3m^3$ 同强度等级砂浆→压注 C50 微膨胀混凝土 $32m^3$），缀板共压注 $26m^3$ 微膨胀混凝土时发生堵管，南端输送泵导管接头处爆裂，停止泵送微膨胀混凝土约 30min 后，北端开始泵送混凝土时，缀板鼓胀，有一条长约 20cm 的缀板与下钢管的焊缝裂开，加筋螺杆的丝扣失去作用，螺母移位，输送泵导管接头处爆裂，同时南端继续泵送混凝土时输送泵导管接头处也爆裂，只得停止泵送混凝土。在右侧拱缀板上，用锤击方法找到混凝土顶面，在缀板上开直径为 50mm 的孔，使混凝土表面的砂浆从孔内流出。在右侧钢管拱缀板上重新开一个灌浆孔，在灌浆孔上焊接一根钢管，与水平泵输送管相连，为了保证左侧钢管拱缀板内腔混凝土一次泵送完成，在离拱顶约 13m 处缀板内腔上增加一个灌浆孔。

【案例 5-17】某钢管混凝土拱桥钢管开裂事故

某钢管混凝土拱桥在拱肋灌注腹腔混凝土过程中出现了一次国内罕见的钢管开裂事故，上弦钢管纵向开裂长度达 7.75m，造成了很大的损失。该桥净跨 L_0=128m，肋拱采用钢管混凝土等截面悬链线拱轴线，拱轴系数 m=1.347，矢跨比为 1/4。两拱肋间由横撑连接，拱肋为等截面哑铃型截面。钢管采用 Q345 螺旋焊接管，上下弦管直径 D=920mm，上下弦管由腹（缀）板焊接连接，管壁及腹板厚度 t=12mm。钢管及腹腔内灌注 C40 混凝土，横撑为空钢管。施工顺序：

施工时先将空管分段吊装成拱，再向管内泵送混凝土，由两岸向跨中对称进行，上下弦管及腹腔都要灌注密实。设计泵送混凝土的顺序如下：先灌注下弦管，再灌注腹腔，最后灌注上弦管，并且下道工序混凝土的灌注要在上道工序所灌筑的混凝土达到设计强度 C40 的 90% 后才进行。

该桥在上游拱肋的下弦管混凝土灌筑好并达到强度要求后，对上游拱肋腹腔进行混凝土泵送，此时上弦管是空管。当左岸腹腔内填充混凝土约 40m 长度时，拱肋左岸段发出两声闷响，并有混凝土从上弦管的灌筑口中涌出。停止泵送并放出管内混凝土，清洗后经现场观测发现：在左岸上弦管内部出现一条长达 7.75m、与拱轴方向平行的纵向裂缝，裂缝最大宽度为 5.5cm，裂缝发生在上游侧拱脚附近腹板与上弦管交界处，腹板内侧的纵向焊缝边缘，母材的热影响区内。断口处无塑性变形特性，断口整齐，可断定为脆性断裂。断开的管材上翘，两侧腹板明显向外鼓出。据现场观测者估算，当时的泵送管入口处泵送混凝土压力约为 0.9MPa。

事故处理：经讨论，将破裂的钢管切割下来，换上新管，接着泵送上弦管混凝土，未出现问题。对于腹腔的混凝土灌注问题,甲方提出了一个加固方案,即在腹腔中部每隔一定距离设一拉杆,后经计算发现无法满足强度要求,最后综合权衡各方面因素后,决定采用分仓人工浇筑腹腔混凝土。

八、梁架设

(一)在小曲线半径上架 U 形梁

曲线半径的大小直接影响到架桥机过孔后前支腿在盖梁上的支撑位置以及 U 梁能否喂进架桥机主梁内。其防控措施有:

对原来直线段架设 U 形梁的架桥机进行改造,缩短架桥机主梁长度。对原来直线段架设 U 形梁的架桥机,加大主梁中心距。中支腿增加横移机构,保证架桥机在曲线段上架梁时能适当调整角度。去掉架桥机后支腿以尽量缩短架桥机后半部分的悬出长度,更有利于减小曲线半径上的喂梁。改进架桥机的施工工艺,在架设 35m 以下梁时,让架桥机前端悬出前支腿,始终只保留架桥机尾部有两运梁车刚好能够喂进梁的长度即可。

(二)吊装 U 形梁的龙门吊倾覆

龙门吊的作用是架设 U 形梁和上梁,用架桥机架设 U 形梁之前,必须用龙门吊架设三跨 U 形梁,作为架桥机的拼装场地。架桥机架 U 形梁时,用龙门吊吊装 U 形梁,把 U 形梁放置到桥面上的运梁车上,运梁车把梁喂给架桥机。龙门吊基础强度不够,引起龙门吊倾覆的危险。其防控措施有:

轨道基础下地面处理:清除表层土,铺设 2.5m 宽、50cm 厚建筑道渣,采用 18t 振动压路机碾压,碾压完成后地基承载力不小于 0.2MPa。轨道基础规格:宽 800mm、高 400mm。轨道基础每 1m 设置一块预埋垫板用来固定轨道。混凝土基础内部纵向设 18 根 $\phi 12$ 的二级钢筋,横向 $\phi 8$ 箍筋 0.6m 设置一道。混凝土强度等级不低于 C30,要求表层平整。轨道铺设要求:1)轨道采用 P43 钢轨;2)同一截面轨顶高差:小于 20mm;3)规矩偏差:±20mm;4)轨道纵向坡度:小于 1%;5)轨道接头高差:小于 3mm。轨道接头间隙:钢轨 12.5m 时,接头间隙 2~4mm。门吊拼装完毕后,检查每一个销轴联结是否牢固,并插开口销;检查螺栓情况,保证所有螺栓紧固;检查电气系统是否正常,接线是否正确,电机转向是否一致。

（三）U形梁、车站纵梁和屋面梁吊装时吊机倾覆

车站纵梁重量大，屋面梁高度高，吊装前不做好准备工作，吊装时不注意安全，可能发生吊机倾覆事故。其防控措施有：

双机抬吊时，两台吊机的起重机构动作要同步；每台吊机的起升机构中的钢丝绳都应保持垂直。吊装最大毛重一般不超过两台吊机总的起重量的80%。起吊有专人负责，统一指挥。指挥时不准戴手套，手势要清楚，信号要明确，不得远距离指挥吊梁。起吊前必须先试吊，离运梁车不高于0.2m，经检查确认稳妥，并用围绳牵住吊物保持平稳，方可指挥起吊运行。起吊前，需划出警戒区，检查各点受力情况及吊耳的焊接质量，并经试吊，确认安全可靠，方可指挥起吊。吊机场地的承载力要达到14t/m^{2}以上，钢丝绳的安全系数达到5.0以上。吊装过程中不能随意改变吊装时的回转半径。起重量在30t及以上的安装工程，组织召开专家论证会。

（四）车站纵梁横移时倾覆

有的车站纵梁采用小箱梁，小箱梁宽度较窄、梁体较高，而且小箱梁正好位于车站盖梁断面的最外侧，外立面与盖梁外立面齐平，如何防止小箱梁在移梁过程中以及在落梁就位过程中的倾覆，是施工中的风险源。其防控措施有：

小箱梁在横移过程中，采用移位器，此移位器是为横移U形梁专用，在横移小箱梁前，对移位器改造，使它适合小箱梁的横移。当每个千斤顶是独立的顶升和下落、无联动时，每次下落时需控制千斤顶的下落行程，且注意梁顶水平尺的水泡位置，控制梁体左右水平。在落梁过程中，一边落、一边抄垫、一边收紧手拉葫芦。小箱梁两个端头均用钢丝绳与平移顶升装置捆绑在一起，防止自身倾覆，必要时在小箱梁的下面安装托架，在托架下面安装滑移装置或移位器。小箱梁移到设计位置后，在小箱梁的内侧用三角支架靠住箱梁内侧面，三角支架与盖梁面用膨胀螺丝固定。小箱梁与盖梁上的预留插筋用手拉葫芦固定住，梁面放置水平尺。待小箱梁附近内侧的梁安装到位后，用钢筋把两片梁连接起来，防止小箱梁倾覆。

（五）架桥机架梁发生倾覆和折断

采用架桥机架梁，经常发生架桥机倾覆和折断事故，原因多种多样，比较复杂。其防控措施有：

1. 架梁安全措施

在梁体对孔后，必须在降低梁体高度情况下作横移，增强架梁作业安全稳定性；当梁体临时放置时，必须在梁体与垫石间加垫面积大的硬木板或纤维胶板，以保护梁体混凝土，同时梁体支护应牢固可靠；在梁体下落过程中，须由专人看护卷筒放绳状态，如有夹绳、脱槽现象必须立即停机处理；梁体临时放置时，在重新吊起前应检查护瓦安放状态，使其符合要求；在作机臂横移时，必须先检查滑道是否有附着杂物，并及时清理，涂好润滑脂，减少横移阻力；在单片梁就位后，严禁非工作人员上梁走动，避免危险；在两片梁相邻就位后，必须及时对横隔板连接板施焊，保持梁体稳定。落梁过程中，钢丝绳在卷筒上缠绕圈数最少不能低于3圈。

2. 特殊条件下架梁

需经过分析计算，保证有足够的安全系数；情况复杂时，必须通过试运试吊；不得违反安全操作和工作质量的规定，须由设计生产单位进行设计计算，对架桥机进行改造，以满足要求。

3. 特殊桥型架梁

斜桥架梁：可根据桥线与墩台夹角对架桥机进行斜交安装，夹角应符合斜桥支腿内梁片净空尺寸，满足吊梁行车和梁片通过的要求；吊梁行车捆梁钢丝绳或吊具应按行车滑轮正下方放置。纵坡桥架梁：当桥梁纵坡大于±3%时，视为纵坡较大架梁。在架桥机前冲过孔时，机臂须保持水平（单导梁机臂可控制在±1%），在过孔就位后，须及时调平机臂，避免出现架梁安全事故；吊梁纵向运行中必须及时调整梁体水平；在下坡架梁时，如梁高度及其他参数超出额定参数时，须采取其他措施。曲线桥架梁：当曲线半径较小时，由于运梁轨道弯曲，若造成梁体通过空间紧张时，视为特殊情况。运梁台车芯盘转动应灵活，梁体支撑应专人重点观察；支腿内空间紧张时，应进行验算，适当扩大空间尺寸；如若空间扩大后，架梁稳定性较差时，须改造构件。

4. 特殊气候架梁

特殊气候条件下架梁主要包括：风中架梁（架梁时风力为4级以下）；雨后或雨季中架梁。当风力超过4级时架桥机不得进行前冲过孔作业，不得架梁。在4级风中架梁则应区别顺风、横向、经常或间歇有风等具体条件，应考虑稳定、梁体摇动等问题。为防止突发性大风侵袭，须在架桥机对位后将桥机与横移轨道锁定，待横移梁片时再打开。梁体摇动问题：为防止梁体受风时产生剧烈摆动和扭动，在落梁时宜用环链手拉葫芦拉住梁缓缓下落。防护问题：作业人员在风中架梁时必须有可靠的安全设施。墩台顶面须加防护围栏或设置安全网。

雨季架梁问题：雨季架梁须根据路基质量、连续下雨时间、总降雨量、排水等情况，采取措施，防止梁体或桥机发生事故。在路基受雨水影响已开始软化或流失的情况下，严禁运梁作业；如若雨水影响较小，需认真检查路基，确认无冲空、泡软现象方可运梁作业；架桥机在雨中作业易发生漏电及电气短路等故障，须严加防范。

5. 特殊梁片架设

当梁片超出架桥机净空尺寸或额定参数后，为特殊梁片架设。在遇到特殊梁片时，应及时同设计单位联系，进行设计验算或改造，在符合规定条件下方可进行施工作业。

【案例5-18】上海轨交11号线南段土建工程2~1标段小箱梁横移

上海轨道交通11号线南段土建工程2~1标段康桥东站长145m，宽25m，共计5跨，有10片轨道U形梁，20片站台层箱梁，如图5-7所示。康桥东站站台层箱梁20榀中：大箱梁10榀，小箱梁10榀。大、小箱梁均采用龙门吊起梁、运梁小车运梁、架桥机架梁，后采用移梁器将箱梁平移到位的施工方法。小箱梁：底部宽800mm，上口宽度1000mm，高2080mm，长度为25~30m，梁重在80~100t。

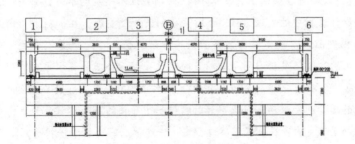

图5-7 康桥东站盖梁断面图

车站每一孔梁的架梁施工步骤如下：

步骤一：用架桥机将1号窄箱梁临时放置到3号U梁位置；
步骤二：用移位器将1号窄箱梁横移到设计预定位；
步骤三：用架桥机将2号宽箱梁临时放置到3号U梁位置；
步骤四：用移位器将2号宽箱梁横移到设计预定位再偏外侧1m；
步骤五：用架桥机将3号U梁直接放置到设计预定位；
步骤六：用移位器将2号宽箱梁横移到设计预定位；
步骤七：用架桥机将6号窄箱梁临时放置到4号U梁位置；

步骤八：用移位器将6号窄箱梁横移到设计预定位；

步骤九：用架桥机将5号宽箱梁临时放置到4号U梁位置；

步骤十：用移位器将5号宽箱梁横移到设计预定位再偏外侧1m；

步骤十一：用架桥机将4号U梁直接放置到设计预定位；

步骤十二：用移位器将5号宽箱梁横移到设计预定位。

本工程车站小箱梁宽度较窄、梁体较高，而且小箱梁正好位于车站盖梁断面的最外侧，外立面与盖梁外立面齐平。如何防止小箱梁在移梁过程中以及在落梁就位过程中的倾覆，是本工程的一大施工难点。移梁过程中的处理方法：小箱梁底部宽80cm，对移位器进行改装，使得平移顶升装置总长1.2m，两个千斤顶中心距离为80cm。每个端头采用2个100t千斤顶。因小箱梁外立面与盖梁外立面齐平，为使小箱梁平移到位，必须使得移位器的轨道伸出盖梁端头约30cm，悬空。而小箱梁就位时，即使平移顶升装置伸出盖梁端头约30cm，而箱梁的重心仍旧在盖梁面上。

在移梁过程中，小箱梁两个端头均用钢丝绳与平移顶升装置捆绑在一起，防止自身倾覆。在小箱梁平移至距离盖梁端头50cm处，另外每个端头用钢丝绳将小箱梁捆绑，且与盖梁面上预留的3根φ12的钢筋用5t手拉葫芦固定，防止小箱梁向外侧倾覆。且在最后50cm距离范围内平移就位时，放慢平移顶升装置千斤顶的顶伸速度，一边平移、一边放手拉葫芦。而且在梁面上放置水平尺，时刻关注水平尺的水泡位置，防止梁体倾斜。

小箱梁就位过程中的处理方法：小箱梁移到设计位置后，在小箱梁的内侧用三角支架靠住箱梁内侧面，三角支架与盖梁面用膨胀螺丝固定（三角支架上预留4个孔洞）。箱梁与盖梁上的预留插筋仍旧用手拉葫芦固定住，梁面仍旧放置水平尺。用千斤顶置换出移位器，每个端头有2组，每组2个100t千斤顶循环落梁。值得注意的是：因每个千斤顶是独立的顶升，无联动，每次下落时需控制千斤顶的下落行程，且注意水平尺的水泡位置，控制梁体左右不平。在落梁过程中，一边落、一边收紧手拉葫芦。

移位器移梁：移位器是利用轨道滑移，滑动部分采用不锈钢板，接触面涂抹黄油润滑。

【案例5-19】某高架桥架桥机架梁发生倾覆事故

13日上午8:45，南安水头一座在建的高架桥上，作业时因突然发生倾覆，大型的钢制架桥机连同梁体一同翻落，不仅砸中桥下的何先生，还导致一名10m高空作业的工人坠落。

事发后，3部大型吊机和工人正在紧急清理工地，外围用帆布和警戒线围了起来，坠落在地的架桥机长20多米，原本架在两个桥墩上，离地约10m，用于架设梁体。事发时，架桥机一边呈斜角倒了下去，部分梁体也砸向地面。

第五节　极端气候条件下施工重大风险源辨识与防控

一、混凝土在干燥季节表面产生干缩裂缝

桥墩柱、桥台墙身、盖梁等不易养护部位不能保证混凝土硬化有充足的湿润环境，或暴露在外，或虽有覆盖，但保湿方法不当，混凝土表面时干时湿。由于没有相对潮湿的环境，混凝土强度降低，并在表面产生干缩裂缝。其防控措施有：

进行混凝土硬化条件知识的技术交底教育，提高做好养护工作的自觉性，强化养护质量责任制。在浇筑后 5~7d 内，要采用行之有效的办法，保持混凝土表面连续潮湿。为防止水分蒸发，可使用喷洒养护剂覆盖薄膜的方法（当大量使用水有困难时），有条件宜安装洒水器，连续往混凝土表面洒水（过氯乙烯树脂塑料养护剂：溶剂油 87.5%，养护树脂 10%，苯甲酸二丁脂 2.5%）。

二、炎热季节养护失当

炎热季节进行混凝土浇筑而未采用任何降温措施；使用早强水泥等水化热较大的水泥，造成混凝土温度升高产生早凝；暴露面较大的部位及构件，刚浇筑完的混凝土就摆放在日晒和高温下，使水大量蒸发，造成混凝土失水过多干燥。这些原因造成混凝土表面起砂。其防控措施有：

炎热季节，选择温度较低时间浇筑，使混凝土灌注温度低于 32℃，并多做坍落度试验，及时调整配合比。采用多种措施降低温度：如防止骨料或水等受阳光直射，采用加冰水降低集料温度；为减小构件截面的内外温差，可用草帘、苦布覆盖构件，隔断外界气温，避免阳光直射。对暴露面较大的部位及构件，可边用喷雾器补充水分，边同时进行施工。并加强湿润养护的效果；使用喷洒塑料养护剂覆盖，可采用喷水、蓄水等方法保持混凝土始终潮湿。

三、寒冷季节养护事故

混凝土表层受冻变酥，减少构件有效截面积，使混凝土丧失强度，大体积混凝土或大型构件出现裂纹。原因有，模板保温失效，混凝土覆盖措施不利；大体积混凝土模板保温不良，拆模后覆盖不好，或大型构件预制时蒸养方法失当，均使混凝土产生裂纹。其防控措施有：

钢模板外侧应缠绕、覆盖草垫、草帘或在双层模板中填锯末等进行蓄热；结构物迎风面，搭设防风设施；混凝土浇筑后应立即保温防寒，为防弄脏表面，可先覆盖一层塑料薄膜。新浇筑混凝土与早已硬化部分的接合处 1.5m 范围内及外露粗钢筋或其他铁件在 1m 左右范围都应适当保温。有条件时，可采用电热毯法。混凝土浇筑时间宜避开温度较低的早、晚。大体积混凝土，虽水泥水化热较高，中心附近温度很高，但表面必须注意模板保温及拆模后覆盖，避免混凝土表层因温度低、体积膨胀小产生拉应力而开裂，避免拆模后表面混凝土很快干缩，出现拉应力裂纹，防止内外温差过大。大型预制构件的蒸汽养护，要掌握好升、降温的变化梯度及冷养时间，防止温度急剧变化形成裂纹。

第六节　高架桥跨越公路、铁路、河流时的风险源与防控

一、跨越道路施工

高架桥梁在道路上方浇筑混凝土、搭设支架、架设便桥或架梁等施工作业，如管理不到位，可能发生行车事故和人身伤亡事故。其防控措施有：

道路临时封闭时，为确保道路交通正常通行，在施工区域前方 800m、300m 处设置"前方施工"施工牌、限速标志和绕行标志，在道路临时封闭处，设置分流诱导牌，并设交通协管员。门洞支架安装完成后，为了便于车辆通行及行车安全，在门洞支架及限宽、限高门架上设置限高标志，车行道满足通车要求。支架下方悬挂安全网，严防物体掉落损车伤人。支架及横跨梁要经过周密的设计检算，确保万无一失。要尽量保证车辆的通行高度和宽度。如果要适

当降低车辆的通行高度和宽度时，应事先和高速公路管理部门取得联系，并取得同意。严格遵守制定的施工期间交通组织规划方案，施工前进一步调查施工区段的交通状况，在开工前制定交通组织方案，报业主和交通管理部门。方案一经审定，在工程实施期间严格按批准的方案执行。严格执行"二通 三无 五必须"的文明施工规范，确保施工工地沿线单位和出入口畅通无阻。由于施工造成的交通封锁，通过辟筑临时通行便道以维持正常交通需要，并维护好道路上的交通流向，做好保洁工作。施工期间的交通组织及通行便道设置，均遵照政府有关法规条令，在得到主管部门批准后方予实施。施工场地采取全封闭隔离措施，施工区域与临时通行道路之间封闭隔离，满足封闭施工要求，工地出入口位置经交通管理部门审批同意后决定。主要出入口设置交通指令标志和示警灯，保证车辆和行人的安全。施工期间，进出工地的车辆和人员严格遵守交通法规，服从交通管理部门的指令和管理，施工人员和现场指挥交通人员必须着反光背心。在工程实施前，主动与交通部门联系，介绍、汇报工程概况、施工方案、总平面布置及工程材料、土方、混凝土的运输量和运输计划，请公路部门给予支持和指导，进一步改进、完善交通运输方案，制定实施细则。当发生意外情况时，立即启动突发事件应急预案，采取紧急措施进行交通疏解，维护正常的交通秩序。紧急情况下：一是对事故地段交通进行临时封锁，并采取醒目的交通标志；二是提供合理的交通疏解路线，提醒司乘人员线路走向，方便车辆运行；三是备用钢板等物资设施，用于临时覆盖过渡使用。接受交通管理部门和建设单位的监督检查，一旦发现有影响交通的问题，立即进行整改。

二、跨越铁路施工

高架桥梁在铁路上方浇筑混凝土、搭设支架、架设便桥或架梁等施工作业，如管理不到位，可能发生铁路行车事故和人身伤亡事故。其防控措施有：

在施工前与铁路主管部门联系，对运营情况进行了解和现场调查，掌握运营时间规律和具体对施工的要求。制定详细的施工组织计划，并及时向铁路主管部门申报，在得到审批后施工，从而确保施工组织计划得到顺利实施。施工期间派专人在施工场地负责，积极配合铁路运营部门做好施工期间的指挥协调工作。设安全防护员及驻站联络员，配置必要的通信联络设备，以便及时与站方沟通联络。施工时，在必要位置设立各种交通引导、提示、警告标志，确保施工安全顺利实施，最大限度减少施工对既有铁路交通的影响。成立由项目经理及各部门成员组成的保证既有铁路行车安全的领导小组，具体指导、检查施工队的安全生产防护措施落实情况，使安全生产始终处于受控状态。与铁路部门密切配合并保持联系，施工方案经铁路管理部门审核签认，施工前与铁路工务、电务及行车部门签订好施工安全协议。制定安全技术措施，其防护内容按铁道部规定实施，如防护距离、防护信号等。设立防护员、联络员，并由经过严格训练和考试合格的铁路职工担任，不得任意调换。防护使用的通信和信号设备，必须妥善保管，保证在使用时性能良好，通话时必须严格执行重述复核制度，防止错听，并及时记录通话内容。按规定作业并实施必要的安全防护，在铁路旁进行开挖、架梁等影响铁路行车安全的作业，必须与车站办理好施工封锁手续，确认封锁要点及给点时间，根据给点命令按规定进行施工作业。在既有铁路边施工，必须按规定设置施工安全防护。未设好施工防护，不得进行施工作业。在施工前准备足够的抢险物资，如编织袋、草袋、各种钢桩、木桩及打桩工具，一旦出现险情能够及时抢险。

三、跨越河流施工

高架桥梁在河道上方浇筑混凝土、搭设支架、架设便桥或架梁等施工作业，如管理不到位，可能发生船运事故和人身伤亡事故。其防控措施有：

施工作业水域的通航安全由受理该施工作业申请并核发《许可证》的监督局实施监督管理。未按照规定取得有效《许可证》的，或未获得港监许可的，不得擅自施工作业。按港监确定的安全要求和防污染措施进行作业，并接受港监的监督检查。实施施工作业的船舶、排筏、设施须按有关规定在明显处昼夜显示规定的号灯、号型。在施工作业期间应按港监确定的安全要求，设置必要的安全作业区或警戒区，设置有关标志或配备警戒船。在现场作业船舶或警戒船上配备有效的通信设备，施工作业期间指派专人警戒,并在指定的频道上收听。进行施工作业前，应按有关规定向港监申请发布航行警告、航行通告。施工人员有责任清除其遗留在施工作业水域的碍航物体。严禁随意倾倒废弃物。划定与施工作业相关的安全作业区必须报经港监局或当地港监核准、公告；与施工作业无关的船舶、排筏、设施不得进入施工作业安全作业区。施工人员不得擅自扩大施工作业安全作业区的范围。施工作业结束后，施工人员应及时向港监提交涉及通航安全的竣工报告。工程中有关涉及通航安全的部分经统一组织竣工验收合格后，方可投入使用。

第六章

浅层有害气体风险源管理与防控

第一节　前言

近年来，在沿海软土地区开发利用地下空间的过程中，陆续遇到浅层气（甲烷）释放引起基坑、沉井、隧道施工的恶性工程事故，造成了重大的经济损失和社会影响。如杭州湾跨海大桥在建设前期的勘察过程中曾经出现过浅层气喷发燃烧而导致船毁人伤的事故，并在建设过程中，因为浅层高压沼气，将原钻孔灌注桩方案改为钢管桩，大幅增加了工程建设投资；上海长江口一过江排水盾构隧道在过江推进过程中，因浅层沼气发生隧道断裂下沉，造成重大经济损失；上海某工程基坑开挖至地下 7m 时，在坑底约 10m 长、7～8m 宽的范围内，突然向上隆起 3m，又发生喷爆声。在沼气喷发后，土体产生扰动、蠕动，基坑边坡及坡顶在 8.50m 范围内产生滑塌，使基坑失稳。

杭州地铁 1 号线工程地质初勘及详勘过程中，发现在地面下 15～30m 遇到气压高的有害气体，并多次发生触探孔气体喷发并燃烧的现象，使勘探作业受阻，并严重影响工程施工和周边建筑的安全。在地铁站及区间工程的设计与施工中，如何考虑有害气体对工程施工带来的困难、危害以及对工程后期运营的不利影响，是杭州地铁工程面临的主要问题之一。

根据相关文献资料和经工程勘察中取样后实验室分析，杭州地铁 1 号线地下浅层有害气体主要成分为甲烷气体，比例占到 90%～98%，有害气体中还包含缺氧空气（主要成分氮气）、硫化氢、二氧化碳等其他成分。地下浅层有害气体在一些资料中也称为甲烷气体，其分子式为 CH_4，别名沼气。按照有害气体的评价标准，沼气属于单纯窒息性气体，其本身没有毒性，但随浓度的增加，致使人体缺氧而窒息，性质如表 6-1 所示。

浅层有害气体的性质　　　　表 6-1

项目	内容
分子量	16.03
0℃ 1 大气压，1mol 的容积	22.361 l/mol
$1m^3$ 的质量	0.7168kg
0℃ 1 大气压的相对密度	0.5545

第六章 浅层有害气体风险源管理与防控

续表

项目		内容		
1大气压下的水中溶解度	温度（℃）	15	20	25
	亨利系数（atm/mol）	3.28×10^4	3.66×10^4	4.04×10^4
危险程度		爆炸，着火点537℃，爆炸限界5%（体积百分比）		
性质		可燃，无色，无味，无臭，与氧气结合有爆炸危险		
中毒症状		呼吸困难，呈缺氧症状		

第二节 土中有害气体的勘察和分布

一、土中有害气体的勘察方法

土中有害气体的主要勘察方法如表6-2所示。

土中气体的勘察方法　　　　　　　　表6-2

勘察方法	概况图	测定法的概述	取样评价的限界		
			定性的		定量的
			气体有无的判断	地下水中溶存气体的确认	释放气体的确认
孔内气体浓度测定法	探测仪／地层／钻孔／孔内水位下降	抽排孔内地下水后，孔内水位下降，在孔口处用气体探测器测定因地下水压力下降产生的释放气体浓度。优点是施作简单，缺点是精度差，容易漏判	可能	不可能	可以测定但精度差
孔内水取样法	地层／钻孔／取水器	对观测孔内的地下水进行取样，在实验室进行气相色谱仪分析，分析结果中溶存于地下水的气体浓度比实际溶存浓度要小	可能	可以测定但精度不高	不可能

续表

勘察方法	概况图	测定法的概述	取样评价的限界		
			定性的		定量的
			气体有无的判断	地下水中溶存气体的确认	释放气体的确认
气液分离法		在观测孔内设置水泵,把地下水抽到地表罐内,对滞留的地下水和游离气体取样,用气相色谱仪分析。无法确认气体对应的压力及液相释放量	可能	可以测定但精度不高	不可能
泥水探测法		在钻孔循环泥水流路中设置吸气离心分离脱气装置,使泥水中的气体脱离泥水,用气体探测器测定其浓度。测定精度不高	可能	可以测定但精度不高	不可能
BAT系统法		在左图示中,当 P_w(取样点的地下水压)~ P_0(取样筒的内压)>0时,土层中的游离气体和地下水经过滤头一起被压入取样筒内。当 $P_w=P_0$ 时取样结束。随后将取样筒内的气体和地下水取出,在实验室进行气相色谱仪分析。该法测量精度高	可能	可以测定精度高	可能

二、浅层有害气体的存储状况

浅层有害气体(甲烷)生成后,以溶存于上面存在不透气黏土层的砂土层地下水中(液相),这种液相甲烷称为溶存甲烷;当甲烷量超过溶于地下水的饱和浓度时,甲烷以气态存在于土颗粒孔隙中(气相),这种气相甲烷称为土隙甲烷,也称游离甲烷。在压力降低或温度升高的情况下,甲烷的溶存饱和度下降,部分溶存甲烷气体从地下水中分离出来,存入土体孔隙中,这部分逸出甲烷气体成为游离甲烷的增加部分。溶存甲烷气体与游离甲烷气体的和为土中甲烷气体。一般情况下，甲烷存在于砂层上方的渗水、透气性能差的黏性土中，其中多数游离的甲烷被压缩在黏性土层的凹部，形成气囊，如图 6-1 所示。

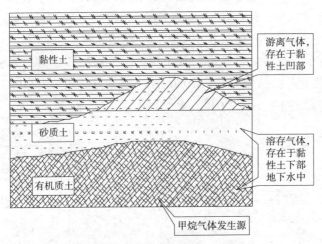

图 6-1　浅层有害气体存储剖面图

对第四纪浅层地下有害气体（沼气）的储存情况研究表明，储气层主要分为四种类型：

（一）交叠层状贝壳层扁豆体储气层类型

贝壳层是主要的储气层之一，含气性好，分布较广，单个气藏体的储量大小不一，一般不大（但在气层厚度大、贝壳含量高的地方，气储量较大），含气面积较小，约 $0.5\sim0.8km^2$，初始压力 $0.08\sim0.12MPa$。气层厚度不大，十几厘米至几十厘米，有时呈几个薄层夹于黏土层的扁豆体出现，如图 6-2 所示。

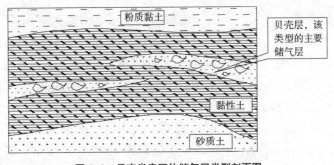

图 6-2　贝壳类扁豆体储气层类型剖面图

（二）条带状沙层透气体储气层类型

沙层储气层是第四纪浅层沼气储气层的共同岩性，特点是沼气聚集于沙层顶部隆起部或起伏处，储气体呈囊状或囊状相连的带状（图6-3）。沙层不是主要的生气层，它是储气层，储气状态看所处位置和气源补给情况。气层厚度较大，一般0.5~1.0m，最厚达到1.5m，甚至更高。气压高，在储气体呈囊状相连的带状其气流稳定，初始压力0.1~0.2MPa，最大可超过0.25MPa。单个气体储存量较大，一般达10万m^3以上。

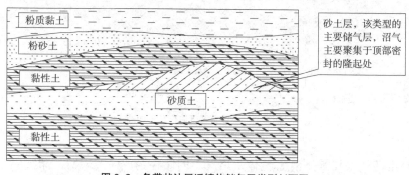

图6-3　条带状沙层透镜体储气层类型剖面图

（三）薄层状砂与黏性土互层储气层类型

该储气层类型分布也较广，特点是薄砂层与薄黏性土层都较薄，交替存在，储气层总体厚度较大，沼气存于薄砂层中，气压上层压力小，下层压力大于0.15MPa。

（四）颗粒状颗粒多孔粉质黏土储气层类型

该储气层类型分布不广，由于土层透气性差，沼气聚集和运移受到限制，储量有限，流量小，压力0.08~0.10MPa。从掌握的资料和工程勘察报告分析，杭州地铁1号线的钱塘江沿岸地区不同程度地存在地下有害气体，呈囊状起伏分布。埋深一般在地面下10~35m，最大压力为300~400MPa。在杭州地铁1号线范围内的浅层有害气体储量情况，目前还没有专门的研究，但就整个杭州湾地区，有关研究资料表明，杭州湾地区晚第四纪气源岩主要为河漫滩相和浅海相，河漫滩相源岩总生气量为$1032.52×10^8m^3$，总吸附气量为$274.66×10^8m^3$，总溶解气量为$693.10×10^8m^3$，总扩散气量为$4.29×10^8m^3$，总

游离气量 $60.47 \times 10^8 m^3$；而浅海相源岩总生气量为 $1412.75 \times 10^8 m^3$，总吸附气量为 $556.68 \times 10^8 m^3$，总溶解气量为 $749.83 \times 10^8 m^3$，总扩散气量为 $10.28 \times 10^8 m^3$，总游离气量为 $95.96 \times 10^8 m^3$。研究结果显示了区域内浅层形成的生物气体首先受地层水的溶解和黏土的吸附，大部分溶解在黏土层水中呈水溶气相态发生运移，当甲烷气在地层水中溶解达到饱和后才会出现游离态。游离气主要赋存于沉积物颗粒间隙中，浅地层的游离气运移量远小于溶解气运移量，河漫滩相游离气量小于浅海相游离气量。研究资料表明，杭州湾地区具有较好的成气条件，其缺点是该区浅层气分布较散，难以形成大的气藏，很难达到工业开采的要求，但是，浅层气对地下空间的开发利用（地下工程建设）的不利影响已经不可忽视。根据浙江石油勘探处 1995 年的资料数据，按照生气量乘聚集系数的计算，杭州市区的生物气的存储资源估计量为 $33 \times 10^8 m^3$。中国东南沿海晚第四纪浅层生物气资源量的情况见表 6-3。

中国东南沿海晚第四纪浅层生物气资源量的测算   表 6-3

地区	生气量 $10^8 m^3$	资源量 $10^8 m^3$	计算方法	单位	时间（年）
浙江省	未测	108	圈闭体积法	杭州石油地质所	1993
杭州市区	未测	33	生气量 × 聚集系数	浙江石油勘探处	1995
苏浙沪	未测	270	与已知区类比法	浙江石油勘探处	1997
江苏省	未测	103.8	面积丰度法	江苏石油勘探局	1998
长江口海湾地区	3336~4449	166.8~222.45	面积丰度法	浙江石油勘探处	2000
杭州湾地区	1081.84~1442.7	54~72.141	面积丰度法	浙江石油勘探处	2000

注：根据蒋维三等的科研报告。

三、杭州地铁 1 号线有害气体的分布情况

复杂的地形地貌以及第四纪以来古气候的剧烈变化，海水面的多次升降、新构造运动的影响等，使得杭州第四纪沉积成因类型多、相变复杂、厚度变化大，且因受多次海侵海退的影响，沉积物发生多次堆积和侵蚀作用的交替。受古苕溪、古钱塘江多次河道改道、冲刷切割及近代冲击沉积等作用，使得第四纪的地层具有相变多而复杂、竖向土层交替、多层组合厚度变化大的特征，构成了杭州软弱地基的基本类型。

杭州地铁 1 号线地下有害气体主要分布在钱塘江南岸滨江区块和江北岸的江干、九堡、下沙区块两部分，区块内沿地铁线路分布不均匀，气压、储量等

差异较大（图6-4）。钱塘江南岸滨江区块储气层类型主要为交叠层状贝壳层扁豆体储气层类型和条带状砂层透气体储气层类型。如滨康路站气源层为含贝壳等有机质的浅海相⑥1层淤泥质粉质黏土和湖沼相的⑧2层淤泥质粉质黏土夹粉砂层，主要储集层为⑧2层淤泥质粉质黏土夹粉砂和⑫1层粉砂，上述土层具有较好的透水透气性，加上覆盖层淤泥质黏土层稳定分布，形成气水同层，具有面积大、分布广等特点，有害气体呈蜂窝状、透镜体状不连续分布，埋深在10~35m，最大峰值压力为0.4MPa。钱塘江北岸的江干、九堡、下沙区块储气层类型主要为交叠层状贝壳层扁豆体储气层类型和薄层状砂与黏性土互层储气层类型。如杭州地铁1号线彭埠站~建华站区间有害气体主要赋存在⑥1淤泥质粉质黏土夹粉土层，埋深约20~26m，峰值压力为0.2~0.3MPa。

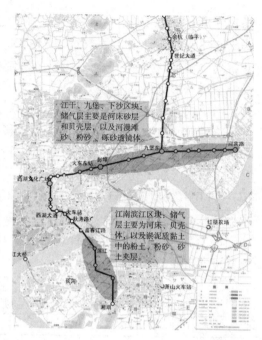

图6-4 杭州地铁1号线路平面及储气层分区图

第三节 浅层有害气体对地铁工程的影响分析和处理措施

杭州地铁1号线设计轨顶标高一般在-15m左右，开挖深度在地面下14~20m，正好位于富存浅层有害气体的深度。有害气体危害性在不同阶段表现形式及机理不同，相应的防治和处理措施也就不同。

一、有害气体对地铁施工阶段的影响

地铁车站施工一般都采用明挖法，在明挖施工过程中遇到的主要问题是有

害气体突发而引起施工作业面边界失稳,并迅速引发周边土层的扰动破坏,泥、水、气的大量涌出使正常施工无法进行,严重时还有可能造成施工机械的损毁和人员伤亡。如杭州地铁1号线滨康路站围护结构采用地下连续墙,详细勘察初步估算压力400kPa,地下连续墙底部位于砂层的储气层中,高压气体对围护结构施工质量的影响有多大,是否对地下连续墙的成槽和护壁造成危害,设计及施工还没有经验可借鉴;在基坑开挖卸荷过程中,高压气体可能会造成突涌喷发,使整个基坑坍塌破坏,酿成重大安全事故(表6-4)。

隧道内沼气含量及引燃情况　　　　　　　　　　　　表6-4

隧道内沼气的含量(%)	引燃引爆情况	备注
1~4	无爆炸性,但遇火燃烧	火焰呈蓝色
5~6	爆炸浓度下限	—
5~6至14~16	混合气体有爆炸性	—
14~16	爆炸浓度上限	—
>16	无爆炸性,也不燃烧	与外部空气混合遇火发生燃烧、爆炸

在采用盾构进行区间地下隧道的施工时,虽然盾构自身的结构和施工方法在一定程度上减小了一般软土地层出现挖面崩塌的危险,并能够在机内安全地进行隧洞的开挖和衬砌作业,但遇到压力较大的含气土层时,如果底板压力不足以抵抗气压的压力时,就会出现底板突涌,气连同泥水向隧道内突然涌出,导致隧道坍塌、变形,造成重大工程事故(如上海竹园污水排放口施工事故)。在气压较小时,虽然可以降低底板突涌危害发生的几率,但目前常规的盾构施工无法避免有害气体进入隧道内部。

有害气体主要通过以下几种途径进入盾构法施工隧道内部:气体从盾构头部沿螺旋输送器随泥土一起进入隧道内;气体从刀盘与盾壳的接缝处进入隧道;气体从盾尾间隙进入隧道;气体从管片衬砌接缝处、管片裂缝处进入隧道。当从含气土层中溢出到隧道内的有害气体浓度到达一定界限值后,不但会造成人员中毒,甚至发生火灾、爆炸等严重事故,造成重大财产损失和人员伤亡等灾难性后果。

二、有害气体对地铁运营期的影响

对于地铁隧道,深厚储气层中有害气体的缓慢溢出会不同程度地造成地基的不均匀沉降，影响列车高速运行安全；如果隧道内溢出的有害气体不及时排出，电器、车轮与轨道碰撞摩擦等产生的火花也将对地铁列车的安全构成极大的威胁；对有害气体的缓慢溢出，监测较困难，如果溢出到地下建筑中的有害气体得不到及时的处理，在地铁站内，因人员密度较大，很容易造成人员中毒，如果有害气体浓度较大，遇到明火，很容易形成火灾，甚至发生爆炸，后果将十分严重；对缓慢溢出后聚集在地下建筑与周围土层结合处的有害气体，当压力或储量达到一定量后，有害气体从地下建筑的防渗薄弱环节突然涌入也会造成突发性事故。针对以上所列可能出现的危害，设计和施工过程中应采取相应的防治措施和对策。

三、浅层有害气体地质灾害危害机理

根据杭州地铁浅层有害气体有关勘察、研究资料可知，杭州含浅层有害气体土层的气压力较大，最大初始孔隙气压达到 0.4MPa。在大的气压力作用下，含气层中的有效应力远远小于自重力。这使得土的结构比较疏松，在气体释放后，含气层会产生较大的沉降量。根据相关试验，埋深 18m 左右，厚度 1.5m 左右，初始孔隙气压力 0.3MPa 左右的含气层在气体缓慢释放的情况下，产生的沉降量在 5.0~8.0cm。如果初始孔隙压力和气层厚度较大，那么在气体缓慢释放情况下产生的变形量更大，这对地铁隧道等重要地下工程来说是不可接受的。

与气体缓慢释放相比，地下浅层有害气体急剧释放的情况更加危险。在地下工程开挖过程中，随着上覆土层的变薄和工程施工的振动影响，高压浅层有害气体会揭穿顶板急剧释放，裹扎着水、土的高压气流对土层产生强烈的冲刷；含气层的气压力下降，导致气—水分界面向喷气口移动，与此同时产生的地下水流也会对土层产生剧烈扰动，带走的土颗粒和水量过大，引起流沙及土层坍塌。这就是浅层有害气体造成灾难性事故的主要原因。含有害气体在气体释放和回聚过程中，都将产生沉降，但回聚过程产生的回弹量小，在设计、施工时可以不考虑。

四、地铁车站施工的浅层有害气体防治措施

目前国内地铁车站施工主要采用明挖法，明挖法施工的地铁车站主体围护结构工艺一般采用地下连续墙或咬合桩。明挖施工过程中，浅层有害气体引起的危害主要是有害气体突发而引起施工作业面边界失稳，并迅速引发周边土层

的扰动破坏，泥、水、气的大量涌出使正常施工无法进行，引起大变形产生明挖体本身与周边构筑物的破坏，严重时还有可能造成施工机械的损毁和人员伤亡。地铁车站施工可以采用以下防治措施：

（1）在施工之前，详细、准确地掌握工程影响范围内浅层有害气体的埋深、气层厚度、压力大小等信息，必要时进行浅层地下有害气体的补充勘察；

（2）根据浅层有害气体情况，就有害气体对施工的危害进行验算和专项评估，超过允许范围，须提前进行专项防治处理；

（3）地铁车站施工浅层有害气体的有效处理措施，是对含气层的有害气体进行提前可控释放，既减小气压力和气层厚度，又使含气层预先排气固结，提高土层的抗扰动能力。根据含气土层特性，气体在释放过程中，塑性变形基本全部发生，回聚过程缓慢且为弹性变形；

（4）含气土层具有渗气性，气体的释放和回聚是同步过程，在排气释放中气体在不断地补充回聚，所以杭州地铁浅层有害气体排气施工中，气压低于0.05MPa即停止作业；

（5）在排气作业过程中，产生较大的沉降，对周边的建构筑物和地下管线等造成危害，在排气过程中做好沉降监测工作，必要时采取控制排气速度、压水抽气、注浆封闭等防范措施；

（6）由于地下浅层有害气体的人体危害性和易燃性，在施工作业过程中通过加强对有害气体的监测力度，尤其是基坑开挖到一定深度以后，作业环境比较封闭，须保持通风，保证施工场地有害气体的浓度低于安全控制值，施工时应严禁烟火。

五、盾构区间施工的浅层有害气体防治措施

采用盾构进行地铁区间地下隧道的施工时，虽然盾构自身的结构和施工方法在一定程度上减小了一般软土地层出现挖面崩塌的危险，并能够在盾壳内安全地进行隧洞的开挖和衬砌作业，但遇到压力较大的含气土层时，如果底板压力不足以抵抗气压的压力时，就会出现底板突涌，气体连同泥水向隧道内突然涌出，导致隧道坍塌、变形，造成重大工程事故。隧道内相对封闭的作业环境，对有害气体的聚集提供了有利条件，通风、防火尤为重要。地铁盾构区间施工可以采用以下防治措施：

（1）在施工之前，详细、准确地掌握工程影响范围内浅层有害气体的信息，必要时进行可控排气；

（2）根据浅层有害气体情况，就有害气体对施工的危害进行验算和专项评估，超过允许范围，须提前进行专项防治处理；

（3）在隧道区间排气作业过程中，产生较大的沉降，对周边的建构筑物和地下管线等造成危害，在排气过程中做好沉降监测工作，必要时采取控制排气速度、压水抽气、注浆封闭等防范措施；

（4）在盾构机选型中，可考虑采用辐式泥土盾构机或泥水盾构机，并根据地层特性采取选择泥土的类型、加入恰当比例、调整比重等措施；

（5）在掘进时及时用速凝浆液进行背后注浆，通过隔离盾尾（如钢丝刷）及时加强密封（如密封脂）等措施防止有害气体渗入隧道内；

（6）在隧道施工过程中，对盾构机加装有害气体监测装置，作业环境比较封闭，须保持通风，保证施工场地有害气体的浓度低于安全控制值，施工时应严禁烟火。通风设备应按隧道内施工高峰期人数、每人需供应新鲜空气不得小于 $3m^3/min$、隧道最低风速不得小于 0.25m/s 进行配置。隧道内沼气含量及引起燃烧的浓度含量见表6-5；

（7）完善应急预案和加强演练。

为尽量减小有害气体对施工和运营造成的危害，除在施工过程中采用防排措施外，设计上应针对有害气体的特性，在地铁构筑物的结构设计上予以足够的重视，特别是止水结构的设计应考虑有害气体的防漏材料与方法。因为在施工过程中有害气体局部释放后，土层中有害气体的含量和压力都会降低很多。但是随着时间的推移，气体会遵循其在土层中的运移规律，在含气土层中气体的含量和压力会因气体的再聚集而缓慢上升，防水材料对气体的防渗效果如何，也有待进一步研究。

隧道内沼气含量及引燃情况表　　　　　　表 6-5

隧道内沼气的含量（%）	引燃引爆情况	备注
1~4	无爆炸性，但遇火燃烧	火焰呈蓝色
5~6	爆炸浓度下限	—
5~6至14~16	混合气体有爆炸性	—
14~16	爆炸浓度上限	—
>16	无爆炸性，也不燃烧	与外部空气混合遇火发生燃烧、爆炸

第四节　地下有害气体处理应用事例

一、滨康路地铁站工程概况

杭州地铁1号线工程滨康路站位于滨安路、滨康路及西兴路相交的三角地块内，与滨康路成60°夹角，现状为绿化环岛，附近均为空旷的地块，车站范围内基本无重要管线，具备良好的施工条件。交通环岛的西北侧为西兴镇。车站中心里程为K2+180.72。工程包括滨康路站主体工程及附属工程（出入口和通风井）等设计图纸包含的土建施工。车站总长166.6m，总宽21.7m，基坑深度14.63m（端头井深16.2m），车站站台宽13m，为双层三跨结构。车站采用明挖顺作法施工，车站主体围护结构采用连续墙，设有2个出入口和2个风道，附属工程围护结构采用SMW工法桩。滨康路站主体结构顶板覆土1.45m，标准段埋深14.43m，端头井底板埋深16.2m。底板坐落在③层淤泥质黏土及粉质黏土上，潜水水位在地面以下0.5m左右，承压水水位在地面以下6.5m左右。

车站施工范围现状为绿化环岛，附近均为空旷的地块，车站范围内基本无重要管线，具备良好的施工条件。

在滨安路人行步道上位于1号和2号出入口位置有电信、电力管线；南侧滨康路上，有一条$\phi 400$燃气管线，距离主体基坑约25m，并在40m范围内有电信管线和上水及雨水管线；在基坑西侧，有一条后河，最近距离大约13m，后河宽约18m，勘测期间所测得水深为1.80～5.20m，河床底部淤泥厚度约0.50～1.20m，河水水质较好，可以满足工程用水的需要。

二、工程地质、水文地质条件

（一）工程地质

1. ①2素填土

褐灰、灰黄色，松散，稍湿，以黏性土为主，含少量碎石、植物根系及建筑垃圾。层厚 0.50~1.80m。

2. ②钱塘江冲积沉积层，河口相（al Q43）

（1）②1 粉质黏土

灰黄、软塑~可塑，含铁锰质斑点，呈层状，局部夹薄层粉土，摇振反应无，切面光滑，干强度中等，韧性中等，性质近于砂质粉土。层顶深度 0.50~1.80m，层顶高程 3.61~5.61m，层厚 0.70~3.60m。

（2）②2 砂质粉土

灰黄~灰色，稍密，很湿，含云母碎屑，摇振反应中等，切面无光泽反应，呈层状，局部夹层状粉质黏土，干强度低，韧性低。为新近沉积经脱水氧化形成，普遍分布，层顶深度 1.20~4.60m，层顶高程 0.27~3.83m，层厚 0.70~5.30m。

3. ④第一软土层，滨海、海湾相（m Q42）

④2 淤泥质黏土

灰色，饱和，流塑，含少量有机质，夹薄层状粉土。无摇振反应，切面光滑，干强度高。物理力学性质较差，具高压缩性。全场分布，层顶深度 3.99~9.20m，层顶高程~3.19~0.83m，层厚 2.20~7.66m。

4. ⑥第二软土层，浅海、溺谷相（m Q41）

⑥1 淤泥质粉质黏土

灰色，饱和，流塑，含少量有机质，夹薄层状粉土。无摇振反应，切面稍光滑，干强度中等。物理力学性质较差，具高压缩性。普遍分布，层顶深度 8.80~12.20m，层顶高程 –7.07~–4.03m，层厚 15.50~20.20m。该层分布有透镜体状的沼气，亦为沼气的主要气源层。

5. ⑧湖沼相沉积（l~hQ32）

⑧2 淤泥质粉质黏土夹粉细砂

褐灰色，饱和，流塑，薄层状，含有机质、腐殖质。局部以粉细砂为主，含少量贝壳碎屑。无摇振反应，切面稍光滑，干强度中等，韧性中等。普遍分布，层顶深度 26.70~29.80m，层顶高程 –24.60~–21.80m，层厚 2.00~6.10m。该层为沼气的主要储存层。

6. ⑫、⑭河流相、冲洪积相（alQ31、al~plQ31）

⑫1 中砂

灰色~灰褐色，中密~密实，饱和，主要成分为石英，云母碎片，偶见贝壳碎屑，级配较好，多呈棱角状、次棱角状，局部含黏性土。底部局部夹少量砾石。普遍分布，层顶深度 31.40~32.60m，层顶高程~29.30~~26.40m，层厚 9.10~12.50m。

⑭1 圆砾

灰色~灰褐色，中密—密实，砾石含量50%~80%，粒径一般0.2~2cm，个别3cm以上，级配良好，次圆状，交错排列、大部分接触，母岩成分为砂岩、凝灰岩等，间隙充填中砂、黏性土等（中砂占20%~40%，黏性土占10%~30%），黏性土局部呈层状。该层粒径自上而下有逐渐增大趋势。全场分布，层顶深度41.00~44.30m，层顶高程-38.90~-36.10m，最大揭露层厚11.40m。

7. ⑮白垩系泥质粉砂岩（K）

⑮1 全风化泥质粉砂岩

紫红~灰黄色，组织结构破坏，岩芯风化成土状或土块状，手掰易断。仅揭露于Z1bkl~10号孔，未揭穿。

（二）水文地质特征

1. 松散岩类孔隙潜水

含水层组主要为全新统冲海积砂（粉）土，包括②1、②2层粉质黏土和砂质粉土，含水层厚度一般不超过5m，勘察期间水位埋深0.60~1.90m，相应高程（1985年国家高程基准）3.80~5.40m，水位埋深随季节变化，民井单井出水量约3~10t/d。补给来源为大气降水及地表径流，据收集到的区域水文地质资料，杭州市滨江区地下水位年变化幅度0.50~1.5m。潜水位随季节、气候等因素而有所变化。

2. 松散岩类孔隙承压水

本场地对基坑开挖有影响的承压含水层主要分布于第⑫1层中砂、⑭1层圆砾中，勘察期间承压水位埋深4.86m（Z1bkl~10孔），水位标高-0.09m。含水层厚度约20m，顶板标高-29.30~-26.40m，富水性好，单井涌水量>1000m³/d。主要接受上游补给区的侧向径流补给及垂直向越流补给，以开采为主要方式进行排泄。车站西侧后河河边一定距离范围内，对潜水位的影响较明显。后河宽约18m，勘测期间所测得水深为1.80~5.20m，河床底部淤泥厚度约0.50~1.20m。河水水质较好，可以满足工程用水的需要。场地开挖深度范围内各土层室内渗透试验渗透系数详见表6-6。

三、不良地质情况

据勘察成果，场地内20.0m深度范围分布有②2砂质粉土，根据室内土工试验成果，平均黏粒含量大于9.30%。依据室内土工试验成果及标准贯入试验，

土层渗透系数成果表　　　　　　　　　　表 6-6

土层编号	土名	室内试验渗透系数（cm/s）	
		K_H	K_V
②1	粉质黏土		
②2	砂质粉土	4.47×10^{-5}	1.27×10^{-5}
④2	淤泥质黏土	2.70×10^{-6}	1.50×10^{-7}
⑥1	淤泥质粉质黏土	1.70×10^{-6}	3.73×10^{-6}

图 6-5　杭州地铁 1 号线滨康路站静力触探孔喷砂图

按《铁路工程抗震设计规范》GB 50111—2006 中附录 B.1 进行地震液化判定，为不液化土。

在本场地进行勘察外业施工时，在 J1bkl～1、J1bkl～2、J1bkl～4、J1bkl～5、J1bkl～7、J1bkl～8、J1bkl～9 等 7 个静力触探有喷水、喷气及喷砂的现象（J1bkl～5 喷砂后照片见图 6-5），其中喷出的最大高度达 9m，喷出时间持续 0.5～4 个小时。钻孔 Z1bkl～9 有明显的喷水现象，其他钻孔则未发现明显的喷水，但用瓦斯报警仪测试仍然有报警现象，初步判断场区存在分布较广的地下浅层有害气体。

钱塘江南岸地区的地貌单元属于萧绍平原，由于钱塘江近代频繁改道，形成分布不均的牛轭湖及内河道。牛轭湖及内河道大量生物繁殖，这些生物由于地质环境的改变在无氧状态下，经细菌分解为甲烷和二氧化碳。甲烷生成后，以溶存于地下水的溶存气体及存在于土颗粒空隙中的游离气体两种形式存在于地层中。根据国家天然气总公司 20 世纪 50 年代在滨江、萧山地区探测，土层中气体的主要成分为甲烷，呈蜂窝状、透镜体状不连续分布，埋深在 10～35m，最大压力根据喷出水柱高度估算为 400kPa。结合本场地地层情况分析，气源层为浅海相的⑥1 层淤泥质粉质黏土和湖沼相的⑧2 层淤泥质粉质黏土夹粉细砂层，主要储集层为⑧2 层淤泥质粉质黏土夹粉细砂和⑫1 层中砂，该层土具有较好的透水透气性，加上覆盖层淤泥质黏土层稳定分布，形成气水同层。具有面积大、分布广等特点。甲烷是无色无味的气体，对人基本无毒，但在通风不良的情况下，浓度过高时，可使人窒息死亡。其浓度达到 5% 时，遇高温或明火时，具有气爆性。由于 1 号线江南地区线路设计轨顶标高在 -15m，开挖深度为 14～20m，正好位于富存甲烷气体土层，因此在车站基坑施工过程中应采取相应的防护措施，如配备瓦斯报警仪，小断面通风不良的人工开挖应需要特殊防护（如防毒面具或专人监护）。根据所收集的区域地质资料、本地区的建筑施工经验分析，并结合本次勘察成果，拟建杭州地铁1号线滨康路车站场地地势平坦，区域稳定性好，但存在浅层有害气体，对基坑开挖和桩基施工存在不利影响，采取合理的工程缓解措施后，拟建场地基本适宜建造本工程拟建建筑物。

四、工程设计概况

车站基坑围护结构采用分项系数表示的极限状态设计法设计，地下结构的侧壁安全等级为一级，重要性系数取1.1。车站结构设计使用年限为100年。主体基坑的变形控制保护等级为二级，地面最大沉降量控制在 $\leq 0.2\%H$（H为基坑开挖深度），基坑开挖深度为17m，即地面最大允许沉降量为34mm，围护结构最大水平位移 $\leq 0.3\%H$，即围护结构最大水平位移51mm。

滨康路站基坑开挖深度为14.63m，端头井深度16.2m，基坑宽度21.7m，围护结构采用 $\phi800$ 厚连续墙。连续墙顶设钢筋混凝土冠梁，第一层支撑采用混凝土支撑，钢支撑采用 $\phi609$，壁厚16钢管，钢材为Q235。钢支撑的水平间距一般为3m，基坑沿竖向设4道撑，另加一道倒换支撑，端头井处多加一道支撑。

本车站站台形式为岛式站台，车站主体结构采用明挖顺作法施工。该站为地下双层三跨钢筋混凝土矩形框架结构。

车站设出入口2个，且预留有一与公交地铁换乘大厅的接口。出入口通道为单层单跨箱形结构和U形槽结构；车站两端各设有1个风道。

五、地下有害气体补充勘察

根据补充勘察情况，场区地下浅层有害气体特性有：

场区地下浅层有害气体的生气层为灰色淤泥质黏土层，有机碳含量一般为0.3%～0.5%，残留厚度10～20m，河床砂层和贝壳层是主要的储气层。储气层厚度在4～10m呈不均匀分布。整个场区内分布囊状有害气体，各勘探孔气压实测峰值及修正值如表6-7所示。根据非饱和土的研究，对气压 ≤ 0.05MPa的实测值加以0.05MPa的修正，对气压 ≤ 0.15MPa且大于0.05MPa的实测值加以0.10MPa的修正，对 >0.15MPa的实测值加以0.20MPa的修正（喷出气压越大，气压损失越大）。场区地下有害气体的含气层顶板平均埋深22.5m，底板平均埋深28.0m。现场气体流量测定，采用LZB～25型玻璃转子流量计取，并按公式进行修正，如 Qt6 号勘探孔的实测流量读数为 12m³/h，流量计入口处实测温度为 15℃，绝对压力为 0.20MPa，则实际流量值为 10.07m³/h。压力随时间的衰竭规律：在排气中，约 8～10h 即排气压力下降到 0.05MPa 以下，排气流量下降到 1.0m³/h 以下，气压衰竭在排气的前半程压力下降值为峰值的 20%～30%，后半程下降较快，压力下降值为峰值的 70%～80%。流量随时间的衰竭规律：气体流量随时间的变化表现为近似线性的离散下降，各勘探孔气压实测峰值及修正值见表 6-7。

各勘探孔气压实测峰值及修正值表　　　　表 6-7

孔号	实测值（MPa）	修正值（MPa）
Qt1	0.06	0.16
Qt2	0.05	0.10
Qt3	0.05	0.10
Qt4	0.04	0.09
Qt5	0.03	0.10
Qt6	0.10	0.20
Qt7	0.17	0.37
Qt8	0.05	0.10
Qt9	0.05	0.10
Qt10	0.03	0.08
Qt11	0.06	0.16
Qt12	0.07	0.17
Qt13	0.11	0.21
Qt14	0.07	0.17

第五节　地下有害气体危害性评估

一、浅层有害气体释放的沉降评估

在车站的围护结构施工和基坑开挖中，因对地下有害气体气层都必然侵入和扰动，在考虑浅层有害气体的危害时，对浅层有害气体释放引起的沉降进行危害性评估。含气土层的气体释放过程的应力－应变曲线为：

$$y = k_1 \ln(x) + b_1 \quad (6-1)$$

式中：k_1、b_1 为与土质有关的常数。k_1 取经验值 0.05，b_1 取经验值 0.1，根据勘察情况，含气层厚度取 6m，有效应力为 0.3MPa，则气层气体释放后土层的应变为：

$$y = 0.05 \times \ln(0.3) + 0.1 = 0.04$$

气层气体释放后土层的应变为：

$$\Delta y = y \cdot H = 0.04 \times 6.0 = 0.24 \text{m}$$

在地下有害气体释放后含气土层将产生比较大的沉降，即使是土层沉降量 Δy 的 20% 传递到地表，仅地表沉降量即达到 0.048m，超过基坑施工的地面最大允许沉降量 0.034m，所以，对场区地下有害气体释放产生的沉降须做预防措施是必要的。

在场区范围补充勘察布置了 12 个勘探孔，勘探孔打通储气层，本身就达到了可控放气。在补充勘察（放气）中，地表沉降监测数据表明，场区地表沉降最大约为 0.02～0.04m，基本和理论计算值相吻合。

二、浅层有害气体释放对地下连续墙施工的影响评估

浅层储气砂土抗剪强度及应力路径研究中表明，在含气土层释放后，土层的凝聚力、内摩擦角都产生差异；高压孔隙气释放后土层变形的研究表明，含气土层在气体释放后也将产生变形，虽然气体回聚过程中土样产生的回弹量很小，但对地下连续墙施工的成槽影响还有待评估；高压孔隙气释放后土层变形的研究也表明，含气土层排气压缩的初始阶段变形速度快，随着排气压缩过程的发展，变形速度逐渐变小，在含气土层有害气体释放后的地下连续墙施工时间控制上，没有相关研究。对浅层有害气体释放后对地下连续墙成槽施工的有关影响可进行挖槽试验。

三、浅层有害气体释放对车站结构施工的影响评估

高压孔隙气释放后土层变形的研究中表明，与气体释放过程中土样所产生的沉降量相比，气体回聚过程中土样产生的回弹量很小，再次排气过程所产生的再次沉降量也很小，说明气体释放过程中产生的变形主要为塑性变形，弹性

变形只占小部分。所以，浅层有害气体释放后对基坑开挖和车站结构施工的影响有限，过程缓慢，可以通过施工的变形监测来进行监控。

杭州地铁储气砂土的渗气性试验研究表明，杭州地铁储气层砂层的气体渗透性好，虽然在前期进行了放气，但由于土层的气体渗透性好，利于土层的有害气体回聚。所以基坑开挖和车站结构施工中注意对有害气体浓度进行监测和加强通风，防止施工作业人员中毒。

第六节　滨康路站地下连续墙挖槽试验

一、有害气体试验

由于在补充勘察已进行了可控放气，所以，在补充勘察后没有再另行安排整个场区的放气作业，只是在后续进行的挖槽试验中，对试验范围布置了四个静力触探放气孔，对试验范围再次放气作业。

试验分成两组：1号试验槽在补充勘察放气后直接进行；2号试验槽在补充勘察放气的基础上再次放气后进行。两组都在泥浆护壁下开挖成槽。成槽试验选择在勘察放气作业后约35天的维护结构施工前，位置位于结构外北侧，距离结构约8m。试槽位置远离管线和道路，场地空旷。试槽的导墙深度2.0m，厚度300mm，长度3.0m，宽度0.85m，试验导墙混凝土为C20，挖槽深度35m。

挖槽试验有害气体监测由浙江省地矿勘察院、中国科学院武汉岩土力学研究所两家单位共同承担，试槽作业由北京城建集团总公司杭州地铁滨康路站项目部承担，杭州地铁集团负责试验总体协调工作。由于国内外没有现成可用的测试地下有害气体的仪器和设备，课题组将静力触探设备加以改装，改装后可直接测得气体压力，如图6-6所示。

图6-6　有害气体压力测试图

把静力触探探头压入土层至40m，然后逐渐上拔，分别在深度34~40m处记录气体压力。为了不让气体释放，当上拔至34m时拧紧阀门，将探杆留在土体中。将测得的气体压力记录准确。

当测得气体后，在探杆尾部接上一个三通阀门，一端连着压力表，另一端为喷气口，如图6-7所示。测试气体压力的具

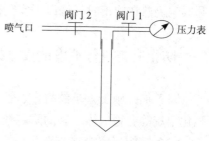

图6-7 探杆压力测试图

体步骤为：先将阀门1拧紧，阀门2打开；待喷气口匀速喷出气体时再将阀门2拧紧，紧接着打开阀门1；最后记录压力表数据。

测试过程当中，除了测试人员，其他人不得擅自靠近。严禁测试场地附近使用明火。一旦发现火情，施工单位应积极配合采取应急措施。在有害气体补充勘察中，对勘探孔放气结束的压力指标为0.05MPa，现场经过测试，地下沼气层的压力基本都小于0.05MPa，印证了土层渗透性和气体回聚的研究结论。

二、超声波成槽检测结果

1号槽在2007年8月9日23:00挖完结束后，在8月10日上午9点超声波测试。此时距挖槽结束时间10个小时。用测绳量测槽深，沉渣厚度60cm。槽壁稳定，在成槽后10个小时，没有发生塌槽现象。

2号槽在2007年8月11日15:50挖完结束后，2号槽超声波检测2次。第一次在成槽后2个小时，即8月11日18点测量；第二次在8月12日中午13点检测，即成槽后21小时检测。二次槽壁均稳定，没有发生塌槽现象。

第七节　地下连续墙施工防有害气体的安全措施

地层内有害气体在含量大、气压高的情况下，对挖槽施工和成槽的槽壁影响很大，在挖槽施工过程中时刻注意由于沼气喷发引起的塌孔现象，以及由于塌槽引起的机械设备的毁坏；密切注意沼气，防止出现中毒现象和爆炸现象。

虽然滨康路站场区放气后再进行地下连续墙作业，但对地下有害气体的不

利影响仍然在施工时做好以下安全措施。

一、防止有害气体喷发的安全措施

（1）加强施工人员的教育、管理。施工前，对全体参施人员进行安全教育，强化甲烷等有害气体危害的防范教育。现场严禁吸烟。

（2）防沼气安全措施要到位，要配备有沼气监控警报仪，发现警报，及时采取措施。

（3）在施工时，要保证防火和防中毒措施到位，保证空气流通。

（4）加强火源的管理。杜绝使用明火，建立严格的用火审批制度。必须使用时应经项目经理批准，并采取可靠措施后方可使用明火。

（5）加强电气线路及设备的管理。规范电气线路连接及设备的使用，防止火花的出现。

（6）劳保用品配备。施工人员穿防静电衣服，以防止静电。

（7）在挖槽设备驾驶楼窗前，加小风扇。

（8）在发现出现沼气，立即把挖槽机开走，离开沼气喷发点后关闭所有机器电源。

（9）在施工外道路边设置警戒线，杜绝无关人员进场围观。

（10）现场准备灭火器和铁锹，及灭火水龙头，并接好水泵，随时准备。

（11）适当加大泥浆比重，增加泥浆黏度，防止沼气喷出。

（12）如果沼气压力很大，则采取用地质钻机钻孔放气方法，先放气，后施工。

（13）采用电风扇2台，从挖槽机位置向槽的方向吹风，一是防止沼气飘入挖槽机内，二是防暑降温。挖槽机驾驶楼内电风扇要开启，以便降低沼气浓度。

（14）在吊装钢筋笼时，如果需要电焊机在槽口焊接，必须在有风天气或者无风时采用电风扇吹风，并在开始前用瓦斯检测仪检测沼气的浓度。

二、挖槽有害气体监测

采用瓦斯报警仪2套，派专人对开挖过程中的沼气进行监测，并专人观测挖槽情况，出现沼气，当沼气浓度超过一定范围时，及时报警。随时记录沼气发生情况。在围墙门口设置拦截线，无关人员不许进入现场。

在挖槽过程中，如果发现有大量气泡上升，或者产生像开水沸腾一样的现象时，则挖槽机停止挖槽，提出抓斗，观察气泡喷发情况和对槽壁的影响，在气泡减少的情况下,槽内注满泥浆,然后量测深度,再重新挖槽到设计深度。

成槽超声波检测。在挖槽到底、沼气释放完后及时进行超声波槽壁检测,检测深度和成槽的槽壁质量,做好记录。

第八节 土方开挖及结构施工时的安全保证措施

在基坑土方开挖前,编制专项施工方案,并请专家进行土方开挖论证,根据专家意见修改方案。然后实施土方开挖。针对沼气存在,开挖土方过程中,及时架设钢支撑,在向下挖土过程中,对于土内沼气在释放过程中必须采用鼓风机吹风,吹出沼气。随时检测沼气浓度,保持基坑内空气流通。设立专职沼气检查人员检查沼气,同时作好以下工作:基坑挖到槽底后,及时检测沼气浓度,检测槽底土层,及时验槽打垫层,封住地下沼气。在基坑内施工,要加强通风,防止沼气聚集。配备瓦斯报警仪3台,小断面通风不良的人工开挖应需要特殊防护(如防毒面具或专人监护)。做好以下安全保证措施:

(1)加强施工人员的教育、管理。施工前,对全体参施人员进行安全教育,强化甲烷等有害气体危害的防范教育。施工现场严禁吸烟。

(2)防沼气安全措施要到位,要配备有沼气监控警报仪,发现警报,及时采取措施。在施工时,要保证防火和防中毒措施到位,保证空气流通。

(3)加强火源的管理,杜绝使用明火,建立严格的用火审批制度。必须使用时应经项目经理批准,并采取可靠措施后方可使用明火。

(4)加强电气线路及设备的管理,规范电气线路连接及设备的使用,防止火花的出现。

(5)劳保用品配备:施工人员穿防静电衣服,以防止静电。

(6)在挖土机设备驾驶楼内设置吹风扇,加强挖土机设备驾驶楼通风。

(7)发现有害气体超标时,立即关闭所有机器电源,疏散人员。

(8)在基坑外围路边设置警戒线,杜绝无关人员进场围观。

(9)现场准备灭火器和铁锹,及灭火水龙头,并接好水泵,随时准备。

(10)采用电风扇2台,从挖土机位置向基坑内的方向吹风,一是防止沼气飘入挖土机内,二是防暑降温。

第九节　应急预案

一、风险及应对处理措施

风险及应对处理措施如下：

（1）遇到沼气喷发风险。在遇到沼气喷发时，首先移开挖槽机，关掉电源。

（2）沼气喷发引起塌槽风险。加重泥浆比重，增加泥浆量。为防止塌槽陷机子，必须移开挖槽机。

（3）沼气浓度达到爆炸界限风险。必须关闭所有带电作业的设备，距离沼气远一些，加强通风，移开挖槽机。

（4）沼气喷发自燃风险。必须关闭所有带电作业的设备，距离沼气远一些，加强通风，移开挖槽机，避免烧毁机械，同时准备好灭火器。

（5）沼气中毒风险。施工人员和挖槽机司机，应戴防毒面具。

二、事故应急响应

应急事件的第一发现人必须立即向项目经理部值班人员报告，由现场值班人员联系通知有关人员在最短的时间内赶赴应急事件现场处理。在应急事件发生后：

（1）按应急事件性质在第一时间相应拨打公安110、消防119和医疗救护120报警。并与附近医院提前做好联络。

（2）立即向驻地监理及地铁公司汇报应急事件的地点、性质、程度、人员伤亡、简要经过、应急事件发展的预测情况等。

（3）在汇报的同时迅速采取积极有效自救措施，组织应急事件全方位抢险和处理，排除险情和抢救人员、财产，防止应急事件的蔓延、扩大。严格保护应急事件现场。

（4）因抢救人员、防止应急事件扩大以及疏通交通等原因，需要移动应急事件现场物件时，应当作出标志、拍照、详细记录和绘制应急事件现场简图，妥善保护应急事件现场重要痕迹和物证。

应急事件处理程序：

（1）事件发生后，立即通知全体成员，停止手头工作，进入响应程序。

（2）在对应急事件处理和现场保护的基础上，根据应急事件的发生、发展状态，调动抢险人员、车辆设备和物资，统一部署应急预案的实施工作，组织应急事件的处理，并对应急工作中发生的争议采取紧急决策和措施。请求社会救援。

（3）协助上级有关部门调查处理应急事件。做好应急事件的善后处理、总结和报告工作。

第七章

浅层溶洞风险源管理与防控

第一节　概述

一、溶洞的成因与形式

溶洞是岩溶作用后存在的一种孔洞形式，而岩溶是指水对可溶性岩石的溶蚀、潜蚀以及所形成的地表及地下各种岩溶形态与现象的总称。由于我国碳酸盐岩（石灰岩、白云岩等）分布范围很广，占有率高，因此工程上遇到的岩溶溶洞主要位于碳酸盐地区。

碳酸盐地区产生岩溶溶洞，主要原因是碳酸岩石的主要成分碳酸钙或碳酸镁等成分在正常情况下不溶于水，但由于岩石裂隙的存在，大气降水渗入的地下水中含有大气中的二氧化碳，二氧化碳与水形成弱酸性的碳酸水，将碳酸钙、碳酸镁溶解成钙离子、镁离子及碳酸氢离子，地下水在碳酸岩裂隙中流动时会带走溶解于水中的钙、镁离子，从而对裂隙的碳酸岩产生了溶滤潜蚀，久而久之则形成了溶洞。因此形成溶洞的条件是有可溶性的岩石（主要是碳酸盐岩石）、地下水可流动及地下水中含有二氧化碳。

我国碳酸岩分布面积约达125万km^2，对于杭州地区来说，主要的分布在市域西部的富阳、临安等地区，如富阳的瑶池仙境景区就是岩溶发育形成的溶洞。溶洞景观来说千姿百态值得欣赏，对工程建设却有危害。

碳酸岩形成的溶洞，从工程地质的角度来说根据有无充填物可分为空洞、半充填与全充填溶洞。

二、浅层溶洞对轨道交通的工程风险识别与评价

（一）浅层溶洞对轨道交通的工程危害

城市轨道交通建设一般在地表下50m以内，所遇到的溶洞属于浅层溶洞，对轨道交通建设与运营的危害主要体现在以下两个方面。

（1）降低地基承载力、稳定性，造成地基滑动、地表坍塌。溶洞的存在使得地基土整体强度降低、压缩性增大，易引起建（构）筑物地基的不均匀沉降，

溶洞的大小、规模、充填物性状、埋设深度等会对地基的稳定性有较大影响，当溶洞的规模大、埋深浅、充填物软弱，溶洞顶板承载不了上面的建（构）筑物时，就会产生溶洞坍塌，使地基岩体的承载力大为降低。

（2）渗漏、突水及承载力突然降低，造成施工困难。如盾构隧道施工遇下方溶洞则会使盾构机"磕头"下沉，桩基施工突遇溶洞则会使桩体掉落，暗挖矿山法隧道施工突遇溶洞则会使掌子面突水冒泥引发事故等。

（二）工程风险

对轨道交通工程而言，浅层溶洞的工程风险主要如下：

1. 勘察风险

对岩溶勘察的风险主要体现在不能识别溶洞，未能查明溶洞的分布、埋深、规模、大小、充填及充填物性质等，因此就难以采取溶洞处置的措施。勘察的初始风险总体评价为二级风险。

2. 设计风险

在勘察探明溶洞性质的基础上，设计风险主要是体现在针对溶洞的处置原则是否合理、措施是否得当、是否经济。设计对溶洞的初始风险评价为二级。

3. 施工风险

轨道交通工程施工中突遇到溶洞，根据工程分类的不同，风险后果也有差异：如地面建筑工程的桩基施工遇到溶洞，存在钢筋笼、混凝土掉落的风险；基坑工程的连续墙施工遇到溶洞有难以成墙的风险、坑底覆盖层薄水压高有突涌水的风险；矿山法及盾构法隧道施工遇到溶洞有突水突泥、盾构栽头等风险，总体初始风险等级也为二级。

4. 运营风险

轨道交通运营阶段，穿越溶洞区如果溶洞处置措施不当如覆盖层厚度不足、处置质量效果不好，则存在运营阶段路基沉降或坍塌的风险，在采取措施后该类初始风险为三级。

第二节 溶洞的勘察

在岩溶地区工程地质勘察中，通常采用定性判定的地球物理勘探法结合精确测点的传统钻探法判断岩溶的性质与属性。利用地球物理勘探法可以获得有关岩溶特征的多种信息，了解溶洞的分布、埋深、大小、充填等情况，并结合钻探确定溶洞的具体工程地质，为设计提供准确的地质资料。常用的物探方法有以下几种。

（1）高密度电阻率法。该法可以探查构造位置，划分岩土层，揭示岩土层电阻率。优点是分辨率高，缺点是探测深度较浅。

高密度电阻率法是在常规电法基础上发展起来的新型物探方法，其工作原理与常规电法一致，以岩土介质的导电性差异为基础，研究在施加电场的作用下，地下传导电流的变化分布规律。电阻率测深方法通过供电电极向地下供入直流电流，建立起电场，通过改变供电（A、B极）、测量装置（M、N极）

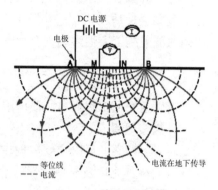

图 7-1　电测深原理示意图

的排列、大小和相对位置来改变电流在地下的分布情况，在地面测量电场的变化，可以推断出地层电阻率深度的变化，达到测深的目的，测试原理如图 7-1 所示。

常用高密度电阻率探测系统可分为分布式、集中式两种，图 7-2 为高密度电阻率法外业工作示意图。高密度电阻率法探测系统由主机、多路电极转换器、电极系三部分组成。

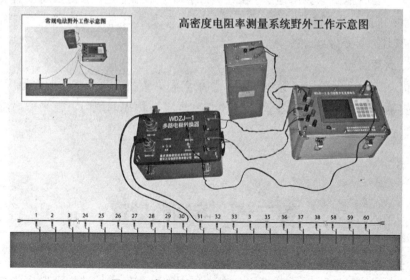

图 7-2　高密度电阻率法外业工作示意图

（2）高频大地电磁法。该法可以探测构造带、岩溶异常地质体，弹射深度大，但分辨率较低。反演成果图像示意如图7-3所示。

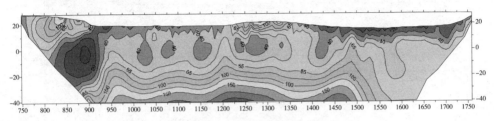

图7-3 反演成果图

大地电磁测深原理与传统的MT法一样，它是利用宇宙中的太阳风、雷电等入射到地球上的天然电磁场信号作为激发场源，又称一次场，该一次场是平面电磁波，垂直入射到大地介质中，由电磁场理论可知，大地介质中将会产生感应电磁场。在电磁理论中，把电磁场（E、H）在大地中传播时，其振幅衰减到初始值1/e时的深度，定义为穿透深度或趋肤深度。趋肤深度随电阻率和频率变化而变化。一般来说，频率较高的数据反映浅部的电性特征，频率较低的数据反映较深的地层特征。因此，在一个宽频带上观测电场和磁场信息，可由此计算出视电阻率和相位，确定出大地的地电特征和地下构造，这就是EH—4观测系统的工作原理。

（3）瞬变电磁法。该法可以划分岩土层，探查构造带、岩溶等异常地质体，探测深度大，但抗干扰性差，场地条件要求高。

（4）地面地震反射波法。该法可划分岩土层，查明构造位置，分辨率高，但受表层岩性影响较大。地震反射波勘探是利用地下介质的波阻抗差异来解决地质问题，其基本原理是：地震波在地下介质传播过程中，遇到介质存在波阻抗明显差异的界面时会发生反射，反射波信号通过安置在地表的检波器（或水听器）接收并记录到地震仪，通过分析计算反射波相位的时空特性来推断地下构造，原理示意如图7-4所示，成果如图7-5所示。

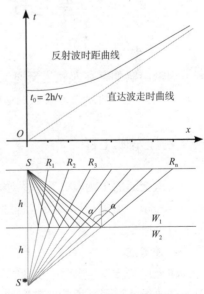

图7-4 地面地震反射波法

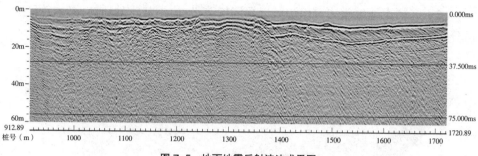

图 7-5 地面地震反射波法成果图

（5）地质雷达，属于电磁法中的一种探测技术，在岩溶勘察中取得了令人满意的效果。钻孔地质雷达，可以通过钻孔直接深入地下深部，分辨率高。

（6）跨孔地震法、跨孔地震 CT，该方法可以较容易分辨出岩溶的分布。

（7）声波透射法，该方法可以通过钻孔间接收声波、声速、波幅、频率的变化测定岩体动弹性参数，评价岩体的完整性和强度，以及给溶洞定位。

总之利用物探法对岩溶进行探测，应根据具体工程条件采取多种物探手段进行探测，结合各探测成果综合解析判定。

第三节　溶洞处置对策

岩溶溶洞的存在对轨道交通工程建设有较大危害，根据工程主体及溶洞大小等影响程度不同，通常采取的措施有以下几种。

一、房屋基础工程

轨道交通的车辆段、管理大楼等位于岩溶分布区，在查明岩溶分布、埋深、大小、充填、覆盖层厚度及工程地质承载力等工程地质条件的基础上，可采取如下对策措施：

1. 强夯法

在岩层覆土厚度较小、地形平坦、溶洞覆盖层薄、有充填物情况下，可采用强夯法提高溶洞充填物的密实性，提高承载力。

2. 注浆（砂）充填法

对溶洞进行注浆或注砂（混凝土）等，充填溶洞提高承载力。

3. 旋喷法等复合地基法

溶洞充填软土等时，采取地面旋喷加固溶洞内土体，提高承载力。

4. 深基础法

对于一些深度、体积较大的溶洞，可结合建筑桩基础直接穿透溶洞，采取桩基等深基础直接置于溶洞下层岩层上。

二、基坑工程

1. 桩基础

对于一些深度、体积较大的溶洞，可结合建筑桩基础直接穿透溶洞，采取桩基等深基础直接置于溶洞下层岩层上。

2. 注浆（砂）充填

对溶洞进行注浆或注砂（混凝土）等，充填溶洞提高承载力。

3. 旋喷法等复合地基法

溶洞充填软土等时，采用旋喷加固溶洞内土体，提高承载力。

4. 洞内梁板跨越

对于较大的溶洞车站底板揭穿覆盖层后，则要设置梁板结构跨越。当然这种溶洞在设置车站时应尽量避免。

三、隧道工程

对于溶洞发育地区一般不建议采用隧道暗挖施工以规避风险为主，但必须穿越的区段，鉴于石灰岩的强度，一般采取矿山法暗挖施工；盾构法施工一般情况是溶洞位于隧道下方，隧道在上覆的土层中掘进，隧道穿越溶洞区的措施如下：

（1）全充填可塑及硬塑土层时，加强超前地质探查，暗挖隧道直接穿越，控制好掌子面的稳定。

（2）注浆充填：

当溶洞不大时，对隧道穿越及下方覆盖层厚度不足的溶洞，可采取注浆充填水泥砂石的措施。

（3）旋喷加固：

对施工及运营有影响的溶洞规模不大且充填有淤泥土等，采取高压旋喷加固溶洞内土体。

（4）洞内梁板跨越：

对于隧道穿越或下方有覆盖层薄的较大溶洞，则要在隧道下方设置梁板结构进行跨越。

第四节　溶洞处置实例

一、杭临城际南湖新城车站遇到溶洞的处置案例

（一）工程概况

杭州至临安城际铁路工程南湖新城站位于浙江102省道与杭泰路交叉口以南绿化带内，沿102省道呈东西方向布置。南湖新城车站为地下二层岛式站台车站，车站中心里程DK28+230.178，主体规模446.40m×19.90m（内净），站台中心处顶板覆土约2.41m，站中心处底板埋深约15.61m，站中心轨面标高为–7.561m。南湖新城站主体围护结构采用地墙+内支撑形式，明挖顺作法施工。南湖新城站为单柱双跨、双柱三跨钢筋混凝土框架结构。地下结构采用全外包防水的复合墙形式，围护结构顶设置压顶梁参与结构抗浮。

（二）岩溶专项勘察

1. 地形地貌

南湖新城站场地地貌类型为湖沼积平原，场地受人工开挖、回填的影响；场地地形地势略有起伏，现场地面标高一般为5.50~9.15m，整体呈南低北高状。

2. 地质构造

受区域地质构造作用的影响，结合区域地质资料和相邻勘探点之间揭露的岩性特征，在本车站1号基坑范围内揭露有1条构造破碎带分布，即F4，宽度约11m，呈北西向，向北东方向倾斜。根据钻探资料倾角55°~70°。

3. 岩土工程性质

根据详勘报告，场区沿线勘探深度内主要土层的岩性定名、分布特征及物

理性质如下：

（1）①人工填土层（mlQ4）：

①2素填土：浅灰色为主，局部为黄灰色，岩性成分为粉质黏土或含砂粉质黏土组成，呈软塑~软可塑状，局部夹有少量的砾石、碎石块和砖屑等，硬杂质含量占10%~20%，局部区域底部含少量腐殖质碎屑和植物根茎，为新近填土，场地均有分布。

①3耕植土：黄灰色，软可塑，主要岩性为黏性土混有少量的砾砂，混有植物根系，局部见有腐植物。

①4暗塘土：灰色，流塑，岩性以黏性土为主，混有少量的腐植物，主要分布在原地势低洼和沟底处，后期经人工回填形成。

（2）②全新统上段滨海湖沼积相沉积层：

②2粉黏质粉土：灰黄色，黄灰色，软可塑状，局部呈硬可塑状，厚层状，见少量铁锰质氧化斑，黏塑性一般，土质均匀性稍差。无摇振反应，切面较光滑，有光泽，干强度中等，韧性中等。局部缺失。

（3）④全新统中段滨海相沉积层（mQ42）：

④淤泥质黏土：灰色，流塑，厚层状，见少量有机质斑点，局部呈淤泥状，高灵敏度，土质均匀性稍差，局部呈淤泥质粉质黏土状。无摇振反应，切面较光滑，干强度中等，韧性中等。

（4）⑦上更新统上段河湖相沉积层（al-lQ32）：

⑦1黏土：灰黄色，硬可塑状，局部底部粉粒含量稍高，多见铁锰质氧化斑，偶见白灰条纹，土质均匀性一般，局部为粉质黏土。无摇振反应，切面较光滑，有光泽，干强度中等，韧性中等。全场分布。

（5）⑨上更新统下段河湖相沉积层（al-lQ32-1）：

⑨1黏土：灰黄色，可塑为主，下部粉粒含量较高，夹有少量的砂质，局部呈含砂粉质黏土状，部分地段夹高岭土团块，黏塑性差异较大。无摇振反应，切面稍有光滑，有光泽，干强度高，韧性高。

⑨3圆砾：灰色、褐灰色，中密~密实，饱和，呈次圆状为主，粒径一般0.2~5cm不等，少量达10cm以上，大于0.2cm的颗粒含量约60%~70%不等，母岩主要为凝灰岩、火山岩和燧石等，分选性稍好，粒间充填有中粗砂和大量黏性土，黏性土分布不均，胶结较差。局部分布。

⑨3夹粉质黏土：灰黄色，可塑，厚层状，粉粒含量稍高。无摇振反应，切面稍有光滑，有光泽，干强度中等，韧性中等。

(6)（11）层上更新统下段海相沉积层（mQ31）：

（11）2 粉质黏土：灰色，软塑状，土质均匀性较差，顶部与底部交接处夹有少量的粉细砂，局部呈淤泥质粉质黏土状。无摇震反应，切面较光滑，有光泽，干强度中等，韧性中等，个别缺失。

（11）3 含黏性土碎石：灰黄色，局部呈灰色，中密~密实，厚层状，次棱角状，部分呈亚圆状，砾径 2~10cm 不等，分选性稍好，碎石多为块状，母岩以砂岩、石英岩，部分呈强风化状，局部地段见有大于 10cm 长的柱状岩块，颗粒间充填有大量的砂及黏性土，土质均匀性较差，黏性土分布极为不均，个别地段呈卵（砾）石状。

(7)（35）c 震旦系陡山沱组（Z1d）灰岩：

（35）c1 全风化：灰色，灰黑色，原岩结构大部分被风化，矿物成分中泥质含量较高，岩芯呈土状或泥炭质状，岩质软，手可掰开，差异风化较大，局部呈强风化状。分布规律性差，仅部分勘探点有揭示。

（35）c2 强风化：灰色，灰黑色，隐晶质~粉晶质结构，局部夹有碳质砂岩，节理裂隙较发育，岩芯多呈碎块状，偶见短柱状，侧面偶见溶槽，差异风化较大，局部呈全风化状。

（35）c3 中等风化：灰色，灰黑色，隐晶质~粉晶质结构，节理裂隙发育，节理面多由方解石细脉充填，岩芯呈柱状，柱长 5~80cm 不等，个别地段碳质含量高，岩芯柱面易污手，局部有溶洞发育。岩石质量指标差异较大，大部分区域较好，部分区域较差，RQD=60%~90% 不等，岩体完成程度呈较完整~较破碎状。锤击易沿节理面断开，声脆，岩质较坚硬。

溶洞堆积物：杂灰色，颜色各异，岩性以黏性土、粉土夹砾石为主，软~流塑状，其中在第四系土层与基岩之间的溶洞勘探揭示均被充填，在岩体内分布的溶洞大部分为空洞；有部分溶洞上部被土充填，下部为空洞。溶洞分布在（35）c 层灰岩中，其分布范围无规律，在部分孔内显示成串珠状。

(8) F 构造破碎带

F4：构造破碎带，灰色、绿灰色，岩性以砂岩、泥岩为主，碎裂结构，角砾状构造，泥质胶结，风化强烈，差异风化较大，大部分呈强风化状，局部呈全风化状。岩质软，手能捏碎，泡水易软化，干燥易裂。该破碎带宽度约 11.0m，呈北西向，向北东方向倾斜。

4. 水文地质条件

（1）潜水：场地潜水主要赋存于浅部填土层、淤泥质粉质黏土和粉质黏土中，其富水性和透水性具有各向异性，受沉积层理影响，一般透水性水平向大于垂直向。勘察期间实测地下水位埋深为0.70～4.00m,相应标高为3.05～6.44m。水位大部分区域位于填土层中,由于填土层粒组成分极不均一,富水性和连通性呈明显的各向异性,水位受岩性的变化、地形地势、周边环境影响较大,水位埋深变化幅度大。地下水位埋深和变化幅度受季节和大气降水的影响,动态变化大,水位变幅1.0～3.0m。

(2) 承压水:场孔隙承压水主要赋存于下部的(9)3圆砾和(11)3含黏性土碎石层中,上覆黏性土层构成了相对隔水层,根据勘探揭示,(9)层与(11)3层之间分布有一层粉质黏土层,为相对隔水层,但其分布连续性差,各含水层之间局部分布无相对隔水层,上述含水层之间的水力联系密切,上下两层含水层之间或直接接触或存在越流补给,因此可视为同一承压含水层。含水层厚度3.4～11.8m,透水性良好,受上游侧向径流补给,水量充沛,具有明显的埋藏较深、污染少、水量大的特点,根据承压水抽水试验实测地下水位为5.20m,相对标高1.60m。

(3) 基岩裂隙水:基岩裂隙水主要赋存于下部基岩风化裂隙内,含水层透水性受岩石的风化程度、裂隙的发育程度、裂隙贯通性等控制,鉴于基岩岩性是灰岩,节理裂隙发育,但节理面大多被方解石细脉充填,水量微弱。基岩裂隙水主要受侧向补给和上部地表水、承压含水层下渗补给,径流缓慢,向下游排泄,基岩裂隙水水量微弱。

(4) 岩溶水:主要赋存于下部灰岩的溶隙、溶隙、溶洞一般被黏性土、含黏性土碎石等洞穴堆积物充填,局部为空洞。由第四系孔隙潜水、孔隙承压水补给,以人工开采和向下游径流为主要排泄方式为主。岩溶水的富水性:主要受岩溶发育程度控制,在岩溶发育强地段,其溶洞多,岩溶水多储存于溶洞内,其岩溶水水量较丰富;在岩溶微发育地段,其溶洞少,岩溶水多储存于裂隙或溶隙、溶孔中,其岩溶水水量较贫乏。由于岩溶水的赋存空间大小不一,沿线岩溶水富水性均匀性差,具有明显的分段性。本场地岩溶属覆盖型岩溶,岩溶地下水具有承压性,揭露溶洞溶隙一般被地下水全充填,岩溶水水位受补给源(第四系孔隙承压水)水位控制。岩溶水具有承压性,施工时需防止坑底突涌水。

5. 地下水对岩溶发育程度的控制

勘察区内地下水为岩溶发育的控制因素主要体现在两个方面,即地下水为岩体的溶蚀作用和地下水动力条件对岩溶发育的影响。

对碳酸盐岩岩溶发育条件之一是水具对碳酸盐岩具有溶蚀能力,而水的溶蚀能力来源于二氧化碳与水结合形成的碳酸氢根,侵蚀性二氧化碳的含量高低决定了地下水溶蚀能力的强弱,据本区所取地下水样(包括潜水、承压水、岩溶水）分析结果，各水样中均含有侵蚀性二氧化碳，因此本场地地下水具有溶蚀能力。

勘察区内，岩溶发育程度也受到地下水动力分带控制。垂直循环带内岩溶地下水是垂直向下渗流，一般是在大气降水期间才充有水，并具有间歇性，水力坡度水，流速较快，水动力条件较强，岩溶发育较强烈；季节变化带内岩溶地下水垂直运动与水平运动交替出现，水位变化频繁，水动力条件较强烈，岩溶发育中等；全饱合带内岩溶地下水大致沿水平运动，流量大，流速大，水动力条件发育强烈。场区属全饱和带，岩溶发育较强烈。

6. 地形对岩溶发育程度的控制

勘察区属湖沼积平原，场地西侧为低山丘陵区，场地地势自西往东地势渐低，勘察揭示下伏基岩埋深自西往东埋深渐深，场地地形有利于地下水的聚集汇流，有利于岩溶发育。

7. 岩溶稳定性评价

（1）地面塌陷

据我国南方岩溶大量调查资料对塌陷问题的经验总结，认为覆盖型岩溶地区发生地面塌陷一般要具备三个条件：其一，岩溶岩面附近较为发育，常有溶洞、溶沟深槽发育；其二，岩面上存在一定厚度晚发生潜蚀作用的土层；其三，岩溶岩面附近地下水位波动，地下水对岩土层的侧向和垂向潜蚀作用。无论是自然状态或是人为状态，缺少上述三个条件之一时，一般不容易产生地面塌陷；当场地同时具备这些条件时，则存在发生地面塌陷的前提条件。

在具备上述三个前提条件情况下，如果覆盖层厚度大于 25m，地下水位年变幅 3~5m 以下，在自然状态下不太容易产生塌陷。但由于地下水的不合理开采或工程施工不当降排水，促使水力坡度增大，流速加快，水的动能急剧增加，携带土颗粒能力也将大大增加。当水位下降到岩溶岩面溶沟溶槽或溶洞时，水的流速增大，溶沟溶槽或溶洞之上、溶洞内的颗粒不断被带走，易产生空洞（岩面为土洞），随着潜蚀力不断作用，土洞不断扩大，同时水被疏干，减弱了水的浮托力。当地下水位下降而产生的负压和空洞上方的覆盖层自重力大于岩土体内摩擦阻力时，易产生塌陷。

按《城市轨道交通岩土工程勘察规范》GB 50307—2012 中"岩溶地面塌陷预测分析参考标准表 12"分析，对车站可溶岩分布区岩溶地面塌陷可能性进行预测如表 7-1 所示。

由表 7-1 可知，现状条件下南湖新城站岩溶地面塌陷预测分析，综合指标分值 71 分，为易塌陷区。

第七章 浅层溶洞风险源管理与防控

南湖新城站岩溶地面塌陷预测分析表　　　　　　　　表 7-1

基本条件	主要影响因素	因素的水平	指标分数	本场区情况	本场区指标分数
水—塌陷动力	水位（40分）	水位能在土、石界面上下波动	40	水位不能在土、石界面上下波动	20
		水位不能在土、石界面上下波动	20		
覆盖层—塌陷物质	土的性质与土层结构（20分）	黏性土	10	多元结构	20
		砂性土	20		
		风化砂页岩	10		
		多元结构	20		
	土层厚度（10分）	<10m	10	大部分在15～20m	7
		10～20m	7		
		>20m	5		
岩溶—塌陷与储运条件	地貌（15分）	平原、谷地、溶蚀洼地	15	平原	15
		谷坡、山丘	5		
	岩溶发育程度（15分）	漏斗、洼地、落水洞、溶槽、石牙、竖井、暗河、溶洞较多	10～15	溶洞较少，可能存在暗河	9
		落水洞、溶槽、石牙、竖井、暗河、溶洞较少	5～9		

（2）钻探施工时地面塌陷预测

场地及附近场地内进行了大量地质勘察工作，均未出现钻探时引起地面下沉或塌陷。

场地上部以黏性土为主，该层地基土透水性差、富水性较差，土层厚度 10～15m，厚度较大；下部以圆砾、含黏性土碎石为主，厚度约 5～10m，虽然粗颗粒间的细粒土在水动力条件下可产生水土流失，但粗颗粒起主要的受力支撑作用，一般不易因钻探而引起地面塌陷。

（3）地铁施工及运营时地面塌陷预测

车站底板以含黏性土碎石为主，局部车站底板坐落在粉质黏土中，地铁施工和运营一定程度上改变了现有地层稳定状态，会有一定不利影响。但上部荷载通过桩基础传到下部中风化岩，底板以下地基土层透水性弱、富水性差，附加应力小，因此在溶洞分布区域经桩基处理后因溶洞引发地面塌陷的风险和可能性相对小。

8. 岩溶对工程的影响

（1）岩溶地基稳定问题

完整的碳酸盐岩岩体强度高，是良好的天然地基。但 1 号基坑场地内钻孔揭示有溶洞达 22 个，应考虑岩溶对车站底板地基的影响。

当该此溶洞、物探异常位于车站底板以下、规模较大且溶洞顶板与地下车站底板间岩体有效厚度较小时，可能导致溶洞塌陷。当溶洞位于拟建地铁车站坑底或边墙部位时，洞内充填以软塑~流塑状的含砾粉质黏土或松散~稍密含黏性土碎石或空洞时，在地铁施工过程中，溶洞中的充填物可能形成垮塌而影响施工安全。

对已揭露及探测到位于隧道底板下的溶洞及物探异常点，尤其与地铁工程关系较密切的较大溶洞及物探异常点，地铁施工或运营中可能产生岩溶地基塌陷问题，需采取工程处理措施，以确保工程的质量与安全。

岩溶处理范围如下：竖向上车站底板底以上和底板下 10~15m 范围内的溶洞（物探异常区）建议处理。

（2）岩溶水突涌问题

场地岩溶水具有承压性，车站底板大部分位于岩溶水承压水位之上，地铁施工中，在突遇岩性变化或突遇溶洞、溶隙或断层破碎带时，或工挖至底板剩余土层较薄时，岩溶水可能涌入或击穿坑底，产生溶水涌泥问题，对施工安全产生不利影响。

（3）岩溶对围护结构影响

本工程基坑围护拟采用地下连续墙，在围护结构施工过程中遇到溶洞时，可能出现严重的漏浆现象，围护结构易坍塌、缩径，使围护结构夹泥或露筋，对围护结构的止水效果留下隐患。由于地下连续墙需嵌入中风化基岩，在成槽时入岩困难，导致成槽时间过长后缩径或坍塌，对围护结构的止水和结构强度带来影响。

（4）岩溶对钻孔灌注柱、立柱桩成桩影响

1）桩基施工、地下连续墙施工过程中若遇溶洞时可能会出现漏浆、卡钻、埋钻、斜桩等问题，桩或地下连续墙的充盈系数会很大，混凝土方量可能远超理论方量。

2）溶洞对桩身、地连墙质量的影响较大。在溶洞发育区易漏浆、上部地层易塌孔，水下混凝土浇灌时因塌孔而使桩或地连墙"缩径"，造成钢筋外露。导致保护层厚度不足甚至缺失，同时漏浆会造成混凝土"离析、夹泥石"等质量问题。

3）由于桩基或地连墙等受力结构会因附加应力增加而加速溶洞顶的坍塌。应确保应力影响范围内无溶洞存在或对溶洞进行处理。

4）由于灰岩区易出现石笋、石芽、溶槽等特有的地质现象，不排除会有部分全风化或强风化灰岩出现石笋的可能性。另由于岩溶发育，导致局部中风化岩基岩埋深突变，不利于桩基入岩判定，施工时应有相应的措施。

5）㉟c-3层中风化灰岩单轴抗压强度平均值为32.3MPa，最大值为86.8MPa，最小值为15.20MPa。桩基入岩、地下连续墙入岩均较为困难。

9. 工程施工对岩溶及场地稳定性的影响评价

覆盖型岩溶地面塌陷的形成是一个很复杂的过程，除了自然因素外，还与诸多因素有关，各类工程的施工都会影响场地的稳定性，特别是工程施工降水、桩基础施工、设置民井等工程活动都会直接影响岩溶稳定。因此，设计时应做好降水、止水方案，施工过程中做好地面沉降和周围建筑物变形监测，以便及时掌握施工可能对周边环境的影响，并采取必要的应对措施，以确保既有建（构）筑物、地下管线等安全。

此外，南湖新城站紧挨102省道，地下各种管线密集，特别是城市供水、排污管道对场区地面塌陷影响较大。地下管道修建的时间不一，部分地下管道由于年代久远或受人工破坏，可能会出现渗漏现象，也会造成浅层地面塌陷。

10. 工程建成及后期运营对岩溶及场地稳定性的影响评价

在基坑底板下一定深度范围内存在的岩溶现象，进行适当处理并经验收合格后，工程结构物置于相对稳定的岩土体之上，工程建成与后期运营对场地岩溶的稳定性，一般条件下难以引起岩溶的恶性破坏，即使发生局部地质环境的改变，也可以进行局部处理，不影响场地整体的稳定性，因此，本场地的岩溶经适当处理并经验收合格后，适宜建设和地铁列车的长期运营。

地下水环境是直接影响场地岩溶稳定的最主要因素，地下水的频繁升降、剧烈活动、难以逆转的水位变化，都会引起岩溶的不稳定。因此场地及其周边应禁止地下水的开采，民井等抽水点应该关停封闭，隧道周边的其他工程建设应禁止过度的降排水措施，周边市政管道的渗漏点应查明。同时应建立场地地下水位变化的长期监测系统。

影响岩溶与工程稳定的因素有多方面，除地下水长期监测系统外，车站的运营应建立健全其他环境监测系统，加强工程的环境影响评估与预测。

（三）岩溶处理

1. 岩溶处理原则

针对钻孔揭示出的溶洞及物探异常区进行单独注浆处理，处理前应先验证（特别是物探异常区），验证有溶洞时再做处理。验证方法为在探到有溶洞的钻孔周围按照纵横间距2.5m间距再次补充钻孔兼注浆孔。垂直车站方向以探测到车站结构外3.0m为止，沿线路方向探测至溶洞边界。竖向处理范围为地墙两侧

3m 范围内处理至墙底并保证墙底以下 5m 范围内无溶洞,车站底板以下 10m 无溶洞。探测钻孔若是到达处理范围未发现溶洞则终止,若发现溶洞则须穿过溶洞进入洞底基岩 1m 终止。处理措施为:所发现的溶洞点对点注浆处理,即针对钻孔揭示和验证存在的溶洞及裂隙进行注浆,注浆范围为车站底板以下 10m 至基岩面;若溶洞底部超出底板下 10m 范围,则注浆范围为溶洞底边缘至基岩面。

2. 溶、土洞充填加固处理措施

(1) 对洞径大于 3m 且无填充溶、土洞和半填充溶、土洞,先进行投砂或碎石处理,后采用注浆加固的方法;投砂处理时在原钻孔附近(约 0.6m)补钻两个 $\phi 250$ 的投砂孔,两投砂孔中心与原钻孔中心需在同一连线上,两投砂孔可相互作为出气孔。投砂或碎石后,采用压力注浆的方法进行填充加固,注浆压力从低到高,间歇、反复压浆。投砂管建议采用 $\phi 200$ 的 PVC 套管,投砂孔的大小也可由施工单位根据现场施工情况进行调整,达到填砂目的即可。在 3m 处施作止浆墙 [止浆墙施工采用双液浆,配比建议为水泥:水:水玻璃 = 1:1.38:0.29(质量比)],如图 7-6 所示。

(2) 对洞径大于 3m 的全充填溶、土洞及洞径小于 3m 的溶、土洞,采用压力注浆的方法进行填充加固,注浆压力从低到高,间歇、反复压浆,如图 7-7 所示。

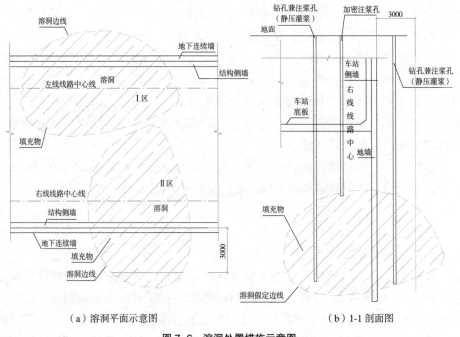

(a) 溶洞平面示意图　　　　　(b) 1-1 剖面图

图 7-6　溶洞处置措施示意图

第七章 浅层溶洞风险源管理与防控

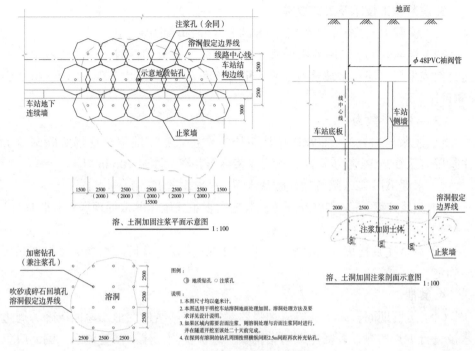

图 7-7 溶洞处置地面钻孔注浆图

对于溶洞处理的判定，则根据溶洞与车站的相对参照图 7-8 进行。对于溶洞注浆加固体参数指标为：Ⅰ区加固体无侧向抗压强度 ≥ 0.4MPa，Ⅱ区加固体无侧向抗压强度 ≥ 0.2MPa。

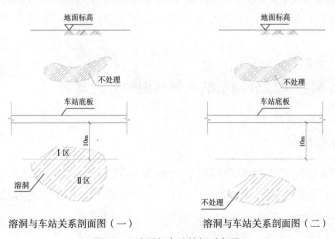

图 7-8 溶洞与车站的相对参照

3. 注浆施工技术及工艺要求

（1）注浆工艺：本车站采用 $\phi48$ 的 PVC 袖阀管注浆。

（2）注浆材料：采用纯水泥浆。对于溶洞水有流动性时，应在浆液中加入速凝剂或采用水泥－水玻璃双液浆，配比建议为水泥:水:水玻璃 =1：1.38：0.29（质量比）。

（3）注浆参数为：

1）注浆压力 0.3～2.0MPa（注浆压力在正式施工前依据现场实验调整）；注浆压力从 0.3MPa 逐步提高，达到注浆终压并继续注浆 10min 以上；

2）水泥采用 42.5 级普通硅酸盐水泥；水灰比 = 0.5：1～1：1；

3）注浆速度：30～70L/min（注浆速度在正式施工前依据现场实验调整）；

4）注浆扩散半径设计为 1.5m；

5）每个注浆孔每米的灌浆量初步按 2.0m^3 考虑。实际灌浆参数根据现场实验确定。

4. 其他

（1）运营期间，岩溶地段应加强监测，对车站结构变形、地面沉降、周边水位进行重点监测，并需定期对结构安全进行检测，建立预警体系，编制应急预案，确保工程安全。如监测结果异常，应组织专项讨论处理。

（2）针对本车站特殊的工程地质与水文地质条件，建议采取有效措施，限制易诱发岩溶塌陷的各类人类活动（如过量开采岩溶地下水、钻探与桩基施工等），确保工程场地稳定。建议后期在本车站结构轮廓 50m 范围内开挖深基坑或进行基坑降水，需采用有效措施防止岩溶塌陷，并征得地铁公司同意才能开工。

（3）车站紧邻多层浅基础房屋，施工前应探测浅基础房屋附近岩溶分布情况，并与业主及设计协商相关处理措施，以防施工过程中产生对周边建筑物的不利影响。

二、地铁 6 号线凤凰公园车站遇到溶洞的处置案例

（一）工程概况

凤凰公园站位于杭州市西湖区转塘镇象山路与鸡山路交叉口，沿象山路南北向布置。车站共设置 4 个地面出入口、2 组风亭、1 个紧急疏散口和 1 组冷却塔，如图 7-9 所示。

第七章 浅层溶洞风险源管理与防控

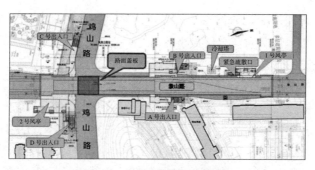

图 7-9 凤凰公园站平面布置图

凤凰公园站 YDK4+189～YDK4+277 里程段岩溶强烈发育，YDK4+132～YDK4+189 段和 YDK4+277～YDK4+346 岩溶中等发育。凤凰公园站岩溶分布及处理平面图，如图 7-10 所示。

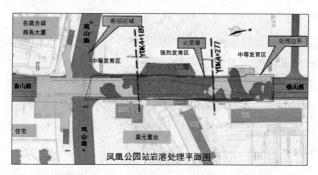

图 7-10 凤凰公园站岩溶分布及处理处理平面图

（二）岩溶处理措施

1. 岩溶处理的目的

（1）满足永久车站结构的承载力、变形。

溶、土洞填充物性质软弱，随着时间的推移，并受周边环境的变化以及地下水活动的影响，很可能出现洞体坍塌现象。通过对洞体充填物的加固处理，提高其自身强度，从而提高洞体的稳定性，降低洞体坍塌而引起的地层塌陷。

（2）降低施工期间突水、突泥等事件发生的几率。

（3）降低新生土洞对车站稳定性的不利影响。

2. 岩溶处理原则

填充溶洞、溶隙、溶孔和土洞，防止岩溶引起塌陷，阻止岩溶继续发展，防范地铁两侧可能发生的岩溶塌陷对地铁工程的影响。避免由于岩溶地层而引发在地铁建设和运营期的安全质量事故。

3. 岩溶处理的方法

根据岩溶专项勘察资料，故本场区岩溶形态类型主要有溶洞、溶隙和溶孔等，未发现地面落水洞、漏斗、塌陷洼地等现象。根据埋藏条件，本场区岩溶属覆盖型岩溶。本场区岩溶发育等级为中等发育。其中 YDK4+189 ~ YDK4+277 里程段岩溶强烈发育，YDK4+132 ~ YDK4+189 段和 YDK4+277 ~ YDK4+346 岩溶中等发育。

以岩溶专项勘察报告为依据，根据车站结构体系及埋深结合车站周边条件针对不同岩溶发育程度采取对应处理措施。

（1）岩溶中等发育地段岩溶处理方法

1）特点

①车站底板位于中风化灰岩或强风化灰岩或黏土混角砾。

②岩溶发育程度为中等发育，溶洞的规模较小，且一般埋深较大。

2）分布情况

根据地质断面图，本车站岩溶中等发育地段分布于里程 YDK4+132 ~ YDK4+189 段和 YDK4+277 ~ YDK4+346。

3）处置原则

本区域属中等危险区，本类地质虽一般不会直接发生岩溶塌陷，但在各种外界因素的作用下，仍存在塌陷的可能性，因此需对车站影响范围内的溶洞进行处理。

4）处理方法

针对钻孔揭示出的溶洞及物探异常区进行单独注浆处理，处理前应先验证（特别是物探异常区），验证有溶洞时再做处理。验证方法为在探到有溶洞的钻孔周围按照纵横间距 2.5m 间距再次补充钻孔兼注浆孔。垂直车站方向以探测到车站结构外 3.0m 为止；沿线路方向以基本找到洞体边界为止；然后从中心向其他方向探测，沿垂直线路方向以探测到车站结构外 3m 为止。竖向处理范围为车站底板以下 10m 到车站底板。探测钻孔若是到达处理范围未发现溶洞则终止，若发现溶洞则须穿过溶洞进入洞底基岩 1m 终止。处理措施为：所发现的溶洞点对点注浆处理，即针对钻孔揭示和验证存在的溶洞及裂隙进行注浆，注浆范围为溶洞底部边缘以下 1.0m 至基岩面。具体方法及要求按照本章溶、土洞充填加固处理的方法和溶、土洞处理施工顺序要点。

（2）岩溶强烈发育地段岩溶处理方法

1）特点

①车站底板位于全风化硅化灰岩或全风化灰岩会角砾混黏土。

②岩溶发育程度为强烈发育，溶洞的规模较大，最大高度44m；与车站底板的最小距离仅为2m，局部溶洞顶板厚度不足0.5m。

2）分布情况

根据地质断面图，本车站岩溶强烈发育地段分布于里程YDK4+189～YDK4+277。

3）处置原则

本区域属高危险区，需对车站影响范围内的溶洞进行处理。

4）处理方法

针对钻孔揭示出的溶洞及物探异常区进行单独注浆处理，处理前应先验证（特别是物探异常区），验证有溶洞时再做处理。验证方法为在探到有溶洞的钻孔周围按照纵横间距2.5m间距再次补充钻孔兼注浆孔。垂直车站方向以探测到车站结构外3.0m为止；沿线路方向以基本找到洞体边界为止；然后从中心向其他方向探测，沿垂直车站方向以探测到车站结构外3m为止。竖向处理范围为基岩面或车站底板以下10m到车站底板。探测钻孔若是到达处理范围未发现溶洞则终止，若发现溶洞则须穿过溶洞进入洞底基岩1m终止。处理措施为：处理边界处帷幕注浆（双液浆），所发现的溶洞点对点注浆处理，即针对钻孔揭示和验证存在的溶洞及裂隙进行注浆，注浆范围为溶洞底部边缘以下1.0m至基岩面。具体方法及要求按照本章溶、土洞充填加固处理的方法和溶、土洞处理施工顺序要点。

（3）溶、土洞充填加固处理的方法

1）对洞径大于3m且无填充溶、土洞和半填充溶、土洞，先进行投砂或碎石处理，后采用注浆加固的方法；投砂处理时在原钻孔附近（约0.6m）补钻两个$\phi 250$的投砂孔，两投砂孔中心与原钻孔中心需在同一连线上，两投砂孔可相互作为出气孔。投砂或碎石后，采用压力注浆的方法进行填充加固，注浆压力从低到高，间歇、反复压浆。投砂管建议采用$\phi 200$的PVC套管，投砂孔的大小也可由施工单位根据现场施工情况进行调整，达到填砂目的即可。在3m处施作止浆墙[对该范围钻孔注浆，如岩溶水发育，则止浆墙施工可采用双液浆，配比建议为水泥∶水∶水玻璃=1∶1.38∶0.29（质量比）]。

2）对洞径大于3m的全充填溶、土洞及洞径小于3m的溶、土洞，采用压力注浆的方法进行填充加固，注浆压力从低到高，间歇、反复压浆。

（4）溶、土洞处理施工顺序要点

1）探边界→投砂充填→注浆充填→注浆效果监测。

2）注浆施工时，应先施作止浆帷幕，将处理范围内溶洞与外界洞体隔离，再处理中间区域。若在周边孔注第一次浆时,注浆量已较多,压力达不到设计要求时,周边孔与中央孔可交替注浆。

3)发现浆液流失严重时添加水玻璃速凝剂,以确保注浆效果。

4)中央区域注浆孔应跳跃施工,以防止跑浆、窜浆。

4. 工程材料

(1)水泥:注浆用不小于42.5级硅酸盐水泥或普通硅酸盐水泥,混凝土材料用不小于42.5级硅酸盐水泥或普通硅酸盐水泥;

(2)钻孔灌注桩:C35混凝土,水下及泥浆中灌注混凝土,应采取有效措施保证水下混凝土强度等级不小于设计要求;

(3)抗剪牛腿:C35混凝土;

(4)钢筋:采用HPB300、HRB400热轧钢筋,材质应符合先行相关国家标准要求;

(5)焊条:用电弧焊接HPB300钢筋采用E43××型,HRB400钢筋采用E50××型。

(三)岩溶发育特征

1. 岩溶对车站的影响

完整的碳酸盐岩岩体强度高,是良好的天然地基。凤凰公园站灰岩的岩溶中等发育,溶洞分布广、洞身大应考虑岩溶对建筑物地基的影响。

场地内钻孔共揭露溶洞33个,物探异常80处。当这些溶洞、物探异常位于地铁车站底板以下、规模较大且溶洞顶板与地铁车站底板间岩体有效厚度较小时,可能导致溶洞顶板坍塌,并危及地基稳定。当溶洞位于拟建地铁车站洞身、洞顶或边墙部位时,洞内充填以松散~稍密状为主、局部呈中密状的碎石夹黏土层或软塑~流塑状的含砾粉质黏土,在地铁隧洞施工过程中,溶洞中的充填物可能形成垮塌而影响施工安全。

另场地岩溶较发育,岩溶水分布不均,部分地段水量较丰富。勘探成果表明,场地内部分溶洞、溶隙中富含岩溶水或充填有泥。车站底板大部分位于岩溶承压水水位之下,地铁施工中,在突遇岩性变化或突遇溶洞、溶隙或断层破碎带时,或开挖至底板剩余土层较薄时,岩溶地下水可能涌入或击穿坑底,产生突水、涌泥问题,对施工安全产生不利影响。

对已揭露及探测到位于车站底板以下的溶洞及物探异常点,尤其是位于中风化基岩10m以上范围内的较大溶洞及物探异常点,地铁施工或运营中可能产生岩溶地基塌陷问题,需采取工程处理措施,以确保工程的质量与安全。

2. 岩溶形态

从埋藏条件来分类，本场区的岩溶为覆盖型岩溶，第四纪覆盖层厚度7～23m。故本场区岩溶形态类型主要有溶洞、溶隙和溶孔等，未发现地面落水洞、漏斗、塌陷洼地等现象。

（1）溶洞、溶隙

本次岩溶专项勘察共完成44个勘探孔（包括引用区间的2个勘探孔），均揭露中风化灰岩，其中21个孔揭露有溶洞，共揭露溶洞、溶隙33个。

（2）溶孔

为可溶岩里形成的溶蚀小孔，局部呈蜂窝状，孔径2～15mm不等，溶孔之间尚未连通，是溶蚀裂隙的初期阶段。由于溶孔较小，且尚未连通，在物探及钻探钻进过程中未见异常反应，但在钻探取上来的岩芯上可以明显看到溶蚀现象。

3. 岩溶规模

为了更好地反应该车站的溶洞规模，将其分为两段：里程YDK4+189～YDK4+277段（以下简称"区域1"）和YDK4+132～YDK4+189、YDK4+277～YDK4+346段（以下简称"区域2"）。

区域1中揭露出溶洞27个，平均洞高13.09m。其中洞高小于2.0m的溶洞有5个，占该里程溶洞数的18.5%；其中洞高小于8.0m的溶洞有15个，约占该里程溶洞数的55.6%。洞高大于13.0m的溶洞有11个，占该里程溶洞数的40.7%；洞高大于27m的溶洞有6个，占该里程溶洞数的22.2%，勘探孔揭露溶洞最大高度为44m。

区域2中揭露出溶洞6个，平均洞高1.67m。其中洞高小于2.0m的溶洞有4个，占该里程溶洞数的66.7%；洞高大于2.0m的溶洞有2个，占该里程溶洞数的33.3%；勘探孔揭露溶洞最大高度为3.5m。

综合钻探及物探成果，区域1中共发现46个岩溶异常。其中洞高小于3m的溶洞有11个，占该区域溶洞数的23.9%；其中洞高小于5.0m的溶洞有24个，占该区域溶洞数的52.2%；其中洞高小于16.0m的溶洞有34个，占该区域溶洞数的73.9%。洞高大于16.0m的溶洞有12个，占该区域溶洞数的26.1%；洞高大于42m的溶洞有8个，占该里程溶洞数17.4%，揭露溶洞最大高度为51m。

综合钻探及物探成果，区域2中共发现37个岩溶异常。其中洞高小于2m的溶洞有6个，占该区域溶洞数的16.2%；其中洞高小于4.0m的溶洞有26个，占该区域溶洞数的70.3%；其中洞高小于6.0m的溶洞有34个，占该区域溶洞数的91.9%。洞高大于6.0m的溶洞有3个，占该区域溶洞数的8.1%；揭露溶洞最大高度为 10m。

以上统计结果表明，该车站岩溶发育的特点是"浅多深少"。其中高度较大的溶洞均处于里程 YDK4+189 ~ YDK4+277 内。

4. 溶洞垂向分布特征

溶洞的垂向分布可以用两个指标来描述。一是用洞顶标高，另一个是用碳酸盐岩顶板以下的埋深。洞顶的标高是一个绝对值，能很好地反映溶洞的空间位置。因本场地基岩面起伏较大，用洞顶标高来描述溶洞在垂向上的位置，可能会产生误导。故本次主要采用溶洞顶板在基岩面下的埋深来研究溶洞的分布规律。

钻探揭露 1/3 的溶洞顶板在基岩面下 10m 以内，50% 的溶洞在基岩面下 15m 以内，90% 的溶洞在基岩面下 23.0m 以内。埋深大于 25.0m 的溶洞有 5 个，占总溶洞数的 15.2%。

综合手段查明的 1/3 的溶洞顶板在基岩面下 4.0m 以内，50% 的溶洞在基岩面下 8.0m 以内，90% 的溶洞在基岩面下 20.0m 以内。埋深大于 23.0m 的溶洞有 9 个，占总溶洞数的 10.7%。

5. 溶洞横向分布特征

（1）遇洞隙率

本次岩溶专项勘察共完成 44 个勘探孔（包括引用区间的 2 个勘探孔），所有勘探孔均揭露中风化灰岩，其中 21 个孔揭露有溶洞，遇洞隙率为 47.7%。共揭露溶洞、溶隙 33 个。

本车站均揭露岩溶，主要集中在 YDK4+189 ~ YDK4+277 段。

（2）线岩溶率

在里程 1 范围内，自基岩面向下，线岩溶率首先逐渐增大，在 6 ~ 7m 处出现最大值，达 87.5%；随着深度继续加大，线岩溶率逐渐减小，28m 处开始，线岩溶率减弱至 6.0% ~ 24.2%。

6. 溶洞类型

根据溶洞内充填物的多少，将溶洞划分为全充填、半充填和无充填三种类型。根据专项勘察报告可知全充填溶洞占 75.9%，无充填溶洞约占 10.3%，半充填溶洞约占 13.8%。

各充填类型溶洞顶板在基岩面下的分布，全充填溶洞 26 个，平均埋深 15.57m，半充填溶洞 3 个，平均埋深 16.93m，无充填溶洞 4 个，平均埋深 5.83m，表现出全充填和半充填埋深较大，无充填溶洞埋深较小，岩溶发育具有的"顶空底填"的特点。

7. 岩溶发育程度及分区

（1）孔间 CT 探测成果综合分析 YDK4+189～YDK4+277 强烈发育

根据孔间 CT 所探测到的岩溶异常体分布情况及发育密度分析，在里程桩号 YDK4+189～YDK4+277 范围内岩溶异常体相对密集，分析地下岩溶强烈发育；桩号 YDK4+132～YDK4+189 段和 YDK4+277～YDK4+346 段岩溶异常体相对稀疏，分析地下岩溶一般发育。

（2）钻探与综合分析

本岩溶专项勘察的钻孔遇洞隙率为 47.7%，因此，综合判定本场区的岩溶发育程度为岩溶中等发育。结合钻探及物探成果对本车站岩溶发育情况进行分区。

8. 岩溶地质类型分区

杭州地区的碳酸盐岩分别为岩层、老黏土、角砾混黏土和粉细砂层所覆盖。根据上覆岩、土层工程性能地质差异，在剖面上可划分出 6 个地质结构类型，详见区间部分表格。本次岩溶专项勘察所揭露的地质结构类型仅有 Ⅱ、Ⅳ、Ⅴ 型（表 7-2）。

岩溶发育情况　　　　　　　　　　　　　　　　　表 7-2

序号	里程	岩溶发育情况
1	YDK4+132～YDK4+189	岩溶中等发育区
2	YDK4+189～YDK4+277	岩溶强烈发育区
3	YDK4+277～YDK4+346	岩溶中等发育区

（四）施工重点、技术难点分析及应对措施

1. 施工重、难点分析

在认真熟悉设计图纸和现场的实际情况后，我们认为在本工程中存在以下重难点：

（1）钻孔施工过程中防止地面塌陷是本工程施工重难点

因本工程为岩溶处理工程，在地面钻孔至溶洞进行填充注浆处理，所以在贯通溶洞时可能会产生事故，特别是砂层沿钻孔直接灌入溶洞中，造成上部土体迅速流失，造成地表塌陷。

（2）注浆工程对周边管线保护是本工程施工重点

因本工程工期较为紧张，综合考虑钻孔注浆对无压管线的影响后，确定其不进行迁改，故钻孔注浆期间存在净距离施工的情况，因注浆压力较大，可能造成地表隆起或者窜浆至现有管道中，对管线造成损坏。

（3）超深钻孔灌注桩施工

因为钻孔灌桩需要穿过溶洞，且溶洞深度达到50m左右，所以钻孔灌注桩的垂直度控制、混凝土的浇筑都存在一定风险，故本工程钻孔灌注桩施工是难点。

2. 施工重、难点应对措施

根据工程规模、工期要求、施工安全质量、施工技术复杂程度、地质情况等因素分析，本工程重难点及对策如下：

（1）防止地面塌陷应对措施：

1）采用跟管钻进注浆防止岩溶砂石漏失。

2）对周边道路、房屋进行全程跟踪监控，防范其他原因引起的塌陷。

3）做好应急预案，出现问题，当即处理。

（2）周边管线保护应对措施：

1）施工前，熟悉管线图纸，做好周边环境调查报告。

2）钻孔前开挖探沟，摸清管线走向。

3）选用先进钻孔设备，加强设备养护，保证复杂地层设备的适应能力，减少对土层的扰动。

4）对于距离特别小的雨污水管使用钢板桩进行隔离等措施。

5）摸清管线走向及埋深后在地面制作醒目标示，防止误指挥操作。

（3）超深钻孔灌注桩施工应对措施

1）使用360°全回旋钻孔灌注桩；

2）施工设备注意保养，施工材料准备充足，满足一次性成孔的需要；

3）加强现场控制，配置具有相关经验的施工技术人员。

三、杭富线南老区间隧道岩溶区处置案例

（一）岩溶地质描述

1. 岩溶发育特征

场地内基底分布有下奥陶统和震旦系灰岩出露，均属可溶岩类，其中下奥陶统印渚埠组（O1y）泥灰岩，泥质含量较高，本工点内主要分布范围为DK29+220～DK30+320。震旦系陡山沱组（Z1d）灰岩，灰岩含量相对较纯，主要分布在DK28+570～DK28+675一带。

根据勘探资料统计，揭露灰岩的183个勘探孔点中共有19个勘探点揭露有39溶洞分布，钻孔见洞率为10.4%，属于岩溶微发育。揭示溶洞主要为全充填、

第七章 浅层溶洞风险源管理与防控

无充填：充填物主要以粉质黏土、含砾粉质黏土和含黏性土碎石，揭露溶洞洞径为 0.30～9.50m。其中 9 个钻孔内揭露溶洞为 2～5 个溶洞呈串珠状，根据《建筑地基基础设计规范》GB 50007—2011 中规定，本场区遇洞率为 10.4%，局部有串珠状竖向溶洞发育深度达 20m 以上，故综合判定本场区岩溶发育程度为岩溶微发育，岩溶埋深范围见表 7-3，岩溶分布平面图和剖面图如图 7-11 和图 7-12 所示。

岩溶埋深范围　　　　　　　　　　　　　　　　　表 7-3

孔号	溶洞埋深范围（m）
BK-NL-Z1	19.7～23.0
BK-NL-D4	21.2～27.0、27.8～32.5
BK-NL-Z7	21.9～24.9、25.7～29.2、30.5～31.0、32.1～33.3、34.5～37.9
BK-NL-D10	21.8～31.3、31.9～33.5、34.5～36.1
BK-NL-D16	28.6～29.2、34.0～234.4
BK-NL-D6	29.1～31.3
BK-NL-D12	19.2～21.4、26.7～28.3、28.8～29.8、30.0～30.3
BK-NL-Z15	24.9～27.1、37.4～42.7
BK-NL-D18	24.5～28.0、31.2～32.3、34.5～36.5、38.7～42.5
BK-NL-D8	20.4～27.7
BK-NL-D14	28.6～32.3
BK-NL-Z17	30.3～33.6
BK-NL-D20	18.5～30.3、30.5～31.9、35.8～37.7、38.1～44.9　45.4～47.8
BK-NL-Z57	38.8～39.5
BK-NL-D211	16.4～16.9
BK-NL-D117	10.2～13.4
BK-NL-Z170	10.9～13.6
BK-NL-D209	15.3～15.9
BK-NL-Z206	12.7～14.0、16.8～17.9

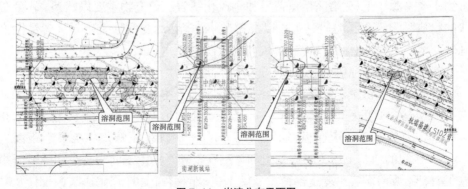

图 7-11　岩溶分布平面图

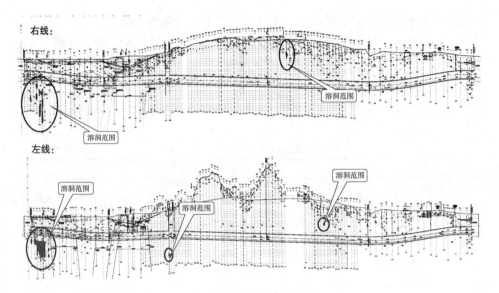

图 7-12 岩溶分布纵断面

2. 溶洞充填物性质评价

（1）溶洞充填类型

根据溶洞内充填物的多少，将溶洞划分为全充填和无充填两种类型。根据钻孔溶洞揭示情况：本场地全充填溶洞有 40 个，占溶洞总数的 65.57%，无充填溶洞有 21 个，占溶洞总数的 34.43%，未揭示有半充填溶洞分布。

（2）溶洞充填物来源

根据钻探揭示：无充填溶洞一般在基岩岩面下埋深较小，全充填溶洞一般埋深较深，反映出溶洞充填方式是自上而下充填。钻探提示：有部分溶洞无中风化基岩盖板，溶洞充填物层以上第四系土层或全风化基直接接触，说明其充填物主要来源于上部 第四系覆盖层和全风化基岩。填充物主要以软塑~软可塑状的粉质黏土、含砾粉质黏土，以及松散~稍密状的含黏性土碎石、含黏性土砾砂充填，工程力学性质较差。

3. 岩溶稳定性评价

根据钻探＋物探成果揭示，该区间岩溶平面上主要分布于左 DK28+571.00～左 DK28+691.00 里程范围内，在中间风井、盾构吊出井等地段有零星分布；在竖向上主要分布于隧道底板边缘下方，下卧溶洞顶板距隧道底板最小距离为 3.4m，中间的地基土层为粉质黏土和含黏性土碎石。由于间距较小，隧道盾构施工时，下卧溶洞容易受上部荷载及施工扰动的影响发生 塌陷风险，设计及后期施工时应引起重视。

盾构吊出井局部范围有岩溶发育，洞径高达 4.2m，主要填充填松散状含黏性土碎石，填充物中含水量较高，设计及施工时应注意加强防渗，防止岩溶水渗漏、突涌。在溶洞中层成桩较为困难，可采取先注浆加固再成桩，或成桩时采用套筒跟进法以保证成桩质量。

（二）处理方式

1. 岩溶处理的目的

（1）满足永久隧道结构的承载力、变形：

溶、土洞填充物性质软弱，随着时间的推移，并受周边环境的变化以及地下水活动的影响，很可能出现洞体坍塌现象。通过对洞体充填物的加固处理，提高其自身强度，从而提高洞体的稳定性，降低洞体坍塌而引起的地层塌陷。

（2）降低施工期间突水、栽头等事件发生的几率。

（3）降低新生土洞对隧道稳定性的不利影响：

对溶、土洞的认识，现在普遍认为溶洞的发育周期较长，通常以百年计，在地铁运营期间出现新生溶洞的可能性很低，故对溶洞的处理主要针对现阶段勘察发现的可能促成新生土洞发展的溶洞；而土洞的发展速度较快，当土层具备一定条件时土洞将很快产生，这对使用中的区间隧道将产生不利影响。通过对隧道下地层的加固处理，将隧道地层划分为若干单元，防止土洞发育、发展过大，并利用隧道本身的纵向刚度，使隧道变形不至于发展过快，即使发生土洞，也给运营期间的抢险工作赢得了充分的时间。

2. 岩溶处理的方法

根据岩溶专项勘察报告、区间走向及埋深，结合区间沿线周边条件针对不同岩溶发育程度采取对应处理措施。

（1）处理方法

1）岩溶中等发育区、弱发育区

①特点

岩溶发育程度为弱发育，溶洞的规模较小，且一般埋深较大，溶洞与隧道的间距较大，溶洞顶板较厚。

②处置原则

本区域属低危险区，仅需对区间影响范围内的个别指定溶洞进行处理。

③处理方法

处理采用点对点注浆处理。具体方法及要求按照本部分4）条"溶、土洞充填加固处理的方法"和第5）条"溶、土洞处理施工顺序要点"。

2）强烈发育区

①特点

岩溶发育程度为强烈发育，个别溶洞的规模较大，且埋深较小，局部溶洞与隧道的间距较小，甚至在隧道范围内，溶洞顶板较薄。

②处置原则

本区域属高危险区，需对区间影响范围内的溶洞进行处理。

③处理方法

岩溶强烈发育区，可进一步划分为高风险区和一般风险区。此区域划分可依据现场补充勘察资料进一步调整。

对高风险区处理方法为处理边界处帷幕注浆，处理范围内满铺注浆处理。帷幕注浆深入隧道底下15m，注浆范围为基岩面到隧道底下15m，注浆管单排布置纵向间距2m；满铺注浆间距2.0m×2.0m梅花形布置，注浆范围为基岩面到隧道底以下10m；注浆处如遇溶洞底部边界深于隧道底下10m，注浆范围为基岩面到洞底以下1.0m，注浆孔位置及其间距可视地面环境及地下管线情况予以适当调整。

对一般风险区处理方法为，针对钻孔揭示出的溶洞及物探异常区进行单独注浆处理，物探异常区应先验证，验证有溶洞时再做处理。验证方法为在探到有溶洞的钻孔周围按照纵横间距2.0m再次补充钻孔兼注浆孔。垂直隧道方向以探测到隧道结构外3.0m为止；沿线路方向以基本找到洞体边界为止；然后从中心向其他方向探测，沿垂直线路方向以探测到隧道结构外3.0m为止。探孔在探测到溶洞边界处适当加密。探测钻孔若是到达处理范围未发现溶洞则终止，若发现溶洞则须穿过溶洞进入洞底基岩1m终止。处理措施为：处理边界处帷幕注浆，所发现的溶洞点对点注浆处理，即针对钻孔揭示和验证存在的溶洞及裂隙进行注浆，注浆范围为溶洞底部边缘以下1.0m至基岩面。具体方法及要求按照本部分第4）条"溶、土洞充填加固处理的方法"和第5）条"溶、土洞处理施工顺序要点"。

3）其他需要说明的问题

部分区域缺少勘察资料：本区间左DK29+974.460～左DK30+084.600里程段尚没有完成勘察钻探。该部分可能出现的岩溶待根据补勘报告进一步进行设计处理。

4）溶、土洞充填加固处理的方法

①对洞径大于3m且无填充溶、土洞和半填充溶、土洞，先进行投砂或碎

石处理，后采用注浆加固的方法；投砂处理时在原钻孔附近（约0.6m）补钻两个 $\phi 200$ 的投砂孔，两投砂孔中心与原钻孔中心需在同一连线上，两投砂孔可相互作为出气孔，投砂用的砂夹石要求级配良好，选用砾石、卵石、中粗砂，粒径小于2mm的部分不超过总重的45%，不含植物残体、垃圾等杂质。投砂或碎石后，采用压力注浆的方法进行填充加固，注浆压力从低到高，间歇、反复压浆。投砂管建议采用 $\phi 200$ 的PVC套管，投砂孔的大小也可由施工单位根据现场施工情况进行调整，达到填砂目的即可；当投砂困难时可改用M7.5号水泥砂浆灌注，然后再注水泥单液浆。隧道外侧3m处施作注浆帷幕[注浆帷幕施工可采用双液浆，配比建议为水泥：水：水玻璃 = 1：1.38：0.29（质量比）]。

②对洞径大于3m的全充填溶、土洞及洞径小于3m的溶、土洞，采用压力注浆的方法进行填充加固，注浆压力从低到高，间歇、反复压浆。

5) 溶、土洞处理施工顺序要点

①探边界→投砂充填→止浆帷幕（如需）→注浆充填→注浆效果检测。

②注浆施工时，应先施作止浆帷幕（如果需要做），将处理范围内溶洞与外界洞体隔离，再处理中间区域。若在周边孔注第一次浆时，注浆量已较多，压力达不到设计要求时，周边孔与中央孔可交替注浆。

③发现浆液流失严重时添加水玻璃速凝剂，以确保注浆效果。

④中央区域注浆孔应跳跃施工，以防止跑浆、窜浆。

（2）处理范围

溶洞处理范围为隧道平面两侧3m范围内，隧道竖向底以下10m、顶以上3m到基岩面，对于局部存在底深于隧道底以下10m范围的大溶洞，处理范围为溶洞底以下1.0m到基岩面。

根据详勘报告（含岩溶专项）资料，需要处理的溶洞已在地质纵断面图上标出，详见地质纵断面图。

（3）大溶洞处理

对于洞径大于5m的无填充的溶洞按照4) 溶、土洞充填加固处理的方法（1）中的处理方法的同时进行单独探边确定其规模，并对其进行加密加深钻孔注浆或填充处理，在隧道结构轮廓外3m处设置注浆帷幕。具体处理参数应该通过业主、设计、施工、监理等各方开会讨论确定处理方案，然后进行处理。

（4）物探异常区处理

对物探异常区先进行钻孔验证，根据验证情况进行注浆或填充处理，注浆及填充方法按照本部分第4) 条"溶、土洞充填加固处理的方法"和第5) 条"溶、土洞处理施工顺序要点"。

(5)施工工序

本区间中高风险区域岩溶处理是由处理边界处基岩面下帷幕注浆隔断、处理范围内满铺注浆措施所组合而成的系统处理措施。各施工措施间应满足一定的衔接顺序和衔接要求,以起到各措施协同工作满足岩溶处理的要求。各处理措施施工工序及衔接要求如下:

施工工序:核实地下管线及地上建构筑物→处理边界处岩面下帷幕注浆→满铺注浆→注浆效果检验→不合格注浆处理→验收合格后回填恢复路面。

岩溶强烈发育区中一般风险区段和岩溶中等发育区、岩溶弱发育区岩溶处理为溶洞点对点注浆填充。各施工措施间应满足一定的衔接顺序和衔接要求,以起到各措施协同工作满足岩溶处理的要求。各处理措施施工工序及衔接要求如下:

施工工序:核实地下管线及地上建构筑物→探测溶洞边界→复核注浆位置→溶洞点对点处理→注浆效果及检验→不合格注浆处理→验收合格后回填恢复路面。

3. 注浆施工技术及工艺要求

本注浆工艺适用于满铺注浆、点对点注浆和帷幕注浆。

(1)注浆工艺:本区间采用 $\phi 48$ 的 PVC 袖阀管注浆。

(2)注浆材料:采用纯水泥浆。对于溶洞水有流动性时,应在浆液中加入速凝剂或采用水泥-水玻璃双液浆,配比建议为水泥:水:水玻璃=1:1.38:0.29(质量比)。

(3)注浆参数为:

1)注浆压力0.3~2.0MPa(注浆压力在正式施工前依据现场实验调整);注浆压力从0.3MPa逐步提高,达到注浆终压并继续注浆10min以上;

2)水泥采用42.5级普通硅酸盐水泥;水灰比=0.5:1~1:1.4(配比在正式施工前依据现场实验调整);

3)注浆速度:30~70L/min(注浆速度在正式施工前依据现场实验调整);

4)注浆扩散半径设计为1.5m;

5)每个注浆孔每米的灌浆量初步按 $2.0m^3$ 考虑。实际灌浆参数根据现场实验确定。

(4)停注及封堵注浆孔

注浆压力是给予浆液扩散、充填、压实的能量,压力大有助于提高浆液充填程度和结石体强度,但压力过大,易导致地基及其上部结构的破坏。当泵压达到终压、注浆量小于最大注浆速度维持15min以上或者出现地面返浆,即可停止注浆，拔出注浆管。

注浆完毕待初凝后，盾构范围内勘察钻孔和注浆孔在施工结束后均要进行有效封孔，均在钻孔验收1小时前准备好封孔材料。封孔可采用水泥粉煤灰水泥浆，水泥与粉煤灰比为1:1。

（5）灌浆加固效果检查

1）检测方法

①采用钻孔取芯，做抗压试验；

②对加固地层做原位标贯试验。

2）检测标准

①土洞：采用随机原位标贯试验，28天的标贯击数应不小于10击；

②溶洞：采用随机钻孔取芯，做抗压试验，无侧限抗压强度Ⅰ区$\geq$0.4MPa，Ⅱ区$\geq$0.2MPa。Ⅰ区、Ⅱ区位置判定详见溶洞处理判定示意图。

3）检测数量

①土洞：检测数量为土洞处理数量（钻孔）的1%，至少取3个；且每个土洞处理区域均要检测一次；

②溶洞：检测数量为溶洞处理数量（钻孔）的1%，至少取3个；且每个溶洞处理区域均要检测一次。

4）钻孔取芯回填要求

钻孔取芯后需对钻孔进行回填。回填材料应具有良好的均匀性、低渗透性和水密性，保证该桩孔不形成透水通道，强度不小于原状土，以确保盾构推进的安全。建议采用水泥土回填，即塑性较好的黏性土，填入前在土内掺加7%水泥。

4. 施工注意事项

（1）在施工前应进一步探明地下管线、地上管线及建构筑物的情况，如存在与设计处理范围有冲突或影响施工安全的，应及时报各方协调处理。

（2）岩溶处理正式施工前须先做现场实验，并依据实验结果调整施工工艺及相关参数，达到满意效果，并经过设计同意方可进行正式施工。

（3）若注浆钻孔底遇到溶洞，孔深应加深至溶洞下1m。

（4）对于岩溶强烈发育区中一般风险区段和岩溶中等发育区、岩溶弱发育区，若岩溶水的发育连通性强，需采用水泥水玻璃双液浆做注浆帷幕防止浆液流失。平面范围为处理边界或者隧道外3m，注浆帷幕顶端位于基岩面，下端位于隧道底以下15m或溶洞底以下1m。在注浆区域设一道封闭的止浆、止水帷幕。

（5）施工前应落实既有大量钻孔的封闭情况，防止产生次生灾害。

（6）注浆施工过程中，应对地面及其周边建构筑物进行变形观测及地下水变化长期观测，以指导施工的安全进行，防止注浆过程中冒浆、串浆等引起超限的地面隆起，对周边建筑物及地下管线造成不利影响。

（7）施工单位应注意安全文明施工，钻孔泥浆排放等满足城市环保要求，同时做好施工组织设计。

（8）岩溶注浆及地层加固时应充分考施工对路面交通情况的影响，对溶洞、地层分区分步进行注浆处理，尽量减少对地面交通的影响。

（9）采用直孔有困难时，经现场监理确认，也可采用斜孔进行岩溶注浆处理。施工中如不慎打到管道时，应及时通知产权单位，并采取相应的补救措施。

（10）施工单位应编制岩溶处理专项施工技术方案，经专家会评审通过后实施。

（11）施工单位应编制岩溶处理专项施组，对溶腔体积进行初步判断，对体积可能较大的溶洞应联合参建单位研究之后再行处理。

（12）岩溶处理施工完毕后，应经行一次全面的物探检查，核实岩溶及异常区的分布及处理效果。

（13）由于注浆的工程量存在很大不确定因素，最终注浆量以实际发生、施工监理确认为准。

5. 其他

（1）运营期间，岩溶地段应加强监测，对区间结构变形、地面沉降、周边水位进行重点监测，并需定期对结构安全进行检测，建立预警体系，编制应急预案，确保工程安全。如监测结果异常，应组织专项讨论处理。

（2）针对本区间特殊的工程地质与水文地质条件，建议采取有效措施，限制易诱发岩溶塌陷的各类人类活动（如过量开采岩溶地下水、钻探与桩基施工等），确保工程场地稳定。建议后期在本区间沿线2倍（约区间结构两侧50m）区间埋深范围内开挖深基坑或进行基坑降水需采用有效措施防止岩溶塌陷，并征得地铁公司同意才能开工。

第八章

重大风险源的监测与管理

第一节 轨道交通监测概述

城市轨道交通施工区域大多位于城市繁华地带、人口密集、周围高楼林立、地下管道交错繁密，与已建桥梁、地铁、高铁和高速公路等构筑物关系复杂。城市轨道交通工程通常包括地下工程、高架工程、基坑工程和地面线路工程，这些工程的建设不仅会影响地面的交通，而且会给周边带来噪声、粉尘等影响，更重要的是造成工程所在地土体和周边土体的位移场、应力场和地下水等的变化，这些变化对周边环境造成损害，如管道、道路和周边建筑物的下沉、开裂，抽排地下水导致的土体流失使地面产生凹坑，严重的会发生塌陷等。城市轨道交通工程建设中必须保证自身和周边环境的安全。因岩土工程具有复杂性、不确定性和多变性等特征，在设计和施工前并不能完全掌握地下岩土体的工程性质，加上施工过程中车辆、吊车等外荷载和地下水等的影响，使得城市轨道工程建设不能完全按照岩土工程设计的方向发展，从而产生一定的偏差，因此为了保证工程自身和周边环境的安全，必须在施工过程中对工程自身和周边环境进行动态监测，以掌握工程的工作状态，判断工程自身和周边环境是否安全，为下一步的设计和施工提供依据，以保证工程顺利进行。

轨道交通站点和盾构开挖工程施工前，应委托具备相应资质的监测单位对工程实施现场进行监测，监测单位应编制监测方案，经专家评审，监测方案经建设方、设计方、监理方等认可，必要时还需与基坑周边环境涉及的有关管理单位协商一致后方可实施。

一、监测目的

城市轨道交通工程监测的主要目的是：

（1）使参建各方能够完全客观、真实地把握工程质量，确保工程安全；

（2）在施工过程中通过实测数据检验工程设计所采取的各种假设和参数的正确性，改进施工技术或调整设计参数以取得良好的工程效果；

（3）对可能发生危及工程本体和周围环境安全的隐患进行及时、准确的预报，以保证站点基坑和盾构区间沿线周围建筑物、道路、管线、桥梁和其他结构、构筑物等的安全；

（4）积累工程经验，为提高轨道交通工程的设计和施工整体水平提供基础数据支持。

二、监测原则

监测涉及多门学科的工作，其技术要求较高，监测的基本原则如下：

（1）监测数据必须是真实可靠的。数据的可靠性由测试元件安装或埋没的可靠性、监测仪器的精度以及监测人员的素质来保证。监测数据真实性要求所有数据必须以原始记录为依据，任何人不得篡改、删除原始记录；

（2）监测数据必须是及时的，监测数据应及时计算处理，发现有问题，及时复测并对数据进行分析处理，做到当天测、当天反馈；

（3）埋设于土层或结构中的监测元件应尽量减少对结构正常受力的影响，埋设监测元件时应注意与岩土介质的匹配；

（4）对所有监测项目，应按照工程具体情况预先设定预警值和报警制度，预警体系包括变形或内力累积值及其变化速率；

（5）监测应整理完整监测记录表、数据报表、形象的图表和曲线，监测结束后应出具完整的项目监测报告。

三、工程监测等级及其划分

工程监测等级是指根据工程自身的风险等级、周边环境风险等级和工程所在地地质复杂程度等因素对城市轨道交通工程施工过程中各种风险源的监测划分等级，针对不同风险源在监测频率、仪器精度、监测控制值设置等方面进行相应的监测。工程监测等级根据基坑、隧道工程的自身风险等级、周边环境风险等级和地质条件复杂程度进行划分。基坑、隧道工程的自身风险等级则根据支护结构发生变形或破坏、岩土体失稳等的可能性和后果的严重程度，采用工程风险评估的方法确定，也可根据基坑设计深度、隧道埋深和断面尺寸等按表 8-1 划分。

周边环境风险等级可以根据周边环境发生变形或破坏的可能性和后果的严重程度，采用工程风险评估的方法确定，也可以根据周边环境的类型、重要性、与工程的空间位置关系和对工程的危害性按表 8-2 划分。地质条件复杂程度可根据场地地形地貌、工程地质条件和水文地质条件按表 8-3 划分。因此工程监测等级可根据表 8-4 的规定确定，可根据当地经验结合地质条件复杂程度进行调整。

基坑、隧道工程的自身风险等级　　　　　　　　　　　　表 8-1

工程自身风险等级		等级划分标准
基坑工程	一级	设计深度大于或等于 20m 的基坑
	二级	设计深度大于或等于 10m 且小于 20m 的基坑
	三级	设计深度小于 10m 的基坑
隧道工程	一级	超浅埋隧道；超大断面隧道
	二级	浅埋隧道；近距离并行或交叠的隧道；盾构始发与接收区段；大断面隧道
	三级	深埋隧道；一般断面隧道

注：1. 超大断面隧道是指断面尺寸大于 100m^2 的隧道；大断面隧道是指断面尺寸在 50～100m^2 的隧道；一般断面隧道是指断面尺寸在 10～50m^2 的隧道；
2. 近距离隧道是指两隧道间距在一倍开挖宽度（或直径）范围以内；
3. 隧道深埋、浅埋和超浅埋的划分根据施工工法、围岩等级、隧道覆土厚度与开挖宽度（或直径），结合当地工程经验综合确定。

周边环境风险等级　　　　　　　　　　　　表 8-2

周边环境风险等级	等级划分标准
一级	主要影响区内存在既有轨道交通设施、重要建（构）筑物、重要桥梁与隧道、河流或湖泊
二级	主要影响区内存在一般建（构）筑物、一般桥梁与隧道、高速公路或重要地下管线
	次要影响区内存在既有轨道交通设施、重要建（构）筑物、重要桥梁与隧道、河流或湖泊
	隧道工程上穿既有轨道交通设施
三级	主要影响区内存在城市重要道路、一般地下管线或一般市政设施
四级	次要影响区内存在一般建（构）筑物、一般桥梁与隧道、高速公路或重要地下管线
	次要影响区内存在城市重要道路、一般地下管线或一般市政设施

地质条件复杂程度　　　　　　　　　　　　表 8-3

地质条件复杂程度	等级划分标准
复杂	地形地貌复杂；不良地质作用强烈发育；特殊性岩土需要专门处理；地基、围岩和边坡的岩土性质较差；地下水对工程的影响较大，需要进行专门研究和治理
中等	地形地貌较复杂；不良地质作用一般发育；特殊性岩土不需要专门处理；地基、围岩和边坡的岩土性质一般；地下水对工程的影响较小
简单	地形地貌简单；不良地质作用不发育；地基、围岩和边坡的岩土性质较好；地下水对工程无影响

工程监测等级　　　　　　　　　　　　　　　　　　表 8-4

工程自身风险等级 \ 工程监测等级 \ 周边环境风险等级	一级	二级	三级	四级
一级	一级	一级	一级	一级
二级	一级	二级	二级	二级
三级	一级	二级	三级	三级

四、监测项目

城市轨道交通工程监测按监测的对象分为两大部分，即对工程本身的监测和对周边环境的监测，工程本身的监测中包括站点基坑、区间盾构隧道结构（主要是盾构管片）、联络通道和高架桥等。站点基坑监测包括围护桩墙、支撑内力、支撑和立柱、坑内外土层、地下水等；基坑周边环境包括周围地层、地下管线、周边建筑物（构筑物）、周边道路等。盾构区间应包括盾构管片、轨道隆沉，盾构区间的周边环境与基坑基本相同。轨道交通工程的监测项目应与工程设计、施工方案相匹配。应针对监测对象的关键部位，做到重点观测，以形成有效的、完整的监测系统。城市轨道交通工程监测按监测方法分为仪器监测和现场巡查，仪器监测借助于全站仪、测斜仪和水位仪等仪器对监测点进行监测；而现场巡查则由监测人员根据相关工程经验、施工状态等用肉眼、凭经验对工程自身、周边环境的隆沉、建筑物和道路及管线开裂、扭曲、伸长（缩短）和倾斜等项目进行描述，结合仪器监测对工程安全与否进行分析和判断。

轨道交通工程监测项目以工程设计图纸和地质勘察报告等为依据，并参照国家标准《城市轨道交通工程监测技术规范》GB 50911—2013，根据工程监测等级按表 8-5 进行选择。并由设计方根据工程现场及基坑设计的具体情况，提出基坑工程监测原则上的技术要求，主要包括监测项目、测点位置、监测频率和监测报警值等。

轨道交通工程监测项目　　　　　　　　　　　　　　　表 8-5

序号	监测项目	工程监测等级		
		一级	二级	三级
1	支护桩（墙）、边坡顶部水平位移	√	√	√
2	支护桩（墙）、边坡顶部竖向位移	√	√	√

续表

序号	监测项目	工程监测等级		
		一级	二级	三级
3	支护桩（墙）体水平位移	√	√	○
4	支护桩（墙）结构应力	○	○	○
5	立柱结构竖向位移	√	√	○
6	立柱结构水平位移	√	○	○
7	立柱结构应力	○	○	○
8	支撑轴力	√	√	√
9	顶板应力	○	○	○
10	锚杆拉力	√	√	√
11	土钉拉力	○	○	○
12	地表沉降	√	√	√
13	竖井井壁支护结构净空收敛	√	√	√
14	土体深层水平位移	○	○	○
15	土体分层竖向位移	○	○	○
16	坑底隆起（回弹）	○	○	○
17	支护桩（墙）侧向土压力	○	○	○
18	地下水位	√	√	√
19	孔隙水压力	○	○	○

注：√—应测项目，○—选测项目。

第二节 位移量测

一、概述

位移量测是岩土工程中最基础的监测项目，它反映了基坑开挖过程中或者盾构施工中土体（结构物）的位移变化情况，它包括垂直位移、水平位移和裂缝的收缩或扩展，垂直位移就是所谓的沉降。沉降是指所测结构物的位移在竖向方向上的大小，在城市轨道交通中通常包括地表沉降（道路沉降）、建筑物（构筑物）沉降、管线沉降、隧道盾构结构中的管片沉降、基坑支护结构中的立柱隆沉、坑底隆沉和冠梁隆沉等。水平位移是指所测结构物的位移在水平方向上的移动大小，在城市轨道交通中它通常包括了深层土体水平位移、隧道盾构结构（管片）的水平位移、围护桩体（连续墙体）的水平位移等。影响上述位移的因素众多，通常有土质条件、基坑尺寸、围护结构类型、施工因素（土方开挖顺序、降水、支撑时间等），而盾构掘进过程中的位移影响因素一般有土质条件、地下水情况、管片结构、注浆因素、盾构掘进速度、盾构隧道的埋深等。

对位移监测的主要目的是：获得基坑支护结构、盾构管片、土体、邻近建筑物及地下管线等的位移数据，以便及时调整设计方案、开挖（或掘进）速度及位置，保护邻近建筑物、支护结构、管线和道路等不因土体位移的过量或过快而遭到破坏，以利于工程的顺利进行。

（一）变形观测的测量点

测量点一般分为基准点、工作基点和观测点三类，如图8-1所示，量点布设应符合下列要求：

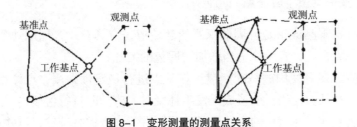

图8-1 变形测量的测量点关系

（1）基准点为确定测量基准的控制点，用来测定和检验工作基点稳定性，是直接测量变形观测点的依据。基准点应设在变形影响范围之外，并便于长期保存的稳定位移。每个工作至少应有3~4个稳定可靠的点作为基准点。使用时，应定期进行稳定性检查，稳定的点可作为测量变形的基准点；

（2）工作基点是变形测量中起联系作用的点，是直接测定变形测点的依据，应设在靠近观测目标，便于连测观测点的稳定位置。在通视条件较好，或观测项目较少的工程中，可不设工作基点，在基准点上直接观测变形观测点；

（3）变形观测点直接埋设在变形体上，是能够反映变形特征的观测点。

（二）变形监测等级

按监测点必要精度、技术指标的高低，可划分为四个等级，如表8-6所示。

变形测量的等级划分及精度要求　　　　　　　表 8-6

变形测量等级	垂直位移测量		水平位移测量	适用范围
	变形点的高程中误差（mm）	相邻变形点高差中误差（mm）	变形点的点位中误差（mm）	
一等	±0.3	±0.1	±1.5	变形特别敏感的高层建筑、工业建筑、高耸构筑物、重要古建筑、精密工程设施等
二等	±0.5	±0.3	±3.0	变形比较敏感的高层建筑、高耸构筑物、重要古建筑、精密工程设施和重要建筑物场地的滑坡监测等
三等	±1.0	±0.5	±7.0	一般性的高层建筑、工业建筑、高耸建筑物、滑坡监测等
四等	±2.0	±1.0	±12.0	观测精度要求较低的建筑物、构筑物和滑坡监测等

注：1.变形点的高程中误差和点位误差，系相对于最近基准点而言；
2.当水平位移变形测量用坐标向量表示时，向量中误差为表中相应等级点位中误差的 $1/\sqrt{2}$；
3.垂直位移的测量，可视需要按变形点的高程中误差或相邻变形点高差中误差确定测量等级。

（三）变形测量中应注意的问题

（1）首次观测成果是各周期观测的起始值，应具有比各周期观测成果更准确可靠的观测精度，宜采取适当增加测回数的措施；

（2）应定期对使用的基准点或工作基点进行稳定性检测，点位稳定后，检测周期可适当延长，当对变形成果发生怀疑时，应随时进行检核；

（3）观测前，对所用的仪器设备必须按有关规定进行校核，以并做好记录；

（4）使用同一仪器和设备，固定观测人员；

（5）采用相同的观测路线和观测方法；

（6）尽可能在基本相同的环境和条件下工作；

（7）原始记录应说明观测时的气象情况、施工进度和荷载变化，以供稳定性分析参考。

二、位移量测方法

（一）水准测量

确定地面点高程的测量工作，称为高程测量。高程测量是测量的基本工作之一。根据使用仪器和施测方法的不同，高程测量可分为水准测量、三角高程测量和气压高程测量。用水准仪测量高程，称为水准测量，它是高程测量中最常用、最精密的方法。

水准测量的原理：水准测量是利用一条水平视线，并借助水准尺，来测定地面两点间的高差，这样就可由已知点的高程推算出未知点的高程。测定待测点高程的方法有高差法和仪高法两种。

1. 高差法

如图 8-2 所示，若已知 A 点的高程 H_A，欲测定 B 点的高程 H_B。在 A、B 两点竖立两根尺子，并在 A、B 两点之间安置一架可以得到水平视线的仪器。假设水准仪的水平视线在尺子上的位置读数分别为 A 尺（后视）读数为 a，B 尺（前视）读数为 b，则 A、B 两点之间的高程差（简称高差 h_{AB}）为

$$h_{AB} = a - b \qquad (8\text{-}1)$$

于是 B 点的高程 H_B 为

$$H_B = H_A + h_{AB} \qquad (8\text{-}2)$$

$$H_B = H_A + h_{AB} = H_A + a - b \qquad (8\text{-}3)$$

这种利用高差计算待测点高程的方法，称高差法。

2. 仪高法

$$H_B = H_A + h_{AB} = (H_A + a) - b \qquad (8\text{-}4)$$

如图 8-3 所示，即 $\qquad H_B = H_i - b$

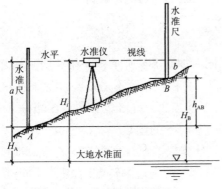

图 8-2 水准测量原理

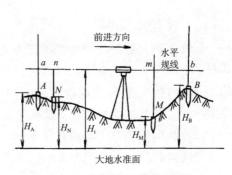

图 8-3 仪高法水准测量

上式中 H_i 是仪器水平视线的高程，常称为仪器高程或视线高程。计算一次仪高，就可以测算出几个前视点的高程。即放置一次仪器，可以测出数个前视点的高程。

3. 水准测量的实施

当欲测的高程点距水准点较远或高差很大时，就需要连续多次安置仪器以测出两点的高差。

（1）高差法

如图 8-4 所示，已知 A 点的高程 H_A，欲测 B 点高程 H_B，在 AB 线路上增加 1、2、3、4 等中间点，将 AB 高差分成若干个水准测站。其中间点仅起传递高程的作用，称为转点（Turning Point），简写为 TP。转点无固定标志，无须算出高程。每安置一次仪器，便可测得一个高差，即

$$H_1 = a_1 - b_1 \quad H_2 = a_2 - b_2 \quad H_n = a_n - b_n$$ 将各式相加，得

$$\Sigma h = \Sigma a - \Sigma b$$

则 B 点的高程为

$$H_B = H_A + \Sigma h \tag{8-5}$$

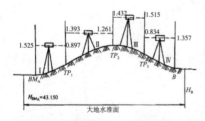
图 8-4 高差法连续水准测量

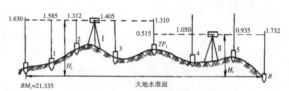
图 8-5 仪高法连续水准测量

（2）仪高法

仪高法测高程的施测与高差法基本相同。如图 8-5 所示，在相邻两测站之间有了中间点 1、2、3 与 4、5，它们是待测的高程点，而不是转点。在测站Ⅰ，除了读出 TP_1 点上的前视读数，还要读出中间点 1、2、3 的读数；在测站Ⅱ，要读出 TP_1 点上的后视读数，以及读出中间点 4、5 的读数。

仪高法的计算方法与高差法不同，须先计算仪器视线高程 H_i，再推算前视点和中间点高程。为了减少高程传递误差，观测时应先观测转点，后观测中间点。

4. 测点布置与埋设

建筑物：测点埋设时先在建筑物的基础或墙上钻孔，然后放入预埋件，孔

与测点四周空隙用水泥砂浆填实。测点基本布设在被测建筑物的角点上，埋设高度应方便观测，同时测点应采取保护措施，做好明显标志，进行编号，避免在施工和使用期间受到破坏。测点的埋设如图8-6（a）所示。

地表沉降：在道路且有车辆经过的地方，首先用小钻机破硬壳层，开一个直径不小于13cm（便于标尺放入）的孔，用铁锤将不短于80cm的钢筋敲入土层，注意地下管线埋深，钢筋顶部应低于路面3~5cm，钢筋周围用粗砂加固。对软土地区，直接将不短于60cm的钢筋敲入土层，钢筋周围用粗砂加固，如图8-6（b）所示。

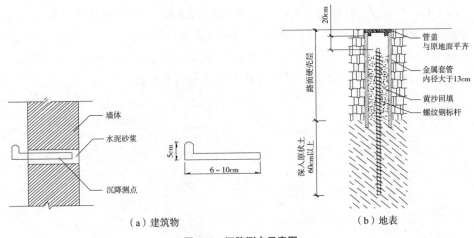

图8-6 沉降测点示意图

（二）水平位移测量

当要观测某一特定方向的位移时，经常采用视准线法、小角度法等观测方法。但当附近难以找到合适的工作基点或需同时观测两个方向位移时，则一般采用前方交会法。前方交会法主要有两种：测边前方交会法和测角前方交会法。另外还有极坐标法以及一些困难条件下的水平位移观测方法。

视准线法：在水平位移观测中，在有条件的场地，用视准线比较简单。具体做法为：沿欲测边缘设置一条视准线，在该线的两端设置基准点A、B，在此基线上设置若干个水平位移测点。基准点A、B应设置在距离欲测点附近的稳定地段，各测点最好设在刚度较大的结构上，测量时采用经纬仪测出各测点对此基线的偏离值，两次偏离值之差，就是测点垂直于视准线的水平位移值。视准线法按观测偏离值的测法，可分为活动觇标法和小角度法两种。用活动觇标法观测时，司觇者根据司仪者的指挥移动觇标，直到觇标中心与经纬仪纵丝完全重合为止。然后由司觇者在觇标上读取偏离值。小角度法采用经纬仪测出视准线与测点之间的角度，从而算出测点的偏离值。

前方交会法：当变形观测点在附近无合适的基准点可供选择，常用前方交会法来进行观测，这时，基准点选择在视线良好的测点远处。沿测点方向设置一条交会基线，或者设置两个或多个基准点交会方法，测出各测点的位移值。前方交会分为测角交会、测边交会和测边测角交会三种。测角交会法如图8-7（a）所示，用经纬仪在已知点A，B上测出α和β角，计算待定点P的坐标。测边交会法如图8-7（b）所示，P表示位移点，A_1、A_2表示工作基点。设A_1坐标为(X_1, Y_1)，A_2坐标为(X_2, Y_2)，P坐标为(X_P, Y_P)。观测S_1，S_2边，求交会点P的坐标。用测距仪在A_1点测得A_1到P点的平距为S_1，在A_2点测得A_1到P点的平距为S_2。基线平距S_3在首次观测后即可以将其固定。测出两次P点坐标的位移值ΔX_P，ΔY_P，可以计算出相应的水平位移。

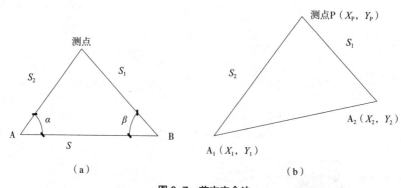

图8-7　前方交会法

（三）深层水平位移测量

测斜仪是一种可精确地测量沿垂直方向土层或围护结构内部水平位移的工程测量仪器。它分为活动式和固定式两种，在基坑开挖支护监测中常用活动式测斜仪。将含有四个相互垂直导槽的测斜管埋入支护结构（如地下连续墙、围护桩等）或土体中。测量时，将活动式测头放入测斜管，使测头上的导向滚轮卡在测斜管内壁的导槽中，沿槽滚动，活动式测头可连续地测定沿测斜管整个深度的水平位移变化，如图8-8所示。

测斜仪一般由探头、电缆、数据采集仪（读数仪）组成。探头的传感器形式有伺服加速度计式、电阻应变片式、钢弦式、差动电阻式等多种形式，目前使用最多的是伺服加速度式。国内有航天部 33 所生产的 CX 系列，国外有美国 SINCO 公司的数字测斜仪，瑞士的 PRIVEC 测斜仪等。

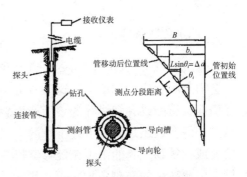

图 8-8　测斜仪的工作原理

内壁有导槽的测斜管（测斜管道由以下几部分组成:测斜管、连接管、管座、管盖）。测斜管是用聚氯乙烯、ABS 塑料、铝合金等材料制成,管内有互成 90° 四个导向槽,国产塑料测斜管尺寸多为：内径 $\phi58mm$、外径 $\phi70mm$、长度分 2m、3m 和 4m 三种。塑料连接管多采用市场上出售的聚氯乙烯塑料管制成，还可用万能接头相连。连接管的尺寸为内径 $\phi70mm$、外径 $\phi82mm$、长度分 300mm 和 400mm 两种。在管壁的两端有滑动槽 4 条，各槽相隔 90°。管座位于测斜管底端，与管外径匹配，防止泥砂从管底端进入管内的一个安全护盖。管盖用于保护测斜管管口，防止杂物从管口掉入管内影响正常观测工作也由聚氯乙烯制成，其外形尺寸同管座。

当土体发生位移时，埋入土体中的测斜管随土体同步位移，通过逐点测量测斜管内测斜探头轴线与铅垂线之间倾角，可计算各点偏离垂线的水平偏差：

$$\delta_i = L_i \times \sin\theta_i \tag{8-6}$$

L_i 为第 i 量测段的长度，通常取为 500mm、1000mm 等整数；θ_i 为第 i 量测段的倾角值（°）。以管口为参照点，并从管口向下第 n 个测点的水平偏差值为：

$$\delta_n = \delta_0 + \sum_{i=1}^{n} L \times \sin\theta_i \tag{8-7}$$

式中：δ_0 为管口的水平位移值（mm）。第 n 个测点的水平位移 Δ_n：

$$\Delta_n = \delta_n - \delta_{0n} = \Delta_0 + \sum_{i=1}^{n} L \times (\sin\theta_i - \sin\theta_{0i}) \tag{8-8}$$

即：本次测得的水平偏差减去测斜管的初始水平偏差。

式中：δ_{0n}——从管口下数第 n 个测点处的水平偏差初始值；

　　　θ_{0i}——从管口下数第 i 个测点处的倾角初始值；

　　　Δ_0——是实测的管口水平位移。

(四)裂缝测量

基坑开挖会引起周围房屋、道路和管线等建筑物或构筑物的位移,位移过大会引起附加应力的增大,这种应力一旦超过材料的允许抗拉强度,就会在墙体表面、道路或者管线等的表面产生裂缝。某些重要的建筑物是不允许出现裂缝的,但多数还是允许带缝工作的,但也要依建筑物的具体受力构件而定。建筑物或构筑物裂缝的出现无疑会给建筑物的功能带来一定的影响,如轻微的裂缝会引起居民的心理负担,至少影响其美观;严重的会带来结构物承重能力的下降,以至丧失原有的功能而引起建筑物的倒塌。因此在基坑开挖过程中或者盾构开挖过程中对于裂缝的观测也非常重要。裂缝的产生总是有一定的滞后性,因为结构受力到裂缝的形成过程需要一定的时间,但裂缝的大小、扩展、深度等尺寸参数确是结构从受力到破坏的一个宏观表现。重视对裂缝的观察并结合其他监测项目对施工工况及时进行受力分析会及时掌握工程的受力状态,以判断结构的稳定性和周围环境的安全性具有非常重要的意义。城市轨道交通建设中,按照受影响的对象可分为:建筑物裂缝、道路裂缝、支撑系统构件裂缝等常见的三种类型。

为了观测裂缝的发展情况,要在裂缝处设置观测标志。对设置标志的基本要求是:当裂缝开展时标志就能相应地开裂或变化,并能正确地反映建筑物裂缝发展情况,其标志形式一般采用如下三种形式。

1. 石膏板标志

用厚 10mm,宽约 50~80mm 的石膏板(长度视裂缝大小而定),在裂缝两边固定牢靠。当裂缝继续发展时,石膏板也随之开裂,从而观察裂缝继续发展的情况。

2. 白铁片标志

(1)如图 8-9 所示,用两块白铁皮,一片取 150mm×150mm 的正方形,固定在裂缝的一侧,并使其一边和裂缝的边缘对齐。

(2)另一片为 50mm×200mm 的矩形,固定在裂缝的另一侧,使两块白铁皮的边缘相互平行,并使其中的一部分重叠。

(3)当两块白铁片固定好以后,在其表面均涂上红色油漆。

(4)如果裂缝继续发展,两白铁片将逐渐拉开,露出正方形白铁上原被覆盖没有涂油漆的部分,其宽

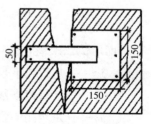

图 8-9 白铁片标志

度即为裂缝加大的宽度，可用尺子量出。

3. 埋钉法

在建筑物大的裂缝两侧各钉一颗钉子，通过测量两侧两颗钉子之间的距离变化来判断滑坡的变形滑动。这种方法对于临灾前兆的判断是非常有效的。其标志设置具体如图8-10所示，在裂

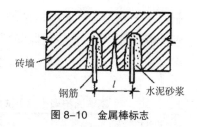

图 8-10 金属棒标志

缝两边凿孔，将长约10cm直径10mm以上的钢筋头插入，并使其露出墙外约2cm，用水泥砂浆填灌牢固。在两钢筋头埋设前，应先把钢筋一端锉平，在上面刻画十字线或中心点，作为量取其间距的依据。待水泥砂浆凝固后，量出两金属棒之间的距离，并记录下来。以后如裂缝继续发展，则金属棒的间距也就不断加大。定期测量两棒之间距并进行比较，即可掌握裂缝开展情况。

对裂缝深度量测，当裂缝深度较小时宜采用凿出法和单面接触超声波法监测；深度较大裂缝宜采用超声波法监测。裂缝宽度监测精度不宜低于0.1mm，长度和深度监测精度不宜低于1mm。

对于数量不多，易于量测的裂缝，可视标志形式不同，用比例尺、小钢尺或游标卡尺等工具定期量出标志间距求得裂缝变位值，或用方格网板定期读取"坐标差"计算裂缝变化值；对于较大面积且不便于人工量测的众多裂缝宜采用近景摄影测量方法；当需连续监测裂缝变化时，还可采用测缝计或传感器自动测记方法观测。

裂缝观测中，裂缝宽度数据应量取至0.1mm，每次观测应绘出裂缝的位置、形态和尺寸，注明日期，附必要的照片资料。

三、位移监测精度

（一）水平位移监测精度

测定特定方向上的水平位移时可采用视准线法、小角度法、投点法等；测定监测点任意方向的水平位移时可视监测点的分布情况，采用前方交会法、自由设站法、极坐标法等；当基准点距基坑较远时，可采用GPS测量法或三角、三边、边角测量与基准线法相结合的综合测量方法。

水平位移监测基准点应埋设在基坑开挖深度3倍范围以外不受施工影响的稳定区域，或利用已有稳定的施工控制点，不应埋设在低洼积水、湿陷、冻胀、胀缩等影响范围内；基准点的埋设应按有关测量规范、规程执行。宜设置有强

制对中的观测墩；采用精密的光学对中装置，对中误差不宜大于 0.5mm。基坑围护墙（坡）顶水平位移监测精度应根据围护墙（坡）顶水平位移控制值按表 8-7 确定。

基坑围护墙（坡）顶水平位移监测精度要求（mm） 表 8-7

设计控制值（mm）	≤ 30	30 ~ 60	> 60
监测点坐标中误差	≤ 1.5	≤ 3.0	≤ 7.0

注：监测点坐标中误差，系指监测点相对测站点（如工作基点等）的坐标中误差，为点位中误差的 $1/\sqrt{2}$。

地下管线的水平位移监测精度宜不低于 1.5mm。其他基坑周边环境（如地下设施、道路等）的水平位移监测精度应符合相关规范、规程等的规定。

（二）竖向位移监测精度

基坑围护墙（坡）顶、墙后地表及立柱的竖向位移监测精度应根据竖向位移控制值按表 8-8 确定。

基坑围护墙（坡）顶、墙后地表及立柱的竖向位移监测精度（mm） 表 8-8

竖向位移控制值	≤ 20（35）	20 ~ 40（35 ~ 60）	≥ 40（60）
监测点测站高差中误差	≤ 0.3	≤ 0.5	≤ 1.5

注：1. 监测点测站高差中误差系指相应精度与视距的几何水准测量单程一测站的高差中误差；
2. 括号内数值对应于墙后地表及立柱的竖向位移报警值。

地下管线的竖向位移监测精度宜不低于 0.5mm。其他基坑周边环境（如地下设施、道路等）的竖向位移监测精度应符合相关规范、规程的规定。坑底隆起（回弹）监测精度不宜低于 1mm。各等级几何水准法观测时的技术要求应符合表 8-9 的规定。

几何水准观测的技术要求 表 8-9

基坑类别	使用仪器、观测方法及要求
一级基坑	DS_{05} 级别水准仪，因瓦合金标尺，按光学测微法观测，宜按国家二等水准测量的技术要求施测
二级基坑	DS_1 级别及以上水准仪，因瓦合金标尺，按光学测微法观测，宜按国家二等水准测量的技术要求施测
三级基坑	DS_3 或更高级别及以上的水准仪，宜按国家二等水准测量的技术要求施测

（三）裂缝监测精度和技术要求

（1）裂缝观测应测定裂缝分布位置和裂缝的走向、长度、宽度及其变化情况。

（2）对需要观测的裂缝应统一进行编号。每条裂缝应至少布设两组观测标志，其中一组应在裂缝的最宽处，另一组应在裂缝的末端。每组应使用两个对应的标志，分别设在裂缝的两侧。

（3）裂缝观测标志应具有可供量测的明晰端面或中心。长期观测时，可采用镶嵌或埋入墙面的金属标志、金属杆标志或楔形板标志；短期观测时，可采用油漆平行线标志或用建筑胶粘贴的金属片标志。当需要测出裂缝纵横向变化值时，可采用坐标方格网板标志。使用专用仪器设备观测的标志，可按具体要求另行设计。

（4）对于数量少、量测方便的裂缝，可根据标志形式的不同分别采用比例尺、小钢尺或游标卡尺等工具定期量出标志间距离求得裂缝变化值，或用方格网板定期读取"坐标差"计算裂缝变化值；对于大面积且不便于人工量测的众多裂缝宜采用交会测量或近景摄影测量方法；需要连续监测裂缝变化时，可采用测缝计或传感器自动测记方法观测。

（5）裂缝观测的周期应根据其裂缝变化速度而定。开始时可半月测一次，以后一月测一次。当发现裂缝加大时，应及时增加观测次数。

（6）裂缝观测中，裂缝宽度数据应量至0.1mm，每次观测应绘出裂缝的位置、形态和尺寸，注明日期，并拍摄裂缝照片。

四、位移监测控制网

（一）基本原则

位移点分为基准点、工作基点和变形监测点。其布设的基本原则为：

（1）每个基坑工程至少应有3~4个稳固可靠的点作为基准点；

（2）工作基点应选在稳定的位置。在通视条件良好或观测项目较少的情况下，可不设工作基点，在基准点上直接测定变形监测点；

（3）施工期间，应采用有效措施，确保基准点和工作基点的正常使用；

（4）监测期间，应定期检查工作基点的稳定性。

监测仪器、设备和监测元件应符合下列要求：

（1）满足观测精度和量程的要求；

（2）具有良好的稳定性和可靠性；

(3) 经过校准或标定,且校核记录和标定资料齐全,并在规定的校准有效期内。

对同一监测项目,监测时宜符合下列要求:

(1) 采用相同的观测路线和观测方法;

(2) 使用同一监测仪器和设备;

(3) 固定观测人员;

(4) 在基本相同的环境和条件下工作。

监测过程中应加强对监测仪器设备的维护保养、定期检测以及监测元件的检查;应加强对监测仪标的保护,防止损坏。监测项目初始值应为事前至少连续观测3次稳定值的平均值。

(二) 水平位移监测网

1. 水平位移监测网布置

水平位移监测网可采用三角网、边角网、三边网和轴线等形式。宜按两级布设,由控制点组成首级网,由观测点和所连测的控制点组成扩展网。布网时应考虑图形形状,长短边不宜悬殊,宜采用独立的坐标系统。对于一、二级及有需要的三级控制点宜采用有强制对中装置的观测墩,其对中误差不应超过0.1mm。控制点应便于长期保存、加密、扩展和寻找,相邻点之间应通视良好,不受旁折光的影响。

2. 监测网的技术要求

水平位移监测网的技术要求详见表8-10的规定。对于一级水平位移测量,应使用不低于J1型的经纬仪,对于二、三级,可使用J1型或J2型经纬仪,J6经纬仪可在三级以及低精度观测点使用。

水平位移监测网的技术要求　　　　　表8-10

等级	相邻基准点的点位中误差(mm)	平均边长(m)	测角中误差(°)	最弱边相对中误差	作业要求
一等	1.5	<300	±0.7	≤1/250000	宜按国家一等三角要求观测
		<150	±1.0	≤1/120000	宜按二等三角要求观测
二等	3.0	<300	±1.0	≤1/120000	宜按二等三角要求观测
		<150	±1.8	≤1/70000	宜按三等三角要求观测
三等	7.0	<350	±1.8	≤1/70000	宜按三等三角要求观测
		<200	±2.5	≤1/250000	宜按四等三角要求观测
四等	12	<400	±2.5	≤1/40000	宜按四等三角要求观测

注:表中未考虑起始误差的影响。

（三）垂直位移监测网

垂直位移的监测网，可布设成闭合环、结点或复合水准线等形式。起算点高程宜采用国家或测区原有的高程系统，也可采用假设的相对高程。水准基准点应埋设在变形区以外的基岩或原状土层上，亦可利用稳固的建筑物、构筑物，设立墙上的水准点。当受条件限制时，亦可在变形区内埋设金属管水准基准点。高程控制点应避开交通干道、地下管线、仓库堆栈、水源地、河岸、松散堆土、滑坡体及其受影响地段、机器振动区域，以及其他能使标石、标志遭腐蚀、破坏的地点。标石要便于寻找、利用和保存，水准线路的坡度要小，便于观测。垂直位移监测网的主要技术要求见表 8-11，应符合表中的要求。

垂直位移监测网的主要技术要求　　　　　　　　　　　表 8-11

等级	相邻基准点高差中误差（mm）	每站高差中误差（mm）	往返较差、附合或环线闭合差（mm）	检测已测高差较差（mm）	使用仪器、观测方法及要求
一等	0.3	0.07	$0.15\sqrt{n}$	$0.2\sqrt{n}$	DS_{05} 型仪器，视线长度 ≤ 15m，前后视距差 ≤ 0.3m，视距累积差 ≤ 1.5m。宜按国家一等水准测量的技术要求施测
二等	0.5	0.13	$0.30\sqrt{n}$	$0.5\sqrt{n}$	DS_{05} 型仪器，宜按国家一等水准测量的技术要求施测
三等	1.0	0.30	$0.60\sqrt{n}$	$0.8\sqrt{n}$	DS_{05} 型仪器或 DS_1 型仪器，宜按二等水准测量的技术要求施测
四等	2.0	0.70	$1.40\sqrt{n}$	$2.0\sqrt{n}$	DS_1 型仪器或 DS_3 型仪器，宜按三等水准测量的技术要求施测

注：n 为测段的测站数；表中数据引自《工程测量规范》GB 50026—2007。

五、自动化监测技术

近年来，随着计算机技术和自动化水平的提高，基坑工程自动化监测技术也发展迅速，地铁运营阶段人工监测盾构隧道管片的位移变得非常困难，而且很多"深大难"的基坑不便于人工监测，需要对基坑进行自动化监测，相对于传统的人工监测，自动化监测具有以下特点：

首先，自动观测可以连续记录观测对象完整的变化过程，并且得到实时观测数据。借助于计算机网络系统，可以将数据传送到网络覆盖范围内的任何需要这些数据的部门和地点。特别在大雨、大风等恶劣气象条件下自动监测系统取得的数据尤其宝贵。

其次，采用自动监测系统不但可以保证监测数据正确、及时，而且一旦发现超出预警值范围外的监测数据，系统马上报警，辅助工程技术人员做出正确的决策，及时采取相应的工程措施，整个反应过程不过几分钟，真正做到"未雨绸缪，防患于未然"。最后，就经济效益来看，采用自动监测系统，整个工程的成本可能会增加。但大部分自动监测仪器均可回收再利用，其成本会随着工程数量的增多而平摊，平均到每个工程的成本并不会很高。与人工监测相比，自动监测不需要人员进行测量，因此对人力资源的节省是显而易见的，当工地采用自动监测后，只需要一两个人对其进行维护即可达到完全实现监测目的。采用自动监测后，即可以对全过程进行实时监控，出现工程事故的可能性就会非常小，其隐形的经济效益和社会效益可能非常巨大。

（一）原理

静力水准系统是测量两点间或多点间相对高程变化的精密仪器。主要用于大坝、核电站、高层建筑、基坑、隧道、桥梁、地铁等垂直位移和倾斜的监测。静力水准系统一般安装在被测物体等高的测墩上或被测物体墙壁等高线上，通常采用一体化模块化自动测量单元采集数据，通过有线或无线通信与计算机连接，从而实现自动化观测。

静力水准仪系统由传感器、数据采集装置和计算机监控管理系统组成。数据采集装置放置在监测仪器附近，对所接入的仪器按照监控主机的命令或预先设定的时间自动进行控制、测量，并转换为数字暂存于数据采集装置中，并根据监控主机的命令向主机传送所测数据，并向管理中心传送经过检验的数据入库，监测技术人员对存储的数据进行处理和分析。仪器用传感器测量每个测点容器内液面的相对变化，再通过计算求得各点相对于基点的相对沉降（隆起）量，与基准点相比较即可得测点的绝对沉降（隆起）量。

如图 8-11 所示，设共布设有 n 个测点，1 号点为相对基准点，初始状态时各测量安装高程相对于（基准）参考高程面 ΔH_0 间的距离则为：Y_{01}、$\cdots$、Y_{0i}、$\cdots$、Y_{0n}（i 为测点代号，$i=0, 1, \cdots, n$）；各测点安装高程与液面间的距离则为 h_{01}、h_{0i}、$\cdots$、h_{0n}，则有：

$$Y_{01} + h_{01} = Y_{02} + h_{02} = \cdots = Y_{0i} + h_{0i} = \cdots = Y_{0n} + h_{0n} \tag{8-9}$$

当发生不均匀沉陷后，设各测点安装高程相对于基准参考高程面 ΔH_0 的变化量为：Δh_{j1}、Δh_{j2}、$\cdots$、Δh_{ji}、$\cdots$、Δh_{jn}（j 为测次代号，$j=0, 1, \cdots, n$）；各测

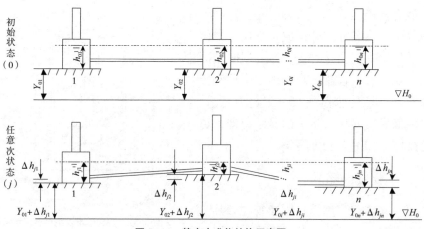

图 8-11 静力水准仪结构示意图

点容器内液面相对于安装高程的距离为 h_{j1}、h_{j2}、…、h_{ji}、…、h_{jn}。由图可得：

$$(Y_{01} + \Delta h_{j1}) + h_{j1} = (Y_{02} + \Delta h_{j2}) + h_{j2}$$
$$= (Y_{0i} + \Delta h_{ji}) + h_{ji}$$
$$= (Y_{0n} + \Delta h_{jn}) + h_{jn} \quad (8-10)$$

则 j 次测量 i 点相对于基准点 1 的相对沉陷量 H_{i1}

$$H_{i1} = \Delta h_{ji} - \Delta h_{j1} \quad (8-11)$$

因此可得：

$$\Delta h_{j1} - \Delta h_{ji} = (Y_{0i} + h_{ji}) - (Y_{01} + h_{j1})$$
$$= (Y_{0i} - Y_{01}) + (h_{ji} - h_{j1}) \quad (8-12)$$

$$(Y_{0i} - Y_{01}) = -(h_{0i} + h_{01}) \quad (8-13)$$

$$H_{i1} = (h_{ji} - h_{j1}) - (h_{0i} - h_{01}) \quad (8-14)$$

即通过传感器测得任意时刻各测点容器内液面相对于该点安装高程的距离 h_{ji}（含 h_{j1} 及首次的 h_{0i}），则可求得该时刻各点相对于基准点 1 的相对高程差。如把任意点 g（1，…，i，n）作为相对基准点，将 f 测次作为参考测次，则按公式（8-14）同样可求出任意测点相对 g 测点（以 f 测次为基准值）的相对高程差 H_{ij}：

$$H_{ig} = (h_{ij} - h_{ig}) - (h_{fj} - h_{fg}) \quad (8-15)$$

静力水准测量系统主要由主体容器、连通管、传感器等部分组成,当仪器主体安装点发生高程变化时,主体容器内液面发生变化,每一容器的液位由一个精密传感器测出,该传感器内有一个自由悬重,一旦液面发生变化,悬重的悬浮力即被传感器感应,如图 8-12 所示。

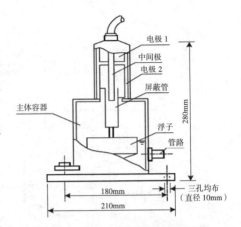

图 8-12　静力水准仪测量原理示意图

（二）安装、调试

（1）安装前先用简易连通管在管片上刻划每个静力水准仪的装置高度,根据高度,用电锤在隧道管片上钻孔安装静力水准仪装置测墩,测墩表面材质为 4mm 钢板,钢板上预埋有三个均匀分布的 M8×40 螺杆。测墩安装时利用水平尺使其基本水平,仪器主体容器及塑料连通管安装前预先用蒸馏水冲洗干净。

（2）将仪器主体安装在测墩钢板上,由水平尺在主体顶面垂直交替找平,使仪器表面水平及高程满足要求。

（3）将仪器及连通管系统连接好,从末端仪器缓慢注入防冻液,排出管内气泡。

（4）将浮子放入主体容器,然后将装有传感器的顶盖板安装在主体容器上,仪器及静力水准管路安装完毕后,将多只光纤光栅静力水准仪用专用的单芯光缆接入测量模块的信号接线端口。当容器液位上升时,解调仪波长应变小,现场进行仪器的垫高实验,通过一段时间的读数检查系统性能。

（5）仪器及静力水准管路安装完毕后,用专用的 4 芯屏蔽电缆与静力水准仪传感器焊接,并进行绝缘处理。

沉降监测传感器拟采用静力水准仪,由数据解调仪读取静力水准仪所采集的沉降变化量到计算机,进行计算处理和传输。在客户端计算机内（设于现场监控办公室）,通过专业软件支持,可访问服务器或直接访问 DAU 采集单元,读取数据,并进行数据分析和处理,编制报表。

（三）监测的技术要求

为确保监测工作的可靠性、稳定性及连续性,保证自动化监测的精确性和顺利实施,必须做到以下要求：

（1）安装前应对静力水准沉降自动监测系统进行调零,检查数据采集系统的精度、灵敏度、速度等性能指标。

（2）所有的静力水准沉降自动监测系统和数据采集器应有可靠的防潮保护。

（3）做好标记，避免有人碰撞安装在墙上的静力水准沉降自动监测仪器容器，以免出现错误读数。

（4）根据接线图将数据传输线正确、牢固地接入采集箱，采集箱电源接一单独插线板，所有连接处要用线扎、胶布扎紧。数据线要用线扎整齐。

（5）定期检查静力水准沉降自动监测系统接头是否有漏水现象，对水管做好保护工作。

（6）现场220V电源24小时保持不间断供电。

（7）做好现场传感器的保护。以免施工意外损坏。

隧道监测范围内管片按预先方案间距设置1台静力水准仪，量程为100mm，测量精度达到0.1mm；配置必需的监测数据自动采集及数据传输设备，以达到监测期间每30分钟提供一次各测点沉降数据及相关变化曲线、图表等。

第三节　应力量测

一、土压力量测

根据土力学中的有效应力原理，作用在土中任意一点的总应力是由土颗粒接触面承担的有效应力与土体孔隙内的水所承受的孔隙水压力组成的。某一点的应力矢量可以分解成法向的正应力和切向的剪应力。土压力一般用土压力盒进行量测。早期使用的土压力盒为油压式土压力盒，其为注满了油的扁平金属盒子，与土接触的一面做成薄膜，在土压力作用下产生变形，促使内部油压加大，压力的大小通过用紫铜管与压力盒相连通的压力计测读出来。现在使用的压力盒，从盒体构造可分为单膜压力盒与双膜压力盒。从土压力量测的原理上讲，主要采用的是电测法即采用电测传感器元件，其可分为电阻应变计式、变磁阻式及振玄式等。

土压力量测前，应选择合适的土压力盒。当要长期量测静态土压力时，一般多采用钢弦式土压力盒，且以单膜和单线圈型的较为经济实用。传感器量程的选择，一般应比预计的土压力大 2～4 倍，应避免超量程使用。现场使用的接收仪器多采用袖珍式的数字频率接收仪。围护墙侧向土压力监测点的布置应符合下列要求：

（1）监测点应布置在受力、土质条件变化较大或有代表性的部位；

（2）平面布置上基坑每边不宜少于 2 个测点。在竖向布置上，测点间距宜为 2～5m，测点下部宜密；

（3）当按土层分布情况布设时，每层应至少布设 1 个测点，且布置在各层土的中部；

（4）土压力盒应紧贴围护墙布置，宜预设在围护墙的迎土面一侧。

比较常规的埋设方法主要有两种：水压活塞式埋设法和挂布法。

水压活塞式埋设法：该装置由活塞装置（包括活塞、活塞缸、密封圈、限位器、护盒、砂包等）、安装定位框、U 形卡环、连接板、定位架及加压装置（包括手摇泵、水管及阀门架等）部分组成。在 30～40m 深的泥浆槽中，泥浆槽壁面凹凸不平，在此情况下埋设传感器时，关键要在保证传感器受压面与壁面紧密接触，混凝土浇筑前后，均不应有护壁泥浆留于传感器与槽壁之间，也不应有混凝土或砂浆流入其间。而采用水压活塞式埋设装置，是将装有土压力传感器的活塞装置用螺钉与安装定位框架联结起来，这种装置根据土压力传感器的布置、安装及运输方便可分成若干节，在泥浆槽槽口处组装。然后用吊车将其对准槽中，徐徐放到预定高程，然后将进水管与加压装置联结适当，施加水压力推动活塞使土压力传感器压向槽壁。当仪器读数表明土压力传感器已与槽壁接触后，再适当增加水压使其紧贴槽壁，并保持这个压力到混凝土浇筑之后待混凝土初凝时再除去水压力。

挂布法：挂布法是将土压力传感器按布点的位置，先装在一定宽度的尼龙布上，然后将带有传感器的尼龙布铺挂在钢筋笼的表面相应位置上，随同钢筋笼一起吊入沟槽中，定位后向沟槽内浇筑混凝土，随混凝土面的上升，借混凝土的侧向推力，将铺挂在钢筋笼表面的尼龙布连同土压力传感器一起压向沟槽的壁面。当混凝土继续上升时，推力不断增加，使传感器与槽壁侧面的土面接触得更加紧密。但注意在浇筑混凝土时要远离传感器一定距离，而在振捣混凝土时，振捣棒不要直接接触尼龙布上的传感器。

围护墙侧向土压力监测点的布置应选择在受力、土质条件变化较大的部位，在平面上宜与深层水平位移监测点、围护墙内力监测点位置等匹配，这样监测数据之间可以相互验证，便于对监测项目的综合分析。在竖直方向（监测断面）上监测点应考虑土压力的计算图形、土层的分布以及与围护墙桩内力监测点位置的匹配。图 8-13 为某基坑实测主动区土压力随工况的变化规律。由图 8-14 可以看出，在土方开挖以前，主动区土压力在地下连续墙浇筑过程及邻近地下墙沉槽施工过程中发生一定幅度的下降，坑内加固阶段土压力有一定程度的增大，降水阶段土压力又有一定程度的回落；开挖前总体来说基本上未发生大的变化。基坑开挖以后，随着土方开挖的进行，墙体坑内侧移增大，地表约 9m 以下的土压力值呈明显减小的趋势。但是，6m、9m 处的土压力值却呈先减小后增大的趋势；而浅部 2m 处的土压力则呈增大的趋势。底板浇筑完成后，主动区土压力略有增大最后趋于稳定。

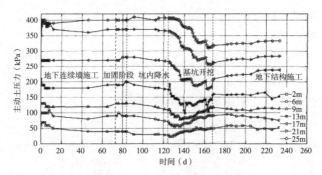

图 8-13 土压力随时间的变化曲线

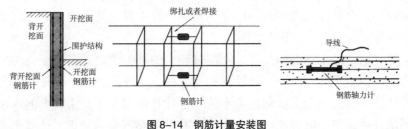

图 8-14 钢筋计量安装图

二、围护结构内力

围护结构内力监测是防止基坑支护结构发生强度破坏的一种较为可靠的监控措施，可采用安装在结构内部或表面的应变计或应力计进行量测。采用钢筋混凝土材料制作的围护桩，其内力通常是通过测定构件受力钢筋的应力或混凝土的应变，然后根据钢筋与混凝土共同作用、变形协调条件反算得到，钢构件可采用轴力计或应变计等量测。内力监测值宜考虑温度变化等因素的影响。

图 8-14 为钢筋计量测围护结构的轴力、弯矩的安装示意图,量测弯矩时,结构一侧受拉,一侧受压,相应的钢筋计一只受拉,另一只受压;测轴力时,两只钢筋计均轴向受拉或受压。由标定的钢筋应变值得出应力值,再核算成整个混凝土结构所受的弯矩或轴力。

弯矩: $$M = \varphi(\sigma_1 - \sigma_2) \times 10^{-5} = \frac{E_c}{E_s} \times \frac{I_c}{d} \times (\sigma_1 - \sigma_2) \times 10^{-5} \quad (8\text{-}16)$$

轴力: $$N = K \times \frac{\varepsilon_1 + \varepsilon_2}{2} \times 10^{-3} = \frac{A_c}{A_s} \times \frac{E_c}{E_s} \times K_1 \times \frac{\varepsilon_1 + \varepsilon_2}{2} \times 10^{-3} \quad (8\text{-}17)$$

式中: M——弯矩(kN·m);

N——轴力(N);

σ_1、σ_2——开挖面、背面钢筋计应力(kPa);

I_c——结构断面惯性矩(m^4);

d——开挖面、背面钢筋计之间的中心距离(m);

ε_1、ε_2——上、下端钢筋计应变;

K_1——钢筋计标定系数(kN/ε);

E_c、A_c——混凝土结构的弹性模量(kPa),断面面积(m^2);

E_s、A_s——钢筋计的弹性模量(kPa),断面面积(m^2)。

围护墙内力监测点应布置在受力、变形较大且有代表性的部位,监测点数量和横向间距视具体情况而定,但每边至少应设 1 处监测点。竖直方向监测点应布置在弯矩较大处,监测点间距宜为 3~5m。

基坑开挖是一个动态的过程,开挖过程中的轴力值也是动态变化的。选取具有代表性的基坑开挖时刻点后计算钢筋混凝土支撑的轴力。先根据朗肯土压力理论计算周围土压力,根据地下水的水位计算作用在支护结构上的水压力和合理的坑外超载值,可以利用结构力学中有关平面桁架的知识,计算出布设在监测点的支撑梁的截面轴力值。

图 8-15 为钢支撑钢筋计安装示意图。钢管支撑轴力测试则多采用钢弦式反力计。将轴力计安装架的圆形钢筒上没有开槽的一端与支撑的牛腿(活络头)上的钢板焊接牢固,焊接时必须将钢支撑中心轴线与安装架中心点对齐。待冷却后,把轴力计推入焊好的安装架圆形钢筒内,并用圆形钢筒上的 4 个 M10 螺丝把轴力计在安装架内固定牢固,使支撑吊装时轴力计不会滑落。钢支撑吊装到位后,将安装架的另一端(空缺的那一端)与围护墙体上的钢板对上,轴力计与墙体钢板间最好再增加一块 250mm(长)×250mm(宽)×25mm(厚)钢板,

以防止钢支撑受力后轴力计陷入墙体内使测量不准。钢支撑架设后,按照设计要求预加轴力,预加轴力值为设计值的 70%,按设计分级加载,并参考现场观测的墙体反应决定加载速度,预加轴力达到设计值后即可开始正常测量。

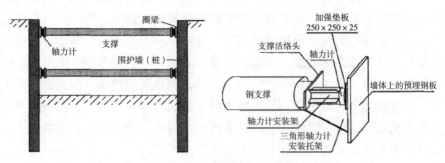

图 8-15　钢支撑轴力计安装图

基坑外侧的侧向水土压力由围护墙(桩)及支撑体系所承担,当实际支撑轴力与支撑在平衡状态下能承担的轴力(设计计算轴力)不一致时,将可能引起固护体系失稳。支撑内力的监测多根据支撑杆件采用的不同材料,选择不同的监测方法和监测传感器。对于混凝土支撑杆件,目前主要采用钢筋应力计或混凝土应变计,对于钢支撑杆件,多采用轴力计(也称反力计)或表面应变计。

支撑内力监测点的布置应符合下列要求:

(1)监测点宜设置在支撑内力较大或在整个支撑系统中起关键作用的杆件上;

(2)每道支撑的内力监测点不应少于 3 个,各道支撑的监测点位置宜在竖向保持一致;

(3)钢支撑的监测截面根据测试仪器宜布置在支撑长度的 1/3 部位或支撑的端头。钢筋混凝土支撑的监测截面宜布置在支撑长度的 1/3 部位;

(4)每个监测点截面内传感器的设置数量及布置应满足不同传感器测试要求。

支撑的内力不仅与钢筋计放置的截面位置有关,而且与所监测截面内的钢筋计的布置有关。其监测结果通常以"轴力"(kN)的形式表达,即把支撑杆监测截面内的测点应力平均后与支撑杆截面的乘积。显然,这与结构力学的轴力概念有所不同,它反映的仅是所监测截面的平均应力。

在基坑开挖过程中,每道支撑架设后其轴力一般是逐渐增大,当下一道支撑开始受力后该道支撑轴力达到最大值,并随着各道支撑间的应力调整逐渐趋于稳定。部分支撑轴力的最大值是出现在底板浇筑换撑的过程中,因此在换撑时应加强支撑轴力的监测频率,防止由于支撑拆除导致相邻支撑轴力突变而出现失稳。根据轴力监测数据，发现预加轴力衰减较多时应及时复加，使其达到预加轴力的要求，防止因预加轴力衰减较多使支撑轴力较小而导致围护结构变形较大。

实测的轴力值有的超过理论计算值2倍以上，或远超过支撑杆的容许承载力，但基坑却安全可靠。而有的工程实测的轴力不到理论计算值的几分之一却出现围护墙位移过大引起周边环境破坏。实际上轴力实测值与理论计算值的关系非常复杂。支撑系统的受力也极其复杂，支撑杆的截面弯矩方向可随开挖工况进行改变，而一般现场布置的监测截面和监测点数量较少。因此，只依据实测的"支撑轴力"有时不易判别清楚支撑系统的真实受力情况，甚至会导致相反的判断结果。建议的方法是选择代表性的支撑梁，既监测其截面应力，又监测支撑梁在立柱处和内力监测截面处等若干点的竖向位移，由此可以根据监测到的截面应力和竖向位移由结构力学的方法对支撑系统的受力情况作出更加合理的综合判断。同时有必要对施工过程中围护墙、支撑梁及立柱之间耦合作用进行深入研究，给合其他监测结果如围护桩墙的侧向水平位移、沉降和水位高低等进行综合判断，支撑轴力的变化曲线如图8-16所示。

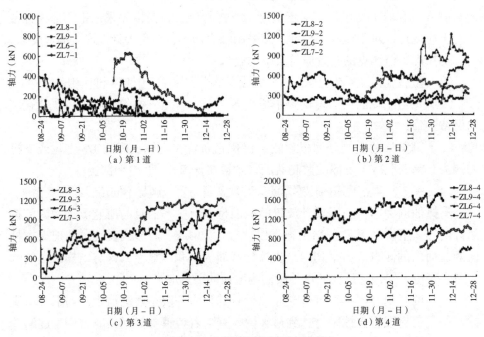

图8-16 支撑轴力随时间发展曲线

第四节 孔隙水压力和地下水位量测

土中的孔隙水压力是土力学的一个重要研究课题，尤其是近几年，超大型基坑、超深地铁基坑的大量涌现，使得地下水问题已经成为工程设计与施工中的关键性问题。在施工中，往往需要进行降水，降水则可能对邻近建筑物或管线产生不均匀沉降或开裂等危害，影响建筑物的安全。为了解孔隙水压力或地下水位的变化，需要用孔隙水压力计或水位计来进行测定。

一、孔隙水压力

孔隙水压力计（或称孔隙压力计，或孔压计）的基本工作原理是把多孔元件放置在土中，使土中水连续通过元件的孔隙（透水石），把水收集在一个容器中，再量测容器中水的水位或水压力，即可测出孔隙压力。孔隙水压力计的主要要求为：

（1）能准确测得土中的孔隙水压力，不论是正的还是负的（吸力），误差在已知和容许范围内；

（2）在天然土中埋设孔压计时，对土的扰动要小；

（3）对孔隙水压力的变化，应反应迅速；

（4）坚固可靠，长期稳定性好。

对任何孔压计，为了增加量测系统内的压力，要使一定量的水从土中流入元件，使仪器不能立即显示孔隙压力的变化。因为土的渗透性是一定的。在地下水压力变化和孔隙压力计显示这个压力之间有一个时间差，时间差越小，孔压计的反应也就越迅速，这就是孔隙水压力量测中的时间滞后性，滞后的时间与土的渗透性、管路的体积变化和封闭气体有关，与量测仪器的类型有关。

孔隙水压力计大致可分为：气压式、水管式和电测仪器。气压式孔隙压力计是国内外较早使用的一种，测压头埋设在土中欲测孔隙水压力的某一点，土中孔隙水通过测压头的透水石后，其压力作用在薄膜上，使薄膜向上变形而与接触钮相接，于是电路接通，电珠发光。若压入压缩空气，使其压力与薄膜下孔隙水压力相平衡时，薄膜与接触钮脱离，电路切断，电珠熄灭，这时的压力表读数就代表孔隙水压力。水管式孔隙压力计适用于长期观测，其中双管式孔隙压力计已有定型产品。电测仪器与测土压力的传感器相似，只要加上透水石，就可测定孔隙水压力。下面分别介绍常用的双管式孔隙压力计、电阻应变片式孔隙压力计和钢弦式孔隙压力计等三种孔隙压力计。

（一）双管式孔隙压力计

双管式孔隙压力计由测头、测量系统及排气系统三部分组成。测头为一带有空心透水石的圆锥体。测头周围的孔隙水通过透水石进入导管。空心透水石长10cm，壁厚1cm，渗透系数约为10^{-3}cm/s。测头上引出的双管为聚氯乙烯硬质塑料管，外径6cm，内径3.5cm，其作用为排除水中气泡和连通测头与测量系统。排气系统包括水泵、水箱，排气系统的功用是将无气水充灌全部管路，并排除测头与管路内的气泡。测头埋设：对软土地基，可用压入法，即先用钻机打孔至测点以上50cm左右，再把测头压入至测点位置。对于硬土，可先钻孔，再将测头放在装有反滤砂料的麻布袋内，放入孔中测点上，再回填50cm砂，上面再用黏土封孔。现场观测：观测前应充分排除测头与管路内的气泡，再进行现场观测。

（二）电阻应变片式孔隙压力计

电阻应变式孔隙压力计传感器受压力面的前端设置透水石，变形膜为周边固支的平膜板，在敏感薄板上粘贴圆形箔式应变片。这种传感器具有灵敏度高、反应迅速、易自动记录、传送距离长、易遥控、加工制造简单等特点，特别适宜动测。

（三）钢弦式孔隙压力计

钢弦式孔隙压力计是在一个竖式压力盒下装置一块透水石而成。其工作原理是：土孔隙水中的有压水通过透水石汇集到承压腔，作用于承压膜片上，膜片中心产生挠曲引起钢弦的应力发生变化，钢弦的自振频率随之发生变化，通过钢弦振动频率的量测可测知孔隙水压力。

（四）孔隙水压力计的埋设

孔隙水压力探头通常采用钻孔埋设。在埋设点采用钻机钻孔，达到要求的深度或标高后，先在孔底填入部分干净的砂，然后将探头放入，再在探头周围填砂，最后采用膨胀性黏土或干燥黏土球将钻孔上部封好，使得探头测得的是该标高土层的孔隙水压力。图 8-17 为孔隙水压力探头在土中的埋设情况，其技术关键在于保证探头周围垫砂渗水流畅，其次是断绝钻孔上部水的向下渗漏。原则上一个钻孔只能埋没一个探头，但为了节省钻孔费用，也有在同一钻孔中埋设多个位于不同标高处的孔隙水压力探头，在这种情况下，需要采用干土球或膨胀性黏土将各个探头进行严格相互隔离，否则达不到测定各土层孔隙水压力变化的作用。孔隙水压力监测点宜布置在基坑受力、变形较大或有代表性的部位。监测点竖向布置宜在水压力变化影响深度范围内按土层分布情况布设，监测点竖向间距一般为 2~5m，并不宜少于 3 个。

图 8-18 为某基坑实测迎土面（主动区）与开挖面（被动区）孔隙水压力随工况的变化曲线。图中显示基坑开挖前坑内外孔隙水压力与静止水压力大致相等，局部略大于静止水压力。随着开挖工况进行，被动区、主动区的孔隙水压力均呈逐渐减小趋势且各自的曲线形状基本一致。但是迎土面与开挖面孔隙水压力减小的原理却不尽相同，坑外水位在基坑开挖过程中变化不大。水位下降对孔隙水压力下降的影响不大，孔隙水压力的减小主要是由于侧向应力的减小引起的；而坑内（开挖面）的水位随着开挖深度的不断增加逐渐降低，同时坑内大量的土体卸载，二者共同作用下使得孔隙水压力不断减小。

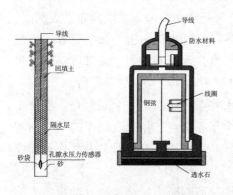

图 8-17　孔隙水压力探头的埋设

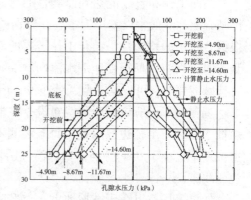

图 8-18　孔隙水压力变化曲线

二、地下水监测

基坑开挖中地下水的监测是指对地下水的水位、水量、水质、水温及流速、流向等在降低地下水位，疏干基坑涌水以及采取的基坑支护、回灌等工程措施影响下随着时间的变化规律监测。监测目的在于及时掌握降水疏干工程现状及发展趋势，调整降水疏干工程系统；预测可能出现的不良地质影响，及时建议、指导采取相应防护措施。保障基坑开挖施工顺利进行和减小对周围环境如建筑物、道路、管线等的影响。

（一）监测内容

（1）降水过程中地下水的水位升降变化和平面扩展趋势；

（2）被疏干含水层的地下水与其他含水层及地表水间的水力联系，具体为：

1）水位监测：静水位、动水位；

2）水量监测：单井点出水量、基坑总出水量；

3）水质监测：当地下水可能具有腐蚀性或不同含水层之间会发生水力联系时，须进行水质监测。一般监测分析项目为：K^+、Na^+、Ca^{2+}、Mg^{2+}、Cl^-、SO_4^{2-}、HCO_3^-、NO_3^-、侵蚀性 CO_2 以及 pH 值。特殊需要时，可进行单项分析；

4）水温监测：有时配合气温观测，据需要而定；

5）除上述监测内容外，应配合地下水位监测设置进行变形监测。

（二）监测布置原则

监测工作布置以能达到监测目的为原则，在充分了解场地地下水文地质条件基础上，一般常以基坑为中心，分别进行平行和垂直地下水流向布置观测线。根据含水层的均匀性，结合工作需要的经济可行性进行布置。如果只有一排观测孔时，则应选择垂直地下水流向的一条。当含水量不均匀，或基坑降水工程有特殊需要时，可根据需要调整布设，但基坑中心观测井应尽量保留。

观测井点一般应沿观测线布设，在抽水井点外侧的第一个观测点，应位于距抽水井影响半径边界附近。每条观测不少于 3 个点，相邻观测点的同时间的水位差不宜小于 0.1m。当需要回灌周围建筑物、道路等时，观测井孔也可偏离观测线布设。

如果工程重点在于掌握地下水位升降情况以判断围护结构所处的水压力情况和围护结构强度、稳定性等力学性能，其布置一般应满足以下原则：

（1）当采用深井降水时，水位监测点宜布置在基坑中央和两相邻降水井的中间部位；当采用轻型井点、喷射井点降水时，水位监测点宜布置在基坑中央和周边拐角处，监测点数量视具体情况确定；

（2）水位监测管的埋置深度（管底标高）应在最低设计水位之下 3~5m。对于需要降低承压水水位的基坑工程，水位监测管埋置深度应满足降水设计要求；

（3）水位监测点应沿基坑周边、被保护对象（如建筑物、地下管线等）周边或在两者之间布置，监测点间距宜为 20~50m。相邻建（构）筑物、重要的地下管线或管线密集处应布置水位监测点；如有止水帷幕，宜布置在止水帷幕的外侧约 2m 处。水位监测管的埋置深度（管底标高）应在控制地下水位以下 3~5m。对于需要降低承压水水位的基坑工程，水位监测管埋置深度应满足设计要求；回灌井点观测井应设置在回灌井点与被保护对象之间。

观测井孔结构、施工工艺方法与抽水井孔相同，但井管口径、井深以满足监测需要即可。管径多为 50~76mm，井深达预测的最大降水位以下 2~3m 为宜。

水位观测孔一般用钻机成孔，尽可能采用清水钻进，埋设材料为专用的水位监测 PVC 管，PVC 管外使用特殊土工布进行无缝包扎。埋设完成后，立即用清水洗孔，以保证水管与管外水土体系的畅通。埋设水位管时，底部 2m 长范围内的测管每隔 20cm 打一小孔，共三排，便于地下水进入管中；同时用纱布包裹该段管子以免管外土粒进入管中。管子下入孔底后以中粗砂封孔，地表下 2m 长范围内管外孔隙用黏性土封堵，以免地表水流入管中。如图 8-19 所示。

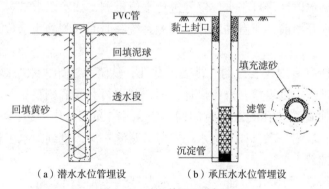

（a）潜水水位管埋设　　（b）承压水水位管埋设

图 8-19　水位管埋设示意图

图 8-20（a）是某基坑潜水水位随时间的变化曲线，随着基坑开挖的加深，地下水位逐渐变深，这与基坑侧壁在开挖过程中有少量渗漏有一定的关系，地下水位最终稳定在 1m 左右。图 8-20（b）是某基坑承压水降水过程曲线，该工程采用"按需降水"的原则，在不同开挖深度的工况阶段，合理控制承压水头。在土方开挖之前，基坑内外侧开始降水，基坑开挖期间，随着开挖深度的增加，地下水位也逐渐下降，但一直维持在基坑开挖面以下 1~2m，防止水头过大降低，这将使降水对周边环境的影响降到最低限度。

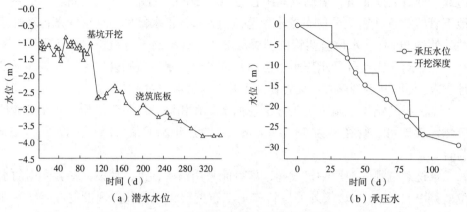

图 8-20　水位随着时间的变化曲线（实测）

（三）监测方法

1. 水位监测

采用电测水位计、自制水位仪等进行水位量测，技术要求是：

（1）降水开始前，所有抽水井、观测井统一时间联测静止水位，统一编号、量测基准点。

（2）选择有典型代表性的一排观测井孔，从降水开始，水位观测按抽水试验观测要求进行，以复核、修正设计方案，并进行必要的调整。

（3）其他观测井孔的观测时间间隔宜采用 30min、1h、2h、4h、8h、12h，以后每隔 12h 观测一次，如果降水稳定每天观测一次，直到降水工程结束。

2. 水量监测

单井出水量：可采用量桶、堰箱、水表等。基坑总出水量：可采用单井出水量相加或在总排水渠中采用堰箱法和过水断面法。过水断面法可采用流速仪或浮标测出水流速度，从而计算出流量。常用浮标法，在排水沟渠的末端，选择断面规则平直、流速均匀的地段加注标记。在中心和边缘放置浮标，测出其平均流速。利用水尺测出过水断面面积，按下式计算流量 Q：

$$Q = KAV \tag{8-18}$$

式中：K——浮标系数，一般取 0.8～0.9；

A——水流断面面积（m^2）；

V——水的流速（m/s）。

$$V = \frac{l}{t} \tag{8-19}$$

式中：l——上下断面距离（m）；

t——浮标流经上下断面历时（s）。

第五节 明（盖）挖法监测

一、概述

地铁站点深基坑不同于民用普通基坑，它在尺寸、开挖深度、围护方式和基坑基本性状等方面具有不同于普通基坑的特点，它与普通基坑既有相同的特点，又具有显著的不同。长期以来，深基坑工程一直是我国土木工程领域的热点问题，深基坑支护设计与施工既是我国各大城市基本建设工程的关键问题，又是岩土力学学科中比较复杂和困难的问题。深基坑工程是与众多因素相关的综合性技术，是一个系统工程，与工程地质和水文地质条件，支护结构选型及设计、施工组织、施工开挖及换撑进程、基坑周边应力场温度场等环境条件，甚至气候变化等条件息息相关，是理论上尚待完善、成熟和发展，且和实践紧密结合的综合技术学科，深基坑支护及安全评价是一项值得深入研究的课题。相对于一般基础工程而言，轨道交通深基坑工程具有许多特点：

（1）深度大。一般车站深基坑深度均超过15m，换乘站深度更大。开挖面积大，长度达数百米甚至近千米，宽度多数较为狭窄，呈长条形，给支撑系统的设计、施工和安全保障带来较大的困难。而普通基坑长宽比基本相当，形状多数较为规整。

（2）地质条件差。轨道交通往往修建在大型城市，大部分位于沿海或滨江地带，工程水文地质条件很差，且施工期受地表交通影响非常严重。

（3）施工周期长，且场地受限制多。轨道交通深基坑沿线往往有大量已建或正在建的高层建筑、市政管线等，进行深基坑施工时除保障其本身的工程安全外，还需严格控制变形值，保障周边建（构）筑物的安全。

（4）因地而异。不同城市、不同地点的工程及水文地质条件存在较大差别，而且施工环境及气象也各不相同,这些都直接影响深基坑施工方案的选择及安全。

(5)技术要求高,涉及面广。轨道交通深基坑工程牵涉土力学、岩石力学、混凝土结构、钢结构等的设计及施工监测技术,必须选择合理的设计及施工参数、方法来组织施工及安全防护。

(6)安全隐患多,事故多发。由于影响深基坑施工的安全因素很多,甚至有些是随机性的因素,使得国内外深基坑施工引起的安全事故屡屡发生。

在地面建筑林立,地下浅基础、桩基础以及地下管线纵横交错的复杂环境中,城市轨道交通工程的建设,势必会对周围已有建筑物及地下管线等基础设施产生不良影响,轻则导致建筑物微裂缝出现,重则导致管线破裂、房屋倒塌的现象,从而造成人力、物力、财力的巨大损失。目前,国内在地铁建设、轻轨建设中出现严重工程事故屡见不鲜,例如2003年7月上海市轨道交通4号线因大量的水和流沙涌入,引起隧道部分结构损坏及周边地区地面沉降,造成3栋建筑物严重倾斜,黄浦江防汛墙局部塌陷并引发管涌,仅保险理赔就达7亿多元;2008年11月杭州市湘湖站地铁施工工地发生大面积地面塌陷事故,造成大量人员伤亡和损失。因此,城市轨道交通工程建设的安全,尤其是东南沿海软土地区轨道交通工程建设中超深基坑的安全,已引起了各方面的高度重视。由于岩土工程的复杂性,轨道交通勘察、设计和施工以至运营期间各风险源给轨道交通工程带来了比较大的风险,因此设计和施工过程中结合监测以把控、评价基坑所处的状态,以判断基坑和周边各风险源的安全性具有非常重要的意义。根据监测对象的不同,基坑监测包括对基坑本身的监测和对周围环境的监测两类。

二、基坑本身监测

各监测项目的测点布设位置及密度应与地下连续墙(桩)施工的区域、基坑开挖顺序、被保护对象的位置及特性相匹配;同时参照地下连续墙(桩)位置、附属结构位置及开挖分段长度等参数,进行测点布置。同时要注重在监测断面的布置,主要为了解变形的范围、幅度、方向,从而对基坑变形信息有一个清楚全面的认识,为围护结构体系和基坑环境安全提供全面、准确、及时的监测信息。

保证基坑本身的稳定和把变形限制在一定范围内是保证基坑和周围环境安全的前提条件,若基坑本身出现严重的问题,如整体稳定性、踢脚、漏水等质量问题,若不加以处理,欲保证周围环境的安全是毫无意义的。常规的对于基坑监测项目的布置要根据围护形式,结合具体现场情况进行,一般应包括:墙顶（桩顶）沉降监测、墙顶（桩顶）水平位移监测、地下墙（桩）身水平位移监测、基坑支撑（包括钢支撑和钢筋混凝土支撑）、梁板应力监测、地下连续墙（桩）主体结构应力监测、立柱隆沉监测、抗拔桩内力监测和锚杆内力监测等。

（一）墙顶（桩顶）沉降

墙顶（桩顶）沉降监测可以掌握基坑开挖期间，地下连续墙顶、围护桩顶垂直位移变化情况。从理论上来说，围护墙顶或桩顶应该处于同一个水平面上，内支撑（包括主撑、次撑、角撑、对撑等）的受力才能处于同一个面内，空间桁架的受力方能演变为平面桁架的受力问题，若不考虑支撑所受重力，则支撑只受轴力，无弯矩产生。实际上，支撑受到重力作用，会产生竖向沉降，如果各节点（桩、墙和立柱桩与支撑交点处）上沉降差异过大，则支撑除了受轴力、弯矩等内力外，还会受扭，情况会变得非常复杂。因此对墙顶（桩顶）的沉降进行监测实际上就是对整个支撑是否在同一平面进行监测，以防止不利情况的发生。

围护墙顶部的竖向位移监测点应沿围护墙的周边布置，围护墙周边中部、阳角处等应布置监测点。监测点间距不宜大于20m，每边监测点数目不应少于3个。监测点宜设置在冠梁上。通常与墙体、桩身测斜管等配套布置，以利于数据分析。

埋设方法：监测点设置于基坑四周围护结构桩（墙）顶部，预埋钢筋或用冲击钻在设计位置处钻孔后埋入钢筋并灌注混凝土，并在顶部刻上"+"标记作为监测平面位移使用，墙/桩顶水平位移测点与沉降测点共用，如图8-21所示。

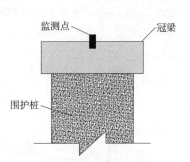

图8-21 墙/桩顶沉降及水平位移监测点布设图

（二）墙顶（桩顶）水平位移

墙顶（桩顶）水平位移可以掌握在基坑开挖期间地下连续墙顶、围护桩顶向基坑内、外水平位移变化情况。水平位移反映了水平支撑桁架受到轴力后在支撑轴线方向的压缩或伸长，当然在节点处它还受到桩的约束，多个支撑处还涉及构件的协调变形问题。但不管如何，水平位移的大小是控制支撑-桩整个围护体系受力后，反映支撑变形情况非常重要的指标，对于周围环境的影响非常巨大，若水平位移较大，则墙（桩）周土的水平位移会变大，它会带动基坑周边墙体向基坑内部移动，增加了埋在土体中的构筑物如基础、管线等的附加应力,过大附加应力会导致管线、桩体、地梁等的开裂以至于断裂。墙顶(桩顶)水平位移的埋设与墙顶(桩顶)沉降通常为同一观测点,与墙体、桩身测斜管等配套布置。

(三)地下连续墙(桩)身水平位移监测

深层水平位移是基坑变形监测中非常重要的内容,在众多的监测项目中,支护结构系统的变形是支护结构各部分与土体及外界因素相互作用的反映,是结构内力变化与调整的宏观表现,其特征和数值是整个结构系统是否处在正常工作状态的标志,事故突发前通常在结构的水平位移上有明显的反应,因此它是施工安全监测的主要依据。基坑开挖后,连续墙(桩)-内支撑开始受力变形。基坑内侧卸土,围护结构外侧受到主动土压力和水压力作用,基坑内侧受被动土压力作用,由于总是开挖在前,支撑支护滞后一定时间,所以每道支撑总是会发生一定的变形。

围护体测斜的设置是对基坑开挖阶段围护体纵深方向的水平变位进行监控的需要,其数据与墙/桩顶水平位移数据、沉降数据联合分析,才能真实全面地反映施工期间支护体系的变形情况。监测点应布置在基坑边坡、围护墙周边的中心处及代表性的部位,间距 20~50m,但每边至少应设 1 个监测孔,与围护墙、桩身深度相同。

埋设方法:在地下连续墙施工时,将外径 70mm、内径 59mm 的 PVC 测斜管绑扎在设计位置的钢筋骨架迎土面一侧,顶底密封,接头处用套管衔接并用自攻螺丝拧紧,同时用胶布封闭,随钢筋骨架下在地下连续墙内,顶部用配套的塑料盖保护。测斜管长度底部略短于钢筋骨架长度 20cm,顶部高出钢筋笼,且测斜管内的十字导槽必须有一组垂直于基坑边线,并在管内灌水,然后顶部用配套的塑料盖保护,如图 8-22 所示。

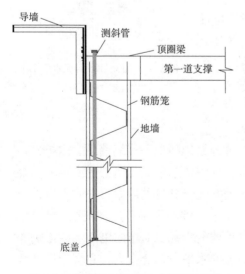

图 8-22 测斜管在墙(桩)中安装示意图

(四)支撑轴力

为掌握车站基坑施工期间结构支撑和梁板的受力状态,在支撑(楼板)中埋设应力监测断面,每个测点安装 2 支钢筋应力计。支撑内力监测点的布置应符合下列要求：

（1）监测点宜设置在支撑内力较大或在整个支撑系统中起关键作用的杆件上；

（2）每道支撑的内力监测点不应少于3个，各道支撑的监测点位置宜在竖向保持一致；

（3）钢支撑的监测截面根据测试仪器宜布置在支撑长度的1/3部位或支撑的端头，钢筋混凝土支撑的监测截面宜布置在支撑长度的1/3部位；

（4）每个监测点截面内传感器的设置数量及布置应满足不同传感器测试要求。

支撑轴力包括钢筋混凝土支撑轴力、钢支撑轴力和梁板应力等，其埋设方法参考有关章节。

（五）立柱隆沉监测

由于城市地铁基坑处在城市的繁华地段，对周围环境要求比较高，基坑一般采用若干道钢筋混凝土内支撑和钢管支撑，支撑跨度较大，一般都架设立柱桩。立柱的竖向位移（沉降或隆起）对支撑轴力的影响很大。有工程实践表明，立柱竖向位移2~3cm，支撑轴力会变化约1倍。因为立柱竖向位移的不均匀会引起支撑体系各点在垂直面上与平面上的差异位移，最终引起支撑产生较大的次应力（这部分力在支撑结构设计时一般没有考虑）。若立柱间或立柱与围护墙间有较大的沉降差，就会导致支撑体系偏心受压、受扭、受弯甚至失稳，从而引发工程事故。所以立柱竖向位移的监测特别重要，因此对于支撑体系应加强立柱的位移监测。立柱的竖向位移监测点宜布置在基坑中部、多根支撑交会处、施工栈桥下、地质条件复杂处的立柱上，监测点不宜少于立柱总根数的10%，逆作法施工的基坑不宜少于20%，且不应少于5根。

在影响立柱竖向位移的所有因素中，基坑坑底隆起与竖向荷载是最主要的两个方面。基坑内土方开挖的直接作用引起土层的隆起变形，坑底隆起引起立柱桩的上浮；而竖向荷载主要引起立柱桩的下沉。有时设计虽已考虑竖向荷载的作用，但立柱桩仍有向上位移，原因是施工过程中基坑的情况比较复杂，所采用的竖向荷载值及地质土层情况的实际变异性较大。当基坑开挖后，坑底应力释放，坑内土体回弹，桩身上部承受向上的摩擦力作用，立柱桩被抬升；而基坑深层土体阻止桩的上抬，对桩产生向下的摩阻力阻止桩上抬。桩的上抬也促使桩端土体应力释放，桩端土体也产生隆起，桩也随之上抬，但上部结构的不断加荷以及变异性较大的施工荷载会引起立柱的沉降，可见立柱竖向位移的机理比较复杂。因此要通过数值计算预测立柱桩最终是抬升还是沉降都比较困难，至于定量计算最终位移就更加困难了，一般通过监测实时控制与调整。

为了减少立柱竖向位移带来的危害，建议使立柱与支撑之间以及支撑与基坑围护结构之间形成刚性较大的整体，共同协调不均匀变形；同时桩土界面的摩阻力会直接影响立柱桩的抬升，因此可通过降低立柱桩上部的摩阻力来减小基坑开挖对立柱桩抬升的影响。

立柱隆沉监测点在车站顶板施工时布设，即在顶板混凝土浇筑后、固结前将监测点按测点布置图位置将测标杆插入混凝土中。在顶板达到设计强度后，覆土时将测量标杆接长至地表，顶部略低于路面。标杆外侧应架设套管，与覆土隔离。基坑开挖前进行初始读数的测读工作，初读数取三次测读平均值。

（六）坑底隆起

基坑开挖是一种卸荷过程，开挖越深，土层应力状态的改变越大，这就不可避免地会引起基坑底面土体的变形，基坑隆起是基坑底部土体回弹的一种表现，只限于基坑自身的范围，而且会影响基坑外一定范围，深大基坑的回弹量大，对基坑本身和邻近建筑物都有较大影响，因此，需要进行基坑隆起监测，以便确定其数值的大小，与其他监测数据综合判断基坑所处的状态。

当土体未被开挖处在相对稳定时，其应力状态是不发生改变的，其体积是相对稳定平衡的。若土体的应力平衡条件发生变化，其土体的体积也将发生相应的变化。当进行大面积深基坑开挖时，上部的地基土被挖除，因而改变了原土体的应力平衡条件，出现基坑底面与基坑周围土体的回弹变形现象。而从地基土的回弹现象可以观察到，坑壁对土体有一定的回弹约束力，因此，离坑壁越近，地基土回弹量越小。在布置和埋设回弹测标时，为考虑尽量减少地基土的应力消散，充分发挥坑壁的约束作用，阻止埋设回弹测标时，地基土出现回弹（即使是微小的），以保证回弹监测结果具有必要的精度。通常回弹标志的埋设是以钻探成孔方式进行的，因此其钻孔的直径要尽可能地小（以不超过127mm 为宜）。因此，在基坑开挖前，要以此要求埋设回弹标志，并及时测量其高程，作为基坑底面地基土的初始高程，以资比较。基坑隆起观测应根据基坑形状及工程地质条件，以最少的测点测出所需要的各纵向断面回弹量为原则进行，回弹观测点宜按下列要求，在有代表性的位置和方向上布置。

（1）监测点宜按纵向或横向剖面布置，剖面应选择在基坑的中央、距坑底边约 1/4 坑底宽度处以及其他能反映变形特征的位置。数量不应少于 2 个。纵向或横向有多个监测剖面时，其间距宜为 20～50m。

（2）同一剖面上监测点横向间距宜为 10～20m，数量不宜少于 3 个。

（3）矩形基坑可按纵横向布点，地质情况复杂时适当增加点数。

（4）基坑外的观测点，应在所选坑内方向线的延长线上距基坑深度 1.5～2 倍距离内布置。

（5）所选点位遇到旧地下管道或其他构筑物时，可将观测点移至与之对应方向线的空位上。

（6）在基坑外相对稳定且不受施工影响的地点，选设工作基点及为寻找标志用的定位点。

（7）观测路线应组成起讫于工作基点的闭合或附合路线，使之具有检核条件。

回弹观测方法可采用几何水准法，高程中误差不应超过 1mm。

1. 用回弹观测标测基坑回弹

回弹观测标的头部用长约 10cm 的圆钢，圆钢直径应与钻杆相配合，顶部加工成半球状（直径约 2cm，高约 2cm），其余部分加工成反丝扣方式与钻杆相接，尾部为长 400～500mm 的角钢（50mm×50mm×5mm），头部与尾部与一块直径 100mm、厚 20mm 的钢板焊接成整体。如图 8-23 所示，其埋设方法为：

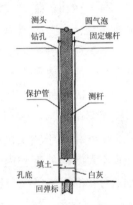

图 8-23 回弹标观测示意图

（1）钻孔至基坑底面标高处，将回弹标放入钻杆下端，顺钻孔徐徐放至孔底，并压入孔底土中 400～500mm，即将回弹标尾部压入土中。旋开钻杆，使回弹标脱离钻杆，提起钻杆。

（2）放入辅助测杆，将回弹标压入坑底设计标高以下 200mm，在辅助测杆上端的测头进行几何水准测量，确定回弹标顶面标高。

（3）观测完毕后，将辅助测杆，保护管提出地面，用砂或素土将钻孔回填。为了便于开挖后寻找回弹标，可先用白灰回填 500mm 左右。

（4）回弹观测的次数不少于 3 次：第一次在基坑开挖前；第二次在基坑开挖好之后；第三次在浇筑底板混凝土前。

2. 用深层沉降标测基坑回弹

深层沉降标由一个三爪锚头、一根内管和一根外管组成，内管和外管均为钢管。内管连接在锚头上，可在外管中自由滑动，如图 8-24 所示。用光学仪器测量内管顶部的标高，标高的变化相当于锚头位置土层

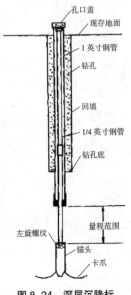

图 8-24 深层沉降标

的隆起。深层沉降的安装：

（1）用地质钻机在指定位置上打一个孔，孔底标高略高于欲测量土层的标高（约一个锚头高度）。

（2）将钢管旋在锚头顶部外侧的螺纹联按器上，用管钳旋紧。将锚头顶部外侧的左旋螺纹用黄油润滑后，与1英寸钢管底部的左旋螺纹相连，注意不得旋得太紧。

（3）将装配好的深层沉降标慢慢放入钻孔内，并逐步加长，直到放入孔底。用外管将锚头压入预测土层的指定标高位置。

（4）在孔口临时固定外管，将内管压下约15cm。此时锚头上的三个卡爪会向外弹开，卡在土层里。卡爪一旦弹开就不会再缩回。

（5）顺时针方向旋转外管，使外管与锚头分离。上提外管，使外管底部与锚头之间的距离稍大于预估的土层隆起量。

（6）固定外管，将外管与钻孔之间的空隙填好，作好测点的保护装置。

深层沉降标的测量：深层沉降标的标高用光学水准仪测量。内管顶部标高的变化就相当于锚头的隆沉。当基坑开挖时，随着地表标高的下降应及时将高出地表太多的外管和内管截短。管顶面以高出20~50cm为宜。当拆除钢管时，拆除前后都应测量孔口标高，并记下拆除的内管长度。

3. 用磁性深层沉降标测土层隆沉

磁性深层沉降仪由对磁性材料敏感的探头和带刻度标尺的导线组成，如图8-25所示。当探头遇到预埋在钻孔中的磁性材料圆环时，沉降仪上的蜂鸣器就会发出响声，这时测量导线上标尺在孔口的刻度，以及孔口的标高，就可以获得磁性环所在的位置标高，测量精度可达1mm。在基坑工程中预埋磁性深层沉降标不仅可获得基坑回弹的实测资料，还可获得场地内地基下各土层在施工过程中的隆沉情况。

磁性圆环靠附在它周围的弹性爪固定在预定标高的土层内，在安装前，弹性卡爪是并拢的，有一条尼龙丝将

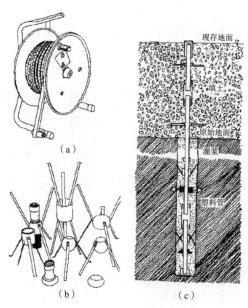

图8-25 磁性分层沉降标

卡爪在一起。圆环上有一特殊切割尼龙丝的装置，当磁性圆环放入钻孔中的预定位置时，将尼龙丝切割，卡爪就弹开。卡爪一旦弹开就无法再将其并拢了，磁性环就固定在预定的位置，随土层沉降或隆起。磁性沉降标的安装：

（1）用钻机在场地指定位置打孔，孔底标高略低于欲测量土层的标高；

（2）将一个磁性圆环安装在作为磁性探头通道的塑料管的端部，放入钻孔中；当端部抵达孔底时，将磁性圆环上的卡爪弹开；

（3）将要安装的磁性圆环套在塑料管上，从下到上，依次放入孔中预定位置，弹开卡爪；

（4）固定探头导管，将导管与钻孔之间的空隙用砂或注浆填实；

（5）固定孔口，对孔口进行保护；

（6）测量孔口标高，测量各磁性圆环的初始标高。

磁性沉降标的测量

（1）基坑开挖前，至少应测量三次孔口标高和各土层沉降标高的初始值；

（2）根据基坑开挖进度，随时调整孔口标高。当调整孔口标高时，应在调整前后各测量一次孔口和各土层沉降标的标高。

三、周围环境监测

周围环境的监测通常包括建（构）筑物变形、水位、深层土体水平位移、地下水位、管线沉降、周边桥梁、城市轨道交通线和铁路路基沉降等的监测。基坑影响范围通常可根据工程分区来确定。而工程影响分区应根据基坑、隧道工程施工对周围岩土体扰动和周边环境影响的程度及范围划分，可分为主要、次要和可能三个工程影响分区。基坑工程影响分区按表 8-12 的规定进行划分，其示意如图 8-26 所示。影响区范围内的所有周围环境应布置监测点并对各项目进行监测。

基坑工程影响分区　　　　　　　　　表 8-12

基坑工程影响区	范围
主要影响区（Ⅰ）	基坑周边 0.7H 或 $H \cdot \tan(45°-\varphi/2)$ 范围内
次要影响区（Ⅱ）	基坑周边 0.7H ~（2.0 ~ 3.0）H 或 $H \cdot \tan(45°-\varphi/2)$ ~（2.0 ~ 3.0）H 范围内
可能影响区（Ⅲ）	基坑周边（2.0 ~ 3.0）H 范围外

注：1. H——基坑设计深度（m），φ——岩土体内摩擦角（°）。

2. 基坑开挖范围内存在基岩时，H 可为覆盖土层和基岩强风化层厚度之和；

3. 工程影响分区的划分界线取表中 0.7H 或 $H \cdot \tan(45°-\varphi/2)$ 的较大值。

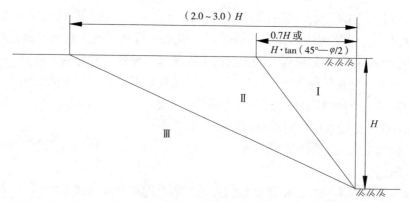

图 8-26　基坑工程影响分区

（一）建筑物沉降

城市轨道交通中涉及站点基坑和盾构区间的土体，从而开挖导致了原有地应力平衡被打破，在围护结构和隧道盾构结构及外载共同作用下，土体和围护结构中应力的重分布引起了土体的移位，带动了处于土体中的建筑物和基础的应力、位移的变化，主要表现为建筑物的沉降和上部结构墙体裂缝的产生，这样会引起居民的心理压力，由此引发的纠纷常影响到工程的正常进行，因此在施工过程中必须对邻近建筑物进行监测。监测的主要目的是：根据监测数据，及时调整施工顺序、施工速度以至于调整设计方案，保护邻近建筑物不因过量变形而破坏或影响它们的正常使用功能，以利于工程的顺利进行。

对建筑物的监测内容主要为：建筑物的水平位移、垂直位移、建筑物裂缝、建筑物倾斜等，监测周期应从围护结构施工至地下室施工结束。建筑物上观测点的布设应根据其结构特征，应能反映地基的变形情况，观测方便，易于保护。每栋建筑物观测点的数量不宜少于 6 个点，一般可布置在以下位置：

（1）建（构）筑物四角、沿外墙每 10～15m 处或每隔 2～3 根柱基上，且每边不少于 3 个监测点；

（2）不同地基或基础的分界处，或高低层，或新旧建筑物连接处两侧，纵横墙交接处；

（3）建（构）筑物不同结构的分界处；

（4）变形缝、抗震缝或严重开裂处的两侧；

（5）受堆载和振动显著影响部位，基础下有暗沟、防空洞处。

观测标志可设在墙（柱）上，或设在基础上，埋设示意如图 8-27 所示。

（二）建筑物倾斜观测

建筑物倾斜监测点应符合下列要求：

（1）监测点宜布置在建筑物角点、变形缝或抗震缝两侧的承重柱或墙上；

（2）监测点应沿主体顶部、底部对应布设，上、下监测点布置在同一竖直线上。

建筑物倾角按下式计算：

$$\tan\theta = \Delta s / b \qquad (8-20)$$

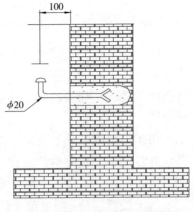

图 8-27　建筑物监测点埋设示意图

式中：θ——建筑物倾角（°）；
　　　b——建筑物宽度（mm）；
　　　Δs——建筑物的差异沉降（mm）。

（三）建筑物裂缝观测

施工前（指基坑围护结构和隧道盾构掘进等）应对建筑物裂缝进行观测，并按以下步骤进行：

1. 施工前调查

应收集邻近建筑物的以下有关资料：工程地质勘察报告、设计图和施工质量文件，质量检查和验收记录，竣工后的实际用途，有无改建、扩建、加层等。仔细检查建筑物原有的裂缝，对发现的每一条裂缝进行标记，记录观测时间、裂缝长度、裂缝最宽处和宽度，拍照保存。需要监测的裂缝统一编号。裂缝所在墙面上绘制坐标方格网以利于观测和记录。

设置观测标志：观测期限较长时，采用镶嵌或埋入墙面的金属板标志；观测期较短或要求不高时，可采用油漆平行线或用胶粘剂粘贴金属片标志；使用专用仪器设备的标志，可按具体要求设计。

2. 施工过程中的监测

在基坑开挖或盾构掘进过程中，每天应由有经验的工程技术人员对邻近建筑物进行肉眼巡视，检查裂缝的发展，记录裂缝的位置、形态和尺寸，注明日期，并注上必要的照片资料，及时发现新的裂缝，并记录测量。提交的成果有：裂缝分布位置图、裂缝观测成果表、观测成果分析说明资料，当建筑物裂缝和基础沉降同时观测时，可选择典型剖面绘制两者的关系曲线。

(四)深层土体水平位移

深层土体水平位移是围护结构发生位移在土体中的反映,围护结构在侧向土压力作用下必定发生水平向的位移,土体的水平位移大小关系到埋在土中结构物如管线、基础等的安全和受力情况,因此对于深层土体水平位移的监测十分必要。

用测斜仪由下至上测量预先埋设在地下土体中测斜管的变形情况,以了解基坑开挖施工过程中围护桩在深度方向上的水平位移的情况,用以了解、推算围护体变形。深层位移测量步骤如下:

(1)仪器连接:把电缆下插头插入测头的插座内,用扳手将压紧螺帽拧紧以防水,将电缆下插头插入数据采集仪的插座内。

(2)仪器检查:使仪器各部分处于正常工作状态。

(3)测量:将测头导轮卡置在预埋测斜管的导槽内,轻轻将测头放入测斜管中,放松电缆使测头滑入孔底,记下深度标志。将测头拉起至最近深度标志作为测读起点,每1000mm或500mm测读一个数,直至管顶为止,每次测读应将电缆深度标志对准并卡紧,以防读数不稳。再将测头掉转180°重新放入测斜管中,放松电缆使测头滑入孔底,重复上述步骤在相同的深度标志上测读,以保证精度。导轮在正反向导槽的读数将抵消或减少传感器的偏值和轴对称所造成的误差。

(4)测斜仪应下入测斜管底5~10min,待探头接近管内温度后再量测,每个监测方向均应进行正、反两次量测。

(5)当以上部管口作为深层水平位移相对基准点时,每次监测均应测定孔口坐标的变化。

(6)在基坑开挖前,分两次对每一测斜孔测量各深度点的倾斜值,取其平均值作为原始偏移值。"+"值表示向基坑内位移,"-"值表示向基坑外位移。

精度要求:测斜仪的精度要求不宜小于表8-13的规定。

测斜仪精度 表8-13

基坑类别	一级	二级和三级
系统精度(mm/m)	0.10	0.25
分辨率(mm/500mm)	0.02	0.02

测斜管应在基坑开挖一周前埋设,埋设时应符合下列要求:

(1)埋设前应检查测斜管质量,测斜管连接时应保证上、下管段的导槽相互对准顺畅,接头处应密封处理,并注意保证管口的封盖;

(2)测斜管长度应与围护墙深度一致或不小于所监测土层的深度;当以下部管端作为位移基准点时,应保证测斜管进入稳定土层 2~3m;测斜管与钻孔之间孔隙应填充密实(图 8-28);

(3)埋设时测斜管应保持竖直无扭转,其中一组导槽方向应与所需测量的方向一致。

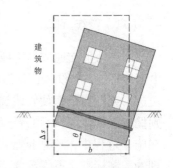

图 8-28 建筑物倾斜

(五)地表沉降

周边地表竖向位移监测点用来监控基坑和盾构掘进施工引起的坑外土体沉降变化。地铁基坑地表沉降的布置:周边地表竖向位移监测点布设于基坑外,每断面设 4~5 点,基坑开挖的影响范围一般为基坑开挖深度的 2~3 倍,有研究资料表明,地铁深基坑地表沉降的最大值位于基坑边 0.5~0.7 倍的基坑挖深处,因此其中一点应该布置在该范围内,且每个监测断面应覆盖基坑最大挖深的影响范围,建议:粉土、粉砂等好的土层,不少于 $2H$(H 为基坑开挖深度),淤泥或者淤泥质土等软土层,应不少于 $3H$。点间距不宜等距离布置,离开坡顶处间距较小,随着离开坡顶距离的增大,间距适当加大。开挖深度 20m 的软土地铁基坑,如布置 5 个点,从坡顶开始距离依次为:4m、8m、12m、16m、20m,如遇到障碍物,可适当调整位置。

测点埋设:红线内无地下管线区域采用深层点布设,即在选定位置钻孔,孔径 89mm,将硬化面层钻穿后,在孔内植入 0.5~1m 的螺纹钢筋,顶部略低于硬化层表面,避免受车辆碾压等影响。红线外道路上的测点采用表层点布设,形式与管线间接监测点相同。若红线外为填土区的,则采用浇筑混凝土观测墩的方法布设,墩顶高出自然地坪 10cm,测量标志采用道钉。如图 8-29 和图 8-30 所示。

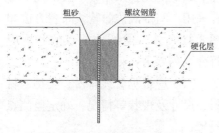

图 8-29 深层地表沉降点

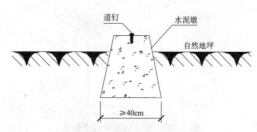

图 8-30 填土区地表沉降监测点

（六）管线沉降

城市轨道交通周边管线主要有：污水管、雨水管、煤气管、给水管线、电力、电信等管线。管线周围地层移动，埋设于地下的管线也随之移动。如果管线的变位过大或不均，将使管线挠曲变形而产生附加的变形及应力，若在允许范围内，则保持正常使用，否则将导致泄漏、通信中断、管道断裂等恶性事故。为安全起见，在施工过程中，应根据地层条件和既有管线种类、形式及其使用年限，制定合理的控制标准，以保证施工影响范围内既有管线的安全和正常使用。

管线的观测分为直接法和间接法。当采用直接法时，常用的测点设置方法有抱箍法和套筒法，如图 8-31 所示。

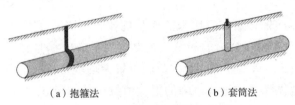

（a）抱箍法　　　　　　（b）套筒法

图 8-31　直接法测管线变形图

间接法就是不直接观测管线本身，而是通过观测管线周边的土体，分析管线的变形。此法观测精度较低。当采用间接法时，常用的测点设置方法有：

1. 底面观测

将测点设在靠近管线底部的土体中，观测底面的土体位移。此法常用于分析管道纵向弯曲受力状态或跟踪注浆、调整管道差异沉降。

2. 顶面观测

将测点设在管线轴线相对应的地表或管线的窨井盖上观测。由于测点与管线本身存在介质，因而观测精度较差，但可避免破土开挖，只有在设防标准较低的场合采用，一般情况下不宜采用。间接法监测管线布置方法如图 8-32 所示。管线监测点的布置应符合下列要求：

（1）应根据管线年份、类型、材料、尺寸及现状等情况，确定监测点设置；

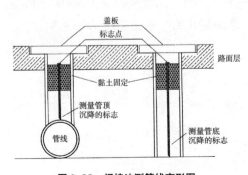

图 8-32　间接法测管线变形图

（2）监测点宜布置在管线的节点、转角点和变形曲率较大的部位，监测点平面间距宜为 15~25m，并宜延伸至基坑以外 20m；

（3）供水、煤气、暖气等压力管线宜设置直接监测点。直接监测点应设置在管线上，也可以利用阀门开关、抽气孔以及检查井等管线设备作为监测点；

（4）在无法埋设直接监测点的部位，可利用埋设套管法设置监测点，也可采用模拟式测点将监测点设置在靠近管线埋深部位的土体中。

管线的破坏模式一般有两种情况：一是管段在附加拉应力作用下出现裂缝，甚至发生破裂而丧失功能；二是管段完好，但管段接头转角过大，接头不能保持封闭状态而发生渗漏。地下管线按材质可分为柔性管线和刚性管线，按管内承运介质不同分为有压管线和无压管线，在城市轨道交通施工中应按情况分别进行考虑。

对于采用焊接或机械连接的煤气管、给水管以及钢筋混凝土管保护的重要通信电缆，有一定的刚度，一般均属刚性管道。当土体位移不大时，它们可以正常使用，但土体移动幅度超过一定极限时就发生断裂破坏，可按弹性地基梁理论进行分析计算。柔性管道一般设有接头构造。对于这类管道在地层下沉时的受力变形研究，可从管节接缝张开值、管节纵向受弯曲及横向受力等方面分析每节管道可能承受的管道地基差异沉降值和沉降曲线曲率的限值。

四、巡视检查

经验表明，基坑工程每天进行肉眼巡视观察是不可或缺的，与其他监测技术同等重要。巡视内容包括支护桩墙、支撑梁、冠梁、腰梁、地面、道路、建筑物裂缝、沉陷等的发生和发展情况。主要观测项目有：

（一）支护结构

（1）支护结构成型质量；

（2）冠梁、支撑、围檩有无裂缝出现；

（3）支撑、立柱有无较大变形；

（4）止水帷幕有无开裂、渗漏；

（5）墙后土体有无沉陷、裂缝及滑移；

（6）基坑有无涌土、流沙、管涌。

（二）施工工况

（1）开挖后暴露的土质情况与岩土勘察报告有无差异；

（2）基坑开挖分段长度及分层厚度是否与设计要求一致，有无超长、超深开挖；

（3）场地地表水、地下水排放状况是否正常，基坑降水、回灌设施是否运转正常；

（4）基坑周围地面堆载情况，有无超堆荷载。

（三）基坑周边环境

（1）地下管道有无破损、泄漏情况；

（2）周边建（构）筑物有无裂缝出现；

（3）周边道路（地面）有无裂缝、沉陷；

（4）邻近基坑及建（构）筑物的施工情况。

（四）监测设施

（1）基准点、测点完好状况；

（2）有无影响观测工作的障碍物；

（3）监测元件的完好及保护情况。

（五）根据设计要求或当地经验确定的其他巡视检查内容

巡视检查的检查方法以目测为主，可辅以锤、钎、量尺、放大镜等工器具以及摄像、摄影等设备进行。巡视检查应对自然条件、支护结构、施工工况、周边环境、监测设施等的检查情况进行详细记录。如发现异常，应及时通知委托方及相关单位。巡视检查记录应及时整理，并与仪器监测数据综合分析。

五、监测控制值和监测频率

（一）监测控制值

1. 概述

监测控制值的目的是为基坑工程的施工提供一系列量化的、表示安全程度的值，若实际测量值小于该值，则可按计划正常开展各项施工工作，一旦超出安全范围，就会出现种种危险或事故。表征安全-不安全界限值即为该项监测的最大允许值。最大允许值一般从结构计算上或有关规范上得到，或从环境保护的需要中得到。但实践证明，对同一个监测对象，满足变形要求往往比满足结构强度要求要难得多，报警值数字较小。

报警值的作用是监测数据一旦达到此值，监测单位就应在第一时间采取特殊的、明确的方法向委托方报警。报警值不能为最大允许值，建议取 0.8～0.9 倍的最大允许值作为报警值。之所以这么做是因为最大允许值是一个安全与不安全的界限，一旦超过，随时会发生不安全的事故，而事故一旦发生是不可逆的。取达到 0.8～0.9 倍的最大允许值时就报警，给处理事故争取了时间。报警值的设定要考虑合理和实际情况。

在监测的设计文件和实施方案中，各项监测必须有报警值。报警值一般由累计值和单位时间的变化值（一般用日变化值）两部分组成。监测报警值应由设计方确定，而某些环境保护监测项目的报警值除由设计方提出一个基本值后，尚需要被保护物的业主或管理方审查同意，此类保护物常见的有地下市政管线、堤岸和具有文物性质的建筑等。监测项目控制值按监测项目的性质分为变形监测控制值和力学监测控制值。变形监测控制值应包括变形监测数据的累计变化值和变化速率值；力学监测控制值包括力学监测数据的最大值或最小值。

城市轨道交通工程应当根据工程特点、监测项目的控制值、当地施工经验、工程管理及应急能力制定工程监测预警管理制度，包括监测预警等级、分级标准及不同预警等级的警情报送对象、时间、方式、流程及分别采取的应对措施。工程监测预警等级的划分要与工程建设城市的工程特点、施工经验等相适应，具体的预警等级可根据工程实际需要确定，一般取监测控制值的 70%、85% 和 100% 三级。北京市轨道交通工程监测预警分级标准如表 8-14 所示。

北京市轨道交通工程监测预警分级标准　　　　表 8-14

预警级别	预警状态描述
黄色预警	变形监测的绝对值和速率值双控指标均达到控制值的 70%；或双控指标之一达到控制值的 85%
橙色预警	变形监测的绝对值和速率值双控指标均达到控制值的 85%；或双控指标之一达到控制值
红色预警	变形监测的绝对值和速率值双控指标均达到控制值

2. 报警条件

（1）城市轨道交通工程施工过程中，当监测数据达到规定的预警标准时，须进行警情报送。

（2）现场巡查过程中出现下列警情之一时，应根据警情紧急程度、发展趋势和造成后果的严重程度按预警管理制度进行警情报送：

1）基坑、隧道支护结构出现明显变形、较大裂缝、断裂、较严重渗漏水、隧道底鼓，支撑出现明显变位或脱落，锚杆出现松弛或拔出等；

2）基坑、隧道周围岩土体出现涌砂、涌土、管涌，较严重渗漏水、突水、滑移、坍塌，基底较大隆起等；

3）周边地表出现突然明显沉降或较严重的突发裂缝、坍塌等；

4）建（构）筑物、桥梁等周边环境出现危害正常使用功能或结构安全的过大沉降、倾斜、裂缝等；

5）周边地下管线变形突然明显增大或出现裂缝、泄漏等；

6）根据当地工程经验判断，出现其他必须进行警情报送的情况。

3. 监测项目控制值

明（盖）挖法基坑支护结构和周围岩土体的监测项目控制值应由基坑设计单位根据工程地质条件、基坑设计参数、工程监测等级及当地工程经验等确定，按《城市轨道交通工程监测技术规范》GB 50911—2013 当无地方经验时，可按表8-15选用。

明（盖）挖法基坑支护结构和周围岩土体监测项目控制值　　表8-15

监测项目	支护结构类型、岩土类型	工程监测等级一级 累计值（mm） 绝对值	工程监测等级一级 累计值（mm） 相对基坑深度值 H	工程监测等级一级 变化速率（mm/d）	工程监测等级二级 累计值（mm） 绝对值	工程监测等级二级 累计值（mm） 相对基坑深度值 H	工程监测等级二级 变化速率（mm/d）	工程监测等级三级 累计值（mm） 绝对值	工程监测等级三级 累计值（mm） 相对基坑深度值 H	工程监测等级三级 变化速率（mm/d）
支护桩（墙）顶竖向位移	土钉墙、型钢水泥土墙	—	—	—	—	—	—	30~40	0.5%~0.6%	4~5
支护桩（墙）顶竖向位移	灌注桩、地下连续墙	10~25	0.1%~0.15%	2~3	20~30	0.15%~0.3%	3~4	20~30	0.15%~0.3%	3~4
支护桩（墙）顶水平位移	土钉墙、型钢水泥土墙	—	—	—	—	—	—	30~60	0.6%~0.8%	5~6
支护桩（墙）顶水平位移	灌注桩、地下连续墙	15~25	0.1%~0.15%	2~3	20~30	0.15%~0.3%	3~4	20~40	0.2%~0.4%	3~4
支护桩（墙）体水平位移	型钢水泥土墙 坚硬~中硬土	—	—	—	—	—	—	40~50	0.4%	6
支护桩（墙）体水平位移	型钢水泥土墙 中软~软弱土	—	—	—	—	—	—	50~70	0.7%	—
支护桩（墙）体水平位移	灌注桩、地下连续墙 坚硬~中硬土	20~30	0.15%~0.2%	2~3	30~40	0.2%~0.4%	3~4	30~40	0.2%~0.4%	4~5
支护桩（墙）体水平位移	灌注桩、地下连续墙 中软~软弱土	30~50	0.2%~0.3%	2~4	40~60	0.3%~0.5%	3~5	50~70	0.5%~0.7%	4~6
地表沉降	坚硬~中硬土	20~30	0.15%~0.2%	2~3	25~35	0.2%~0.3%	3~4	30~40	0.3%~0.4%	2~4
地表沉降	中软~软弱土	20~40	0.2%~0.3%	2~4	30~50	0.3%~0.5%	3~5	40~60	0.4%~0.6%	4~6
立柱结构竖向位移		10~20	—	2~3	10~20	—	2~3	10~20	—	2~3

续表

监测项目	支护结构类型、岩土类型	工程监测等级一级			工程监测等级二级			工程监测等级三级		
		累计值（mm）		变化速率（mm/d）	累计值（mm）		变化速率（mm/d）	累计值（mm）		变化速率（mm/d）
		绝对值	相对基坑深度值 H		绝对值	相对基坑深度值 H		绝对值	相对基坑深度值 H	
支护墙结构应力		（60%~70%）f			（70%~80%）f			（70%~80%）%f		
立柱结构应力										
支撑轴力		最大值:（60%~70%）f 最小值:（80%~100%）f_y			最大值:（70%~80%）f 最小值:（80%~100%）f_y			最大值:（70%~80%）f 最小值:（80%~100%）f_y		
锚杆拉力										

注：1. H—基坑开挖深度，f—构件的承载力设计值，f_y—支撑、锚杆的预应力设计值；
2. 累计值应按表中绝对值和相对基坑开挖深度值（H）两者中的小值取用；
3. 支护桩（墙）顶隆起控制值宜为20mm；
4. 嵌岩的灌注桩或地下连续墙控制值可按表中数值的50%取用。

根据浙江地区特别是杭州和宁波轨道交通工程的设计、施工和监测经验，项目的控制值指标如表8-16所示。

项目控制值（浙江省） 表8-16

监测项目		报警值	
		速率（mm/d）	累计值（mm）
墙顶垂直位移		±(2~3)	±(25~35)
墙顶水平位移		±(2~3)	±(25~35)
墙体测斜		±(2~3)	±(250~40)
土体测斜		±3	±(30~60)
立柱沉降监测		±(2~3)	±(25~40)
坑外水位监测		±(500~1000)	±(1000)
周边地表沉降监测		±(2~4)	±(30~50)
建筑物沉降		±(2~3)	±(25~40)
建筑倾斜监测		0.001	0.003
裂缝监测	结构裂缝		±(1~3)
	非结构裂缝		±(10~20)
管线沉降	刚性	±(1~2)	±(10~20)
	柔性	±(2~3)	±(20~40)

（二）监测频率

明（盖）挖法监测工作基本上伴随着围护结构开始施工，包括围护桩（墙的施工、土体开挖和主体结构施工至地面的全过程，施工周期较长，一般需要1~2年的时间。监测频率应根据施工方法、施工进度、监测对象、地质条件等情况和特点，并结合当地工程经验确定。《城市轨道交通工程监测技术规范》GB 50911—2013规定的监测频率如表8-17所示，浙江省的轨道交通监测频率如表8-18所示。

明（盖）挖法基坑工程监测频率　　　　　　　　　　　　　表8-17

施工工况		基坑设计深度（m）				
		≤5	5~10	10~15	15~20	>20
基坑开挖深度（m）	≤5	1次/1d	1次/2d	1次/3d	1次/3d	1次/3d
	5~10	—	1次/1d	1次/2d	1次/2d	1次/2d
	10~15	—	—	1次/1d	1次/1d	1次/1d
	15~20	—	—	—	（1次~2次）/1d	（1次~2次）/1d
	>20	—	—	—	—	2次/1d

明（盖）挖法基坑工程监测频率（浙江省）　　　　　　　　表8-18

施工状况		监测频率
施工前		至少3次初测取初始值
施工、降水运营		重要监测对象1次/3d
基坑开挖期间	开挖深度小于15m时	1次/1d
	开挖深度超过15m时	2次/1d
浇好垫层至底板完成		1次/1d
底板浇注一周后		1次/3d
拆撑时		1次/1d
中板完成后		1次/15d
顶板施工结束后半月		停止监测

注：当遇到下列情况时，应适当提高监测或现场巡查频率：
（1）监测数据异常或变化速率较大；
（2）存在勘察未发现的不良地质条件，且影响工程安全；
（3）地表、建（构）筑物等周边环境发生较大沉降、不均匀沉降；
（4）盾构始发、接收以及停机检修或更换刀具期间；
（5）矿山法隧道断面变化部位、施工中产生受力转换部位；
（6）工程出现异常；
（7）工程险情或事故后重新组织施工；
（8）暴雨或长时间连续降雨；
（9）邻近工程施工、超载、震动等周边环境条件较大改变；
（10）当出现监测数据达到预警值且变化不稳定。

第六节　盾构法监测

一、概述

盾构施工是对土体一个扰动过程，因土体受到挤压或土体损失、土体固结等均会引起地面隆起或沉降变化，具体与以下因素有关：盾构密封仓平衡压力、出土速度、盾构姿态、盾构外壳拖带作用、管片衬砌接缝密封程度、建筑间隙、隧道衬砌变形、土体固结和次固结沉降、注浆填充材料凝固收缩沉降等。由于地质条件、荷载条件、材料性质、施工条件和外界其他因素的复杂影响，很难单纯从理论上预测工程中可能遇到的问题，而且理论预测值还不能全面而准确地反映工程的各种变化，为减少对环境的不利影响，盾构施工必须引入信息化监测手段，以反馈指导施工，确保开挖面稳定，正确控制挖土速度，不断优化掘进施工参数，以有效控制土体沉降和变形，确保道路、管线的安全运转、周边构筑物的正常使用。

根据区间盾构施工方法、场地工程地质及环境条件，监测必须考虑盾构施工设计及周边环境状况，重点需考虑以下因素：

（1）盾构施工深度及穿越土层的特性，估算扰动影响的可能范围及程度；

（2）受盾构穿越的建（构）筑物及邻近建（构）筑物的结构特征以及与隧道的距离关系；

（3）邻近盾构施工的管线分布情况及各自特征。

因环境保护的重要性，工程监测必须严格按规范及设计等有关方面的变形控制要求进行设计和实施。一般来说，盾构推进期间的监测应当包括盾构本身、周边环境和日常的巡视检查等内容。

二、盾构法隧道管片结构监测

盾构法隧道管片结构和周围岩土体监测项目包括：管片变形监测（竖向位移、水平位移和净空收敛），如有必要应该还包括管片结构应力、管片围岩压力和管片连接螺栓应力等。

（一）管片变形监测

盾构管片结构竖向、水平位移和净空收敛监测断面及监测点布设应符合下列规定：

（1）在盾构始发与接收段、联络通道附近、左右线交叠或邻近段、小半径曲线段等区段应布设监测断面；

（2）存在地层偏压、围岩软硬不均、地下水位较高等地质条件复杂区段应布设监测断面；

（3）下穿或邻近重要建（构）筑物、地下管线、河流湖泊等周边环境条件复杂区段应布设监测断面；

（4）每个监测断面宜在拱顶、拱底、两侧拱腰处布设管片结构净空收敛监测点，拱顶、拱底的净空收敛监测点可兼做竖向位移监测点，两侧拱腰处的净空收敛监测点可兼做水平位移监测点。

具体布置时，一般情况下，隧道成形后，需对隧道变形进行监测。其每次监测范围为车架后100环，在进出洞50环范围每5环布置1个，其他部位每10环布设1个（一般一环1.2m）。隧道变形布置示意如图8-33所示。具体监测作业方法：管片变形中拱顶沉降监测常用方法是在拱顶上钢尺或倒挂钢钢尺用精密水准仪采取几何水准测量方法施测；洞周收敛监测常用方法是使用收敛计直接测量。随着三维激光扫描技术的发展，其精度在不断提高，三维激光扫描仪在管片变形监测应用中凭借着自动化程度高、成果生成快捷的优点逐步得到推广。

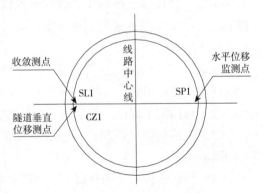

图8-33 隧道变形监测布置示意图

（二）管片围岩压力

管片衬砌和地层的接触应力是管片背后土体传递给管片衬砌结构的压力以及盾构隧道管片衬砌完成后衬砌背后土体中应力重分布引起的土体压力。

管片衬砌和地层的接触应力监测与管片内力监测、管片外侧的孔隙水压力等监测数据相结合分析，为全面掌握管片结构的受力情况，进行盾构施工反演分析计算提供原始数据，与设计采用值比照参考，检验设计的模型与截面内力计算的正确性。在地质条件较差地段、上部荷载较大部位以及双线盾构隧道近距离先后施工部位，对管片衬砌和地层接触应力的监测较为重要。管片衬砌和地层的接触应力监测即土压力监测一般选择在管片背面埋设土压力计的方法，土压力计的外膜应与管片背面保持在一个平面上。

为了研究管片衬砌和地层的接触应力分布情况，应尽可能多得沿管片外层与地层间布设接触压力测点。由于衬砌和地层的接触压力监测需埋设测试元件，数量较多的测试元件埋设会影响隧道管片的强度，同时也会增加监测工作量和监测成本，故应选择经济、适宜的测点数量。

管片围岩应力监测应布设垂直于隧道轴线的监测断面，监测断面宜布设在存在地层偏压、围岩软硬不均、地下水位较高等地质或环境条件复杂地段，并与管片结构竖向位移和净空收敛监测断面处于同一位置；每个监测项目在监测断面的监测点数量不宜少于5个或每环管片数量。管片衬砌和地层的接触应力监测有管片加工时预埋和完成隧道后埋两种形式。对于双线盾构隧道近距离施工过近的情况（包括水平近距离、垂直近距离、线路近距离交叉），可将隧道的管片衬砌和地层接触应力监测点埋设在已完成段隧道管片衬砌结构背后，利用原有注浆孔按照埋设土压力计的方法进行；而对于近距离穿越建筑物（构筑物）和为验证设计或研究而进行的管片衬砌及地层接触应力监测可选择在管片制作中预埋土压力计的方法埋设。

管片衬砌与土层接触应力监测方法根据土压力计的种类可分为钢弦式土压力计测读法和电阻应变式土压力计测读法，前者根据埋设方法不同分为介质土压力计测读法和界面土压力计测读法，后者又分为单膜片土压力计测读法和双膜片土压力计测读法。

1. 钢弦式土压力计的埋设与安装

介质土压力计是埋在土体介质中，用来测量土体压应力的土压力。边界式土压力计是安装在管片衬砌外表面，受压面面向土体，测量接触压力。这种压力计也称界面式或接触式土压力计。土压力计埋设于土压力变化的部位即压力曲线变化处，用于监测界面土压力。土压力计水平埋设间距原则上为盒体间距的3倍以上，且不小于0.6m，垂直间距与水平间距相同，土压力计的受压面必须面对欲测量的土体。

2. 电阻应变式土压力计的埋设与安装

埋设时要求土压力计的受压面向外，与隧道面接触，并保证受压面与管片外表面平齐，超出管片表面的高度应小于$D/30$（D为土压力计的直径）。如受压面高出管片太多,将导致测量结果偏大;如土压计低于管片表面,测量结果将偏小。可在土压计底端面抹一层砂浆使之平齐。为了避免土压计之间相互影响,相邻土压计之间的间距应不小于3D。埋设土压力计时,首先把土压力计按设计的位置固定到管片钢筋笼的外表面上,然后将土压力计的正面(敏感膜)用保护板盖住。管片钢筋笼放入钢模时,应确保土压力计外侧的保护板与钢模贴紧,土压力计连接导线从管片预埋注浆孔引出,并注意使土压力计表面与片模具外弧平齐。

(三)管片内力监测

盾构隧道管片衬砌结构主要由管片、连接螺栓通过错缝或顺缝的方式拼装而成的圆筒形结构,管片间的接缝片还设置各种防水材料,因此即使在沿纵向不变的外荷载作用下,其内力状态是三维的空间分布。因此对管片内力的监测主要是监测每环管片间接缝位置及相邻环管片间的应力。

管片内力是盾构应力监测的重要内容,通过对管片内力监测可以掌握隧道结构安全度,与管片衬砌和地层接触应力监测一起构成盾构施工应力监测,亦是验证设计和调整合理的盾构施工参数的重要依据。盾构管片结构应力、管片围岩压力、管片连接螺栓应力监测点布设应符合下列规定:

(1)盾构管片结构应力、管片围岩压力、管片连接螺栓应力监测应布设垂直于隧道轴线的监测断面,监测断面宜布设在存在地层偏压、围岩软硬不均、地下水位较高等地质或环境条件复杂地段,并与管片结构竖向位移和净空收敛监测断面处于同一位置;

(2)每个监测项目在每个监测断面的监测点数量不宜少于5个或每环管片数量,并与地表沉降的横断面、管片衬砌和地层的接触应力监测点对应布置。

管片内力监测与管片衬砌和地层接触应力监测类似,有预埋钢筋应力计和完成隧道后埋入表面应变计两种形式。

三、周边环境监测

土质隧道工程影响分区按表 8-19 的规定进行划分,工程影响分区如图 8-34 所示。隧道穿越基岩时,应根据覆盖土层特征、岩石坚硬程度、风化程度及岩体结构与构造等地质条件,

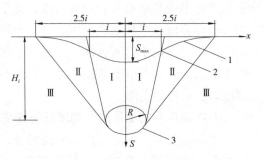

图 8-34 浅埋隧道工程影响分区

综合确定工程影响分区界线。

土质隧道工程影响分区　　　　　　　　　表 8-19

隧道工程影响区	范围
主要影响区（Ⅰ）	隧道正上方及沉降曲线反弯点范围内
次要影响区（Ⅱ）	隧道沉降曲线反弯点至沉降曲线边缘 $2.5i$ 处
可能影响区（Ⅲ）	隧道沉降曲线边缘 $2.5i$ 外

注：i—隧道地表沉降曲线 Peck 计算公式中的沉降槽宽度系数（m）。

对于盾构隧道来说，周围环境的监测应当包括：建筑物（构筑物）沉降、倾斜和裂缝、地下管线沉降、路面沉降、地表沉降、深层土体水平位移、孔隙水压力、深层土体竖向位移等。由于周边环境监测与基坑周围环境监测内容大致相同，以下把盾构法施工中监测不同的部分叙述如下。

（一）地表沉降监测

地表沉降监测是盾构法施工监测的一项重要监测项目，其主要目的是通过动态监测数据指导施工调整盾构开挖的推力、土压力、掘进速度、注浆量、出土量等参数，了解盾构施工开挖对地层扰动的控制程度，判断周围岩土体是否有空洞产生，以便采取措施保证工程安全及周边环境对象的安全。同时，取得采用盾构设备在特定地层下的变形规律，为设计提供参考依据。监测点布置原则如下：

（1）监测点应沿盾构隧道轴线上方地表布设，监测等级为一级时，监测点间距宜为 5~10m；监测等级为二级、三级时，监测点间距宜为 10~30m，始发和接收段应适当增加监测点；

（2）应根据周边环境和地质条件布设垂直于隧道轴线的横向监测断面，监测等级为一级时，监测断面间距宜为 50~100m；监测等级为二级、三级时，间距宜为 100~150m；

（3）在始发和接收段、联络通道等部位及地质条件不良易产生开挖面坍塌和地表过大变形的部位，应有横向监测断面控制；

（4）横向监测断面的监测点数量宜为 7~11 个，在主要影响区监测点间距宜为 3~5m，次要影响区间距宜为 5~10m。

地表沉降监测的方法有很多种，常用的有几何水准测量方法、液体静力水准测量法、三角高程测量法和交会测量法等。根据地铁工程特点，常用几何水准测量方法，采用水准仪进行观测。

（二）土体分层沉降及深层水平位移监测

由于实际施工中，隧道处埋深、地层、施工工艺等条件存在差异，施工影响的土体范围和影响程度均不同，为此在盾构隧道掘进过程中需要对典型区域内的地层进行土体分层沉降及深层水平位移监测。土体分层沉降点一般布设于线路正上方，较地表沉降更直观了解到深部土层的变形情况，更能有效地诊断施工状态和工艺参数，用以分析盾构推进中对土体扰动引起的位移以及减少扰动的对策。测点布置要求如下：

（1）地层疏松、土洞、溶洞、破碎带等地质条件复杂地段，软土、膨胀性岩土、湿陷性土等特殊性岩土地段，工程施工对岩土体扰动较大或邻近重要建（构）筑物、地下管线等地段应布设监测孔及监测点。

（2）监测孔的位置和深度应根据工程需要确定，并应避免管片背后注浆对监测孔的影响。

（3）土体分层竖向位移监测点宜布设在各层土的中部或界面上，也可等间距布设。

土体分层沉降与深层水平位移监测均需要在隧道上方或两侧进行钻孔，孔内埋设相应仪器进行观测，两者可共用一个测斜仪。土体分层沉降监测采用钻孔内布设分层沉降仪的方法进行，仪器及安装如前所述。土体深层水平位移监测采用测斜仪进行测量。当测管埋深低于隧道底部高程时，可将管底作为初始不动点；埋设在隧道顶部的测管一般以管顶作为不动点，但必须测量管顶的水平位移值并进行修正。

四、巡视检查

盾构法隧道施工现场巡查宜包括下列内容：
（1）盾构始发端、接收端土体加固情况；
（2）盾构掘进位置（环号）；
（3）盾构停机、开仓等的时间和位置；
（4）管片破损、开裂、错台、渗漏水情况；
（5）联络通道开洞口情况。
周边环境现场巡查宜包括下列内容：
（1）建（构）筑物、桥梁墩台或梁体、既有轨道交通结构等的裂缝位置、数量和宽度，混凝土剥落位置、大小和数量，设施能否正常使用；
（2）地下构筑物积水及渗水情况，地下管线的漏水、漏气情况；

（3）周边路面或地表的裂缝、沉陷、隆起、冒浆的位置、范围等情况；

（4）河流湖泊的水位变化情况，水面有无出现漩涡、气泡及其位置、范围，堤坡裂缝宽度、深度、数量及发展趋势等；

（5）工程周边开挖、堆载、打桩等可能影响工程安全的其他生产活动；

（6）基准点、监测点、监测元器件的完好状况、保护情况应定期巡视检查。

五、监测控制值和监测频率

（一）监测控制值

盾构隧道施工过程中管片结构变形及岩土体位移与工程所处范围内的工程地质条件、水文地质条件、周围环境条件及盾构施工参数等密切相关。盾构隧道监测控制值首先应经过岩土工程师理论计算，并结合当地工程特点，经工程类比后确定。盾构隧道地表沉降的统计实测结果表明，盾构法隧道地表沉降一般在中软~软弱土地区的变形较大，约90.2%的监测点实测值在45mm以内；坚硬~中硬土地区约94.1%的监测点沉降实测值在40mm以内，隆起实测值多在10mm以内。《城市轨道交通工程监测技术规范》GB 50911—2013规定的监测控制值如表8-20和表8-21所示，浙江省的轨道交通监测控制值如表8-22所示。

盾构法隧道管片结构竖向位移、净空收敛监测项目控制值　　表8-20

监测项目及岩土类型		累计值（mm）	变化速率（mm/d）
管片结构沉降	坚硬~中硬土	10~20	2
	中软~软弱土	20~30	3
管片结构差异沉降		0.04%L_s	—
管片结构净空收敛		0.2%D	3

注：L_s—沿隧道轴向两监测点间距；D—隧道开挖直径。

盾构法隧道地表沉降监测项目控制值　　表8-21

监测项目及岩土类型		工程监测等级					
		一级		二级		三级	
		累计值（mm）	变化速率（mm/d）	累计值（mm）	变化速率（mm/d）	累计值（mm）	变化速率（mm/d）
地表沉降	坚硬~中硬土	10~20	3	20~30	4	30~40	4
	中软~软弱土	15~25	3	25~35	4	35~45	5
地表隆起		10	3	10	3	10	3

盾构法隧道各监测项目控制值（浙江省）　　　表 8-22

项目	序号	监测内容	项目	日报警值（mm/d）	累计报警值（mm）	备注
周边环境	1	建筑物沉降	倾斜	±2（连续2天）	2‰	
	2	地下管线垂直、平面位移	刚性管线	±2（连续2天）	±（10~15）	给水、雨污水
			柔性管线	±3（连续2天）	±（25~40）	煤气
	3	地表沉降	上抬	2~3	10~15	
			下沉	3~5	30~45	
盾构隧道	4	隧道拱底及拱顶沉降	上抬	2~3	10~15	
			下沉	2~4	20~30	
	5	收敛		±(2~3)	±(20~25)	

（二）监测频率

施工监测频率的确定根据其影响范围与变形规律，考虑盾构设备特点、施工进度、盾构控制参数、监测数据变化等情况，结合监测对象和监测项目的特点、地质条件等综合确定，要求监测频率满足监测信息并能准确、及时、系统地反映监测对象变化规律以及监测项目或对象之间的内在联系。要根据施工进度采取定时监测，并根据监测数据的变化情况进行调整。

盾构法隧道开挖面前方的监测对象主要是周围岩土体的周边环境，具体监测频率根据开挖面与监测点或监测断面的水平距离来确定；盾构法隧道开挖面后方的监测对象除了周围岩土体和周边环境外，还应包括管片结构。

《城市轨道交通工程监测技术规范》GB 50911—2013 规定的监测频率如表 8-23 所示，浙江省的轨道交通监测频率如表 8-24 所示。

盾构法隧道工程监测频率　　　表 8-23

监测部位	监测对象	开挖面至监测点或监测断面的距离	监测频率
开挖面前方	周围岩土体和周边环境	$5D < L \leq 8D$	1次/(3~5)d
		$3D < L \leq 5D$	1次/2d
		$L \leq 3D$	1次/1d
开挖面后方	管片结构、周围岩土体和周边环境	$L \leq 3D$	(1次~2次)/1d
		$3D < L \leq 8D$	1次/(1~2)d
		$L > 8D$	1次/(3~7)d

注：1. D—盾构法隧道开挖直径（m），L—开挖面至监测点或监测断面的水平距离（m）；
　　2. 管片结构位移、净空收敛在衬砌环脱出盾尾且能通视时进行监测；
　　3. 监测数据趋于稳定后，监测频率为 1次/(15~30)d。

盾构法隧道工程监测频率（浙江省）　　　　表 8-24

施工方法	监测项目	监测频率	
盾构法区间隧道施工段	地表沉降（或隆陷）、周边建筑物沉降和倾斜	测点距掘进面 < H 时	2 次/d
		H < 测点距掘进面 < 3H 时	1 次/(2~3)d
		测点距掘进面 > 3H 时	1 次/(10~15)d
	隧道拱部下沉、内空收敛	测点距掘进面 < H 时	1 次/(2~3)d
		H < 测点距掘进面 < 3H 时	1 次/7d
		测点距掘进面 > 3H 时	1 次/15d

注：H 为隧道埋深，d 为天。

第七节　矿山法监测

一、概述

矿山法属于暗挖法的一种，主要用钻眼爆破方法开挖断面而修筑隧道及地下工程的施工方法。因借鉴矿山开拓巷道的方法，故名矿山法。用矿山法施工时，将整个断面分部开挖至设计轮廓，并随之修筑衬砌。当地层松软时，则可采用简便挖掘机具进行，并根据围岩稳定程度，在需要时应边开挖边支护。分部开挖时，断面上最先开挖导坑，再由导坑向断面设计轮廓进行扩大开挖。分部开挖主要是为了减少对围岩的扰动，分部的大小和多少视地质条件、隧道断面尺寸、支护类型而定。在坚实、整体的岩层中，对中、小断面的隧道，可不分部而将全断面一次开挖。如遇松软、破碎地层，须分部开挖，并配合开挖及时设置临时支撑，以防止土石坍塌。喷锚支护的出现，使分部数目得以减少，并进而发展成新奥法。矿山法监测的目的可归纳为以下四个方面：

1. 实时观测围岩的稳定性和支护结构的安全性

隧道所处的地质条件复杂多变，在隧道工程建设的各个时期，地质情况很难彻底弄清楚，且一条隧道往往穿越多种不同性质的围岩，隧道各部位的围岩稳定状态和支护结构的受力性状不同，所以在隧道施工过程中，通过围岩和支护结构的变形和应力监测结果，可实时观测不同工况下围岩的稳定性和支护结构的安全性。

2. 判定支护方案和施工方法的合理性

隧道工程的支护方案和施工方法的确定和选取，一般依靠地质调查和室内试验提供的数据和信息。但由于岩体地质情况千差万别，使得这些数据往往难以准确地反映岩体性质，所以隧道工程施工监测技术可以验证支护结构形式、支护参数，评价支护方案和施工方法的合理性，并为优化设计参数、调整施工工艺提供科学依据。

3. 为隧道工程的长期使用提供安全信息

通过对围岩稳定性与支护可靠性的监控量测和分析评定，发现施工中隐藏的不安全因素，预测可能出现的施工隐患，以便及时采取措施，防患于未然，以保障围岩稳定和施工安全，为隧道长期使用提供安全信息。

4. 为以后的类似工程提供参考依据

隧道工程的监测数据不仅为理论研究提供了第一手的信息，而且为隧道工程的设计和施工积累了相关资料，从而可为类似地质条件下的隧道工程修建提供科学依据和技术保证。

根据城市轨道交通工程矿山法支护结构及施工开挖方法，需要掌握隧道开挖与支护的平衡关系，通过对隧道支护结构体系中的初支结构拱顶、结构底板、拱脚、结构净空、中柱结构以及隧道外部的地表、深层土体、地下水等对象及这些对象间的相互作用关系进行监测，掌握监测数据时间与空间上的变化，来动态调整支护参数信息化施工。矿山法隧道支护结构和周围岩土体监测项目见表 8-25。与前述相应重复监测或相似的监测项目不再叙述，只介绍与其他章节不同的监测项目。

矿山法隧道支护结构和周围岩土体监测项目　　　　表 8-25

序号	监测项目	工程监测等级		
		一级	二级	三级
1	初期支护结构拱顶沉降	√	√	√
2	初期支护结构底板竖向位移	√	○	○
3	初期支护结构净空收敛	√	√	√
4	隧道拱脚竖向位移	○	○	○
5	中柱结构竖向位移	√	√	√
6	中柱结构倾斜	○	○	○

续表

序号	监测项目	工程监测等级		
		一级	二级	三级
7	中柱结构应力	○	○	○
8	初期支护结构、二次衬砌应力	○	○	○
9	地表沉降	√	√	√
10	土体深层水平位移	○	○	○
11	土体分层竖向沉降	○	○	○
12	围岩压力	○	○	○
13	地下水位	√	√	√

注：√—应测项目，○—选测项目。

二、支护结构监测

（一）初期支护结构沉降及净空监测

初期支护结构拱顶沉降及隧道净空收敛监测是隧道施工中一项必不可少的监测内容。由于地下工程自身固有的错综复杂性和变异性质，传统的设计方法仅凭力学分析和强度验算的手段难以全面、适时地反映出支护系统的受力变化情况。围岩应力及环境条件发生变化，周边围岩及支护随之产生位移，该位移是围岩和支护力学行为变化最直接的综合反映，因此，隧道围岩位移监测具有十分重要的作用。通过对围岩周边的水平净空收敛量及其速度进行观察，掌握围岩内部随时间的变化规律，从而判断围岩的稳定性和为确定二次支护的时间提供担保；保证结构总变形量在规定允许值之内，更好地用于指导施工。

1. 测点布置

矿山法的初期支护结构拱顶沉降、净空收敛监测断面及监测点布设应符合下列规定：

（1）初期支护结构拱顶沉降、净空收敛监测应布设垂直于隧道轴线的横向监测断面，车站监测断面间距宜为 5~10m，区间监测断面间距宜为 10~15m；

（2）监测点宜在隧道拱顶、两侧拱脚处（全断面开挖时）或拱腰处（半断面开挖时）布设，拱顶的沉降监测点可兼做净空收敛监测点，净空收敛测线宜为 1~3 条；

（3）分部开挖施工的每个导洞均应布设横向监测断面；

（4）监测点应在初期支护结构完成后及时布设。

矿山法的初期支护结构底板竖向位移监测监测点布设应符合下列规定：

（1）监测点宜布设在初期支护结构底板的中部或两侧；

（2）监测点的布设位置与拱顶沉降监测点宜对应布设。

矿山法的隧道拱脚竖向位移监测点布设应符合下列规定：

（1）在隧道周围岩土体存在软弱土层时，应布设隧道拱脚竖向位移监测点；

（2）隧道拱脚竖向位移监测点与初期支护结构拱顶沉降监测断面共同组成监测断面。

由于断面形状、围岩条件、开挖方式的不同，测线位置、数量也有所不同，可参考图 8-35 ~ 图 8-37。

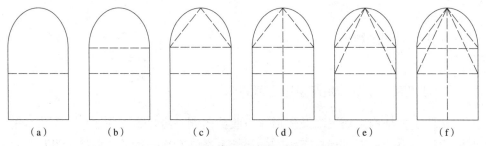

图 8-35 断面收敛监测测线的布设方式

（a）1 条测线；（b）2 条测线；（c）3 条测线；（d）5 条测线；（e）6 条测线；（f）7 条测线

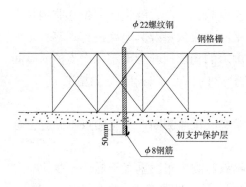 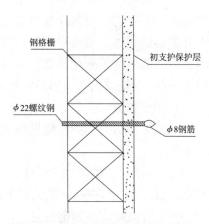

图 8-36 拱顶沉降监测点布设示意图　　图 8-37 结构净空监测点布设示意图

2. 监测作业方法

监测仪器可以用水准仪及铟钢尺、钢挂尺、收敛计、全站仪、红外激光测距仪。初支结构拱顶下沉和净空收敛的监测精度分别为 1.0mm 和 0.06mm。

采用精密电子水准仪测设初期支护结构拱顶沉降和采用收敛计监测净空收敛点，布设材料选用 $\phi 22$ 螺纹钢，做成弯钩埋设或焊接在拱顶，外露长度 5cm，外露部分应打磨光滑，并用红油漆标记统一编号。

采用红外激光测距仪监测净空收敛应在收敛测线两端设置对中与瞄准标志，隧道侧壁粗糙时瞄准标志宜采用反射片；采用全站仪进行固定测线收敛监测应设置固定仪器位置，在收敛测线两端固定小棱镜或设置反射片，布点与测线两端点水平投影呈一条直线。

初期支护结构拱顶沉降：拱顶下沉观测采用倒立铟钢尺，水准仪测量方法与地表沉降、建筑物（构筑物）等观测方法一致。观测时将水准仪安放在标准高程点和拱顶点之间，铟钢尺底端抵在标准高程点上，并将软铟钢尺调整到水平位置，然后通过水准仪后视铟钢尺记下读数为 H_1，再记下前视钢卷尺的读数 H_2，若标准高程点的高程为 H_0，则本次测试拱顶高程为 $H_0+H_1+H_2$，不同测试的拱顶调和差即为两次间隔时间内的拱顶沉降，作业方法如图 8-38 所示。

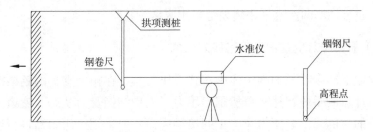

图 8-38 拱顶沉降监测示意图

净空收敛监测：采用收敛计监测净空收敛时，在收敛钩安装后进行收敛钩与收敛尺接触点的符合性检查，通过 4 次独立观测误差应小于标称精度的 2 倍。在观测时应施加收敛尺标定时的拉力，独立 2 次观测读数，误差小于标称精度的 2 倍时取中数。在工作现场温度变化较大时，读数应时行温度修正。对收敛观测的要求：

（1）观测前应室内进行收敛计标定；

（2）观测前必须将测桩端头清洗干净；

（3）将收敛计两端分别固定在基线两端的测桩上，按预计的测距固定尺长，

并保证钢尺不受拉;

（4）不同的尺长应选用不同的张力，调节拉力装置，使钢尺达到已选定的恒定张力，读记收敛值，然后放松钢尺张力；

（5）重复上一条的程序两次，三次读数误差不应大于收敛计的精度，取三次读数的平均值作为计算值；

（6）观测的同时，测记收敛计的环境温度，温度对测值的影响较大，因此需要准确地测量收敛观测时的环境温度，以便对观测值进行修正。

周边收敛量方法：首先，将百分表读数调至 2.5～3.0cm，并将收敛计钢尺挂钩挂在测点上，收紧钢尺将销钉插入钢尺上适当的小孔内，用卡钩将其固定；然后转动调节螺母直到观测窗中线条与面板成一直线为止，读取观测窗和钢尺读数，两者相加即为测点间距离；接着将每条测线前后两次测线距离相减即可算出各测点间相对位移，最后松开调节螺母，退出卡钩，将钢尺取下，擦净收好。绘制收敛位移与时间的关系曲线、收敛位移与开挖空间变化的关系曲线、位移速率变化的时空关系曲线、断面的位移分布图。

采用全站仪进行固定测线收敛监测：首先设置固定仪器设站位置，在收敛测线两端固定小棱镜或设置反射片，高站点与测线两端点水平投影应呈一直线；在施测过程中应盘左、盘右两个盘位观测至少一个测回，计算测线两端点的水平距离，通过计算两次水平距离差值得出收敛变化量。

（二）围岩压力及支护间接触应力监测

通过在不同主断面周围土体中布置土压力盒，在初期支护的钢格栅上焊接钢筋应力计监测手段，达到分析围岩压力、支护结构受力状态及隧道结构支护效果评价的目的。围岩压力及支护间接触应力一般采用土压力盒进行监测。应在车站和区间具有代表性的地段如拱顶、拱腰和拱脚等选择压力变化值最大或最不利的部位布置断面，每一断面 5～11 个测点。土压力盒的安装、技术要求和量测步骤、数据处理详见有关章节。

（三）钢筋格栅应力监测

钢筋格栅应力监测用来研究初期支护钢格栅结构内力的动态变化趋势，特别是各步工序转换前后的动态变化。监测断面应与所设主断面相对应，每榀钢拱架布置 5～11 只钢筋监测内力，利用频率接收仪测读。监测仪器、监测方法等同围岩压力监测。

三、监测控制值和监测频率

（一）监测控制值

监测控制值应根据设计文件，结合当地经验设置。表 8-26 和表 8-27 分别给出各项目控制值参考指标和现场巡视内容及频率。

现场监测项目控制值　　　　表 8-26

序号	类别	监测对象	监测项目	控制值
1	周边环境	隧道地表	地表沉降	30~50mm
		管线	沉降	15~25mm
		建筑物	沉降	20~40mm，倾斜≤3‰
2	支护结构体系	净空收敛		20mm
		拱顶沉降	沉降	30mm
		支护结构应力	应力	根据设计要求

现场巡视对象、内容及频率　　　　表 8-27

序号	类别	巡视对象	巡视内容
1	周边环境	隧道周边	地表有无沉陷或裂缝，建筑物沉降、开裂，倾斜，管线滴漏水
2	工程自身		开挖面特性、岩性或土性；开挖面核心土保留情况，土体加固情况，有无剥落或坍塌；格栅接头连接是否可靠，初支护结构施作是否及时规范，结构裂缝或剥离；地下降水、排水效果；漏水情况；周边有无邻近工程施工扰动等

（二）监测频率

矿山法工程监测频率的确定与暗挖结构工法形式、施工工况、工程所处的地质条件、周边环境条件及监测对象和监测项目的自身特点等密切相关。施工开挖部位前 5 倍洞径与后 2 倍洞径范围受开挖土体扰动及岩土体加固等扰动明显，在此范围内需要保证足够的监测频率。矿山法隧道工程施工中隧道初期支护结构变形、周围岩土体和周边环境的监测频率如表 8-28 所示。

矿山法隧道工程监测频率表 表 8-28

监测部位	监测对象	开挖面与监测断面的距离	监测频率
开挖面前方	周围岩土体和周边环境	$2B < L \leq 5B$	1 次 /2d
开挖面后方	初期支护结构、周围岩土体和周边环境	$L \leq 2B$	1 次 /d
		$L \leq B$	(1~2)次 /d
		$B < L \leq 2B$	1 次 /d
		$2B < L \leq 5B$	1 次 /2d
		$L > 5B$	1 次 /(3~7) d
		监测数月趋于稳定	1 次 /(15~30) d

注：1. B—隧道或导洞开挖宽度（m），L—开挖面与监测断面的水平距离；
    2. 当拆除临时支撑时应增大监测频率；
    3. 地下水监测频率为 1 次 /2d。

矿山法工程施工过程中，为保证工程施工的安全或方便性，往往都要采用其他的辅助工法，如施工降水或注浆加固等。这些辅助工法的实施也会对周围岩土体及周边环境产生影响。当采用辅助工法时，根据环境对象的重要程度和预测的变形量大小调整监测频率，周边环境对象较为重要且预测影响较大时，应适当提高监测频率。在结构受力转换阶段风险较大，如码头、扣拱、变断面、挑高段施工等阶段要适当加密监测频率。矿山法隧道结构初期支护结构的拱顶沉降、底板竖向位移和净空收敛监测频率，与初期支护结构的变形速率、监测点或监测断面距开挖面的距离密切相关。矿山法隧道工程的监测频率根据隧道或导洞的开挖宽度、监测断面距开挖面的不同距离而确定。在拆除临时支撑时或地质条件较差的情况下，初期支护结构容易出现较大的变形，为避免危险的发生，需要适当提高监测频率。

第八节　高架桥段监测

桥梁是交通工程的重要组成部分，桥梁施工中会影响到周边的环境，桥梁施工过程中要对周边的道路、管线和建筑物等进行监测；而在城市轨道交通建设中如基坑开挖、区间盾构等对已建成使用的桥梁造成影响，因此这种情况下，必须对桥梁的变形进行监测。对桥梁监测的主要作用有以下几个方面：一是保证桥梁施工过程中周围环境的安全和桥梁施工的正常进行；二是指导桥梁安全运营，通过变形监测，可以了解桥梁结构部分的变化情况，根据其变形量的大小，分析比较变形量是否在安全允许范围内，如果某些部位超过允许值，则应找出导致变形增大的原因，提供设计单位，采取一些措施，如加固和修复等；从科学研究和验证工程设计与施工质量考虑，积累相关工程经验，为后期类似工程提供借鉴。

桥梁主要监测内容有：墩台沉降、墩台差异沉降、墩桩倾斜、梁板应力和结构表面裂缝等。详见表 8-29。

桥梁监测项目 表 8-29

监测对象	监测项目	工程影响分区		监测频率	控制值
		主要影响区	次要影响区		
桥梁	墩台沉降	√	√	施工期间 1 次 /d，施工完成后 1 次 /3d，直到趋于稳定	（15～25）mm
	墩台差异沉降	√	√		10mm
	墩桩倾斜	√	√		3‰
	梁板应力	○			设计值
	裂缝	√	○		10mm

注：√—应测项目，○—选测项目，桥梁墩台差异沉降大或设计需要时，应进行梁板结构应力监测；若监测超过控制值则应加大监测频率。

根据桥梁结构不同的基础形式、结构形式、历史价值、功能特性、破坏后的影响程度、对桥梁的现场调查、评估结果及专项要求，以及地铁工程施工对桥梁的影响程度，针对性地确定监测点布置，原则如下：

（1）沉降监测点布设在墩柱或承台上；

（2）每个墩柱不应少于一个沉降监测点或每个承台不少于 2 个沉降监测点，群桩承台应适当增加监测点；

（3）桥梁墩柱倾斜测点应沿墩顶部、底部上下对应布设，每个墩桩监测点不应少于 1 组，每组 2 个监测点；

（4）桥梁结构应力监测点应布设在桥梁梁板结构中部或应力变化最大部位；

（5）桥梁裂缝监测与建筑物相关要求一致。

桥梁应力监测、沉降点监测和倾斜等技术原理、所用仪器设备、技术要求及分析等基本内容与常规监测相似，在此不再赘述。

第九节　联络通道监测

联络通道暗挖隧道施工是一个动态过程，与之有关的稳定和环境影响也在动态变化中。因此，在施工过程中，必须对隧道及周边环境进行三维空间全方位、全过程的监测。一方面，为工程决策、设计修改、工程施工和工程质量管理提供第一手的监测资料和依据；另一方面，有助于快速反馈施工信息，以便及时发现问题并采用最优的工程对策。

（1）根据监测结果，发现可能发生危险的先兆，判断工程的安全性，以便提前采取必要的工程措施，防止工程破坏事故和环境事故的发生，保证工程顺利进行；

（2）以工程监测结果指导现场施工，确定和优化施工方案，进行信息化施工；

（3）检验工程勘察资料的可靠性，验证设计理论和设计参数。

联络通道施工过程中，监测内容包括以下几方面：隧道水平位移监测；隧道的沉降监测；隧道的水平及垂直方向的收敛变形监测；地表沉降观测；建筑物和管线沉降监测等。监测工作应始于冻结孔施工前并取得各测点的初读数，结束于联络通道结构完成至少3个月后。期间，应特别保证"打钻前、开冻前、拉门前、结构前、结构完、融沉完"等重点时刻监测数据的完整和反馈的及时性。对冻结工艺参数如冻结区的温度、范围、梯度等的监测是不可缺少的，应与冻结施工单位联合确定监测方案。联络通道（冻结法）施工监测控制值详见表8-30，其中建筑物和管线等参见有关章节。

联络通道（冻结法）施工监测控制值　　　　表8-30

监测项目	累计报警值（mm）	日变量报警值（mm）
隧道沉降	±10	±2
隧道收敛	±10	±2
地面沉降	+（10~30）	±3

第十节 监测方案编写

工程监测方案编写前应收集并分析项目的设计文件、地质勘察报告、周边环境调查报告和水文气象条件及周边管线、道路、建筑物等的情况,并时行现场踏勘。施工单位应内审编制好的监测方案,并应按照规定的程序上报监理、城市轨道交通管理部门,如有必要,还需进行专家论证,经过修改完善后,方可作为项目施工的指导性监测方案,并在施工过程中严格按照监测规定的内容进行。

工程监测方案应根据工程的施工特点,分析研究工程风险及影响工程安全的关键部位和关键工序,有针对性地编制。监测方案应包括下列内容:

工程概况;建设场地地质条件、周边环境条件及工程风险特点;监测目的和依据;监测范围和工程监测等级;监测对象及项目;基准点、监测点的布设方法与保护要求,监测点布置图;监测方法和精度;监测频率;监测控制值、预警等级、预警标准及异常情况下的监测措施;监测信息的采集、分析和处理要求;监测信息反馈制度;监测仪器设备、元器件及人员的配备;质量管理、安全管理及其他管理制度。对于重要的工程一般还要求编制应急预案。当工程遇到下列情况时,应编制专项监测方案:穿越或邻近既有轨道交通设施;穿越重要的建(构)筑物、高速公路、桥梁、机场跑道等;穿越河流、湖泊等地表水体;穿越岩溶、断裂带、地裂缝等不良地质条件;采用新工艺、新工法或有其他特殊要求。编制监测方案的图纸一般要求有:总平面图、典型围护结构平面布置及剖面图、地质剖面和地质参数、监测点平面布置图和监测剖面图等。

监测方案中应当对以下项目进行详尽的描述:周边建筑物的基础形式、年代和有无地下室等,并辅以图片;道路下管线的埋深、材质、管径和走向及有无改迁等参数;地下水埋深及有无承压水;桥梁结构、墩台、有无桩及桩的桩径、桩长等参数;如有地铁运营线路和国铁、高铁应当编制专门的监测方案。

第十一节 某工程监测方案（案例）

××地铁 5 号线一期工程
××站主体结构基坑
第三方监测方案

工程编号：
审　　定：
审　　核：
工程负责人：
编　　写：

×××××××公司

资格证书：　　　　ISO 注册编号：

××年××月××日

目 录

1 工程概况
　　1.1 车站概况
　　1.2 主体结构基坑围护设计情况
　　1.3 工程地质与水文地质条件
　　　　1.3.1 工程地质
　　　　1.3.2 水文地质
　　1.4 周边环境
　　　　1.4.1 周边建（构）筑物
　　　　1.4.2 周边管线
　　1.5 监测等级与监测范围
2 监测目的与依据
　　2.1 监测目的
　　2.2 第三方监测设计依据
　　2.3 第三方监测设计基本原则
3 监测风险源与重难点分析
　　3.1 风险源分类统计
　　3.2 周边建（构）筑物风险统计
4 监测项目与测点设置
　　4.1 现场巡视检查
　　4.2 仪器监测项目与测点布置
　　4.3 监测点预估
　　　　4.3.1 测点数量总计
　　　　4.3.2 墙体测斜孔统计
　　　　4.3.3 支撑轴力监测点统计
　　　　4.3.4 坑外水位监测孔统计
　　　　4.3.5 周边建（构）筑物监测点统计
　　　　4.3.6 周边管线监测点统计
5 仪器监测方法与措施
　　5.1 监测设施的埋设
　　5.2 高程基准网的测设
　　　　5.2.1 基准点与工作基点的设置
　　　　5.2.2 基准点与工作基点的联测
　　5.3 国家二等水准测量方法
　　　　5.3.1 二等水准技术要求

5.3.2 二等水准观测顺序和方法
5.3.3 测站观测限差与设置
5.3.4 二等水准观测措施
5.3.5 二等水准观测限差
5.3.6 二等水准内业计算

5.4 围护结构桩（墙）顶竖向位移监测
5.4.1 监测点的布设
5.4.2 竖向位移监测方法

5.5 围护结构桩（墙）顶水平位移监测
5.5.1 监测点的布设
5.5.2 水平位移监测方法

5.6 深层水平位移监测
5.6.1 监测点的布设
5.6.2 观测方法与措施
5.6.3 测斜计算方法

5.7 支撑轴力监测
5.7.1 监测点的布设
5.7.2 支撑轴力计算方法

5.8 立柱桩竖向位移（沉降）监测
5.8.1 监测点的埋设
5.8.2 监测方法

5.9 坑外潜水位监测
5.9.1 水位管的埋设
5.9.2 水位测量方法

5.10 地表竖向位移（沉降）监测
5.10.1 监测点的布设
5.10.2 竖向位移监测方法

5.11 管线竖向位移（沉降）监测

5.12 建构筑物竖向位移（沉降）监测
5.12.1 监测点的布设
5.12.2 竖向位移监测方法

5.13 建构筑物主体倾斜监测
5.13.1 监测点的布设
5.13.2 倾斜观测方法

5.14 裂缝监测

5.15 盖板应力监测

5.16 测点破坏补救措施

第八章 重大风险源的监测与管理

6 对施工方监测单位的监督管理
   6.1 监督管理措施
   6.2 监测数据不一致的处理措施

7 监测周期与频率
   7.1 监测周期
   7.2 监测频率
   7.3 监测频率调整

8 监测控制值标准

9 监测人员与仪器设备
   9.1 项目组织框架
   9.2 主要监测人员
   9.3 主要仪器设备

10 监测信息反馈流程
   10.1 监测信息反馈要求
   10.2 第三方监测信息反馈
   10.3 三级报警与消警
      10.3.1 监测警情的划分
      10.3.2 监测警情的响应
      10.3.3 监测警情的消警

11 监测技术与质量保证措施
   11.1 监测技术保证措施
   11.2 监测质量保证措施
   11.3 监测点保护措施

12 监测安全文明保证措施
   12.1 安全文明施工目标
   12.2 安全保证措施
   12.3 文明施工保证措施
   12.4 环境保护措施

13 监测应急保障措施
   13.1 应急小组
   13.2 应急/备用设备
   13.3 恶劣气候条件下的应急预案
   13.4 异常情况下的监测应急预案
   13.5 测点破坏补救方案

14 附件

15 第三方监测点位布设图

1 工程概况

1.1 车站概况

××站位于东新路与香积寺路交叉路口地下，沿东新路呈南北向布置，西北象限靠近车站端部西侧有××市排水公司W-3污水泵站，距基坑最近约18m，西南象限有××市档案局、爱德医院，距基坑最近约12m等。本站为××地铁5号线中间地下岛式车站，两层双柱三跨箱形框架结构，前方衔接再行路站，后方到达城市之星站。××站预留规划8号线接口，与规划8号线车站作通道换乘，规划8号线为下穿本工程车站。

图1　具体位置示意图

本站采用半盖挖顺作法施工，基坑标准段宽度为22.7m，基坑深度为16.51m（局部16.91m），西端盾构井基坑最深处为18.21m，东端盾构井基坑最深处为18.21m，车站南北长约193m。具体位置如图1所示。

根据××站特点、场地围挡条件、交通导改及工程筹划，车站按照先主体后附属的顺序施工，按三期施工，一期施工主体结构，东新路沿车站东侧通行，为双向8车道+2人非混合车道，香积寺路向北改移，双向4车道+2人非混合车道；二期施工B、C出口及1、2号风亭；三期施工东侧A、D出入口，东新路改移至西侧附属结构上，为双向8车道+2人非混合车道。

1.2 主体结构基坑围护设计情况

车站围护结构采用800mm厚地连墙+5/6道内支撑，地连墙与内衬墙之间的关系为复合墙。因基坑周边建筑物密集及交通疏解场地需要，本站施工围挡范围内施工空间不足，所以结合第一道钢筋混凝土支撑设置现浇350mm厚度钢筋混凝土临时路面及临时立柱桩。第一道混凝土支撑尺寸为700mm×1000mm（东侧路面盖板处为700mm×1300mm），标准段第2~5道为$\phi609$，$t=16$钢管支撑，端头井增设第6道$\phi609$，$t=16$钢管支撑。

车站标准段基坑深16.51m（有效站台中心里程处），车站底板位于⑦-1粉质黏土层中，地下连续墙深度为31.41m，地连墙底主要位于⑨-1黏土层，局部位于（10）-1黏土层中，插入比约为0.90；车站端头井段基坑深18.21m，车站底板位于⑦-1黏土层中，地下连续墙有效深度为35.21m，地连墙底主要位于⑨-1黏土层，局部位于（11）粉质黏土层中，插入比约为0.93。

本站北端头处设置降承压水井，基坑外设置承压观测及紧急备用井，以便应急之需。

1.3 工程地质与水文地质条件

1.3.1 工程地质

根据勘探孔揭露的地层结构、岩性特征、埋藏条件及物理力学性质，结合周边建筑物详勘地质资料，场地勘探深度以内可分为①、④、⑤、⑦、⑨、⑩、（11）、（21）、（22）等9个大层，细划为18个亚层。各土层划分及岩土力学参数如下：

（1）①人工填土（mlQ4），本场地分两个亚层：

①1层杂填土：杂色，表层为混凝土和沥青地面，下部主要由碎砖、混凝土块、碎石、瓦片等建筑垃圾及塑料袋等生活垃圾组成，碎石直径一般2~5cm，最大粒径10cm以上，成分复杂，均一性差。该层局部缺失，层厚0.40~6.30m，层顶埋深0.000m，层顶标高3.000~10.220m。

①2层素填土：灰、灰黄色，湿，松散，主要由粉性土及黏性土组成，含少量碎石及建筑垃圾，局部孔见植物根系。部分分布，层厚1.00~4.30m，层顶埋深0.07~2.70m，层顶标高2.25~4.46m。

①3层淤泥质填土：深灰色，主要为淤泥质土，含有机质及大量腐殖质等，有臭味，夹少量碎石。零星分布，层厚0.50~4.00m，层顶埋深0.00~3.40m，层顶标高1.74~6.59m。

（2）④全新统中段海积（mQ24），本场地分两个亚层：

④1层淤泥质黏土：灰色，流塑，含腐殖质。部分分布，层厚0.70~11.20m，层顶埋深1.10~6.10m，层顶标高-0.87~3.41m。

④2层淤泥质粉质黏土：灰色，流塑，夹薄层粉土。少量分布，层厚1.70~11.30m，层顶埋深6.10~16.80m，层顶标高-10.67~-3.61m。

（3）⑤全新统下段冲湖积（al-lQ41），本场地分一个亚层：

⑤2层粉质黏土夹粉土：褐黄、灰黄色，软可塑，含少量氧化铁质，夹薄层粉土。部分分布，层厚0.60~5.50m，层顶埋深7.00~17.20m，层顶标高-14.66~-2.38m。

（4）⑦上更新统河湖相沉积层（al-lQ32），本场地分两个亚层：

⑦1层黏土：灰黄、褐黄色，硬可塑，含铁锰质斑点。大部分分布，层厚1.20~19.00m，层顶埋深13.50~29.30m，层顶标高-24.26~-8.42m。

⑦2层粉质黏土：灰黄、褐黄色，软可塑，含铁锰质斑点，局部夹粉土。少量分布，层厚0.50~9.90m，层顶埋深15.70~33.00m，层顶标高-27.79~-10.61m。

（5）⑨上更新统上中段冲洪积层（al-plQ32-1），本场地分一个亚层：

⑨1层粉质黏土：灰黄、灰绿色，硬可塑~硬塑，含氧化铁斑点。大部分分布，层厚0.60~19.90m，层顶埋深17.80~41.20m，层顶标高-36.08~-14.15m。

(6) ⑩上更新统上段冲海积（al-mQ13），本场地分两个亚层：

⑩1层黏土：灰色、灰褐色，软塑。含少量腐殖质，夹少量粉土薄层。局部分布，层厚 0.80~9.60m，层顶埋深 29.80~33.40m，层顶标高 -28.44~-25.05m。

⑩3层粉砂夹粉质黏土：灰、青灰色，中密，饱和。含云母及贝壳碎屑，夹粉质黏土。零星分布，层厚 0.50~4.60m，层顶埋深 30.50~40.90m，层顶标高 -36.77~-26.40m。

(7)（21）白垩系下统朝川组（K1c）凝灰岩，本场地分三个亚层：

(21)1层全风化凝灰岩：灰绿色，矿物成分已基本风化，呈土状，易钻进，局部孔段夹强风化岩块。零星分布，仅在钻孔 SK-DXY-Z06、SK-DXY-D07 中揭露，层厚 5.20~6.50m，层顶埋深 43.70~44.80m，层顶标高 -39.68~-38.54m。

(21)2层强风化凝灰岩：浅黄色，矿物成分已大部分风化，岩芯呈柱状或碎块状，可掰断，轻击易碎，局部夹中风化岩块。零星分布，仅在钻孔 SK-DXY-D07 中揭露，层厚 1.60m，层顶埋深 50.20m，层顶标高 -45.04m。

(21)3层中风化凝灰岩：浅黄色，组织结构部分破坏，岩芯呈柱状或短柱状。裂隙较发育；锤击声脆。岩芯采取率约 70%，RQD=50%。零星分布，仅在钻孔 SK-DXY-D07 中揭露，最大揭露深度 4.70m，层顶埋深 51.80m，层顶标高 -46.64m。

(8)（22）白垩系下统朝川组（K1c）泥质粉砂岩，本场地分三个亚层：

(22)1层全风化泥质粉砂岩：浅紫红色，湿，矿物成分已基本风化，呈土状，易钻进。零星分布，层厚 1.20~3.70m，层顶埋深 42.40~45.60m，层顶标高 -40.85~-37.39m。

(22)2层强风化泥质粉砂岩：浅紫红色，湿，矿物成分已大部分风化，岩芯呈柱状或碎块状，可掰断，轻击易碎。部分分布，层厚 0.40~3.50m，层顶埋深 42.80~50.00m，层顶标高 -44.88~-37.63m。

(22)3层中风化泥质粉砂岩：浅紫红色，部分矿物成分风化，岩芯呈柱状或短柱状。裂隙不甚发育；锤击声稍脆，可击碎。岩芯采取率为 75%~90%，RQD=70%~85%。部分分布，最大揭露层厚 6.60m，层顶埋深 44.50~52.60m，层顶标高 -47.48~-39.33m。

1.3.2 水文地质

1. 孔隙潜水

拟建场地浅层地下水属孔隙性潜水，由大气降水径流补给以及江水的侧向补给，潜水水量较大，地下水位随季节变化。勘探期间测得水位一般为 0.70~4.70m，相应高程 1.01~9.93m，根据区域水文地质资料，浅层地下水水位年变幅为 1.0~2.0m。勘探期间测得钻孔静止水位埋深在 2.4~2.9m，相应高程为 7.05~6.55m。根据××地铁 1 号线和 2 号线上部潜水测得的潜水流速结果，结合本工程场地环境，地下潜水垂直流向不明显，水平流速较小，一般小于 0.40m/d。根据勘察报告，本站抗浮水位取地面下 0.5m，本车站设计的地面高程为 4.95m，即抗浮设防水位取高程 4.45m。

2. 孔隙承压水

场区深层地下水属孔隙承压水，水量中等，隔水层为上部的黏土层（④~10 层），承压含水层(103 层)顶板高程为 –34.65~–23.58m。承压水主要接受古河槽侧向径流补给，侧向径流排泄，受大气降水垂直渗入等的影响较小，根据周边工程施工经验，由于承压水流速较小，承压水对钻孔灌注桩影响不大。

根据勘察报告，观测⑩3 承压水水头埋深及水头高程，承压水水头埋深 1.62m，对应承压水水头高程为 3.10m（1985 国家高程基准）。

车站北端头井处存在承压水夹层，抗突涌安全系数 K_y=0.73<1.10，采取悬挂帷幕降水降低承压水头。

1.4 周边环境

1.4.1 周边建（构）筑物

东新路该路段道路宽为 36m，西北象限靠近车站端部西侧有××市排水公司 W-3 污水泵站，距基坑最近约 18m，西南象限有××市档案局、爱德医院，距基坑最近约 12m 等（表 1）。

周边建（构）筑物情况　　　　　　　　　　表 1

周边重要	建筑物	结构形式	基础形式	层高	与基坑结构关系	备注
1	爱德医院	混凝土结构	桩基础	12 层	最近处 30.02m	
2	××市档案局	混凝土结构	桩基础	10 层	最近处 12.20m	
3	污水泵站	砖结构	浅基础	2 层	最近处 17.90m	拆迁中

1.4.2 周边管线

车站基坑周边地下管线主要沿东新路南北向布置，东新路设有大量市政管线，主要有：10kV、110kV、220kV 电力、通信、燃气、给水、雨水、污水管，施工期间管线改迁至基坑外部，车站施工完成后回迁部分管线，三水管线由项目部负责改迁，其余管线由产权单位负责改迁。具体管线情况如表 2 所示。

具体管线情况　　　　　　　　　　表 2

序号	名称	属性	说明	与主体基坑距离
1	污水管线	混凝土	DN1000，埋深 0.8~1.2m	7.41m
2	自来水管线	铸铁	DN300，埋深 1.0~1.6m	10.96m
3	雨水管线	混凝土	DN600，埋深 1.0~1.5m	6.07m

续表

序号	名称	属性	说明	与主体基坑距离
4	电力管线	PVC	600×400,埋深0.8~1.2m	12.46m
5	燃气管线	钢管	DN300,埋深1.0~1.6m	8.88m
6	通信管线	钢管	DN600×400,埋深0.8~1.2m	10.43m

1.5 监测等级与监测范围

根据设计文件,基坑安全等级为一级,基坑变形控制保护等级为一级。根据《城市轨道交通工程监测技术规范》GB 50911—2013,本工程开挖深度大于10m且小于20m,故工程自身风险等级为二级;本工程主要影响区域内存在××市档案馆、爱德医院及污水泵站等重要建筑物,故周边环境风险等级为一级;综合上述风险等级,本工程监测等级为一级。

监测范围包括车站主体结构施工过程中3倍开挖深度影响范围内的基坑本体、周围岩土体及重要周边环境对象的监测。

2 监测目的与依据

2.1 监测目的

《建筑基坑工程监测技术规范》的强制性条文3.0.1规定:"开挖深度大于等于5m或开挖深度小于5m但现场地质情况和周围环境复杂的基坑工程以及其他需要监测的基坑工程应实施基坑工程监测"。

《城市轨道交通工程监测技术规范》规定:"地下工程施工期间的工程监测应为验证设计、施工及环境保护等方案的安全性和合理性,优化设计和施工参数,分析和预测工程结构和周边环境的安全状态及其发展趋势,实施信息化施工等提供资料""城市轨道交通地下工程在施工单位监测的同时,建设单位应委托有资质的单位实施第三方监测,第三方监测单位应根据委托内容及要求开展监测工作"。

第三方监测起到平行监测与对施工监测监督管理的双重职责,针对本项目,主要监测目的包括以下内容:

(1)对基坑关键部位及周边环境实施独立、公正的第三方监测,基本掌握基坑本体与周边环境的动态,为业主提供及时、准确、可靠的监测数据用以分析基坑本体的安全及对周边环境的影响,最大可能地避免事故的发生;

(2)通过有效的基坑监测,判断施工工艺和施工参数是否符合或达到预期要求,及时对下一步的施工工艺和施工进度加以控制与调整,实现信息化施工;

(3)监测全过程对施工监测单位进行监督管理,确保其监测体系的正常运转;

（4）通过第三方监测工作积累相关工程监测资料和经验，为今后的同类工程设计提供类比依据与参考。

2.2 第三方监测设计依据

（1）《城市轨道交通工程监测技术规范》GB 50911—2013；

（2）《建筑基坑工程监测技术规范》GB 50497—2009；

（3）《国家一、二等水准测量规范》GB/T 12897—2006；

（4）《城市轨道交通工程测量规范》GB 50308—2017；

（5）《建筑变形测量规范》JGJ 8—2016；

（6）《基坑工程监测规程》DG/TJ 08—2001—2016；

（7）《城市轨道交通结构监护测量规范》DG/TJ 08—2170—2015；

（8）《地铁设计规范》GB 50157—2013；

（9）《混凝土结构设计规范》GB 50010—2010；

（10）《建筑地基基础设计规范》GB 50007—2011；

（11）《××地铁工程监测分级报警、响应及消警管理办法（试行）》；

（12）《××地铁工程建设监测管理技术要求（试行）》；

（13）《××地铁工程建设监测管理办法（修订）》；

（14）××地铁基坑与隧道工程远程监控系统管理实施细则；

（15）××地铁5号线一期工程JC5—2标段招标文件、投标文件、监测合同；

（16）本工点基坑围护设计文件；

（17）本工点勘察报告；

（18）本工点施工组织设计文件、业主测量队控制点交桩表、管线交底；

（19）国家其他相关监测、测量规范和强制性标准；

（20）报警值调整的工作联系单。

2.3 第三方监测设计基本原则

1. 系统性原则

（1）监测项目有机结合，并形成有效四维空间，测试的数据相互能进行校核；

（2）发挥系统功效对基坑进行全方位、立体监测，确保数据的准确、及时；

（3）在施工过程中进行连续监测，确保数据的连续性；

（4）利用系统功效减少监测点布设，节约成本。

2. 可靠性原则

（1）设计中采用的监测手段是已基本成熟的方法；

（2）在设计中对布设的测点进行保护设计。

3. 与结构设计相结合原则

对结构设计中使用的关键参数进行监测，达到进一步优化设计的目的。

4. 关键部位优先、兼顾全面的原则

（1）对围护体、支撑结构中相当敏感的区域加密测点数和项目，重点监测；

（2）除关键部位优先布设测点外，在系统性的基础上均匀布设监测点。

5. 与施工相结合原则

（1）结合施工实际确定测试方法、监测元件的种类、监测点的保护措施；

（2）结合施工实际调整监测点的布设位置，尽量减少对施工质量的影响；

（3）结合施工实际确定测试频率。

6. 经济合理原则

（1）监测方法的选择，在安全、可靠的前提下结合工程经验尽可能采用直观、简单、有效的方法；

（2）监测点的数量，在确保全面、安全的前提下，合理利用监测点之间的联系，减少测点数量，提高工作效率，降低成本。

3 监测风险源与重难点分析

3.1 风险源分类统计

如表3所示。

风险源分类统计　　　　　　　　　表3

序号	对象	风险源编号	名称	风险源与重难点描述	应对措施
1	基坑本体	A1	围护结构的侧向变形	本工程主体基坑位于交通主干道，采用半盖挖施工，开挖深度较大，施工场地狭窄，道路车辆荷载较大，施工措施不到位时（如支撑架设不及时、超挖等）易使支护体系产生较大变形，进而影响周边环境的稳定； 基坑范围内从上至下地层分别为：①2杂填土、②2粉质黏土、④2淤泥质黏土、⑤2粉质黏土夹粉土等强度较低、土质较差的土层，易使围护结构产生较大侧向变形	采取有效的监测措施，设置测斜、支撑轴力、地下水位、水平位移、沉降等监测措施，加大对基坑本体的人工监测与巡视检查
		A2	围护结构的渗漏		
		A3	支撑的变形		
		A4	坑底隆起		
		A5	坑内土体的侧向滑移		
		A6	地下水的影响		
2	基坑周边环境	B1	地面的沉陷	由于道路变窄，基坑施工可能导致周边荷载的大量增加；基坑开挖及坑内降水施工可能造成坑外土体的流失，进而加大周边道路的沉降变形	设置基坑周边地表沉降监测剖面，做好路面的日常巡视检查
		B2	周边荷载		

第八章　重大风险源的监测与管理

续表

序号	对象	风险源编号	名称	风险源与重难点描述	应对措施
2	基坑周边环境	B3	周边地下管线的破损	车站周边管线包括污水管、燃气管线、综合通信管、电力管道、供水管道等，基坑施工过程中易对管线产生不均匀沉降影响，可能引起管线的破损	设置管线沉降监测点，管线改迁过程中设置直接监测点，密切关注不均匀的差异沉降，做好管线、建构筑物的初始状态调查及日常巡视检查
		B4	周边建（构）筑物	基坑周边房屋距离基坑较近，施工过程中可能对房屋结构造成影响，严重时可导致房屋的结构开裂、不均匀沉降、倾斜等	
3	监测系统	C1	监测点的合理埋设	本工程监测点数量较多、类别齐全，能否合理、及时埋设监测点，直接影响到初始值的采集以及前期变形量的获取	对施工方监测单位做好监督管理工作，做好相关监测点位埋设交底，督促其做好监测点位的埋设
		C2	监测的可靠性	监测仪器、监测方法、监测的数据处理直接影响到监测数据的可靠性	采用精度较高的仪器进行监测，固定监测人员、仪器、监测方法，尽量提高监测数据的可靠性
		C3	监测点的保护	基坑现场作业环境复杂，干扰因素较多，易对监测点产生破坏、压盖、遮挡等情况，保护措施不利时严重影响监测体系的运转	督促施工方监测单位切实做好监测点位的保护，一旦发生破坏，及时进行恢复
4	作业安全	D1	作业的人员安全	基坑场地内及周边道路环境复杂，作业空间有限，可能发生仪器跌落、撞击等情况，保护措施不到位时甚至危及作业人员安全	加强监测作业人员的安全培训教育，制定切实可行的安全保障措施，配齐人员的安全防护用品
		D2	外业的仪器安全		

3.2 周边建（构）筑物风险统计

（1）爱德医院（表4）

爱德医院周边建（构）筑物风险统计　　　　　表4

监测项目	建筑物编号	建筑物名称	风险源描述	风险应对措施
建筑物沉降、倾斜	1	爱德医院	混凝土结构；与基坑最近距离约30m	设6个沉降监测点

监测照片

监测布点图

```
JGC1-1      JGC1-2


         爱德医院
         混凝土12

JGC1-6      JGC1-3



JGC1-5      JGC1-4
```

（2）××市档案局（表5）

××市档案局周边建（构）筑物风险统计　　　　　　　表5

监测项目	建筑物编号	建筑物名称	风险源描述	风险应对措施
建筑物沉降、倾斜	2	××市档案局	混凝土结构；与基坑最近距离约12m	设12个沉降监测点
监测照片			监测布点图	

（3）污水泵站（表6）

污水泵站周边建（构）筑物风险统计　　　　　　　表6

监测项目	建筑物编号	建筑物名称	风险源描述	风险应对措施
建筑物沉降、倾斜	3、4	污水泵站	砖结构；与基坑最近距离约18m	设8个沉降监测点
监测照片			监测布点图	

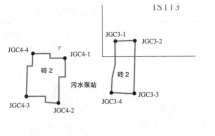

4　监测项目与测点设置

基坑监测采用现场巡视检查结合仪器监测的手段，实时监控施工过程中的基坑及临近环境的变形。

4.1 现场巡视检查

1）支护结构

（1）支护结构成型质量；

（2）冠梁、支撑、围檩有无裂缝出现；

（3）支撑、立柱有无裂缝；

（4）止水帷幕有无开裂、渗漏；

（5）墙后土体有无沉陷、裂缝及滑移；

（6）基坑有无涌土、流沙、管涌。

2）施工工况

（1）开挖后暴露的土质情况与岩土勘察报告有无差异；

（2）基坑开挖分段长度及分层厚度是否与设计要求一致，有无超长、超深开挖；

（3）场地地表水、地下水排放状况是否正常，基坑降水设施是否运转正常；

（4）基坑周围地面堆载情况，有无超堆荷载。

3）基坑周边环境

（1）周边建（构）筑物有无裂缝出现；

（2）周边道路（地面）有无裂缝、沉陷；

（3）邻近基坑及建（构）筑物的施工情况；

（4）地下管线。

4）监测设施

（1）基准点、测点完好状况；

（2）有无影响观测工作的障碍物；

（3）监测元件的完好及保护情况。

5）巡视检查的检查方法以目测为主，可辅以锤、钎、量尺、放大镜等工器具以及摄像、摄影等设备进行。

6）巡视检查应对自然条件、支护结构、施工工况、周边环境、监测设施等的检查情况进行详细记录。如发现异常，应及时通知施工方及相关单位。巡视检查记录应及时整理，并与仪器监测数据综合分析。

4.2 仪器监测项目与测点布置

现场监测项目如表7所示。

现场监测项目 表7

序号	监测项目	位置或监测对象	测点布置的一般原则	仪器
1	围护结构（墙）顶水平位移	围护结构桩（墙）顶	监测点沿基坑周边布设，基坑各边中间部位、阳角部位、深度变化部位、地质条件复杂部位等布设监测点；水平和竖向位移监测点设为共用点，监测点布设在支护桩（墙）顶，按照25m左右间距布设	全站仪
	围护结构桩（墙）顶竖向位移（沉降）			水准仪
2	深层水平位移（测斜）	围护结构及坑外土体	沿基坑周边的围护桩（墙）体布设，基坑各边中间部位、阳角部位及其他代表性部位的桩（墙）体布设监测孔，与围护结构桩（墙）顶水平位移和竖向位移监测点处于同一监测断面，约25m间距布设；墙体测斜孔与围护结构基本同深，土体测斜孔比围护结构深约5m或进入基岩	测斜仪
3	支撑轴力	钢/混凝土支撑	选择基坑中部、阳角部位、深度变化部位、支护结构受力条件复杂部位及在支撑系统中起控制作用的支撑；沿竖向设布监测断面，每层支撑均应布设监测点；监测断面的布设位置与相近的支护桩（墙）体水平位移监测点共同组成监测断面	频率读数仪
4	立柱竖向位移（沉降）	支撑立柱	布设在便于观测和保护的立柱顶面上，与相近的支护桩（墙）体水平位移监测点共同组成监测断面	水准仪
5	地表竖向位移（沉降）	基坑周边地表	与测斜、桩顶测点布设在同一断面，根据现场实际情况每个沉降剖面布设5个测点，按照25m左右断面间距布设	水准仪
6	管线竖向位移（沉降）	基坑四周	根据管线改迁情况，按15m左右间距布设	水准仪
7	地下水位	基坑周边	设置坑外潜水位与承压水位观测孔，采用钻孔埋设水位管，与测斜孔、墙顶沉降与位移点位于同一监测断面，按照25~50m间距布设	水位计
8	周边建构筑物沉降及倾斜	基坑周边	沉降监测点布设在外墙或承重柱上，监测点沿外墙间距为15m左右，或每隔2根承重柱布设1个监测点；倾斜监测点沿主体结构顶部、底部上下对应按组布设，且中部可增加监测点；采用基础的差异沉降推算建（构）筑物倾斜时，监测点的布设符合建（构）筑物沉降监测的布点要求	水准仪、全站仪
9	盖板应力	基坑盖板	监测点应选择具有代表性的断面进行监测；宜布设在立柱或边桩与顶板的刚性连接部位和两根立柱或边桩与立柱的跨中部位，每个监测点的纵横两个方向均应进行监测	频率读数仪

4.3 监测点预估

4.3.1 测点数量总计

统计各监测项目，监测点数量预估如见表8。

第八章 重大风险源的监测与管理

监测点数量预估 表8

序号	监测项目	测点数量
1	围护结构桩(墙)顶水平位移与竖向位移(沉降)	24 组
2	围护结构深层水平位移	24 孔
3	土体深层水平位移	14 孔
4	地表竖向位移	24 组
5	坑外潜水位观测	14 孔
6	支撑轴力	15 组
7	立柱竖向位移	15 点
8	管线竖向位移	218 点
9	建(构)筑物竖向位移	26 点
10	裂缝监测	根据现场实际情况适时开展

注：对临近基坑的重要建筑物，测得初始的绝对倾斜率，日常倾斜观测根据沉降监测点的差异沉降计算倾斜率。

由于地铁施工对周边道路、管线影响较大，施工过程中须进行交通导改、管线改迁等，对现场监测点位，尤其是地表沉降及管线监测点的布设影响较大。因此，实际监测点数量须根据现场具体情况而定，当发生无法布设的测点数量较多或是关键重要部位监测点无法布设，影响监测数据的整体性时，提交监测点变更联系单请设计单位予以确认。

4.3.2 墙体测斜孔统计

参见表9。

墙体测斜孔统计 表9

序号	测点编号	分幅号	序号	测点编号	分幅号	序号	测点编号	分幅号
1	ZQT01	E-1	9	ZQT9	E-26	17	ZQT17	W-14
2	ZQT02	E-5	10	ZQT10	E-29	18	ZQT18	W-17
3	ZQT03	E-8	11	ZQT11	E-33	19	ZQT19	W-20
4	ZQT04	E-11	12	ZQT12	S-3	20	ZQT20	W-23
5	ZQT05	E-14	13	ZQT13	W-1	21	ZQT21	W-26
6	ZQT06	E-17	14	ZQT14	W-5	22	ZQT22	W-29
7	ZQT07	E-20	15	ZQT15	W-8	23	ZQT23	W-33
8	ZQT08	E-23	16	ZQT16	W-11	24	ZQT24	N-3

4.3.3 支撑轴力监测点统计

参见表10。

支撑轴力监测点统计　　　　　表10

序号	第1道混凝土支撑	第2道钢支撑	第3道钢支撑	第4道钢支撑	第5道钢支撑	第6道钢支撑
1	ZCL01-1	ZCL01-2	ZCL01-3	ZCL01-4	ZCL01-5	ZCL01-6
2	ZCL02-1	ZCL02-2	ZCL02-3	ZCL02-4	ZCL02-5	ZCL02-6
3	ZCL03-1	ZCL03-2	ZCL03-3	ZCL03-4	ZCL03-5	
4	ZCL04-1	ZCL04-2	ZCL04-3	ZCL04-4	ZCL04-5	
5	ZCL05-1	ZCL05-2	ZCL05-3	ZCL05-4	ZCL05-5	
6	ZCL06-1	ZCL06-2	ZCL06-3	ZCL06-4	ZCL06-5	
7	ZCL07-1	ZCL07-2	ZCL07-3	ZCL07-4	ZCL07-5	
8	ZCL08-1	ZCL08-2	ZCL08-3	ZCL08-4	ZCL08-5	
9	ZCL09-1	ZCL09-2	ZCL09-3	ZCL09-4	ZCL09-5	
10	ZCL10-1	ZCL10-2	ZCL10-3	ZCL10-4	ZCL10-5	
11	ZCL11-1	ZCL11-2	ZCL11-3	ZCL11-4	ZCL11-5	
12	ZCL12-1	ZCL12-2	ZCL12-3	ZCL12-4	ZCL12-5	
13	ZCL13-1	ZCL13-2	ZCL13-3	ZCL13-4	ZCL13-5	ZCL13-6
14	ZCL14-1	ZCL14-2	ZCL14-3	ZCL14-4	ZCL14-5	ZCL14-6

4.3.4 坑外水位监测孔统计

参见表11。

坑外水位监测孔统计　　　　　表11

序号	测点编号	埋设深度	备注	序号	测点编号	埋设深度	备注
1	DSW01	15m	管底至⑤-2粉质黏土夹粉土	8	DSW8	15m	管底至⑤-2粉质黏土夹粉土
2	DSW02	15m		9	DSW9	15m	
3	DSW03	15m		10	DSW10	15m	
4	DSW04	15m		11	DSW11	15m	
5	DSW05	15m		12	DSW12	15m	
6	DSW06	15m		13	DSW13	15m	
7	DSW7	15m		14	DSW14	15m	

4.3.5 周边建（构）筑物监测点统计

参见表12。

周边建（构）筑物监测点统计　　　　　　表 12

序号	名称	沉降监测点	
		测点数量	测点编号
1	爱德医院	6	JGC1-1 ~ JGC1-6
2	××市档案局	12	JGC2-1 ~ JGC2-12
3	污水泵站	8	JGC3-1 ~ JGC3-4、JGC4-1 ~ JGC4-4

4.3.6 周边管线监测点统计

参见表 13。

周边管线监测点统计　　　　　　表 13

序号	管线类型	编号	材质	口径	埋深	监测点数
1	污水管线	WS	混凝土	$DN1000$	埋深 0.8 ~ 1.2m	25
2	自来水管线	GS	铸铁	$DN300$	埋深 1.0 ~ 1.6m	40
3	雨水管线	YS	混凝土	$DN600$	埋深 1.0 ~ 1.5m	39
4	电力管线	DL	PVC	600×400	埋深 0.8 ~ 1.2m	44
5	燃气管线	RQ	钢管	$DN300$	埋深 1.0 ~ 1.6m	35
6	通讯管线	TX	钢管	$DN600 \times 400$	埋深 0.8 ~ 1.2m	35

5　仪器监测方法与措施

5.1 监测设施的埋设

根据××地铁第三方监测管理办法，本工程涉及的各类监测点、工作基点均由施工方监测单位埋设，由我方会同施工单位、监理单位等进行测点验收。

5.2 高程基准网的测设

5.2.1 基准点与工作基点的设置

根据本工点业主测量队交桩表（2017 年 4 月 25 日成果），本工点目前控制点情况如表 14 所示。

高程控制网的起算基准点选取就近的深桩水准点 51SS18、51PS17，由本标段业主测量队提供（表 15）。同时，根据现场实际情况，在 3 倍基坑开挖深度范围外，不受地铁施工影响的区域设置高程工作基点，选择基础稳定的房屋埋设工作基点，确保点位稳定，并便于观测。根据现场条件，拟在以下位置设置高程工作基点。

本工点控制点情况　　　　　　　　　　　　　　　　　表 14

点号	X坐标（m）	Y坐标（m）	高程（m）	备注
D5084-1	88108.1425	80091.2543		水印康庭楼顶
D5085-1	88076.9389	80504.6639		水印康庭楼顶
G510	87418.0355	80908.1987		蔚蓝国际楼顶
G511	87063.6460	81034.3199		爱德医院楼顶
G505-2	86343.6630	81378.6704		新德家园楼顶
51PS16			4.8105	白石路
51PS17			4.7155	善贤路
51PS18			4.5112	东新路

高程工作基点　　　　　　　　　　　　　　　　　表 15

点号	埋设位置	点号	埋设位置
BM1	××路站北端向北 150m	BM3	××路与香积寺路交叉口向东 150m
BM2	××路与香积寺路交叉口向西 150m	BM4	××路站南端向南 150m

对于基准点的稳定性，定期与本工程业主测量队沟通，了解基准点的最新复测成果。

5.2.2　基准点与工作基点的联测

基准点与工作基点之间的联测采用人工水准测量，历次测量时自基准点联测一条往返或闭合的水准线路至各个工作基点。相关测量方法详见 5.3 节的二等水准测量方法。

5.3　国家二等水准测量方法

5.3.1　二等水准技术要求

参见表 16。

二等水准技术要求　　　　　　　　　　　　　　　　　表 16

等级	仪器类别	视线长度（m）		前后视距差（m）		任一测站上前后视距差累积（m）		视线高度（m）		数字水准仪重复测量次数
		光学	数字	光学	数字	光学	数字	光学（下丝读数）	数字	
二等	DSZ1 DS1	≤ 50	≥ 3 且 ≤ 50	≤ 1.0	≤ 1.5	≤ 3	≤ 6.0	≥ 0.3	≥ 2.80 且 ≤ 0.65	≥ 2 次

注：下丝为近地面的视距丝。几何法数字水准仪视线高度的高端限差一二等允许到 2.85m，相位法数字水准仪重复测量次数可以为上表中数值减少一次。所有数字水准仪，在地面震动比较大时，随时增加重复测量次数。

5.3.2 二等水准观测顺序和方法

1. 光学水准仪观测

采用光学水准仪时，往测时，奇数测站照准标尺分划的顺序为：

a）后视标尺的基本分划；b）前视标尺的基本分划；

c）前视标尺的辅助分划；d）后视标尺的辅助分划。

往测时，偶数测站照准标尺分划的顺序为：

a）前视标尺的基本分划；b）后视标尺的基本分划；

c）后视标尺的辅助分划；d）前视标尺的辅助分划。

返测时，奇、偶测站照准标尺的顺序分别与往测偶、奇测站相同。测站观测采用光学测微法，一测站的操作程序如下（以往测奇数测站为例）：

a）首先将仪器整平（气泡式水准仪望远镜绕垂直轴旋转时，水准气泡两端影像的分离，不得超过1cm，自动安平水准仪的圆气泡位于指标环中央）。

b）将望远镜对准后视标尺（此时，利用标尺上圆水准器整置标尺垂直），使符合水准器两端的影像近于符合（双摆位自动安平水准仪应置于第1摆位）。随后用上下丝照准标尺基本分划进行视距读数。视距第四位数由测微鼓直接读得。然后，使符合水准器气泡准确符合，转动测微鼓用楔形平分丝精确照准标尺基本分划，并读定标尺基本分划与测微鼓读数（读至测微鼓的最小刻划）。

c）旋转望远镜照准前视标尺，并使符合水准气泡两端影像准确符合（双摆位自动安平水准仪仍在第Ⅰ摆位），用楔形平分丝精确照准标尺基本分划，并读定标尺基本分划与测微鼓读数，然后用上、下丝照准标尺基本分划进行视距读数。

d）用微动螺旋转动望远镜，照准前视标尺的辅助分划，并使符合气泡两端影像准确符合（双摆位自动安平水准仪置于第Ⅱ摆位），用楔形平分丝精确照准并进行辅助分划与测微鼓的读数。

e）旋转望远镜，照准后视标尺的辅助分划，并使符合水准气泡的影像准确符合（双摆位自动安平水准仪仍在第Ⅱ摆位），用楔形平分丝精确照准并进行辅助分划与测微鼓的读数。

2. 数字水准仪观测

采用数字水准仪观测时，往、返测奇数站照准标尺顺序为：

a）后视标尺；b）前视标尺；c）前视标尺；d）后视标尺。

往、返测偶数站照准标尺顺序为：

a）前视标尺；b）后视标尺；c）后视标尺；d）前视标尺。

一测站操作程序如下（以奇数站为例）：

a）首先将仪器整平（望远镜绕垂直轴旋转，圆气泡始终位于指标环中央）；

b）将望远镜对准后视标尺（此时，标尺应按圆水准器整置于垂直位置），用垂直丝照准条码中央，精确调焦至条码影像清晰，按测量键；

c）显示读数后，旋转望远镜照准前视标尺条码中央，精确调焦至条码影像清晰，按测量键；

d）显示读数后，重新照准前视标尺，按测量键；

e）显示读数后，旋转望远镜照准后视标尺条码中央，精确调焦至条码影像清晰，按测量键。显示测站成果。测站检核合格迁站。

5.3.3 测站观测限差与设置

测站观测限差应不超过表17的规定。

测站观测限差　　　　　　　　　　　　　　　　　表17

等级	上下丝读数平均值与中丝读数的差		基辅分划读数的差	基辅分划所测高差的差	检测间歇点高差的差
	0.5cm 刻划标尺	1cm 刻划标尺			
二等	1.5mm	3.0mm	0.4mm	0.6mm	1.0mm

对于数字水准仪，同一标尺两次读数差不设限差，两次读数所测高差的差执行基辅分划所测高差之差的限差。

测站观测误差超限，在本站发现后可立即重测，若迁站后才检查发现，则应从水准点或间歇点（应经检测符合限差）起始，重新观测。

5.3.4 二等水准观测措施

为确保观测精度，观测措施制定如下。

（1）水准观测在标尺分划成像清晰而稳定时进行。下列情况不进行观测：

➢ 日出后与日落前30min内。

➢ 太阳中天前后各约2h内。

➢ 标尺分划线的影像跳动而难于照准时，或气温突变时。

➢ 风力太大而使标尺与仪器不能稳定时。

（2）水准测量的观测方法如下：

➢ 往测：奇数站为后—前—前—后；偶数站为前—后—后—前。

➢ 返测：奇数站为前—后—后—前；偶数站为后—前—前—后。

➢ 每测段的往测和返测的测站数为偶数。

➢ 由往测转向返测时，两根标尺互换位置，并重新整置仪器。

（3）水准观测过程符合下列规定：

➢ 观测前，使仪器与外界气温趋于一致。当在白天观测时，用白色遮阳伞遮蔽阳光，迁站时罩以白色仪器罩。

➢ 在连续各测站上安置水准仪的三脚架时，使其中两脚与水准路线的方向平行，而第三脚轮换置于路线方向的左侧与右侧。

➢ 同一测站上观测时，不得两次调焦。转动仪器的倾斜螺旋和测微鼓时，两支标尺须互换位置，并重新整置仪器。

5.3.5 二等水准观测限差

参见表18。

二等水准观测限差　　　　　　　表18

等级	测段、区段、路线往返测高差不符值（mm）	附合路线闭合差（mm）	环闭合差（mm）	检测已测测段高差之差（mm）
二等	$4\sqrt{R}$	$4\sqrt{L}$	$4\sqrt{F}$	$6\sqrt{R}$

其中，各符号含义如下：

R 为测段、区段或路线长度（km）；当测段长度小于0.1km时，按0.1km计算；L 为附合路线长度（km）；F 为环线长度（km）；R 为检测测段长度（km）。

5.3.6 二等水准内业计算

外业水准测量完成后，对外业记录进行检查，严格控制各水准环闭合差，各项参数合格后方可进行内业平差计算。每完成一条水准路线的测量，首先计算往返测高差不符值及每公里水准测量的偶然中误差，按下式计算：

$$M_\Delta = \pm \sqrt{\frac{1}{4n}\left[\frac{\Delta\Delta}{L}\right]}$$

式中，M_Δ 为高差偶然中误差（mm）；L 为水准测量的测段长度（km）；Δ 为水准路线测段往返高差不符值（mm）；n 为往返测的水准路线的测段数。

每完成一条附合路线或闭合环线的测量，对观测高差施加相应的改正，然后计算附合路线或环线的闭合差，当构成水准网的水准环超过20个时，按环线闭合差计算每公里水准测量的全中误差，按下式计算：

$$M_w = \pm \sqrt{\frac{1}{N}\left[\frac{WW}{L}\right]}$$

式中，M_w 为高差全中误差（mm）；W 为附合线路或环线闭合差（mm）；L 为计算W时的相应路线长度（km）；N 为附和线路和闭合线路的条数。

内业计算采用清华山维平差软件或是Excel平差计算，高程成果取位至0.1mm。

5.4 围护结构桩（墙）顶竖向位移监测

5.4.1 监测点的布设

桩（墙）顶竖向位移监测点采用钻孔埋设，将不锈钢测钉埋入围护墙的冠梁顶。

桩（墙）顶竖向位移监测点设置为与水平位移监测点共用，因此埋设时测钉位置保证可以适合架设棱镜作为水平位移观测之用。

根据本工程特点，桩（墙）顶竖向位移监测点间距约25m左右，选择在基坑围护结构侧向变形相对较大的地方。同时，与围护体测斜管的设置为在同一监测断面，以方便测量测斜管的管口水平位移。

5.4.2 竖向位移监测方法

竖向位移监测按照国家二等水准监测的相关要求，初始值测量测3次取平均。相关水准测量方法见5.3节。

历次沉降变形监测是通过联测水准控制点，形成闭合或附和水准线路，测量各监测点的高程，某监测点本次高程减前次高程的差值为本次沉降量，本次高程减初始高程的差值为累计沉降量。

5.5 围护结构桩（墙）顶水平位移监测

5.5.1 监测点的布设

桩（墙）顶水平位移监测点与竖向位移监测点共点，埋设方法同5.4节。

5.5.2 水平位移监测方法

根据施工现场的条件，水平位移观测拟采用极坐标法进行观测。

如下图所示，在基坑待测边的阳角位置布设架站点，在远离基坑开挖影响的地点布设2个基准点A、B，使3点其连线基本与基坑待测边基本平行。根据AB连线构建一个独立坐标系，使坐标系的北方向基本与待测基坑边平行。观测时，将全站仪架设于其中一个基准点，后视另一个基准点（架设棱镜）定向，在该条测线上的各监测点上架设反光片或棱镜，采用极坐标的方法测量各监测点的平面坐标，测点的东坐标变化即反映其沿基坑方向的位移变形。某监测点本次东坐标与上次东坐标的差值即为该点本次位移量，与初始东坐标的差值即为该点累计位移量。

同时，在待测边两侧远离基坑施工影响区域设置2个检核点（同时作为基准点），尽量使检核点、基准点位于同一直线，作为对设站点的坐标检核条件。极坐标法监测示意如图2所示。

为提高监测精度，拟采取以下措施：

（1）在条件允许情况下，联测地铁坐标系；

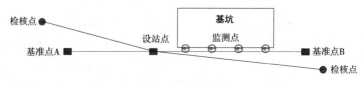

图 2 极坐标法监测示意

（2）在稳定位置多设置检核点，及时对基准点进行校核；

（3）进行多测回观测，提高观测精度；

（4）尽量减少仪器的对中误差、照准误差和调焦误差的影响；

（5）记录每次测量时的气象情况、施工进度和现场情况，以供监测数据分析时参考。

5.6 深层水平位移监测

5.6.1 监测点的布设

深层水平位移（测斜）包括对围护体及坑外土体的监测，均采用管径为 $\phi 70mm$ 的测斜管。其中围护结构测斜孔在围护施工时预先在围护体钢筋笼内（钻孔桩、地连墙或是型钢）绑扎好测斜管，与钢筋笼一起埋入；土体测斜孔在靠近支护结构的周边土体以钻孔方式埋设测斜管。埋设时，保证让一组导槽垂直于墙体，另一组平行于基坑墙体。

为确保深层水平位移监测数据的可靠性，督促施工方监测单位采取以下措施：

（1）土体测斜管在基坑或隧道支护结构施工至少 7 天前进行埋设，确保测斜管有足够的稳定时间；

（2）土体测斜管埋入比围护结构深约 5m 或是进入基岩，保证管底的稳定；

（3）测斜管安装或是埋设时检查管的质量，每节测斜管连接时保证上、下段的导槽互相对准、顺畅，各段接头紧密连接，管底保证密封；

（4）土体测斜管与钻孔孔壁之间使用较细的砂石回填，确保密实；

（5）测斜管固定于钢筋笼或型钢时保持固定、竖直，防止发生断裂或是扭转破裂；

（6）桩体或土体测斜管固定好后，在管内灌入清水并密封管口，以防止发生上浮。

5.6.2 观测方法与措施

在采取初始值前，用清水将测斜管内清洗干净，并使用模拟探头进行试孔检查，确保测斜管完好。基坑开挖前独立测量三次，取稳定的平均值作为测斜的初始值。

历次监测时，测斜仪探头沿导槽缓缓沉至孔底，在恒温一段时间后，自下而上（以 0.5m 间隔），逐段测出沿基坑方向的位移。每监测点均进行正、反两次量测，取其稳定的平均值作为最终值。

5.6.3 测斜计算方法

采用测斜管进行深层水平位移监测的原理如图 3 所示。

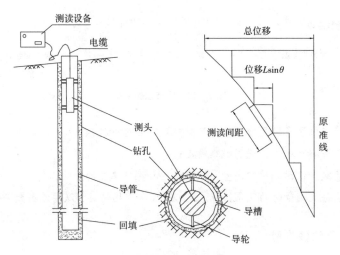

图3 测斜仪工作原理示意图

计算公式如下：

$$X_i = \sum_{j=0}^{i} L\sin\alpha_j = C\sum_{j=0}^{i}(A_j - B_j)$$

$$\Delta X_i = X_i - X_{i0}$$

式中：ΔX_i——为 i 深度的累计位移（计算结果精确至0.01mm）；

X_i——为 i 深度的本次位移（mm）；

X_{i0}——为 i 深度的初始位移（mm）；

A_j——为仪器在0°方向的读数；

B_j——为仪器在180°方向的读数；

C——为探头的标定系数，0.5m点距情况下 $C=0.01$；

L——为探头的长度（mm）；

α_j——为倾角。

对于围护体的深层水平位移监测，选取管口作为测斜计算的固定起算点，采用测量围护墙顶的水平位移作为管口的位移修正；对于坑外土体的深层水平位移监测，当测斜管底部进入稳定岩土体时，选取管底作为测斜计算的固定起算点，否则选取管口作为起算点。

5.7 支撑轴力监测

5.7.1 监测点的布设

（1）监测点的设置

为掌握混凝土支撑的设计轴力与实际受力情况的差异，防止围护体的失稳破坏，须对支撑结构中受力较大的断面、应力变幅较大的断面进行监测。支撑钢筋制作过程中，在被测断面的四侧对称安装钢筋应力计，选择埋设在支撑中部或两支点间1/3部位，当支撑长度较大时布设在1/4点处，避开节点位置。

钢支撑轴力监测一般采用轴力计来测试支撑的轴向压力，其由一个十字安装支架和一个轴力计组成。钢支撑架设时把安装架垂直焊接在钢支撑固定端上，然后把轴力计平稳安放在安装架内，并用周围的四个螺丝固定。钢支撑固定端头部采取措施加强刚度（如在钢支撑内用十字钢板加筋肋加强），以防止钢支撑固定端钢板在轴力的作用下内陷，同时加强围护结构上的轴力计受力点（如地墙在预埋件上加焊钢板作为轴力计受力点，钢围檩侧焊接厚钢板做为加筋肋）。

（2）相关措施

①选择基坑中部、阳角部位、深度变化部位、支护结构受力条件复杂部位及在支撑系统中起控制作用的支撑布设轴力测点；

②轴力监测的布设位置与相近的支护桩（墙）体水平位移监测点共同组成监测断面；

③在安装传感器前，测试所安装的传感器的初始频率，看是否与出厂频率一致，如有较大差异，则选用实测频率作为监测的初始频率；

④对于钢筋应力计的安装，在焊接过程中不断测试传感器，查看传感器是否处于正常状态。如发现传感器失效，立即更换传感器，重新安装；

⑤在钢支撑施加预应力同时测试实测轴力，检查是否正常工作。待钢支撑预应力施加结束后，检验实测轴力与所施加的预应力是否一致。

5.7.2 支撑轴力计算方法

（1）混凝土支撑轴力计算

支撑受到外力作用后产生微应变，其应变量通过振弦式频率计来测定，测试时，按预先标定的率定曲线，根据应力计频率推算出混凝土支撑钢筋所受的力如下公式：

$$N_c = \sigma_s \left(\frac{E_c}{E_s} A_c + A_s \right) = \bar{\sigma}_{js} \left(\frac{E_c}{E_s} A_c + A_s \right)$$

其中，$\bar{\sigma}_{js} = \frac{1}{n} \sum_{j=1}^{n} [k_j (f_{ji}^2 - f_{j0}^2) / A_{js}]$ 为各个钢筋计的平均应力。

$$A_c = A_b - A_s$$

式中：N_c——支撑内力（kN）；

σ_s——钢筋应力（kN/mm²）；

$\bar{\sigma}_{js}$——钢筋计监测平均应力（kN/mm²）；

k_j——第 j 个钢筋计标定系数（kN/Hz²）；

f_{ji}——第 j 个钢筋计监测频率（Hz）；

f_{j0}——第 j 个钢筋计安装后的初始频率（Hz）。

A_{js}——第 j 个钢筋计截面积（mm²）。

E_c——混凝土弹性模量（kN/mm²）；

E_s——钢筋弹性模量（kN/mm²）；

A_c——混凝土截面积（mm²）；

A_b——支撑截面积（mm²）；

A_s——钢筋总截面积（mm²）。

（2）钢支撑轴力计算

钢支撑受到外力作用后产生形变，其应变量通过振弦式频率计来测定，测试时，按预先标定的率定曲线，根据轴力计频率算出钢支撑轴向所受的力。计算公式：

$$F=K(f_i^2-f_0^2)$$

式中：F——支撑轴力（kN）（计算结果精确至1kN）；

f_i——轴力计的本次读数（Hz）；

f_0——轴力计的初始读数（Hz）；

K——轴力计的标定系数（kN/Hz²）。

5.8 立柱桩竖向位移（沉降）监测

5.8.1 监测点的埋设

由于基坑内土方的开挖，坑内土体卸载造成坑底土体回弹，带动立柱上升，回弹量的大小关系到围护结构的稳定性。立柱竖向位移采用钻孔埋设的方式，在对应立柱桩顶部的混凝土支撑上埋设沉降钉。

5.8.2 监测方法

立柱桩的竖向位移监测按照国家二等水准测量的要求，初始值测量测3次取平均，相关水准测量方法见5.3节。历次沉降变形监测通过联测水准控制点，形成闭合或附和水准线路，测量各监测点的高程，某监测点本次高程减前次高程的差值为本次沉降量，本次高程减初始高程的差值为累计沉降量。

5.9 坑外潜水位监测

5.9.1 水位管的埋设

水位观测管至少在工程开始降水前1周埋设，采用钻孔埋设水位管的方式，根据水文地质条件的复杂程度、降水深度、降水的影响范围和周边环境保护的要求进行埋设。水位管采用钻孔埋设，确保水位管的虑管位置和长度与被测含水层的位置和厚度一致，在被测水层上方用泥球回填的方式进行隔水，使其与其他含水层进行有效隔离。

水位管理设措施：

（1）埋设时确保水位观测管的导管段顺直，内壁光滑无阻，接头采用外箍接头；

（2）在孔底设置一定长度的沉淀管，增加其可靠性；

（3）在水位管埋设完成后用清水进行清洗，保证观测孔内水位与地层水位一致，连通良好；

（4）埋设后每隔1天测试一次水位面，观测水位面是否稳定。当连续几天测试数据稳定后，可进行初始水位高程的测量；

（5）在监测了一段时间后。对水位孔逐个进行抽水或灌水试验，看其恢复至原来水位所需的时间，以判断其工作的可靠性。

5.9.2 水位测量方法

水位初始值的测定在开工前2～3天进行，在晴天连续测试水位取其平均值为水位初始值；遇雨天，在雨天后1～2天测定初始值，以减小外界因素的影响。水位初始测量连续测3次，取其稳定的平均值作为初始值。

历次水位观测时，采用水准测量的方法联测各管口高程，再用钢尺水位仪测试水位管内水位深度。慢慢将探头放入水面，刚接触水面时在钢尺上读数一次，然后慢慢将探头拉出水面，当探头刚离开水面时在钢尺上再读数一次，取两次平均值即为水面之深度。

历次水位计算时，管口的高程减去水深值即为本次水面高程，本次水面高程减去初始水面高程即为累计变化，本次水面高程减去上次水面高程即为本次水位变化。

5.10 地表竖向位移（沉降）监测

5.10.1 监测点的布设

地表沉降监测采用深埋沉降点进行，采取以下措施进行：

（1）深层监测点布设时需穿透路面结构硬壳层；

（2）沉降标杆采用ϕ12mm螺纹钢标杆，顶部呈凸球状；

（3）沉降标杆深入原状土60cm以上，并保持垂直状态；

（4）沉降标杆深入原状土后，需保持沉降标顶部低于管盖5～10cm以上，留够测点隆起空间；

（5）套管内径需能够保证铟钢尺在套管内可自由旋转，需不小于11cm；

（6）保护套管内的螺纹钢标杆间隙须用黄砂回填。

5.10.2 竖向位移监测方法

道路与地面的竖向位移监测按照国家二等水准测量的要求，初始值测量测3次取平均。相关水准测量方法见5.3节。历次沉降变形监测是通过联测水准控制点，形成闭合或附和水准线路，测量各监测点的高程，某监测点本次高程减前次高程的差值为本次沉降量，本次高程减初始高程的差值为累计沉降量。

5.11 管线竖向位移（沉降）监测

管线的竖向位移测点遵循以下布设原则：

（1）在管线改迁阶段，尽量直接监测点；

（2）竖向位移监测点选择布设在管线的节点、转角点、位移变化敏感或是预期变形较大的部位；

（3）对于污水、供水、燃气等重要管线，尽可能利用露出的管井。

地下管线的竖向位移监测按照国家二等水准测量的要求，初始值测量测3次取平均。相关水准测量方法见5.3节。历次沉降变形监测是通过联测水准控制点，形成闭合或附和水准线路，测量各监测点的高程，某监测点本次高程减前次高程的差值为本次沉降量，本次高程减初始高程的差值为累计沉降量。

5.12 建构筑物竖向位移（沉降）监测

5.12.1 监测点的布设

周边建（构）筑物的竖向位移监测点，依据以下原则布设：

（1）测点布设与外墙或承重柱上，当该建（构）筑物位于主要影响区时，测点沿外墙布设间距为15m左右，或每2根承重柱布设1个监测点；位于次要影响区时，测点沿外墙布设间距为15~30m，或每2~3根承重柱布设1个监测点；在外墙转角处设置1个监测点；

（2）在高低悬殊或是新旧建（构）筑物连接、建（构）筑物变形缝、不同结构分界、不同基础形式和不同基础埋深等部位的两侧各布设1个监测点；

（3）针对风险等级较高的建（构）筑物，适当增加监测点的数量；

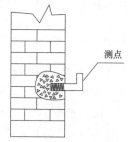

图4 砖混结构监测点布置

（4）监测点的制作方法如下：

①对于混凝土结构墙体上的观测点，采用在结构上钻孔后埋设"L"形点位标志的方法（图4）；测点采用φ20不锈钢，先用冲击钻在墙柱上成孔，在孔中装入φ20不锈钢测点，然后在孔内灌注混凝土或锚固剂进行固定（测点固定部位做成螺纹）。

②对于钢结构上需布设观测点的，采用焊接式观测标志（图5）；个别业主不允许钻孔或焊接的建筑结构，采用贴钢尺的方式设置监测点；

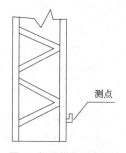

图5 钢结构监测点焊接

（5）点位附近贴上标识牌，注明测点类型、点号等，以便长期保存；

（6）测点位置上方避开障碍物，并保证有足够的立尺空间。

5.12.2 竖向位移监测方法

建构筑物的竖向位移监测按照国家二等水准测量的要求，初始值测量测3次取平均。相关水准测量方法见5.3节。历次沉降变形监测是通过联测水准控制点，形成闭合或附和水准线路，测量各监测点的高程，某监测点本次高程减前次高程的差值为本次沉降量，本次高程减初始高程的差值为累计沉降量。

5.13 建构筑物主体倾斜监测

5.13.1 监测点的布设

建构筑物主体倾斜位移监测点，依据以下原则布设：

（1）倾斜监测点沿主体结构顶部、底部上下对应按组布设，尽量避免遮挡；

（2）倾斜监测点布设在建筑物临近基坑的两个角点附近，对于较长的建筑物，具备条件时在中部也增加倾斜监测点。

5.13.2 倾斜观测方法

对于基坑施工主要影响区域内的建筑物，在基坑施工前采用测水平角法或测水平距离法测得主要建筑角点的绝对倾斜率。

日常倾斜监测采用差异沉降法，根据对于倾斜方向上的两个建筑沉降测点的差异沉降，除以两点之间的水平间距作为倾斜率。当测点沉降量发生报警或是反算的倾斜率达到报警值后，根据现场实际情况，采用测水平距离法或投点法进行倾斜加密观测。

（1）测水平距离法

如图6、图7所示，在建筑顶部、底部同一竖直线上设置观测点A、A'，沿建筑两侧面建立 X、Y 坐标系，在 X 方向（或 Y 方向）近似延长线上设置仪器；通过测量设站点与A、A'的距离，比较距离差，可以计算 X 方向上的倾斜度；通过测量I点至A、A'的水平夹角，沿 Y 方向的倾斜量与水平夹角变化量 α 的正弦值、仪器I到A点的距离D成正比；即：

$$\delta_X = D_上 - D_下 \qquad \delta_Y = D \cdot \sin\alpha$$

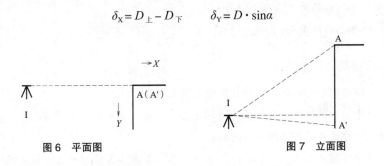

图6 平面图　　　　　　　　图7 立面图

建筑物倾斜采用TCR802全站仪及配套棱镜、测量标志进行观测。也可采用

TCR802全站仪，利用其无须合作目标的功能通过红外测距，结合角度测量进行观测。

（2）投点法

在底部倾斜观测点位置处安置水平读数尺等测量设施，在平行于建筑倾斜边方向、离开测点约1.5倍建筑高度左右处、便于与上下测点通视的位置架设全站仪，使全站仪与建筑倾斜边尽量位于同一直线。采用正倒镜观测法测出每队上下观测点标志间的水平位移分量，再按矢量相加法求得水平位移值（倾斜量）和位移方向（倾斜方向），倾斜量除以上、下测点间高差，得到该处的房屋倾斜率。

5.14 裂缝监测

裂缝监测针对周边地表、支护结构和建构筑物中可能存在的裂缝进行观测，选取其中宽度较大、有代表性的裂缝进行重点监测。

裂缝监测采用直接测量法，在观测前对裂缝进行统一编号，并在裂缝两侧分别设置标志。对于较小的裂缝，使用裂缝仪测量裂缝宽度；对于较宽的裂缝，使用钢尺测量裂缝宽度。裂缝长度使用钢尺测得，裂缝观测成果描述观测日期、裂缝长度、裂缝宽度、裂缝位置等信息。

5.15 盖板应力监测

监测点应选择具有代表性的断面进行监测；宜布设在立柱或边桩与顶板的刚性连接部位和两根立柱或边桩与立柱的跨中部位，每个监测点的纵横两个方向均应进行监测。

盖板应力的计算公式如下：

$$\sigma = K(f_i^2 - f_0^2)/A_s$$

式中：σ——盖板应力（MPa）（计算结果精确至0.1MPa）；

f_i——轴力计的本次读数（Hz）；

f_0——轴力计的初始读数（Hz）；

K——轴力计的标定系数（kN/Hz^2）；

A_s——钢筋计的截面积（mm^2）。

5.16 测点破坏补救措施

（1）督促施工方监测单位做好日常的监测点维护；

（2）对于围护结构测斜孔，发生破坏无法使用后，要求尽量在测斜孔原位的围护墙内采用钻孔的方式重新在墙内埋设测斜孔；

（3）对于其他监测点，发生破坏无法使用后，要求在原位重新埋设相同规格的监测点，作为补救措施。当因施工等原因实在无法在原位恢复的测点，选择在尽量临近的位置进行测点恢复；

（4）测点恢复后，原监测累计变形量进行累加。

6 对施工方监测单位的监督管理

6.1 监督管理措施

工程实施过程中，从以下几方面加强对施工监测的监督管理（表19）。

监督管理措施　　　　　　　　　　　表 19

工程阶段	序号	类别	监管措施	相关表格	执行人
前期	1	资质审查	施工监测提交报审单，我方对其资质（测量、勘察、CMA等）、仪器鉴定证书、项目人员证书等进行审查	施工监测报审单	项目经理/技术负责人
编制方案	2	方案审查	我方对施工监测方案进行审查，督促其按其意见修改		项目经理/技术负责人
编制方案	3	方案评审	组织进行施工与第三方监测方案评审	监测方案	项目经理/技术负责人
工程交底	4	技术交底	对施工监测进行监测点位埋设、测量方法进行技术交底，对环境、职业健康、作业安全等进行安全交底	技术交底表	项目经理/技术负责人
工程交底	5	安全交底		环境、职业健康、安全交底表	项目经理/技术负责人
测点布设	6	点位埋设	监测点位埋设过程中，进行现场巡查监督	巡查记录	工点负责人/班组长
测点布设	7	点位与初始值验收	根据施工监测上报的点位与初始值，进行现场的点位验收与初始值测量比对	初始值报审表	项目经理/技术负责人
基坑施工	8	监测系统巡查	对监测点位进行日常巡查	巡查记录	工点负责人/班组长
基坑施工	9	测点维护	如有发生测点无法观测或不合要求的情况，及时督促施工监测整改	工作联系单	项目经理/技术负责人
基坑施工	10	数据比对	对施工监测上报的数据进行比对		工点负责人/班组长
基坑施工	11	定期检查	每月对施工监测单位的人员到位情况、仪器情况、数据处理情况等进行现场检查	监测质量检查表	工点负责人/班组长
基坑施工	12	频率调整	审查施工监测频率调整单，对符合要求的允许调整频率	监测频率调整报审表	项目经理/技术负责人
基坑施工	13	停止监测	审查施工监测的停测申请单，对符合要求的允许停止监测	停测申请表	项目经理/技术负责人

6.2 监测数据不一致的处理措施

在测量专业上，误差与粗差是两个不同的概念。误差与测量工作并存，由于仪器设备、测量时间、外界环境、观测人员等差异,施工监测数据与第三方监测数据在正常误差范围内存在一定差异,这是正常现象。但有效的监测数据应剔除粗差,测量规范一般以2倍中误差的指标判别粗差与中误差,即:

(1)针对每个监测点,测量误差M_0;

(2)第三方监测与施工监测为平行观测,观测值较差的中误差$M_{较}=\sqrt{2}\,M_0$;

(3)观测值较差的限差$M_{限}=2M_{较}=2M_0=2.8M_0$。

因此,实际观测数据一致性的判别以$2.8M_0$来评判。假如累计沉降量中误差$M_0=\pm 1$mm,则施工监测与第三方监测的累计沉降量较差小于±2.8mm为误差范围内一致,大于该值则应查找原因。

监测数据出现差异主要有观测仪器、观测方法、监测计算等方面原因,第三方监测单位将先从仪器设备运营有效性、计算方法的正确性进行核查,必要时双方现场实测对比,弄清原因,查明真值。

7 监测周期与频率

7.1 监测周期

本车站工程第三方监测总工期以业主求的监测开工日期为起点,至车站工程主体结构施工完毕,周边重要建筑物最后100天的沉降速率小于±0.04mm/d时,予以停止监测。

7.2 监测频率

根据本工程招标文件及业主单位相关管理规定,施工期间第三方监测频率如表20所示。

监测内容及频率　　　　　　　　　表20

序号	施工工况	监测内容	监测频率
1	围护结构施工前	周边重要环境对象的初始状态调查	1次
2		高程基准点与工作基点联测	1次
3	围护结构施工期间	施工影响范围内的建构筑物、重要地下管线、地表的竖向位移监测	1次/6天
4	开挖施工期间	施工影响范围内的各监测项目	1次/3天
5	基坑底板施工完成14天后		1次/6天
6	基坑顶板完成14天后		1次/15天
7		针对性加密监测	

备注:1.对临近基坑的重要建筑物得初始倾斜率,日常倾斜观测根据沉降监测点的差异沉降计算倾斜率,当出现沉降报警或是反算差异沉降倾斜率报警时采用全站仪进行倾斜加测;

2.施工期间基准网的联测频率为1次/1月;

3.各监测项目初始值测3次,取其稳定平均值作为初始值。

7.3 监测频率调整

正常监测频率调整或是停止监测前，提交相应监测频率调整联系单，由相关责任方签字确认后，方可进行调整或停止监测。

当日变化量出现报警时，针对报警的监测点，调整其监测频率为1次/1天，直至日变化量无报警情况。

当出现下列情况之一时，根据实际情况、监测分析会议决议，适时提高危险区域的监测频率：

（1）支撑拆除期间；
（2）监测数据异常或变化速率较大；
（3）存在勘察未发现的不良地质条件，并影响工程安全；
（4）地表等周边环境发生较大沉降、不均匀沉降；
（5）工程出现异常；
（6）工程事故后重新组织施工；
（7）暴雨或长时间连续降雨；
（8）监测数据达到红色监测预警时；
（9）周边地表出现突然沉降或较严重的突发裂缝、坍塌；
（10）根据当地工程经验判断，出现其他必须进行警情报送的情况。

8 监测控制值标准

参考再行路站监测报警值，结合设计单位意见，监测报警值采用表21。待方案评审完提交正式报警值联系单请设计单位确认。

监测报警值　　　　　　　　　　　　　表21

序号	监测项目	日报警值	累计预警值	累计报警值	说明
1	围护墙顶竖向位移（沉降）	±2mm/d	±17mm	±20mm	
2	围护墙顶水平位移	±2mm/d	±17mm	±20mm	
3	坑外土体深层水平位移	±3mm/d	±26mm	±30mm	
4	围护墙深层水平位移	±3mm/d	±26mm	±30mm	
5	立柱竖向位移（沉降）	±2mm/d	±17mm	±20mm	
6	坑外地下水位	±500mm/d	±850mm	±1000mm	
7	管线竖向位移（沉降）	±2mm/d	−17mm, +8mm	−20mm, +10mm	刚性管线
		±3mm/d	−26mm, +8mm	−30mm, +10mm	柔性管线

续表

序号	监测项目	日报警值	累计预警值	累计报警值	说明
8	建筑物竖向位移（沉降）	±2mm/d	±26mm	±30mm	
9	建筑物倾斜率	—	1.6‰	2‰	
10	周边地表竖向位移（沉降）	±3mm/d	±30mm	±35mm	
11	盖板应力	—	136MPa	160MPa	

支撑轴力的监测控制值建议如表 22 所示。

支撑轴力的监测控制值　　　　　　表 22

监测项目	最小报警值	累计预警值	累计报警值
609mm 钢支撑	预加轴力的 80%	1870kN	2200kN
混凝土支撑	—	6800kN	8000kN

9　监测人员与仪器设备

9.1　项目组织框架

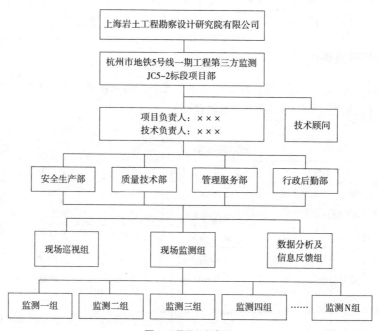

图 8　项目组织框架

9.2 主要监测人员

见表23。

主要监测人员表格　　　　　　　　　　　　　表23

序号	姓名	性别	年龄	在本项目中职务	学历/职称	专业	联系方式
1					硕士/注册岩土工程师/高工	岩土工程	
2					本科/高工	工程测量	
3	其他人员	测工××人；司机、后勤人员××人					

9.3 主要仪器设备

见表24。

主要仪器设备　　　　　　　　　　　　　　表24

序号	设备仪器名称	规格型号	数量（套）	使用项目
1	水准仪	瑞士莱卡NA2水准仪	2	沉降观测
2	全站仪	Leica TM30	1	水平位移
3	测斜仪	美国新科、北京航天	2	深层水平位移
4	频率接收仪	国产ZXY	1	应力观测
5	水位观测计	SWJ-90水位计	1	水位观测
6	裂缝仪/钢尺	PTS-C10/钢尺	2	裂缝观测
7	电脑	品牌电脑	1	数据处理
8	打印机	惠普系列	1	输出设备
9	照相机	佳能	1	影像采集

备注：现场监测仪器数量根据施工进度调整，以满足现场监测实际需求。

10 监测信息反馈流程

10.1 监测信息反馈要求

（1）监测报表分为日报、警情快报、周报、月报和总结报告五种形式。

（2）监测报表（日报、警情快报、周报、月报）应对仪器监测数据和现场巡视检查情况进行综合分析，并提出建议措施，由监测员、计算、复核、项目技术负责人、项目负责人等相关人员签字，并盖监测单位章（或项目部章）后按规定时间（每日15：00前，加密监测除外）报送相关单位。

（3）在工程结束且停止监测后，应及时编写监测总结报告，由项目技术负责人、项目负责人、单位技术负责人等相关人员签字，并盖监测单位章。

10.2 第三方监测信息反馈

（1）将监测报表报送给监理单位、现场业主代表。

（2）收到监理单位发送的施工方监测的监测报表后，对比分析双方的监测数据，提出分析意见，并将分析结果当天报送现场业主代表。

（3）将当天的监测数据、巡查信息的电子文件及时上传至远程监控平台。

10.3 三级报警与消警

10.3.1 监测警情的划分

××地铁工程分为：监测预警、监测报警、工程报警三个报警等级。工程实施中应依据监测数据、巡视巡查或视频监控，实施分层次响应、处置及消警管理。

（1）监测预警

"双控"指标（指累计变化量、变化速率）之一，累计变化量或变化速率（连续2天）超过报警值85%时（设计单位有具体要求的以设计为准），或现场巡查发现异常情况时。

（2）监测报警

"双控"指标（指累计变化量、变化速率）之一超过报警值时，或现场巡查发现异常情况时。

（3）工程报警

监测数据超过累计报警值且仍未收敛（变化速率连续3天超过报警值），或累计值已超过设计给定的控制值，或现场巡查发现异常情况时。

10.3.2 监测警情的响应

（1）监测预警响应

针对监测预警情况，总监理工程师应及时组织召开监测预警分析会。参会人员包括监理单位总监、施工单位项目技术负责人、第三方监测单位现场负责人、施工方监测单位项目负责人，针对预警原因、后续施工控制措施、加密监测工作等进行研究讨论，形成会议纪要并上传远程监控平台，会议纪要同时抄送市地铁集团工程管理部门。

（2）监测报警

针对监测报警情况，总监理工程师应及时组织召开监测报警分析会。参会人员包括现场业主代表、监理单位总监、设计单位工点设计专业负责人、施工单位项目经理和项目技术负责人、第三方监测单位技术（或现场）负责人、施工方监测单位项目负责人，针对报警原因、后续施工控制措施、加密监测工作等进行研究讨论，形成会议纪要并上传远程监控平台，同时抄送市地铁集团工程管理部门、设计部、质量安全部。

第八章 重大风险源的监测与管理

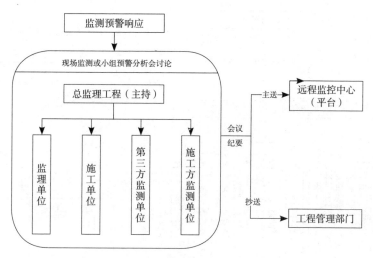

图9 监测预警响应流程

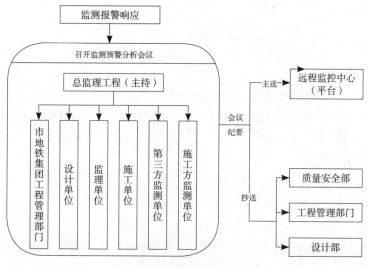

图10 监测报警流程

（3）工程报警

针对工程报警情况，总监理工程师应及时组织召开工程报警分析会，进一步讨论落实相关控制措施。参会人员包括市地铁集团工程管理部门（部长或科长、业主代表）、设计部（设计管理工程师）、质量安全部（巡查人员）、远程监控中心线路负责人；监理单位总监、设计单位工点设计专业负责人、施工单位项目经理和项目技术负责人、第三方监测单位项目（或项目技术）负责人、施工方监测单位项目负责人；必要时应邀请相关技术专

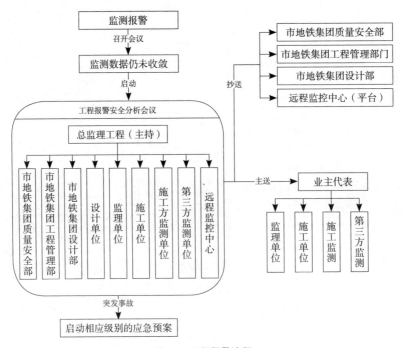

图 11 工程报警流程

家参会指导。分析工程报警原因，明确设计要求，研究后续施工控制措施，形成专家意见或会议纪要。针对不同施工部位出现连续的工程报警的情况，应立即停工（抢险措施除外）分析原因，落实措施，消除隐患。当发生突发险情时，应立即启动相应级别应急预案。

10.3.3 监测警情的消警

（1）监测预警的消警

待监测数据变化趋于稳定、隐患消除后，由施工单位提出消警申请，填写监测预警消警申请单，经设计单位、第三监测单位和监测单位审核后，上传至远程监控平台并报市地铁集团工程管理部门备案后方可消警。监测预警消警流程如图 12 所示。

图 12 监测预警的消警

（2）监测报警的消警

待监测数据变化趋于稳定、隐患消除后，由施工单位提出消警申请，填写监测报警消警申请单，经设计单位、第三监测单位、监理单位、建设单位业主代表审核后，上传远程监控平台并报市地铁集团工程管理部门、设计部和质量安全部备案后方可消警。监测报警消警流程如图13所示。

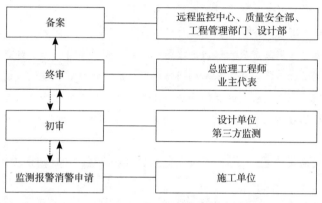

图13　监测报警的消警

（3）工程报警的消警

工程报警流程发起后，通过采取相关处置措施，待警情得到控制，工程风险及隐患消除后，施工单位方可提起工程报警消警流程，填写工程报警消警申请单，经设计单位、第三方监测单位、监理单位、远程控制中心，以及市地铁集团工程管理部门、设计部和质量安全部审核后方可消警。工程报警消警流程如图14所示。

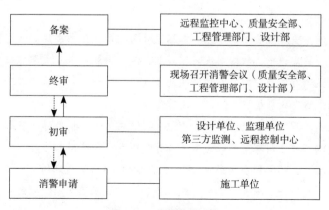

图14　工程报警的消警

11 监测技术与质量保证措施

11.1 监测技术保证措施

（1）工点开工前，做好班组成员的技术交底工作，对监测方案进行宣讲，熟悉工点监测项目与数据处理方法、监测重难点与重大风险源等；

（2）定期开展监测技术培训工作，从监测规范、监测方案、监测手段、内业计算方法等多方面开展学习教育，提高班组成员技术水平；

（3）在具体观测过程中固定观测人员，以尽可能减少人为误差；

（4）在观测过程中固定观测仪器，以尽可能减少仪器本身的系统误差；

（5）在观测过程固定时间按基本相同的路线，减少温度、湿度造成的误差；

（6）在观测过程中用相同的观测方法，以减少不同方法间的系统误差；

（7）观测仪器在投入使用以前，均应由法定计量单位进行校验，经检验合格并在有效期内方可使用；

（8）在每天的观测之前均应对所使用的仪器进行自检，并详细记录自检情况，使用完毕后记录仪器运转情况；

（9）使用过程中若发生仪器异常的情况，除立即对仪器进行维修或调换外，同时对该仪器当天测试的数据进行重新测试。

11.2 监测质量保证措施

为了达到公司制定的质量方针目标，将在本项目中做到以下几点：

（1）项目质量控制将按照 ISO 9001—2000 版质量管理体系要求的全过程控制的原则，以事前指导、过程控制、成果审查的思路开展工作，在编制成果资料时，做到基础资料齐全，严格遵守业主制定的管理细则、程序，正确执行现行的规范，依据可靠，标准合理，结果正确，满足业主的需要；

（2）建立健全项目质量保证体系。根据我公司的质量体系文件，进行质量策划和质量计划，在本项目实施中，从方案设计、外业施测、内业处理及成果书编制过程中，严格执行我公司监测有关部门对产品质量的逐级自检、自评。切实做好监测产品的前期控制、过程控制和后期成果控制，保证产品质量；

（3）明确本工程"争创省部级优秀勘察/测绘奖"的质量目标，贯彻工程建设质量终身负责制，做好有计划、有步骤的质量教育和项目技术培训工作；

（4）严格资历，调配符合各岗位条件要求的人员参与本项目的监测工作。同时，保证投入的仪器性能良好、功能先进、并经过有省以上技术监督局授权的鉴定部门的合格鉴定；

（5）执行监测成果二级检查、一级验收制度，严格监测数据的计算、对算、复核。确保监测成果合格率100%，优良率达90%以上。

为提升监测工作质量，在以下几方面做好相关质量保障工作：

（1）组织保障

项目组成员服从项目经理的统一调配，并在日常监测工作中严格按监测方案的要求实施作业。积极配合业主，及时了解施工进度，安排与落实检测工作的步骤，保证监测工作的顺利进行。

（2）仪器、仪表设备管理

a. 监测仪器要经国家法定计量检定机构或授权的计量机构进行校准，并取得《检定证书》后方可使用。

b. 使用过程中按规范要求的周期和检测项目进行定期检查，以确保使用设备完全处于受控状态。

（3）监测过程的质量控制

作业人员严格按投标书要求及相应规范进行作业，发现超出允许误差时应及时查找原因，予以纠正或进行返工。技术问题由工程负责人与审核人商量后作出决定，工程负责人与审核人负责实施检测过程中的质量控制，杜绝质量问题的发生。

（4）文件与资料管理

a. 内外业资料实行档案化管理，分门别类地做好各类外业原始记录、内业计算资料、工作联系单、设计文件、施工监测上报文件等的收集、整理、汇总工作；

b. 外业观测资料在内业计算前均要进行数据录入的检查与复检，在保证采集数据正确的前提下方可进行计算。监测成果资料按统一格式进行签收登记，并做好内、外业资料的数据备份与整理工作。

（5）全员参与质量保证

为实现项目质量目标，保证成果质量，公司总部对其实施全员式管理，公司技术系统以及各资源部门为该项目提供充足的技术资源和设备保障，针对项目质量控制的各主要过程，将工作进行分解，形成全公司对该项目的质量体系提供保障。

11.3 监测点保护措施

（1）针对监测基准点及工作基点，要求施工监测单位在现场做好明显标记，具备条件的情况下安设保护盖或保护箱，做好日常巡查；

（2）对于地表、管线沉降监测点，要求施工监测单位加设保护盖，确保在重车压载情况下保护盖完好无损；

（3）对于测斜管、水位管，要求施工监测单位对其管顶部低于现状地面，避免因高出地面而受到破坏；同时，在管口位置加设保护盖，具备条件的情况下埋设钢筋水泥保护井；

（4）对于支撑轴力，要求施工监测单位将每层轴力线汇总至基坑顶部防护栏旁，并设置轴力线收集箱，避免因挖土施工导致线头破坏；同时，对于钢支撑轴力监测，要求在支撑的反力计埋设端焊接钢板，增加支撑截面厚度，避免因支撑受力过大时发生反力计陷入支撑内；对于混凝土支撑轴力计的埋设，要求将轴力线牵引至冠梁顶部位置，并在线出口处加埋一段钢管，将线头置于钢管内部，避免因施工导致测线损坏；

（5）监测点埋设前对施工监测单位进行测点埋设交底，要求其落实相关保护措施；

（6）各监测点埋设完成后，会同施工单位、施工监测单位、监理单位等进行测点验收，并及时督促施工单位加强监测点保护；

（7）日常监测过程中加强对各监测点的巡视检查，对发生移位、破损、压盖等监测点及时进行相关修正或补救，避免发生进一步测点破坏；对已发生破坏的监测点，及时督促施工方监测单位进行原位恢复，避免发生监测数据的脱节。

12 监测安全文明保证措施

12.1 安全文明施工目标

（1）不发生安全、环境、文明施工的重大投诉或处罚事件；

（2）重伤、死亡事故 0 起；

（3）次责及以上责任重大交通事故 0 起；

（4）固体废物及危险废弃物受控处置达 100%。

12.2 安全保证措施

（1）安全生产分工及职责

由项目经理全面负责本项目第三方监测的安全工作，现场组织机构中设置安全生产部，有专人负责安全措施的实施和检查工作。对所有参加本工程的人员进行人身意外伤害保险，制定并实施一切必要的措施，保护工程现场的监测安全。

（2）风险源识别

项目开展前，对本工程各项环境风险源进行调查评价，列出风险源清单。重点风险源识别涉及监测作业的道路交通运输过程风险、施工场地内的作业安全风险、生活办公区（包括办公区、宿舍、食堂等）安全风险、资料仓库的安全风险等，制定环境因素识别评价表及不可接受风险清单。

（3）编制工程应急预案

针对本项目特点，成立应急保障小组，编制相应的应急预案，以应对各种险情，相关情况见第 14 章。

第八章　重大风险源的监测与管理

（4）安全交底与培训

工点开工前，对班组成员进行职业健康安全、环境交底，交底内容包括安全、健康目标、环境控制目标及相应的注意事项，工程应急预案，环境因素识别评价表及不可接受风险清单等。

定期组织项目部成员进行安全培训教育，牢固树立"安全第一、预防为主"的思想，自觉遵守各项安全生产规章制度。培训教育内容包括：安全生产的重要意义，有关安全文明施工的方针、政策和规定；本项目工程施工特点、项目部安全生产规章制度、现场危险部位及安全注意事项、安全生产纪律；近几年监测业内发生的重大事故及应吸取的教训；相关应急预案与措施等。

（5）配备安全防护用品

按照国家劳动保护法的规定，定期发给在现场施工的工作人员必需的劳动保护用品，包括安全帽、劳保鞋、雨衣、手套、手灯、防护面具和安全带等，并确保相关防护具处于安全有效期内；

每年6、7、8、9等4个高温月为员工发放防暑降温用品，发放高温补贴，合理安排监测工作，减少高温作业时间；

在施工作业区、施工道路、临时设施、办公区和生活区设置足够的照明，其照明度应不低于有关规范的规定。

（6）现场作业安全保障措施

严禁酒后上岗作业，合理安排班组外业测量时间，减少环境因素影响；

进入施工现场必须遵守施工现场的安全管理制度，自觉服从安全检查人员检查；

进行外业监测前，正确使用个人劳保防护用品，按要求佩戴安全帽、劳保鞋、反光背心等；

基坑围挡内进行外业测量时，注意与现场起重、运输、挖机、电焊等设备的安全距离，避免发生人员伤害；

当有临边作业或是登高作业时，系好安全带，由专人指挥安全作业。对于无法保障人员仪器安全的区域，严禁进入作业；

在道路上作业时监测人员必须穿戴黄色有反光标志的安全背心，合理安排仪器测站位置，尽量避开来往车辆。同时在作业范围外设置安全警示标志，由专人指挥安全，时刻注意来往车辆；

根据有关方面提供的水情和气象预报，做好洪水和气象灾害的防护工作。一旦发现有可能危及工程和人身财产安全的洪水和气象灾害的预兆时，立即采取有效的防洪和防灾措施，以确保工程和人员、财产的安全。

(7) 仪器设备安全保障措施

作业车辆定期进行维修保养,行驶前检查车辆状况,尤其是轮胎、刹车、大灯等关键部位;

重要仪器设备(全站仪、水准仪、测斜仪、裂缝仪等)由专人使用,专人负责仪器保管保养,定期检校。历次使用前检查仪器状态,填写仪器运行记录;

现场测量时,作业人员不得离开监测仪器,高温作业时为仪器撑伞避免暴晒,遇到下雨、冰雹、大风等天气时做好仪器防护,避免淋雨;

监测仪器使用完后,及时进行清理保养,擦拭仪器上的灰尘、水汽、污泥等,避免水汽锈蚀仪器,并装箱保管。

12.3 文明施工保证措施

由项目经理全面负责监测现场的文明施工工作,主要采取以下措施:

(1) 对每位项目部人员进行文明施工教育;

(2) 做好与施工总包、分包单位之间的协调工作,尽量减少由于施工因素对监测工作造成干扰,减少相互之间的矛盾;

(3) 进入工地现场注意好个人形象素质,服从现场监理工程师的协调;

(4) 做好生活卫生和周围环境卫生;

(5) 礼貌用语,处理好与其他施工作业工作人员的关系。

12.4 环境保护措施

遵守国家有关环境保护的法律、法规和规章,做好施工区的环境保护工作,防止由于监测作业造成施工区附近地区的环境污染和破坏。保护施工区和生活区的环境卫生,作业结束后带走个人垃圾,避免对工地现场形象造成损害。

13 监测应急保障措施

13.1 应急小组

除 9.2 节所列监测人员外,成立应急响应小组,如表 25 所示。

应急响应小组　　　　　　　　　　　　　表 25

姓名	性别	年龄	职称	专业	电话	应急岗位
				岩土工程		应急组长
				岩土工程		负责全面的应急组织

13.2 应急/备用设备

参见表26。

应急/备用设备　　　　　　　　　　　　　　表26

序号	仪器、设备名称	规格型号	数量	所在地	备注
1	水准仪	Leica NA2 水准仪	4台	××	
2	水准尺	Leica GPCL2	4套	××	
3	全站仪	Leica TM30 全站仪	4台	××	
4	电子测距仪	Bosch GLM80	2台	××	
5	对讲机	北峰	6台	××	
6	电脑	品牌电脑	3台	××	
7	汽车	长安、五菱	2辆	××	

13.3 恶劣气候条件下的应急预案

（1）适当加大控制点密度，在大雾等天气时可临时采用较近的定向边开展工作，天气转好时即时检测修正；

（2）作为班组配备大型遮阳、挡雨的测伞，在雨天、大太阳直射等情况下，为满足工期需要，排除困难开展监测工作；

（3）雨季是明挖基坑施工的不利情况，也给监测工作带来一定的困难。因此雨季在保证正常的监测频率的情况下，应提高一些受雨季影响较大项目的监测频率，如测斜、应力等，同时，应根据监测结果，加强一些不利区域的监测，以保证整个基坑工程始终处于监控状态。

13.4 异常情况下的监测应急预案

（1）发生影响安全的异常情况时，进行加密监测；

（2）及时上报应急监测数据，第一时间通知业主方；

（3）出现异常情况后，第一时间与业主、监理、施工等主要责任方进行协调沟通，避免事态扩大；

（4）加强对异常情况的数据分析，做好监测数据的保密工作；

（5）对以电脑处理的监测资料做合理的备份保护，以避免由于电脑故障而对监测工作造成的影响；

（6）当监测数据出现异常、或施工周边有需重点保护的建筑、或基坑施工过程中出现未预测的险情，主动调整监测频率，将加大监测频率和监测点密度，必要时跟踪监测；

（7）对以电脑处理的监测资料做合理的备份保护，以避免由于电脑故障而对监测工作造成的影响。

13.5 测点破坏补救方案

（1）督促施工方监测单位做好日常的监测点维护；

（2）发生测点破坏、压盖等无法监测的情况时，及时要求施工方监测单位做好测点原位恢复工作；

（3）测点长期无法监测时，及时与业主方、远程监控进行沟通，对无法原位恢复的测点设法临近恢复。

14　附件

（1）业主测量队控制点交桩表（略）；

（2）工点管线交底（略）。

15　第三方监测点位布设图

（1）基坑地质与结构剖面图（略）；

（2）基坑监测点平面图（略）；

（3）周边管线监测点平面图（略）。

第九章

风险应急管理

第一节 应急预案的概念

应急预案又称应急计划,是指政府或企业为降低事故后果的严重程度,以对风险源的评价和事故预测结果为依据而预先制定的事故控制和抢险救灾方案,是事故应急救援活动的行动指南;是针对可能的重大事故(件)或灾害,为保证迅速、有序、有效地开展应急与救援行动、降低事故损失而预先制订的计划或方案。

应急预案是在辨识和评估潜在的重大风险源、事故发生的可能性、事故的类型、后果及影响严重程度的基础上,对应急管理机构与职责、人员安排、技术措施、物资设备、救援行动与协调指挥等方面预先作出的具体安排。它明确了在突发事件发生前、发生过程中以及结束后,谁或哪个组织机构负责做什么,何时做,如何做,以及具体应对策略和资源准备情况等。应急预案管理是应急管理的文本体现,是应急管理工作的指导性文件,其总目标是控制紧急事件的发展并尽可能消除事故,将事故对人、财产和环境的损失降到最低限度。因此,一个完善的应急预案管理体系,应当遵循综合协调、分级负责、属地为主、企地衔接、动态管理的原则,制订的预案应具有全面性、针对性、可行性和及时性等特点。

第二节 编制应急预案的目的及意义

编制应急预案的目的是为在发生事故时,能以最快的速度发挥最大的效能,有序实施救援,达到尽快控制事态发展,降低事故造成的危害,使任何可能引起的紧急情况不扩大,并尽可能地排除,以减少紧急事件对人、财产和环境所产生的不利影响或危害。

编制应急预案是贯彻国家职业健康安全法律法规的要求,是减少事故中人员伤亡和财产损失的需要,是事故预防和救援的需要,更是实现本质安全型管理的需要。

编制应急预案是应急救援准备工作的核心内容，是及时、有序、有效开展应急救援工作的重要保障。应急预案在应急救援中的重要作用具体体现在：

（1）应急预案确定了应急救援的范围和体系，使应急准备和应急管理不再无据可依、无章可循。尤其是培训和演习，必须依赖于应急预案。其中，培训可以让应急响应人员熟悉自己的责任，具备完成指定任务所需的相应技能；演习可以检验预案和行动程序，并评估应急人员的技能和整体协调性。

（2）编制应急预案有利于作出及时的应急响应，降低事故后果。应急行动对时间要求十分敏感，不允许有任何拖延。应急预案应明确应急各方的职责和响应程序，在应急力量和应急资源等方面做大量的准备，可以指导应急救援迅速、高效、有序地开展，将事故的人员伤亡、财产损失和环境破坏降到最低限度。此外，如果提前制定了预案，对事故发生后必须迅速解决的一些应急恢复问题，也会解决得比较全面和到位。

（3）发生事故时，便于各单位、部门之间的协调，保证应急救援工作的顺利、快速和高效实施。

（4）有利于提高政府、企业和工作场所的风险防范意识。应急预案的编制过程实际上包含风险辨识、风险评价和风险控制的过程，这个过程需要各方的参与。因此，应急预案的编制、评审以及发布和宣传，有利于各方了解可能面临的风险以及相应的应急措施，提高风险防范意识和能力。

第三节　应急预案的编制

一、应急预案的编制基础

编制应急预案应当在开展风险评估、应急资源调查和能力评估的基础上进行。风险评估的基础即是对风险源进行辨识，该内容已在第二章进行了介绍，这里不再赘述。

应急资源调查，主要包括内部应急资源调查和外部应急资源调查。内部应急资源主要是指企事业单位的应急人员、应急设备、应急设施、应急组织对策及应急后援。外部资源是指外部的一些应急机构,如国务院应急办、国家专业事故应急救援中心、地方政府应急机构、消防局、危险化学品响应机构、地方公安部门、社区服务机关和医疗卫生机构等。编制应急预案前必须对应急资源进行详细细致的调查,并形成资源清单列表,必要情况下应与外部应急机构签订正式的协议,以便在紧急事件发生时能够第一时间调用外部资源,做到资源共享。

应急能力的大小关系到应急行动是否能实现快速有效,其重要性不容忽视。应急能力评估可分为内部应急能力和外部应急能力。内部应急能力是指事故发生单位自身对事故的应急能力。外部应急能力是指利用事故单位以外的外部机构来对紧急情况进行应急的处理能力。应急预案编制可参照表9-1进行评估结果统计。

应急预案编制表　　　　　　　　　　　　　　　表9-1

风险源名称	导致事故类型	事故严重度	影响范围	应急级别	所需应急资源			应急能力评估
					应急人员	场外应急物资设备	现场应急物资设备	

二、应急预案编制的法律法规要求和依据

近年来,我国相继颁布了一系列法律法规,如《中华人民共和国安全生产法》《危险化学品安全管理条例》《关于特大安全事故行政责任追究的规定》《特种设备安全监察条例》等,对危险化学品、特大安全事故、重大风险源等应急救援预案的制定作了明确规定和要求,要求县级以上地方各级人民政府或生产经营单位制定相应的重大事故应急预案。

《中华人民共和国安全生产法》第十八条规定:"生产经营单位的主要负责人负有组织制定并实施本单位的安全生产事故应急救援预案的职责。"第三十三条规定:"生产经营单位对重大风险源应当登记建档,进行定期检测、评估、监控,并编制应急预案,告知从业人员和相关人员在紧急情况下应当采取的应急措施。"第六十八条规定:"县级以上地方各级人民政府应组织有关部门制定本行政区域内的特大生产全事故应急预案,建立应急救援体系。"

《危险化学品安全管理条例》第四十九条规定:"县级以上地方各级人民政府负责危险化学品安全监督管理综合工作的部门应当会同同级其他有关部门制定危险化学品事故应急救援预案,报经本级人民政府批准后实施。"第五十条规

定:"危险化学品单位应当制定本单位事故应急救援预案,配备应急救援人员和必要的应急救援器材、设备,并定期组织演练;危险化学品事故应急救援预案应当报设区的市级人民政府负责危险化学品安全监督管理综合工作的部门备案。"

《中华人民共和国职业病防治法》第二十条规定:"用人单位应当采取下列职业病防治管理措施:(一)设置或者指定职业卫生管理机构或者组织,配备专职或者兼职的职业卫生管理人员,负责本单位的职业病防治工作。(二)制定职业病防治计划和实施方案。(三)建立、健全职业卫生管理制度和操作规程。(四)建立、健全职业卫生档案和劳动者健康监护档案。(五)建立、健全工作场所职业病危害因素检测及评价制度。(六)建立、健全职业病危害事故应急救援预案。"

《中华人民共和国消防法》第十七条规定:县级以上地方各级人民政府消防救援机构应当将发生火灾可能性较大以及发生火灾可能造成重大人身伤亡或者财产损失的单位,确定为本行政区域内的消防安全重点单位,并由应急管理部门报本级人民政府备案。消防安全重点单位除应当履行本法第十六条规定的职责外,还应当履行下列消防安全职责:(一)确定消防安全管理人,组织实施本单位消防安全管理工作;(二)建立防火档案,确定消防安全重点部位,设置防火标志,实行严格管理。(三)实行每日防火巡查,并建立巡查记录。(四)对职工进行岗前消防安全培训,并定期组织消防安全培训和消防演练。

国务院《安全生产许可证条例》第六条第十一款:有重大危险源检测、评估、监控措施和应急预案;第十二款 有生产安全事故应急救援预案、应急救援组织或者应急救援人员,配备必要的应急救援器材、设备。

《特种设备安全监察条例》第六十五条规定:"特种设备安全监督管理部门应急当制定特种设备应急预案,特种设备使用单位应当制定事故应急专项预案,并定期进行事故应急演练。"

《建设工程安全生产管理条例》第四十七条规定:"县级以上地方人民政府建设行政主管部门应当根据本级人民政府的要求,制定本行政区域内建设工程特大生产安全事故应急救援预案。"第四十八条规定:"施工单位应当制定本单位生产安全事故应急救援预案,建立应急救援组织或者配备应急救援人员,配备必要的应急救援器材、设备,并定期组织演练。"第四十九条规定:"施工单位应当根据建设工程施工的特点、范围,对施工现场易发生重大事故的部位,环节进行监控,制定施工现场生产安全事故应急救援预案,实行工程总承包的,由总承包单位统一组织编制建设工程生产安全事故应急救援预案。工程总承包单位和分包单位按照应急救援预案,各自建立应急救援组织或者配备应急救援人员,配备救援器材、设备,并定期组织演练。"

另外《生产安全事故应急预案管理办法》(国家安全生产监督管理总局第88号令)、《城市轨道交通建设工程质量安全事故应急预案管理办法》(建质〔2014〕34号)、《生产经营单位安全生产事故应急预案编制导则》(GB/T 29639—2013)对生产安全事故应急预案的编制、评审、发布、备案、培训、演练、评估和修订等环节做出了更为具体的规定,应急预案管理和制定单位及编写人员必须熟悉和掌握。

三、应急预案的编制要求

(1)应急预案编制人员应具备相应的专业技能,熟悉了解现场施工所涉及的国家基本规范、标准及施工现场的环境和职业健康安全要求。应具有与工程规模、施工技术难度等相匹配的工作经验及技能水平,并应取得相应的职业资格证书或职称证书。编制人员应当充分掌握工程概况、施工工期、场地环境条件,并对施工图设计及施工组织设计、危险性较大的分部分项工程专项方案等有充分的理解。应急预案编制应成立编制小组,小组成员应由不同相关专业人员组成。

(2)应急预案应在项目负责人领导下,依照项目策划的目标和指标,综合考虑项目结构特点及制约因素,科学地进行编制。应急预案一般应在目标指标相应的作业活动开始之前两周完成编制工作,并应在作业活动开始之前一周完成应急预案的审批、评审及修订完善工作,行成文件并下达。在作业活动开始之前完成应急预案的交底及培训工作。

四、应急预案的分类与基本内容

(一)应急预案的分类

地铁工程项目施工安全事故应急处置有关的预案,从层次上可以分为政府级、建设单位级、施工单位级和项目部级。建设主管部门应当编制本部门综合应急预案,建设单位应当编制本单位综合应急预案,并按照影响工程周边环境事故类别编制工程项目应急预案;施工单位应当编制所承担工程项目的综合应急预案,并按工程事故、影响周边环境事故类别编制工程项目应急预案,同时制定事故现场处置方案。

对于一起施工安全事故,根据后果严重程度、救援难易程度和项目部应急救援能力的大小,项目部的应对方式有三种:全部承担(或基本上承担)、大部分承担和先行抢险救援、服从上一级统一指挥。因此，项目部的应急预案除了要与本单位的应急预案内部衔接外，还应与项目建设单位级和当地政府级的预案外部衔接，包括各层次预案响应的事故最低级别、扩大应急响应层级的条件、统一指挥机制和应急机构职责的衔接，项目部的预案应考虑建设单位、政府（行政主管部门）介入后的相应安排。

应急预案从功能与目标上划分为三种类型：综合应急预案、工程项目专项应急预案和现场处置方案。综合预案是应对各类事故的综合性文件，从总体上阐述事故应对方针、政策，应急组织机构及职责、应急行动、措施和保障等基本要求和程序；专项应急预案主要针对某种特有和具体的事故（如坍塌与倒塌、起重作业事故、机械设备事故、电气事故、火灾、中毒与窒息事故等），侧重明确救援程序和具体的应急救援（技术）措施；现场处置方案针对危险性较大的分部分项工程的施工、具体装置、场所或设施、岗位所制定的应急处置措施，应具体、简单、针对性强。综合应急预案、专项应急预案和现场处置方案各有侧重、相互衔接，构成一个应急预案体系。

（二）应急预案的内容

综合应急预案是对城市轨道交通建设工程质量安全事故应对工作的总体安排，主要规定工作原则、组织机构、预案体系、事故分级、监测预警、应急处置、应急保障、培训、演练与评估等，是应对城市轨道交通建设工程各类质量安全事故的综合性文件。内容一般包括总则、组织机构及职责、预警和预防机制、应急响应与处置、后期处置、保障措施、附则和附录等 8 个方面的内容，其中，组织机构及职责、信息报告与处置、应急响应程序与处置技术等要素属于应急预案的关键要素，是涉及日常应急管理与应急救援的关键环节，应体现在应急预案中。同时，风险源辨识与风险分析、应急资源和能力评估是确保应急预案具有针对性和可操作性的重要的应急策划工作，应体现在预案中且宜放在附件部分。表 9-2 为综合应急预案的基本内容及其要求。

综合应急预案的基本内容及其要求表　　　　　　　　表 9-2

项目内容		要求
总则	编制目的	目的明确，简明扼要
	编制依据	1. 引用的法规标准合法有效。 2. 明确相衔接的上级预案，不能越级引用应急预案
	应急预案体系	1. 能够清晰表述本单位及所属单位应急预案组成和衔接关系（推荐使用图表）。 2. 能够覆盖本单位及所属单位可能发生的事故类型

续表

项目内容		要求
总则	应急工作原则	1. 符合国家有关规定和要求，并结合本单位应急工作实际。 2. 应明确救人第一、统一指挥、快速响应、先期处置等基本原则
	适用范围	范围明确，适用的事故类型和响应级别合理
组织及职责	应急组织体系	1. 能够清晰描述本单位的应急组织体系（推荐使用图表）。 2. 明确应急组织成员日常及应急状态下的工作职责
	指挥机构及职责	1. 清晰表述本单位应急指挥体系。 2. 应急指挥部门职责明确。 3. 各应急救援小组设置合理，应急工作明确
监测与预警	风险监测	1. 明确监测技术性预防和管理措施。 2. 明确相应的应急处置措施
	预警行动	1. 明确预警信息发布的方式、内容和流程。 2. 预警级别与采取的预警措施科学合理
	信息报告与处置	1. 明确本单位应急值守电话。 2. 明确本单位内部信息报告的方式、要求与处置流程。 3. 明确事故信息上报的部门、通信方式和内容时限。 4. 明确向事故相关单位通告、报警的方式和内容。 5. 明确向有关单位发出请求支援的方式和内容。 6. 明确与外界新闻舆论信息沟通的责任人以及具体方式
应急响应	响应分级	1. 分级清晰，且与上级应急预案响应分级衔接。 2. 能够体现事故紧急和危害程度。 3. 明确紧急情况下应急响应决策的原则
	响应程序	1. 立足于控制事态发展，减少事故损失。 2. 明确救援过程中各专项应急功能的实施程序。 3. 明确扩大应急的基本条件及原则。 4. 能够辅以图表直观表述应急响应程序
	应急行动	应急行动应全面，符合实际。包括：接警与通知、指挥与控制、警报与紧急公告、通信、事态监测与评估、警戒与治安、受害人员营救、人群疏散与安置、医疗与卫生、公共关系与媒体应对、应急人员安全监控、消防与抢险
	应急结束	1. 明确应急救援行动结束的条件和相关后续事宜。 2. 明确发布应急终止命令的组织机构和程序。 3. 明确事故应急救援结束后负责工作总结部门
后期处置		1. 明确事故后，现场清理、损失评估、原因分析、施工恢复、善后赔偿等内容。 2. 明确应急处置能力评估及应急预案的修订等要求
保障措施		1. 明确相关单位或人员的通信方式，确保应急期间信息通畅。 2. 明确应急装备、设施和器材及其存放位置清单，以及保证其有效性的措施。 3. 明确各类应急资源，包括专业、兼职应急救援队伍的组织机构以及联系方式。 4. 明确应急工作经费保障方案
培训与演练		1. 明确本单位开展应急管理培训的计划和方式方法。 2. 如果应急预案涉及周边社区和居民，应明确相应的应急宣传教育工作。 3. 明确应急演练的方式、频次、范围、内容、组织、评估、总结等内容

续表

项目内容		要求
附则	特殊情况处置原则	1. 明确未列入预案的有可能发生的事故应急救援工作的处置原则。 2. 明确事故的事态变化超出预案考虑的情况的处置原则。 3. 明确应急反应和救援资源到位情况达不到预案要求的处置原则。 4. 明确事态急剧恶化、已严重危及救援人员安全和救援工作进行时的处置原则
	应急预案备案	1. 明确本预案应报备的有关部门（地方政府有关部门）和有关抄送单位。 2. 符合国家关于预案备案的相关要求
	制定与修订	1. 明确负责制定与解释应急预案的部门。 2. 明确应急预案修订的具体条件和时限（一般不超过3年）
附件	危险辨识与风险分析	1. 能够客观分析本单位存在的风险源及危险程度。 2. 能够客观分析可能引发事故的诱因、发展途径、影响范围（包括场外）及后果
	应急能力评估	1. 评估资源的准备状况和从事应急救援活动所具备的能力（包括自身的和可从外部求援的）。 2. 分析事故应急救援所需要的资源，以及需求不足及其纠正措施
	应急功能图	应明确每一应急活动中每一个应急功能所对应的职能部门和目标（推荐用功能矩阵图表示）
	特殊风险分预案	1. 能够在公共安全风险评价的基础上，提出若干类不可接受的风险（假如存在）。 2. 能够针对每一特殊风险的应急活动，正确划分部门主要负责、协助支持、有限介入等三类具体的职责
	应急标准化操作程序	1. 应明确应急活动、应急功能中具体负责部门和负责人。 2. 应明确具体的活动内容、具体的操作步骤
	联系方式	1. 列出应急工作需要联系的部门、机构或人员至少两种以上联系方式,并准确有效。 2. 列出所有参与应急指挥、协调人员姓名及所在部门、职务和联系电话，并保证准确有效
	物资装备清单	1. 以表格形式列出应急装备、设施和器材清单，清单应当包括种类、名称、数量以及存放位规格、性能、用途和用法等信息。 2. 定期检查和维护应急装备，保证准确有效
	格式文本	给出信息接报、处理、上报等规范化格式文本，要求规范、清晰、简洁
	关键的路线、标识和图纸	1. 警报系统分布及覆盖范围。 2. 重要防护目标一览表、分布图。 3. 应急救援指挥位置及救援队伍行动路线。 4. 疏散路线、重要地点等标识。 5. 相关平面布置图纸、救援力量分布图等
	相关应急预案名录、协议或备忘录议或备忘录	列出与本应急预案相关的或相衔接的应急预案名称，以及与相关应急救援部门签订的应急支援

工程项目专项应急预案是指针对某一类型或某几种类型城市轨道交通建设工程质量安全事故而预先制定的工作方案。主要规定应急响应责任人、风险防范和监测、信息报告、预警响应、应急处置、人员疏散组织和路线、可调用或

可请求援助的应急资源情况以及实施步骤等，体现自救互救、信息报告和先期处置特点。内容主要包括应急处置的基本原则、应急组织及职责、预防与预警、应急处置（响应分级、响应程序、处置措施）、应急物资与装备保障（数量、管理与维护、正确使用等）等，突出应急救援的技术措施。其内容要求参照综合应急预案的内容要求。

现场处置方案是指针对某一特定城市轨道交通建设工程事故现场处置工作而预先制定的方案。主要规定现场应急处置程序、技术措施及实施步骤。侧重于细化企业先期处置，明确并落实生产现场带班人员、班组长和调度人员直接处置权和指挥权；严格遵守安全规程，科学组织有效施救，确保救援人员安全，并强化救援现场管理。现场处置方案是工程项目应急预案的技术支持性文件。内容主要包括应急组织与职责（主要是基层单位和现场应急、自救组织与人员的职责）、应急处置（事故应急处置程序、现场应急处置措施、报警电话及联系电话）、注意事项（在个人防护、抢救器材、救援对策或措施、自救与互救等方面的注意事项）。

第四节 应急预案的评审

一、评审依据

《生产安全事故应急预案管理办法》（国家安全生产监督管理总局令第 88 号）第三章第二十条规定"地方各级安全生产监督管理部门应当组织有关专家对本部门编制的应急预案进行审定；必要时，可以召开听证会，听取社会有关方面的意见。涉及相关部门职能或者需要有关部门配合的，应当征得有关部门同意。"第二十一条规定："矿山、建筑施工企业和易燃易爆物品、危险化学品生产、经营、储存企业，……和中型规模以上的其他生产经营单位，应当对本单位编制的应急预案进行评审，并形成书面评审纪要。"

《城市轨道交通建设工程质量安全事故应急预案管理办法》（建质〔2014〕34 号）也在第三章第十条同样规定："建设主管部门、建设单位、施工单位应当对各自编制的综合应急预案组织评审。工程项目应急预案和现场处置方案可视情况组织评审。"

二、评审办法

应急预案的评审人员应当包括城市轨道交通工程安全生产或应急管理方面的专家，预案涉及的其他部门和单位相关人员。评审人员与应急预案编制单位不得存在隶属关系。评审后应由专家签字并形成书面评审意见。应急预案的评审内容应主要包括：

（1）应急预案是否符合有关法律、行政法规等，是否与有关应急预案进行了衔接；

（2）主体内容是否完备，组织体系是否科学合理；责任分工是否合理明确；

（3）风险评估及防范措施是否具有针对性；

（4）响应级别设计是否合理，应对措施是否具体简明、简单可行；

（5）应急保障资源是否完备，应急保障措施是否可行。

轨道交通重大风险源应急预案的审批程序与评审办法可根据本地区地方各级安全生产监督管理部门或建设行政主管部门制定的管理办法实施。

第五节　应急预案的培训和演练

事故应急救援预案编制发布后，并不能保证个人、企业和政府主管部门有效地对实际发生的事故做出响应。要使预案在应急行动中得到有效的运用，充分发挥其指导作用，还必须对组织内员工和所有相关人员进行宣传和培训，对预案进行演练，让他们掌握应急知识和技能。应急培训和演练的基本任务是锻炼和提高队伍在突发事故情况下的快速抢险堵源、及时营救伤员、正确指导和帮助群众防护或撤离、有效消除危害后果、开展现场急救和伤员转送等应急救援技能和应急反应综合素质，有效降低事故危害，减少事故损失。

一、应急预案培训

应急预案是行动指南，应急培训是应急救援行动成功的前提和保证。通过培训，可以发现应急预案的不足和缺陷，并在实践中加以补充和改进；通过培训，可以使事故涉及的人员包括应急队员、事故当事人等在了解发生事故后，可以立即知道自己应该做什么、能够做什么、如何去做以及如何协调各应急部门人员的工作等。

应急培训的范围应包括：①政府主管部门的培训；②社区居民培训；③企业全员培训；④专业应急救援队伍培训。

政府应急主管部门培训的重点，应该放在事故应急工作指导思想和与政府部门有关的事故应急行动计划的关键部分。但也有必要了解整个预案，以保证参加培训的人员理解他们如何适应大局。为确保充分理解事故应急行动计划和应急预案，最好的办法是应急管理人员同他们单位的领导一起进行培训。政府主管部门的培训可在地方消防队或医院、企业现场进行。公安消防部门通常参加自己的专业培训。应急管理人员可以同消防部门沟通，参加消防部门进行的应急培训，这样更便于管理人员与消防人员之间互相熟悉，在突发事件中，可以达到快速响应的目的。

为了有效应急相应工作，周围社区居民应知道对可能发生的事故采取什么样的应急响应行动，应服从谁的指令，什么样的指令，这些内容必须进行培训。企事业单位应制定应急预案培训计划书。在制定计划时，要考虑到员工、承包商、参观者、管理人员和其他在紧急事件中响应的人员培训情况及有关信息。应让所有有关人员接受应急救援知识的培训，掌握必要的防灾和应急知识，以减少事故的损失。根据建设工程的特点，相关人员应该掌握坍塌、火灾、中毒、爆炸、物体打击、高空坠落、机械伤害、触电等事故的特点。通过培训，一方面发现应急预案的不足和缺陷，并在实践中加以补充和改进，另一方面可以使事故涉及的人员包括应急队员、事故当事人等都能了解一旦发生事故，他们应该做什么、能够做什么、如何去做以及如何协调各应急部门人员的工作等。企事业应急管理小组在培训之前应充分分析应急培训需求、制定培训方案、建立培训程序以及评价培训效果。培训媒介可借助书面材料、电视录像以及多媒体技术等。员工的应急培训以在风险分析中确定的紧急事件作为基础，通常应强调：

（1）每个人在应急预案中的角色和所承担的责任；

（2）知道如何获得有关危险和保护行为的信息；

（3）紧急情况发生时，如何进行通报、警告和信息交流；

（4）在紧急情况中寻找家人的联系方法；

（5）面对紧急情况时的响应程序；

（6）疏散、避难并告知事实情况的程序；

（7）寻找、使用公用应急设备；
（8）紧急关闭程序。

二、应急演练

（一）应急演练的概念和目的

应急演练是指来自多个机构、组织或群体的人员针对假设事件，执行实际紧急事件发生时各自职责和任务的排练活动，是检测重大事故应急管理工作的最好度量标准，是评价应急预案准确性的关键措施，演练的过程也是参演和参观人员学习和提高的过程。住房城乡建设部制订的《城市轨道交通建设工程质量安全事故应急预案管理办法》（建质〔2014〕34号）第五章第十八条规定："应急预案编制单位应当建立应急演练制度，根据实际情况采取实战演练、桌面推演等方式，组织开展联动性强、形式多样、节约高效的应急演练。"第十九条规定："建设主管部门、建设单位、施工单位应当制定应急预案演练计划，结合实际情况定期组织预案演练。建设主管部门每3年至少组织一次综合应急预案演练；建设单位、施工单位应当有针对性地经常组织开展应急演练，每年至少组织一次，视情况可加大演练频次。"

应急演练的目的是：验证应急预案的整体或关键性局部是否可能有效地付诸实施；验证预案在应对可能出现的各种意外情况方面所具备的适应性；找出预案可能需要进一步完善和修正的地方；确保建立和保持可靠的通信联络渠道；检查所有有关组织是否已经熟悉并履行了他们的职责；检查并提高应急救援的启动能力。重大事故应急准备是一个长期的持续性过程，在此过程中，应急演练可以发挥如下作用：

（1）评估组织应急准备状态，发现并及时修改应急预案、执行程序、行动核查表中的缺陷和不足。

（2）评估组织重大事故应急能力，识别资源需求，澄清相关机构、组织和人员的职责，改善不同机构、组织和人员之间的协调问题。

（3）检验应急响应人员对应急预案、执行程序的了解程度和实际操作技能，评估应急培训效果，分析培训需求。同时，作为一种培训手段，通过调整演练难度，进一步提高应急响应人员的业务素质和能力。

（4）促进公众、媒体对应急预案的理解，争取他们对重大事故应急工作的支持。

（二）应急演练的分类和实施过程

应急演练类型有多种，不同类型的应急演练虽有不同特点，但在策划演练内容、演练情景、演练频次、演练评价方法等方面时，必须满足"领导重视、科学计划、结合实际、突出重点、周密组织、统一指挥、分步实施、讲究实效"的要求。

应急演练按演练规模分类可以分为全面演练、组合演练和单项演练。按照演练复杂程度可以分为应急会议、桌面演练、功能演练和全面演练。演练既可在室外也可在室内进行。演练既可由机关单独进行，以指挥、通信联络为主要内容，也可由机关带部分应急救援专业队伍进行演练。本章着重介绍一下桌面演练和全面演练，不同地区、不同单位可以结合自身实际情况开展不同规模的应急演练，图9-1为应急演练实施基本过程图。

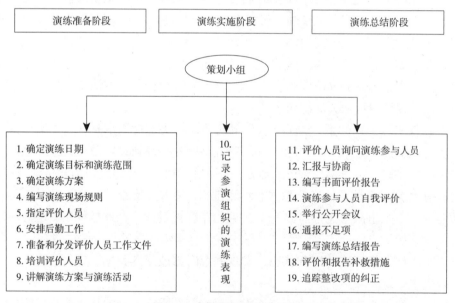

图9-1 应急演练实施基本过程

（1）桌面演练是指由应急组织的代表或关键岗位人员参加，按照应急预案及其标准运作程序，讨论紧急情况时应采取行动的演练活动。桌面演练的主要特点是对演练情景进行口头演练，一般是在会议室内举行非正式的活动。主要作业是在没有时间压力的情况下，演练人员在检查和解决应急预案中问题的同时，获得一些建设性的讨论结果。主要目的是在友好、较小压力的情况下，锻炼演练人员解决问题的能力，以及解决应急组织相互协作和职责划分的问题。

桌面演练只需展示有限的应急响应和内部协调活动，应急响应人员主要来自本地应急组织，事后一般采取口头评论形式收集演练人员的建议，并提交一份简短的书面报告，总结演练活动和提出有关改进应急响应工作的建议。桌面演练方法成本较低，主要用于为功能演练和全面演练做准备。应急预案管理小组成员聚集在会议室一起讨论他们在应急预案中的职责以及在紧急事件发生时他们该如何做行动。这是一种有价值并有效率的方法，它可以在进行更多的培训活动之前确定出应急预案存在的缺陷。

（2）全面演练或综合演练。这是应急预案内规定的所有任务单位或其中绝大多数单位参加的，为全面检查执行预案可能性而进行的演练。主要目的是验证各应急救援组织的执行任务能力，检查他们之间相互协调能力，检查各类组织能否充分利用现有人力、物力来减小事故后果的严重度以确保公众的安全与健康。这种演练可展示应急准备及行动的各方面情况。因此，演练设计要求能全面检查各个组织及各个关键岗位上的个人表现。通过演练，应该能发现应急预案的可靠与可行度，能发现预案中存在的主要问题。能提供改善预案的决策性措施。全面演练要考虑公众的有关问题，尤其要顾及风险源区附近公众的情绪，使公众能够正确认识到危害的程度，从而使推荐的防护措施得到公众的认可。公众信息传播部门应借助全面演练的机会，向有关公众宣传演练的目的，以及当事故真正发生时，应当采取哪些措施。必要时可组织部分公众参观或参加演练。

建设工程在我国属于事故率比较高的行业之一，因此应定期举办大型的综合演练，在工程施工结束投入使用前进行一次各部门联合举办的联合演练。全面演练是最高水平的演练，并且是演练方案的最高潮。全面演练是评价应急管理系统在一个持续时期里的行动能力。它通过一个高压力环境下的实际情况，检验应急救援预案的各个部分。一个全面演练需要很长的准备时间，一般超过3个月。这是因为必须保证演练应急预案所规定的行动：响应机构必须做的事、资源转移、开放避难所、派遣车辆等。

三、演练结果的评价

应急演练结束后，进行总结与讲评是全面评价演练是否达到演练目标、应急准备水平及是否需要改进的一个重要步骤，也是演练人员进行自我评价的机会。演练总结与讲评可以通过访谈、汇报、协商、自我评价、公开会议和通报等形式完成。住房城乡建设部制订的《城市轨道交通建设工程质量安全事故应急预案管理办法》（建质〔2014〕34号）第五章第二十条也规定："建设主管部门、建设单位、施工单位应当对应急预案演练进行评估，并针对演练过程中发现的问题，对应急预案提出修订意见。评估和修订意见应当有书面记录，并及时存档。"评价的主要目的是：

（1）辨识应急预案和程序中的缺陷；

（2）辨识出培训和人员需要；

（3）确定设备和资源的充分性；

（4）确定培训、训练、演练是否达到预期目标。

演练策划小组负责人应在演练结束规定期限内，根据评价人员演练过程中收集和整理的资料，以及演练人员和公开会议中获得的信息，编写演练报告并提交给有关管理部门。策划小组在演练结束与讲评过程结束之后，应进行追踪，安排人员督促相关应急组织继续解决其中尚待解决的问题或事项的活动。为确保参演应急组织能从演练中取得最大益处，策划小组应对演练中发现的问题进行充分研究，确定导致该问题的根本原因、纠正方法、纠正措施及完成时间，并指定专人负责对演练中发现的不足项和整改项的纠正过程实施追踪，监督检查纠正措施的进展情况。此外，在应急演练中应注意以下事项：

（1）可设立专门的小组来负责演练的设计、监督和评价；

（2）负责人应拥有完整的训练和演练记录，作为评价和制定下一步计划的参考资料；

（3）可邀请非受训部门应急人员参加，为训练、演练过程和结果的评价提供参考意见；

（4）应尽量避免训练和演练给生产与社会生活带来干扰。

大型演练的计划和情景设计要经过有关部门的审查和批准。应急演练是检测人员培训效果、测试设备和保证所制定的应急预案和程序有效性的最佳方法。因此，应该以多种形式开展有规则的应急演练，使队员能进入实战状态，熟悉各类应急操作和整个应急行动的程序，明确自身的职责等。其次，必须加快应急管理人员的职业化，雇用标准要严格，而且要通过培训进一步强化，必须扩大利用计算机模拟，以帮助地方政府应急管理人员和其他与应急管理有关人员的演练。

第六节 重大风险源应急技术要点

针对地铁施工中一些发生频率较高的事故,施工单位应根据这些要点编制相应的应急预案,以便事故发生时充分发挥施工单位在事故应急处理中的重要作用,使事故造成的损失和影响降至最低程度。

一、塌方事故应急要点

(一)明挖基坑坍塌

明挖基坑一旦发生围(支)护坍塌时,现场人员应及时发出报警信号,积极组织自救,同时启动以下应急处理措施:

(1)基坑内所有人员立即撤离至安全地带,由施工现场负责人组织事故初期自救工作。

(2)在事故发生后,所有应急抢险人员、设备和材料迅速投入抢险工作,加大监测。

(3)当遇到厚的流沙层、淤泥层,尤其遇到大量地下水,围护桩外围泥沙大量涌入时,在支撑变形大的位置架设支撑,以防止变形扩大导致基坑进一步坍塌。

(4)基坑纵坡发生险情时,用沙袋填满坡面以下支撑与支撑之间、支撑与开挖土体之间的空隙,防止纵坡失稳时基坑被塌方发生土体剪切破坏。

(5)当有人员被掩埋或失踪时,借助生命探测仪迅速确认生存状况和位置,开辟救援的工作面和通道,移开或吊运阻碍救援的大、重物件,清除和支顶稳固救援工作面(或通道)上的危险物。采用安全的方法救出遇险和受伤人员及抬出遇难者,对被救出人员在现场作必要的急救处理后,送往医院救治。

(6)重视防水、排水系统,必要时对坍塌部位喷射混凝土覆盖,防止地面水或雨水进入坍塌区域软化塌方土体,引起连续塌方。

(7)用高压旋喷桩或钢板桩对附近的道路进行加固,确保交通道路安全。

(8)塌方处理过程中,抢险人员应确保通信畅通,并对处理情况、围岩变化情况、人员及机械设备状况等及时上报，以便领导决策，在抢险有困难或需要救援时及时提供救援。

（9）涉及管线、建筑物时，应通知相关单位对事故现场附近管线、建筑物进行排查，发现情况立即处理，避免对周围居民生活造成影响。发现周边建筑物开裂、倾斜等情况时，立即与街道办、社区组织联系，疏散建筑物内居民，并立即对建筑物进行支撑、注浆等加固措施，以确保建筑物的安全，将损失降到最低。

当坍塌出现在边坡或形成新边坡时，常用的治理方法有：卸载，将边坡上方的岩崩体挖除；拦截，在岩崩体下方设缓冲平台、落石槽、拦石墙等，同时要注意在这些拦截构造物处填实泥土，以减少岩崩体对它们的冲击破坏；支护、撑顶，在岩崩体出现的位置上将其保护或固定起来，以消除其不稳定的隐患；即在大块岩崩体上用打眼方式将粗钢筋或钢轨插入下部稳定岩体上，也可在其外侧打一排孔眼，插入粗钢筋或钢轨等以阻挡其翻滚；注浆或喷锚，将有裂缝或隙缝的岩体或岩层连成整体，以免块石坠落等。

（二）隧道内一般塌方

（1）塌方段有渗流水时，埋设 PVC 管或其他材质的管子，把水引流至排水沟处，以防止水软化塌方土体，引起连续塌方。

（2）用方木、工字钢、钢管支撑塌方掌子面，并及时挂网喷射混凝土，封闭塌方土体；对距离掌子面 5m 范围内的初期支护用工字钢支撑进行加固。

（3）沿塌方深度方向安装钢筋网片，分层安装，分层喷射混凝土，直至喷平塌方凹处。

（4）在塌方范围内进行超前小导管注浆，确保塌方段支护后面的土体密实（打设小导管时应注意避开地下管线）。

（5）塌方处理完成后加强塌方处的监测，每天观测频率 3 次以上并及时上报监测情况，当地层变形稳定后方可继续施工。

（6）后续施工中，需对塌方范围内的初期支护采用密排格栅进行加固。

（三）隧道内重大塌方或冒顶

（1）发生重大塌方时，当班班长、现场值班技术人员应立即向项目经理、总工程师、监理工程师报告，并派人对塌方段上方道路进行交通疏散，严禁车辆、行人从塌方（冒顶）地段上方或紧邻通过。

（2）项目经理部在接到报告后有关人员应立即赶往现场，并向业主及上级管理部门上报；涉及地下管线、建筑物时，应立即向相关产权单位报告。相关产权单位在接到事故报告后，第一时间组织专业抢修队伍到达出事现场进行原因分析，共同组织抢修。

（3）在报告的同时，总工程师组织相关专家进行原因分析，制定并实施处理方案；事故现场组织调配抢险机械设备、抢险物资及人员，以配合专业队伍进行抢险工作。安排专人对现场抢险人员的抢险行为进行安全监控。当险情危及人身安全时，人员应尽快撤离危险区。

（4）塌方稳定后，如塌方段有渗水，采用PVC管等管子对渗水进行引流处理，防止渗水软化塌方土体，引起连续塌方事故。

（5）用方木、工字钢等支撑塌方掌子面，及时挂网喷射混凝土，封闭塌方土体，并对距离掌子面10m范围内的初期支护采用工字钢支撑进行加固。

（6）当有人员被掩埋或失踪时，借助生命探测仪迅速确认生存状况和位置，开辟救援的工作面和通道，移开或吊运阻碍救援的大、重物件，清除和支顶稳固救援工作面（或通道）上的危险物。采用安全的方法救出遇险和受伤人员及抬出遇难者，对被救出人员在现场作必要的急救处理后，送往医院救治。

（7）对受影响的建（构）筑物、管线架设临时支撑，防止建（构）筑物、管线受到（继续）破坏，对受影响的燃气、供水、供热等地下管线采取停止运营、导流等措施防止产生更大灾害。

（8）严重坍塌时，清理塌方，安装密排工字钢拱架；立底模，浇筑混凝土；并预埋注浆小导管，小导管直径和长度随塌方情况调整。浇筑的混凝土达到设计强度后进行墙后注浆，浆液为水泥砂浆，浆液要完全注满塌方空洞后方可停止注浆。冒顶时，应从冒顶部位的顶部往下回填砂或砂砾，直到距路面顶1m的距离，在这1m的范围内分别浇筑混凝土、沥青混凝土等进行加固；然后进行墙后注浆，以加固塌方地层。

二、涌水、涌沙应急要点

（一）明挖基坑内涌水、涌沙

（1）立即疏散基坑内所有人员撤离至安全地带，由施工现场负责人组织事故初期的自救工作，所有人员、设备和材料应能够全部迅速的投入抢险工作。

（2）当基坑渗漏水较小时，以"堵"为主，利用方木楔将装有吸水树脂的内衬袋打入桩间；当基坑渗漏水较大时，使用（钢管、注浆管）"引、排"与

(棉被+吸水树脂袋)"堵"相结合;当基坑渗漏水很大时,采用沙(土)袋反压与双液注浆(或单管旋喷)相结合;当基坑渗漏水非常大时,在围护结构背后8m、10m范围内打设咬合钢板桩,然后在漏水点处再进行单管旋喷,重新形成止水帷幕。

(3)组织人员检查地面明排水系统是否受到破坏,发现损坏时立即组织人员疏导、拓宽以加大排水系统的排水功能,基坑内开挖导沟和加深集水坑,并立即调动汲水泵和泥浆泵做好抽排水工作。

(4)在基坑周围砌筑50cm高的防淹挡墙;配备足够数量的草包、沙袋,对基坑周围施作围堰,防止地面水大量流入基坑。

(5)加强监测,随时掌握地表隆陷情况、地下水情况等,以便提前采取措施,控制事故发展。

(6)当基坑涌水是由于市政供排水管线断裂引起时,有效方法是请当地水务集团在管线上游进行抽排减压、关阀或在检修井处封堵,也可结合在断管处开挖后进行接管。当基坑进水仅对基坑产生影响时,也可采用往基坑内灌水(或由市政供排水灌满基坑)使基坑内外水压形成平衡,然后进行处置。

(二)暗挖法施工隧道内涌水、涌沙

(1)出现开挖掌子面或隧道上方涌水、涌沙时,隧道内其他掌子面立即停止作业,所有人员立即撤至竖井外。

(2)接通泥浆泵,进行抽排水;对掌子面挂网、喷射混凝土,及时架设格栅,对坍体进行封堵和反压。

(3)从封堵墙位置打设超前大管棚,并对大管棚钢管中注水泥水玻璃双液浆加固周围土体。

(4)如果隧道冒顶到地面,采用片石混凝土或碎石土分层夯实,从地面对塌陷处进行回填,回填至地面处平整顺畅,并做好地面排水,防止雨水进入塌陷处。

(5)破除封堵墙上台阶,开挖掘进隧道上台阶部分,架设格栅钢架,形成初期支护;如果仍有塌方、涌水、涌泥现象,打设超前小导管进行超前预注浆后,再按照隧道正常掘进方法进行掘进,开挖后紧跟支护。

(三)盾构施工隧道内涌水、涌沙

(1)发生涌水、涌沙时,立即停止施工,进行抢险。

(2)上报项目经理部、业主、上级管理部门和受影响的建(构)筑物产权单位，同时安排人员挂网喷锚封闭掌子面，在施工掌子面用沙袋筑围堰，反压堵塞，防止涌水、流泥导致大面积坍塌。

（3）接通泥浆泵，进行抽排水；对距离掌子面影响范围内的初期支护用工字钢支撑进行加固。

（4）对受影响构筑物、管线架设临时支撑，防止构筑物、管线继续受破坏；对受影响的地下管线采取关闭闸阀停止运营（上水管、燃气管）、导流（雨水管、污水管）等措施防止其产生更大灾害。

（5）在掌子面上打设小导管进行注浆（水泥水玻璃双液浆）。

（四）雨水（污水）管开裂引起的涌水、涌沙

（1）停止施工，迅速与管线主管单位取得联系，对水流进行堵截、导流。

（2）对沉降异常或塌陷区的道路进行围护及交通疏散，并用超前小导管注浆加固。

（3）掌子面附近筑围堰，迅速起用排水设施将积水排至附近下水管道。

（4）掌子面挂网喷设混凝土封闭、反压堵塞，防止进一步坍塌。

（5）对掌子面影响范围内的初期支护进行加固；对初期支护背后进行补浆加固，同时不间断地对结构和地表的变形情况进行观测。

（6）配合管线主管单位制定、执行相应措施。

三、建筑物开裂、失稳应急要点

（1）当建筑物累计沉降值大于预警值、小于控制值时，应采取措施有：

1）掌子面挂网喷射混凝土进行封闭。

2）在隧道拱部径向打设小导管，压注水泥浆加固地层。

3）沿建筑物外围地层中打设小导管并压注水泥浆。

（2）当建筑物累计沉降值大于控制值时，采取以下应急抢险措施：

1）立即停止施工，上报监理、业主、设计及房屋产权单位。

2）房屋内居住人员撤离，房屋周边25m内设围挡封闭，严禁人员出入，防止房屋坍塌伤人。

3）会同设计、监理、业主及建筑业主商讨处理方案。

4）根据不同工法，采取相应的技术措施：

盾构法施工：在盾构洞内加设水平临时工字钢支撑，并在建筑基础外围打设注浆小导管，压注水泥浆加固基底。暗挖法施工：挂网喷射混凝土封闭掌子面，在隧道内沿建筑全长范围架设水平及竖向临时工字钢支撑；拱部径向打设注浆小导管，压注水泥浆加固地层，防止拱部继续沉降加剧建筑物的不均匀沉降。

5）对隧道及建筑物基础监测，当沉降继续加大时，回填砂土。

四、燃气、液化气管等泄漏应急要点

（1）因燃气管线埋深较浅，当管线沉降值超过预警值（如燃气、天然气、液化气管累计沉降大于或水平位移值大于 10mm 或位移速率超过 2mm/d）或燃气泄漏后，停止施工并通知监理、业主、设计、燃气公司进行抢险。

（2）燃气公司关闭出险管段两端的气阀，并采取控制燃烧方式排放出险管段内的余气。

（3）立即派人进行开挖，露出燃气管，并采取悬吊的方法阻止燃气管继续下沉或由燃气公司制定抢险措施，施工单位配合抢险。

需要注意的是，燃气泄漏的抢险救援工作的技术难度大，存在随时爆炸的风险。当泄漏后短时间内着火，可形成稳定的扩散燃烧，此时要避免盲目灭火。如果灭火后仍不能及时关闭阀门或成功堵漏，泄漏仍继续，气体将不断扩散，万一遇到火源（火星、高温热源、摩擦、电火花等），会形成大范围的爆炸，造成重大人员伤亡和财产损失。相反，当判断泄漏扩散将会引起更严重灾害性后果（如爆炸）时，可使用主动点火方法。当然，主动点火存在风险（包括责任风险），需要谨慎、全面考虑。

五、架桥机（龙门吊）倾覆或断裂事故应急要点

（1）架桥机（龙门吊）发生倾覆或断裂事故后，现场安全员组织施工人员紧急撤离至安全区域，必要时班组长组织相关设备及操作人员进行抢险防止险情扩大；并立即报告项目部应急领导小组，项目部启动应急预案，负责人赶赴现场组织指挥抢险。当发生人员重伤、死亡时，应及时向当地政府部门报告。

（2）若有人员被砸，首先抢救被砸人员，并立即联系"120"急救中心，说明事故地点、严重程度，同时将受伤人员转移至安全地带后采取可行的急救，如现场包扎止血等措施，防止受伤人员流血过多死亡；对呼吸、心跳停止的伤员予以心脏复苏。

（3）若有人员被掩埋，在采取有效安全防护措施后，组织人员有序进行人员搜救，尽快解除重物压迫，减轻伤员挤压综合征，并将其转移到安全地带。

（4）在没有人员受伤的情况下，现场负责人要根据实际情况研究抢救措施，在确保人员安全的前提下，开展抢险和恢复工作。

第七节　应急预案案例

一、某市轨道交通集团公司（建设单位）综合应急预案

1　总则

1.1　编制目的

建立、健全××市轨道交通工程突发事故及灾害灾难预防应急机制，有效防范、及时控制和妥善处置各类突发事故及灾害灾难，最大限度地减少人员伤亡和财产损失，维护社会稳定。

1.2　编制依据

（1）《中华人民共和国安全生产法》（中华人民共和国主席令（第七十号））；

（2）《中华人民共和国突发事件应对法》（中华人民共和国主席令（第六十九号））；

（3）《建设工程安全生产管理条例》（国务院令第393号）；

（4）《生产安全事故报告和调查处理条例》（国务院第493号令）；

（5）《生产安全事故信息报告和处置办法》（国家安监总局令第21号）；

（6）《生产安全事故应急预案管理办法》（国家安全生产监督管理总局第88号令）；

（7）《××市突发公共事件总体应急预案》；

（8）《××市重特大生产安全事故应急救援预案》。

1.3　适用范围

本预案适用于本市轨道交通工程建设过程中突发事故，或者因灾害灾难而引发的事故，以及因工程建设危及周边建筑物、构筑物、市政基础设施的安全，导致国家和人民生命财产受到损失的应急处置。

根据事故可控性和资源可调动性原则，当施工单位现场项目部无法在自身能力范围

内控制事故，或需要其他标段和指挥部、集团公司提供支持时，均需启动本预案。

防汛防台期间的应急管理与《××市轨道交通工程建设指挥部防台应急响应机制管理办法》配套使用。

1.4 事故分级

按照《生产安全事故报告和调查处理条例》，事故等级划分为四级，详见表9-3。

事故等级　　　　　　　　　　　　　　　　　　　　表9-3

等级	死亡人数	重伤（中毒）人数	直接经济损失
Ⅰ级（特别重大事故）	30人以上	100人以上	1亿元以上
Ⅱ级（重大事故）	10以上 30人以下	50人以上 100人以下	5000万元以上 1亿元以下
Ⅲ级（较大事故）	3人以上 10人以下	10人以上 50人以下	1000万元以上 5000万元以下
Ⅳ级（一般事故）	3人以下	10人以下	1000万元以下

注：①本表所称的"以上"包括本数，所称的"以下"不包括本数。
②同一等级中，三项指标中只要满足一项即为该等级事故。

Ⅳ级一般事故中施工单位可自行处理的，启动施工单位项目部级应急预案，施工单位无法控制或资源不够的需启动本预案。

1.5 预案体系

××市轨道交通工程突发事故应急预案体系分为市级，指挥部、集团公司级，施工单位现场项目部级，其中施工单位现场项目部级应急预案包括综合应急预案、专项应急预案和现场处置方案，应急预案处理流程如图9-2所示。

1.6 工作原则

（1）以人为本，生命第一。把保障生命安全和身体健康，及最大限度地预防和减少安全生产事故造成的人员伤亡作为首要任务。充分发挥人的主观能动性，充分发挥先期配置的专业救援力量骨干作用和社会救援机构的基础作用。

（2）统一领导，分级负责。在市轨道交通工程建设指挥部、集团公司统一领导

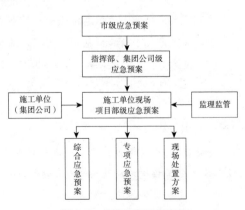

图9-2　应急预案处理流程

和组织协调下,各部门和各参建单位按照各自职责和权限,负责突发事故及灾害灾难的应急管理和应急处理工作。各施工单位要认真履行安全生产责任主体的职责,建立安全生产应急预案和应急机制。

(3)快速反应,资源整合。加强以施工单位为主的应急处置队伍建设,建立联动协调制度,充分动员和发挥各单位、社会救援机构的积极作用,依靠集体力量,形成统一指挥,反应灵敏,功能齐全,协调有序,高效运转的应急管理机制。

(4)依靠科学,依法规范。充分发挥专家作用,实行科学决策,采用先进的救援装备和技术,增强应急救援能力。依照规范制定预案,依照程序实施预案,确保应急预案科学、可行。

(5)预防为主,练战结合。贯彻落实"安全第一,预防为主,综合治理"的安全方针,坚持事故应急与预防工作相结合。做好预防、预报工作,做好常态下的风险评估、物资储备、队伍建设、完善装备、预案演练等工作。

2 风险源及风险性分析

各标段施工单位针对本标段的特点,在风险咨询单位的指导下于施工之前开展风险评估工作,编写风险评估报告,对主要风险源进行识别、评估,并提出预控措施,到指挥部备案,具体详见各标段施工单位风险评估报告。

3 组织体系

3.1 应急领导机构

成立应急领导机构,统一指挥、协调指挥部级轨道交通工程突发事故的应急处置工作。

3.1.1 应急领导机构的组成

总指挥:指挥部副总指挥、集团公司总经理。

副总指挥:指挥部分管副总指挥、集团公司副总经理。

成员:办公室、总工办、工程管理处、安全质量处、财务处、动迁保障处、合同招标处、前期计划处、机电处、运营处、用地开发处、人力资源处、各区轨道办、各参建单位负责人。

3.1.2 应急领导机构主要职责

(1)负责组织、指挥、协调突发事件的应急处置工作;

(2)对应急行动做出决策,下达命令并进行监督;

(3)指挥、协调成员单位参加应急救援,紧急调度应急储备物资、交通工具及相关设施设备;

(4)协调区属单位和部分市属单位的应急救援和抢险行动;

(5)决定其他有关重大事项。

3.2 日常办事管理机构

应急领导机构的日常办事管理机构设在安全质量处,在相关处室协助下,负责三级应急体系的建立并监督实施,以及相关日常工作。

3.3 现场处置机构

轨道交通工程突发事故发生后,××市轨道交通工程建设指挥部根据轨道交通工程突发事故严重程度、涉及范围和应急行动的需要,成立现场应急指挥部。参与现场应急处置行动的处室和参建单位,在现场应急指挥部的统一领导下,实施现场应急处置和救援行动。现场应急指挥部统一调配现场应急处置力量,根据实际情况向相关政府部门请求支援。

3.4 各处室和参建单位主要职责

(1)办公室

①负责指挥部、集团公司内部综合应急协调工作,协助安质处负责指挥部级应急管理日常工作,扩大应急时与市级相关部门衔接;

②应急预案启动后,发布启动通知,通知各处室和参建单位;

③负责后勤物资保障,当指挥部、集团公司和各标段施工单位应急物资不足时,负责外部应急资源的调集和配备;

④负责与各县(市)、区政府有关工作衔接;

⑤负责应急抢险的信息收发、新闻发布、宣传报道,汇总突发事故信息并向政府部门报告,协助信访维稳的相关工作。

(2)总工办

①参与应急抢险方案的制定,落实勘察、设计单位应急专家资源,事故发生时,负责应急过程中勘察、设计单位的联络;

②组织勘察单位负责开展抢险工点地质条件的探测、补勘工作;

③参与事故现场的处理和调查工作。

(3)工程管理处

①负责建立土建工程现场应急体系、组织各标段风险评估工作、编制施工单位现场项目部级应急预案;

②负责组织应急状态下现场的抢险工作,组织落实抢险人员、物资和设备;

③负责协调参建单位抢险物资的支援,根据需要,调用指挥部各标段的抢险物资;

④负责联络相关管线单位的分管领导,向"110""119""120"请求支援;

⑤收集整理应急过程的各方记录,及时向办公室报告抢险进展情况;

⑥参与各项事故的调查和处理。

（4）安全质量处

①负责建立市级、指挥部、集团公司级、施工单位现场项目部级三级应急预案体系，并且监督其实施；

②与市应急办接口，在相关处室的配合下负责指挥部级应急管理的日常工作；

③牵头组织指挥部级的抢险处置方案的制定和更新；

④建立指挥部级应急专家库，出险时，联系专家；

⑤事故发生时，负责组织第三方监测单位进行监测，为技术专家组和抢险救援组提供数据支持；

⑥汇总、上报轨道交通工程突发事故信息；

⑦协助财务处处理保险理赔事宜，参与事故调查工作。

（5）财务处

①保证生产安全事故所需应急准备和救援工作的资金支持；

②参与事故调查工作，联系保险理赔事宜。

（6）动迁保障处

①牵头负责信访、维稳工作；

②负责拆迁过程中的安全工作；

③负责与区轨道办的沟通工作。

（7）合同处

负责各种应急协议合同的落实工作。

（8）其他处室

按照各自职责和工作职能，做好相应的应急处置和保障工作；承担应急领导机构指派的相关工作。

（9）区轨道办

①协助指挥部与区政府沟通联系，会同指挥部组织、协调、实施辖区内一般轨道交通工程突发事故的应急工作；

②协助区政府负责轨道交通工程事故应对的先期处置和救援保障等工作；

③配合实施事故控制、人员救助、人员疏散、秩序维护、受灾群众安抚、维护社会稳定等各项工作，并落实相应的部门应急预案。

（10）事故施工单位

①负责应急救援工作，承接突发事故报告，核实人员伤亡、经济损失等情况，及时向指挥部、集团公司报告现场抢险救援工作情况；

②组织应急抢险队伍，做好救援设备储备，组织调用应急抢险救援设备、物资等；

③负责建立应急救援专家库，组织专家开展应急救援技术支持工作；

④与相关管线单位签订协议，现场出现险情时，及时联系管线单位；

⑤与特色医院签订协议或沟通，对现场受伤人员实施救援，对伤员进行应急处置、急救和救护；

⑥组织开展现场层面的应急救援模拟演习。

（11）监理单位

①审核施工单位提交的抢险技术方案；

②协助组织现场应急抢险会议；

③监督管理事故施工单位各项应急措施的落实情况。

（12）设计单位

①提供设计方面的专家资源，参与抢险技术方案论证。施工单位现场项目部级应急预案启动时，结构专业负责人赶赴现场；

②指挥部、集团公司级应急预案启动时，上级分管领导及相关专家赶赴现场。

（13）勘察单位

负责抢险工点地质条件的探测、补充勘察。

（14）风险咨询单位

及时发布预警信息，防范突发事故发生，对抢险技术方案提供咨询意见。

（15）第三方监测单位

根据需要增加监测频率，及时提供监测数据，为抢险方案制定和决策提供依据。

（16）指挥部专业抢险队

服从指挥部工程管理处的统一调配，协助组织平时各标段施工单位的应急演练，配合指挥部、集团公司级应急预案的起草和评审，制定常见事故的抢险技术方案。根据事件的程度和发展速度，为出险单位提供专业设备、应急材料和抢险技术支持。

以上各单位未明确职责及事宜由现场应急指挥部根据现场情况确定。

3.5　需要政府部门和社会力量支持的工作

根据应急工作需要，相关处室、事故单位及时与相关政府部门联系，请求支援。根据××市人民政府办公厅文件相关文件，请求相关政府部门将提供相应协助：

（1）区政府

会同指挥部组织、协调、实施辖区内一般轨道交通工程突发事故的应急工作；负责轨道交通工程事故应对的先期处置和救援保障等工作，对事故控制、人员救助、人员疏散、秩序维护、受灾群众安抚、维护社会稳定等各项工作，落实相应的专项应急预案。

(2) 公安交警

负责事故现场区域周边道路的交通管制和交通组织，保障应急通道的畅通。

(3) 管线产权单位

相关管线单位在接到预警信息时，派专业人员加强监测和巡查；事故发生时，及时派出专业维修队伍对权属管线进行抢险维修。

4 预防预警

按照××市轨道交通建立的预防预警责任机制，从根本上减少重大事故的应急次数。

4.1 预防预警机制

依托监测监控管理信息平台，建立以现场各责任主体为主，风险咨询单位和第三方监测单位配合的结构安全预警责任机制，强化重大风险源和危险作业场所的监控，落实专业单位和专业人员负责监控，对可能发生安全事故的重大风险源和危险场所进行日常检查，并收集数据信息、核实分析、及时发出预警信息，提高应对突发事故及灾害灾难的应急反应能力，详见《××市轨道交通工程监测监控管理办法》。

4.2 预防措施

4.2.1 管理措施

（1）坚持"生产必须安全""管生产必须管安全"的基本原则，强化施工管理，加大日常检查力度，发现事故苗头及时解决，不侥幸，不拖延；

（2）严格执行规范化、标准化施工，没有论证审批的施工方案绝不可以贸然实施，没有岗前培训和交底的工序绝不可以展开施工；

（3）充分掌握地质情况，强化维护措施，消除安全隐患；

（4）强化监测信息的收集分析，做好超前预报，提前预控工作；

（5）严格管理重大风险源，做好动态控制，及时调整对策。

4.2.2 技术措施

（1）风险评估

①各标段根据本标段实际情况编制风险评估报告；

②根据风险评估内容，在监测监控管理信息平台上对各标段、各个生产节点设置重大风险源；

③当重大风险源的监测数据超过设定值时，启动数据跟踪功能，对其进行跟踪，并提示施工单位采取措施。

(2)监测监控

施工单位对施工过程进行监测,每天定时由施工单位、监理单位和第一方监测单位共同召开监测分析会,对监测数据进行分析,发现问题后,须及时制定处置方案并加以落实。

由第三方监测单位对监测数据进行核实和监督,风险咨询单位依托监测监控管理信息平台建立风险管理档案,并进行汇总分析,建立监控系统,及时掌握施工现场动态信息。

风险咨询单位协同第三方监测对第一方监测数据加以确认和分析,达到预警指标的应上报安全质量处并按《××市轨道交通工程监测监控管理办法》启动预警。

4.3 预警行动

对监测数据超标的,根据事件的紧急程度、发展势态和可能造成的危害程度,将预警级别划分为黄色、橙色和红色预警。

通过监测监控管理信息平台发布预警信息,根据实际情况确定预警信息的内容。

各责任主体单位获得预警信息后,对信息要认真加以分析,按照早发现、早报告、早处理的原则,对可能演变为重大安全事故的情况要及时上报指挥部工程管理处。

相关单位获得预警信息后,应立即赶赴现场,研究部署应对措施,按照应急预案程序和领导指示及会议决定,通知各相关部门,做好预防和应急的各项准备工作,具体参见《××市轨道交通工程监测监控管理办法》。

进入预警状态时,相关单位和部门应当采取以下措施:

(1)加强信息监控,实行日夜值班制度;

(2)发布预警公告。根据事态的发展和先期处置的效果,预警颜色可以升级、降级或解除;

(3)转移、撤离或者疏散可能受到危害的人员和重要财产,并进行妥善安置;

(4)指令工程突发事故及防灾应急处置所需物资、机械设备、救援队伍等相关保障部门进入应急状态;

(5)针对工程突发事故及灾害灾难可能造成的危害,封闭,隔离或者限制使用有关场所,终止可能导致危害扩大的行为和活动;

(6)调集工程应急所需物资和设备,确保应急保障工作。

5 事故信息报告

5.1 报告时间

轨道交通建设工地一旦发生突发事故或灾害灾难,施工单位必须在第一时间内逐级上报。施工单位可通过电话进行初步报告,初报在发现事故后第一时间内上报,在查清有关基本情况后随时续报工程处和安质处,同时根据抢险救援情况及时将抢险进展进行报告。续报可通过网络报告或传真等书面报告,书面报告形式见附表2。书面报告材料在事故发生后1小时内上报工程处和安质处。施工单位不得贻误时机,更不得隐瞒。

5.2 报告程序

正常报告程序参见图9-3。

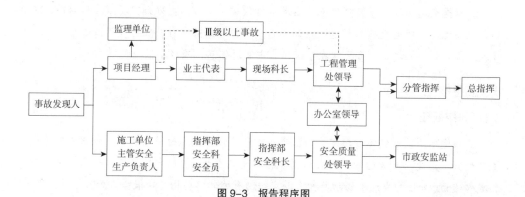

图9-3 报告程序图

某级负责人通信不畅通时,应迅速联系副职的负责人或越级上报,后按正常程序逐级上报,直至完成信息报告;施工单位主管安全生产负责人应该在第一时间上报安全质量处。施工单位项目经理在向业主代表报告的同时须向监理单位汇报,并通知勘察、设计等参建单位立即参与应急处置工作。

(1) 施工单位报告程序

①一旦发生突发事故或灾害灾难,施工单位项目经理必须在第一时间内向建设方现场业主代表报告;施工单位主管安全生产负责人向安全质量处安全科汇报,简述事故;施工单位总工向应急管理科汇报;如遇Ⅲ级及以上事故直接向工程管理处和安全质量处负责人报告,后按正常程序逐级报告。同时按照《生产安全事故报告和调查处理条例》(国务院第493号令)逐级上报。

②在向建设单位上报的同时,根据需要向110、119、120事故所在地相关政府部门、管线产权单位分管领导请求支援,并向安全生产监督管理部门报告。

(2) 轨道交通工程建设指挥部报告程序

①工程管理处现场业主代表接到事故报告后应立即向工程管理处现场科负责人报告,同时通知设计单位常驻设计代表;安全科接到报告后向安全质量处领导汇报;

②工程管理处负责人接到事故报告后,立即向指挥部分管领导报告,同时督促事故施工单位组织抢险,防止事故进一步扩大;工程管理处同时通知管线产权单位,向110、119、120及相关政府部门请求支援,并将初步情况告知办公室;

③安全质量处负责人接到报告后,向指挥部分管领导报告,根据工程管理处的判断和指挥部分管领导的指示向市政公用工程安全质量监督站汇报;

④轨道交通工程建设指挥部领导接到事故报告后根据事故造成的影响及等级立即安排向安全生产监督管理部门和相关政府部门报告,同时派人员赶赴事故现场了解核实事故情况;

⑤轨道交通工程建设指挥部下达启动应急预案指令后,由办公室发布启动通知,通知各相关处室。轨道交通工程建设指挥部领导安排办公室向有关政府部门报告事故发生情况。工程处、安质处、办公室在事故报告中互通信息,确保上报信息畅通一致。

6 应急响应

6.1 先期处理

工程突发事故及灾害灾难发生后,事故责任单位必须迅速做出反应,组织力量进行先期处置,迅速切断风险源,并采取措施控制事态发展;组织自救互救,确保人员安全和减少伤亡;加强对事故现场的监控,并立即向有关部门和指挥部报告情况。

6.2 分级响应

根据事故的影响范畴和响应级别,市政府、指挥部、集团公司、事故施工单位分别启动相应级别的应急预案,构建市级、指挥部集团公司级、施工单位现场项目部级多级应急联动救援体系。

Ⅲ、Ⅱ、Ⅰ级事故:报告市政府,分别启动相应级别的应急预案。

各级预案启动程序:上一级应急预案启动,该级及以下级别应急预案必须先行启动;下一级应急预案启动,必须根据事故抢险情况及时报告上一级应急救援负责人,以便上一级应急指挥中心及时决定是否启动对应级别预案。各责任主体单位获得预警信息后,必须指示相关部门提前做好预防和应急准备工作。

6.3 主要应急工作

6.3.1 事故核查及应急预案启动

(1)指挥部、集团公司各级负责人在接到事故报告后立即赶赴事故现场,途中进一步了解核实事故情况;

(2)指挥部领导接到发生或可能发生重大工程事故报告后,立即了解情况,决定是否启动本应急预案。若事故危害不具有扩展性,可不必启动本预案,直接进入善后工作和调查处理程序;若需启动预案,则由工程管理处、总工办、安全质量处等处室组织相关救援队伍及相关技术专家赶赴现场;

（3）办公室、安全质量处根据现场的事态情况，负责向市政府、市政公用工程安全质量监督站等有关部门报告事故情况。

6.3.2 开展应急处置工作

各部门、各单位、救援队伍接到事故通知或求援通知后，应立即赶赴事故现场，了解事故情况，并派出技术专家为现场应急指挥部的应急处置工作提供抢险方案，按照职责分配，保证必要的抢险物资、设备、车辆、人员，配合落实好抢险工作。必要时可通过市应急联动中心通知应急联动单位（公安、武警、消防、卫生、人防）以及地方政府等单位前往现场。

指挥部、集团公司领导、各相关处室负责人、各参建单位、抢险救援队伍、技术专家等抵达后，立即组织召开现场紧急会议。

（1）听取事故施工单位简要汇报事故和抢险救援方案设想，并立即向上级领导汇报事故简要情况。

（2）成立现场应急指挥部及其组成机构。成立现场应急指挥部，下设综合协调组、抢险救援组、技术专家组、监测监控组、后勤保障组、交通保障组、事故调查组、善后处理组等专项职能组，由应急主体单位和外援单位或部门组成，形成一个完整的组织机构。组织机构见图9-4。

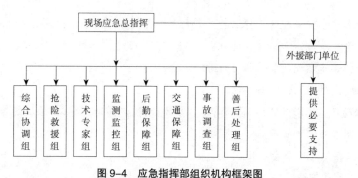

图9-4 应急指挥部组织机构框架图

（3）研究确定抢险救援方案。现场应急指挥部成立后，应立即根据事故和现场特点，召集有关单位和技术专家研究制定抢险救援方案。方案应包括应急处置行动资源的配备、抢险力量的部署、人员的防护、事故发展趋势的预测、现场恢复条件等建议。事故抢险救援方案由施工单位提出，总监审核，报技术专家组，专家组提出意见后，报告现场应急总指挥。

（4）落实抢险救援方案。根据确定的抢险救援方案，抢险救援组组织人员、物资、设备进行抢险。

6.3.3 各专项职能组职责

现场应急指挥部在最短时间内确定抢险救援方案后,迅速组织,调动一切可以调动的力量,在现场应急指挥部的统一协调指挥下,密切配合,全力开展抢险救援和应急处置行动,控制事故发展态势,防止次生、衍生和耦合事故的发生。现场应急指挥及各职能组的工作职责如下:

(1) 现场应急总指挥

由指挥部副总指挥、集团公司总经理担任,指挥部副总指挥、集团公司总经理不在时,委任指挥部其他副总指挥担任。

职责:

①对抢险方案做出决策;

②指挥、协调各专项职能组及外部救援力量的应急行动。

(2) 综合协调组

组长:办公室主任。

组员:办公室、工程管理处、安全质量处安全科、事故施工单位。

职责:

①综合协调各方工作,确保与指挥部领导和市级相关部门的联系畅通、内外信息反馈迅速;

②负责各专项职能组的工作汇总,并向上级管理部门汇报,按规定及时向政府安监部门上报信息;

③负责协调市区相关单位部门的协助支援;

④负责应急过程的记录与整理;

⑤负责现场媒体活动的协调工作,草拟事故快报、新闻通发稿,摄录现场音像资料等。

(3) 抢险救援组

组长:工程管理处分管处长。

组员:工程管理处、事故施工单位、指挥部专业抢险队。

职责:

①负责落实抢险人员、应急物资设备,组织现场抢险;

②负责协调各标段应急救援单位的支援,联络、协调管线及交警等单位的具体抢险实施工作;

③按照确定的抢险方案实施抢险,营救被困和受伤人员,控制并消除事故影响;

④及时向现场应急指挥部报告现场抢险进展情况。

(4) 技术专家组

组长:指挥部分管总工。

组员：总工办、安全质量处、工程管理处综合技术科、事故施工单位、监理单位、总体设计单位和工点设计单位技术负责人、各参建单位专家库成员、指挥部外聘顾问专家。

职责：

①及时了解现场情况，迅速组织各参建单位的相关专家，应急管理科负责联系指挥部应急专家，组织专家提出相关建议；

②负责组织专家会议，会商抢险救援事宜；

③组织勘察单位开展抢险工点地质条件的探测、补勘工作；

④负责审核由施工单位提供的并经总监审核的抢险方案；

⑤专家确定最佳抢险技术方案提交给现场应急总指挥。

（5）监测监控组

组长：安全质量处分管处长。

组员：安全质量处应急管理科、事故施工单位、风险咨询单位、第三方监测单位。

职责：

①组织第一方监测和第三方监测单位进行监测工作，及时将监测数据提供给技术专家组；

②组织第三方监测单位、风险咨询单位提交咨询意见，为抢险方案制定和决策提供支持；

③应急结束后，根据技术专家组意见，继续进行监测；

（6）后勤保障组

组长：办公室副主任。

组员：办公室、动迁保障处、事故施工单位、区轨道办。

职责：

①负责物资和通信保障，参与事故救援人员的后勤补给工作，提供事故救援人员的食品等物资补给；

②对现场受伤人员实施救援，对伤员进行应急处置、急救和救护，必要时请卫生部门、市医疗救治中心设置现场医疗急救站，对伤员进行现场急救处理，并及时转送医院治疗进行救治，同时进行必要的医学监护；

③根据需要请属地公安部门维护事故现场秩序，对重要目标实施保护，维护社会治安，有序地疏散事故区域人员和围观群众，防止意外伤害，对需要取证的事故现场进行保护等。

（7）交通保障组

组长：工程管理处处长。

组员：工程管理处、事故施工单位。

职责:

①联络交警对危害区外围的交通路口实施定向、定时封锁,阻止事故危害区外的公众进入;

②对事故现场周围的交通秩序进行重新组织和安排,防止交通拥堵;

③指挥、调度撤出危害区的人员,保障车辆顺利通行,并确保事故应急救援队伍、技术专家和设备、物资能及时赶往现场(必要时对运送抢险物资的车辆进行开道)。

(8)事故调查组

组长:安全质量处处长。

组员:安全质量处、工程处、财务处、施工单位、工会、保险公司。

职责:

①接到事故单位的报告后,根据现场事故的可控制情况,向市政安监站和安全生产监督管理部门报告;

②根据全面的记录,组织人员对事故原因进行调查,协助政府部门调查;

③保护现场,将事故情况通知保险公司到现场进行保险调查取证;

④提出事故处理意见。

(9)善后处理组

组长:办公室副主任。

组员:办公室、财务处、合同处、事故施工单位、保险公司。

职责:

①负责组织事故的善后处置工作,包括人员安置、补偿,征用物资补偿,灾后重建、理赔等;

②负责处理受伤害人员及其家属的善后事宜,尽快消除事故影响,妥善安置和慰问受害及受影响人员,保证社会稳定,恢复正常秩序;

③负责现场人员疏散时的各方财产登记、确认和汇总,以及人员伤亡、财产损失的调查统计等。

以上各专项职能组听从现场应急指挥部统一安排,未明确事宜或工作由现场指挥决定,各专项职能组组长若不在现场,由现场抢险总指挥临时任命其他组员担任。

(10)其他政府部门

指挥部级应急工作可能涉及交警、公安等外部政府部门,根据实际情况由办公室或相关处室联系,请求提供必要的支援。

6.3.4 扩大应急

当事态超出实际处置能力,无法得到有效控制,如发生Ⅲ级及以上轨道交通工程突发事故及灾害灾难的,向市政府报告,建议启动市级应急预案,指挥部协助处置。当启动市级应急预案时，各相关职能组以及各小组组长应根据市级应急预案执行。

6.4 应急终止

根据现场的监测结果以及现场技术专家组的论证结论，认为事态得到控制，环境指标符合有关标准，次生、衍生事故隐患消除后，经现场应急指挥部确认批准后，现场应急处置工作结束，应急救援队伍撤离现场。

应急处置配合协作单位陆续进行撤离，如有必要，在现场清理和受影响区域由有关监测部门继续进行监测，直至恢复正常状态，现场应急指挥部宣布现场抢险工作结束。

6.5 信息发布

由办公室根据各方信息，起草信息新闻稿，经应急领导机构总指挥批准后，对外发布。

7 后期处理

7.1 事故调查

（1）抢险救灾工作结束后，各参加处置的单位必须按各自的职能分工做好善后工作，协助开展灾后理赔工作，按照"四不放过"的原则对事故进行调查。

（2）事故的调查按照《生产安全事故报告和调查处理条例》等法规实施，由相关部门组成的事故调查组开展调查工作。

（3）事故调查工作还应对有关工程勘察报告、设计方案、施工方案、监理日记等事实凭证进行审验，核查其程序是否合法、内容是否符合技术标准及法律法规要求，对发现的问题，应及时进行记录，必要时深入调查和论证。对事故责任进行分析，并对相关责任人提出处理意见，形成报告及时上报至相关部门。

（4）指挥部、集团公司的事故调查由安质处牵头，其他各处室配合。

7.2 善后处理

由办公室牵头，其他相关处室协助，负责处理受伤害人员及其家属的善后事宜，保障受伤害人员合法权益，以及物资补偿、灾后恢复、污染物收集处理、整改方案的落实、救灾费用的测算、保险理赔等，尽快恢复正常秩序，维护社会稳定。

7.3 抢险费用

事故处理完毕后，测算抢险直接费用，计入事故直接经济损失，责成事故责任单位支付。

8 应急保障

8.1 抢险力量的保障

工程管理处、施工单位应按照"常备不懈、防患未然"的原则,建立专业抢险队伍、配备抢险装备,制定配备标准,建立管理制度,加强抢险人员的培训和设备的日常维护保养,保证人员操作熟练,装备性能可靠。

施工单位应根据合同和指挥部相关要求,配备足够数量的抢险装备和器材,同时必须配备由具有丰富施工经验的管理人员和具有特种操作技能的工人组成的专业抢险队伍,确保能够及时响应。各类应急救援设备以及物资逐步加以完善。其他标段工地发生险情时,指挥部抢险队和各施工单位的抢险人员、物资应听从指挥部的统一调配和管理,现场科科长可调用所管辖标段的应急资源,工程管理处处长可调用全线应急资源。

8.2 运转经费保障

指挥部、集团公司准备必要的事故应急救援资金,用于应急抢险队伍和装备的管理、维护保养、器材更新以及定期演练的费用支出,单项列支,做到专款专用,财务处应保障经费的及时到位。抢险救援过程中,应急救援资金首先由事故责任单位承担,事故责任单位暂时无力承担时,由轨道交通工程指挥部协调保证。

8.3 技术支持保障

指挥部组建应急专家库,由安全质量处负责日常管理、应急联系;同时各处室协调各参建单位专家资源和社会专家等共同组建指挥部专家技术队伍,为抢险救援提供相应的技术保障。总工办协调组织勘察、设计单位的专家资源,工程管理处协调组织施工、监理单位的专家资源,安全质量处协调组织风险咨询单位、第三方监测单位的专家资源。

9 培训与演练

9.1 宣传培训

利用多种形式(培训、讲座、多媒体等),加强对从业人员的应急知识教育,提高其应急意识,如应急救援措施、基本防护知识、自救与互救等基本常识。

9.2 演练

演练体系分施工单位现场项目部级,指挥部、集团公司级,市级三级演练体系。

施工现场项目部级演练:由各标段项目部组织,项目经理负责,根据施工情况,制定演练计划、编制演练方案,将计划、方案及演练情况报告工程管理处和安全质量处。

项目部每年至少组织一次综合应急预案演练或者专项应急预案演练，在关键工序前根据指挥部要求组织相应的演练。项目部应急预案的演练主要由项目部执行，工程处和安质处参加，在条件许可情况下，可与公安、消防、医疗等单位联系，共同进行演练，以锻炼各部门人员相互协作的能力，每次演练均需做好演练记录。

指挥部抢险队应协助组织平时各标段的应急演练，配合指挥部和各施工标段应急预案的起草和评审。指挥部级演练：指挥部、集团公司一级应急预案的演练由安质处、工程管理处和相关施工单位具体负责，其他相关处室协助，通过演练提高应急队伍的应急作战能力和专业水平，不断总结、评估，并在日常工作中使之不断完善。市级演练：市应急指挥部根据市级预案组织相应的专项或综合性应急演练，指挥部及各参建单位全力配合。

9.3 奖惩

（1）对在应急处置和救援工作中，表现突出的人员应给予表扬和奖励；

（2）对在应急工作中拖延不报、推卸责任、不听从统一指挥的单位和个人，根据调查结果，按情节严重程度给予处分、处罚、通报批评。

10 附则

10.1 预案的管理

本预案作为轨道交通工程施工突发事故及灾害灾难的总预案，由安全质量处负责管理，各处室负责实施。施工单位应编制对应级别的综合应急预案、专项应急预案和现场处置方案，经专家评审、项目部上级领导和监理审批，报指挥部备案。

10.2 预案的修订

预案修订原则上每三年进行一次，发现预案有重大缺陷，可能导致在应急事件发生时，不能确保应急预案有合理应对措施，应及时予以修订、完善。有下列情形之一的，应急预案应当及时修订：

（1）依据的法律、法规、规章和标准发生变化的；

（2）应急组织指挥体系或者职责已经调整的；

（3）应急预案演练评估报告要求修订的；

（4）上级应急预案管理部门要求修订的。

10.3 通信联络方式的建立与更新

各相关单位应急工作分管领导和应急负责人的通信方式上报指挥部，办公室负责统计通信录，便于及时联络。相关人员工作调动或联系方式变更时，应在2天内及时通报指挥部，以便及时更新，保证通信顺畅。

10.4 应急预案的实施

本应急预案自发布之日起实施（表 9-4 ~ 表 9-9）。

事故等级、相应单位到场领导参考表　　　　　　　　　　表 9-4

等级	死亡或危及生命安全	重伤	直接经济损失	需到现场领导
Ⅰ级：特别重大事故	30 人以上	100 人以上	1 亿元以上	
Ⅱ级：重大事故	10 以上 30 人以下	50 人以上 100 人以下	5000 万元以上 1 亿元以下	
Ⅲ级：较大事故	3 人以上 10 人以下	10 人以上 50 人以下	1000 万元以上 5000 万元以下	
Ⅳ级：一般事故	3 人以下	10 人以下	1000 万元以下	轨道交通工程建设指挥部总指挥或经总指挥授权或委托的副总指挥、集团公司副总经理、办公室、工程管理处、总工办、安全质量处等各职能处室负责人、施工、监理、设计等单位领导

注：对事故级别一时难以界定的，宜根据现场实际情况和可能的社会影响，坚持就高不就低的原则划分界定。

轨道交通工程事故快报表　　　　　　　　　　表 9-5

事故发生的时间	年　　月　　日　　时　　分			
事故发生的工程名称				
事故发生的地点				
事故发生的企业（包括总、分包企业）				
名称	经济性质	资质等级	直接主管部门	业别
总包：				
分包：				
事故伤亡人员人，其中：死亡人数____，重伤人数____，轻伤人数____				

姓名	伤亡程度	用工形式	工种	级别	性别	年龄	事故类别

事故的简要经过及原因初步分析（必须说明从事何种工作时发生的事故，发生事故的部位及起因）	
事故发生后采取的措施及事故控制的情况	
报告单位	报告时间

第九章 风险应急管理

常用应急电话　　　　　　　　　　　　　　　　　　　表 9-6

应急分类	电话	应急分类	电话
救护	120	火警	119
报警	110	市政府应急值班电话	

轨道交通工程建设指挥部通信录　　　　　　　　　　　表 9-7

部门分类	职务	姓名	电话
轨道交通建设指挥部			
相关领导			
办公室			
总工办			
工程管理处			
安全质量处			
动迁处			
前期计划处			
合同招标处			
机电处			
运营处			
财务处			
用地开发处			
人力资源处			
业主代表			

区（县）有关单位、人员通信录　　　　　　　　　　　表 9-8

单位名称		联络人	职务	办公电话	手机
××区	区政府				
	区轨道办				

443

各标段参建单位通信录 表9-9

标段	工点	责任单位			
		分类	职务	姓名	电话
I	××区间 ××站 ××区间	业主代表	业主代表		
		施工单位	项目经理		
			项目总工		
			安全总监		
		监理单位	总监		
			总监代表		
		监测单位	项目经理		
		设计单位	设计代表		
		分类	职务	姓名	电话
II	××站 ××区间	业主代表	业主代表		
		施工单位	项目经理		
			项目总工		
			安全总监		
		监理单位	总监		
			总监代表		
		监测单位	项目经理		
		设计单位	设计代表		

二、某市地铁工程盾构施工专项应急预案

1 编制说明

1.1 编制目的

为预防和减少本工程盾构施工过程中的各类事故灾害，及时有效地实施应急救援工作，最大程度地减少人员伤亡、财产损失，确保盾构区间隧道施工保质、保量、安全、快速地建成，特制定本预案。

1.2 编制依据

《中华人民共和国安全生产法》；

《中华人民共和国消防法》；

《建筑机械使用安全技术规程》；

《建筑施工安全检查标准》；

《施工现场临时用电安全技术规程》；

《建筑施工高处作业安全技术规程》;
《国家安全生产事故灾难应急预案》;
《生产经营单位安全生产事故应急预案编制导则》;
《××省安全生产条例》。

1.3 适用范围

本预案适用于××站~××站~××站两个盾构区间施工过程中发生的下述突发事故:
（1）盾构机非正常停机事故;
（2）地面沉降、塌陷事故;
（3）隧道突水、突泥事故;
（4）建筑物沉降、倾斜、开裂超限及坍塌事故。

2 工程简介

2.1 工程概况

本工程为××市轨道交通4号线一期工程×标段××站~××站~××站两区间主体及其附属工程。

××区间右线起止里程：K19+698.130~K20+826.954，在右K20+806.023处设8.52m的短链，长约1120.304m；左线起止里程：K19+698.130~K20+826.954，长约1128.824m。隧道平面线路左右线由直线段、3个半径分别为R=1500m、R=800m、R=300m的圆曲线段和缓和曲线段组成。线间距12~15m。左线先后设有25.5‰、9.73‰的坡段，右线先后设有25.5‰、9.624‰的坡段。隧道顶埋深9.2~24.3m左右。本区间在里程K20+274处设置一个联络通道。

××区间右线起止里程：K20+971.995~K21+301.630，长约329.675m；左线起止里程：K20+971.995~K21+295.788，长约323.834m。隧道左线由直线段及1个半径分别为R=450m的圆曲线段和缓和曲线段组成，右线由直线段及1个半径为R=500m的圆曲线段和缓和曲线段组成。线间距9.4~15m。左线先后设有5.113‰、22.358‰的坡段，右线先后设有5.074‰、21.973‰的坡段。隧道顶埋深18~25m，本区间不设联络通道。

施工方法：两区间总长2902.637m，采用3台铰接式土压平衡盾构机掘进施工，管片外径6.2m，内径5.5m，管片厚度350mm，环宽1.2m。

2.2 工程地质及水文地质

2.2.1 工程地质

根据招标图纸，本工程两个区间洞身范围内土层为：××区间穿越的地层主要为③6

粉砂、④3淤泥质黏土、⑥1黏土、⑥2淤泥质粉质黏土，局部穿越⑧2淤泥质黏土层。底板位于⑥1、⑥2及⑧2层。

××区间穿越的地层主要为③6粉砂⑥1黏土、⑥2淤泥质粉质黏土及⑧1淤泥质黏土层。底板位于⑧1层。

2.2.2 工程地质条件评价

隧道掘进范围内地层以粉土、砂性土、黏性土、淤泥质粉质黏土为主，且具弱透水性。总体上粉土、砂土层渗透性稍好，在水头差作用下易产生流砂、涌砂现象，应采取相应防治措施。

由于本标段隧道地下水位高，隧道埋深较大，所以要求盾构刀盘密封和盾尾密封能抵抗地层的水压并具有一定的安全系数。另外，在出现涌水、涌沙的情况时，也有相应的处理措施，以确保盾构施工安全。同时，还应有盾尾密封的更换等技术措施，确保长距离掘进施工的顺利进行。

2.2.3 水文条件

1. 地表水

场区地表水主要有京杭运河及官河，河宽分别约77m、10m，官河水系与京杭运河通过水闸相连。水位高程2.232m。河水的补给来源主要为大气降水、潜水的侧向补给以及相邻地表水体的补给，并随季节气候的变化而变化，并以蒸发、排泄到地表水体及向潜水的侧向补给为主要排泄方式。

2. 地下水类型及含水层的分布

本标段地下水主要分布有潜水和承压水。其特征如下：

1）潜水

拟建场地浅层地下水属孔隙性潜水，主要赋存于①1杂填土、②2黏性土和粉土层以及④、⑥淤泥质土层中，渗透系数极小（1.7×10^{-2}/d），可视作隔水层，潜水静止水位1.9~2.8m，高程3.85~3.21m，并随季节的变化而变化。潜水主要接受大气降水，侧向径流补给，并以蒸发和以侧向径流为主要排泄方式。潜水水位年变幅在1.0~2.0m。

2）承压水

承压水主要为深部第（12）4及（12）2层圆砾中赋存的承压水（该两层承压水相通），承压水含水层层面埋深39~43m，水位高程在-0.6~-3.8m之间，承压水受侧向径流补给，富水性好，具有明显的埋藏深、污染少、水量大、流速极慢、咸~微咸的特点。根据类似工程经验，砂砾层的渗透系数大致为1m/d、2m/d，属中等透水、强透水性土层。承压水水头埋深在地表下11.07m，相应高程-4.84m。

2.3 工程环境

本工程各区间施工场地周边管线较多，居住小区、工厂等分布较密集，施工环境较为复杂。

××区间主要在新塘路下方穿行，新塘路为城市主干道，现状道路宽度约32m。区间出艮山西路站后，依序下穿艮新过街天桥及艮新立交桥（与天桥净距3.1m，与立交桥净距3.4m，均为1.2m桩基）、下穿京杭运河及官河（运河宽77m，河底距隧道10.6m；官河宽9~15m，距隧道19.5m）、下穿万家花园4栋房屋（桩基距隧道约14.8m）。

××区间出官河站后，下穿天城路与邮政路"十字"后，进入火车站西广场，最后达到火车东站站。天城路与邮政路均为城市次干道，现状道路宽约25m。沿线主要下穿既有1号线（与隧道垂直净距2.1m）；侧穿火车站西广场桩基（与隧道净距1.5m）。

地下管线及地下建筑构物：经过初步调查，区间上方管线主要敷设在道路两侧，主要为电力、电信、给水、燃气、雨水、污水、路灯等管线，但管线埋深小于4m，对盾构施工影响较小，但在施工中需加强控制措施。仅艮~官区间下穿直径1.8m污水管（距隧道13.2m）；盾构下穿时，应放慢掘进速度，保持匀速。

3 风险源调查及风险评估

根据本工程线路特点、地面建筑物、构筑物情况及水文地质情况，通过地质勘察及广泛的调查和深入分析，本线路盾构施工主要有"盾构施工风险、盾构在不良地质和特殊地质条件下的施工风险、地面塌陷风险、盾构机下穿建（构）筑物及河流风险"4大类共8种主要风险源，并采用LEC法对风险源进行风险评价。

3.1 风险评价方法

风险评价采用LEC法，即用与系统有关的三种因素之积评价系统人员伤亡危险的大小：

$$D = L \times E \times C$$

式中：D 为风险值；L 为发生事故的可能性大小；E 为暴露于危险环境的频繁程度；C 为发生事故产生的后果。各参数取值见表9-10、表9-11。

L、E及C取值　　　　表9-10

L分数值	事故发生的可能性	E取值	暴露与此的频繁程度	C取值	发生后果的严重程度
10	完全可以预料	10	连续处于危险环境之中	100	大灾难　10人及以上死亡
6	相当可能	6	每天在有危险的环境中工作	40	灾难　2~9人以上死亡
3	不经常但可能	3	每周一次	15	非常严重　1人死亡
1	完全意外可能性小	2	每月一次	7	严重　伤残
0.5	可以设想但不可能	1	每年一次	3	重大　重伤
0.2	极不可能	0.5	几年一次出现的危险环境中	1	稍有危险　轻伤
0.1	实际不可能				

D 危险等级划分 表 9-11

D 取值	危险程度	危险等级	风险评价结果
大于 320	极其危险	5	不可容许风险
160~320	高度危险	4	重大风险
70~160	显著危险	3	中度风险
20~70	一般危险	2	可容许风险
小于 20	稍有危险	1	可忽略风险

3.2 风险源清单及风险评价（表 9-12）

风险源清单及风险评价表 表 9-12

分类	序号	风险源	发生位置及危害情况	风险评价
一、盾构机施工风险	1	盾构始发、接收风险	盾构机"磕头"风险，在盾构机始发端头可能发生，在盾构机刚穿过加固体时，由于地层的差异或盾构姿态不好而可能产生磕头现象，造成盾构及管片拼装的姿态出现问题。盾构始发、接收时洞门密封渗漏，导致端头地层物质流失，进而导致地面塌陷	可容许风险
	2	盾构在小半径曲线地段掘进施工	盾构在小半径曲线推进时，容易造成盾尾间隙一边过小一边过大，管片难以拼装，当盾尾密封不好就会发生涌水涌泥现象，当管片错台严重会发生隧道漏水	可容许风险
	3	盾构机非正常停机	在盾构施工过程中因地质原因或其他因素导致盾构停机时，容易造成地面沉降超限，如果长期停机，则可能造成盾构被固结等风险	可忽略风险
二、盾构机在不良地质和特殊地质条件下的施工风险	1	盾构在软弱土层中的掘进施工	盾构区间隧道主要位于③6粉砂、④3淤泥质黏土、⑥1粉土、⑥2淤泥质粉质黏土、⑧2淤泥质黏土层等典型的软弱土层地层中。粉土、砂质粉土层振动易液化，易坍塌变形，在地下水作用下易产生流变。⑥1层淤泥质粉质黏土具高压缩性、低强度、弱透水性、高灵敏度、易产生流变和触变现象，易导致开挖面失稳或形成圆弧滑动，工程性质较差	重大风险
三、地面塌陷风险	1	盾构端头地面塌陷	本工程包括 3 次始发、3 次接收，如端头加固不好，易发生开挖面失稳，导致地面塌陷	中度风险
	2	区间隧道地面塌陷	盾构掘进中各种参数控制不好，对上层土体的扰动过大破坏覆土稳定，导致塌陷事故的发生	中度风险
四、盾构机下穿建（构）筑物及河流风险	1	盾构下穿艮新立交，艮新天桥，万家花园及地铁一号线	盾构施工有可能导致建筑物沉降超限、倾斜、开裂等破坏	中度风险
	2	盾构过京杭运河及官河	过河掘进如果控制不好则有可能导致河床塌陷，造成河底与隧道贯通，发生突泥、突水等险情	中度风险

4 盾构掘进中风险源分析及预防措施

4.1 盾构始发、接收危险预防措施

（1）加固体检查评价：在人工凿除洞门之前，采用垂直取芯和打设水平观察孔的手段对加固体的效果进行认真分析和评价，确保加固体质量满足质量标准要求。

（2）增加必要的辅助施工手段，如加固体孔隙、间隙二次注浆。

（3）采用合理的洞门凿除顺序和凿除时间安排，减少掌子面的暴露时间，并严密跟踪监测洞门的变形情况。

（4）盾构始发时，应快速组织，使盾构及时推进到掌子面，盾构接收时应使盾构机快速上接收托架，尽快收紧洞门帘布。

（5）托架与加固体之间设置导轨防止盾构机"磕头"，在盾构始发利于姿态控制，盾构接收时利于盾构机顺利上托架。

（6）加强负环拼装质量控制，通过加贴软木衬垫的方式，利用钢环调整好管片姿态，以保证盾构姿态良好。

（7）采用低推力、低转速、低速度推进。

4.2 盾构在小半径曲线地段掘进施工

本工程最小曲线半径为 $R=300m$。小半径转弯是盾构施工技术控制的一个难题，掘进时易出现隧道轴线控制难度大，纠偏困难，管片位移、侵限、错台和破损，容易产生较大的地面沉降，同时成型隧道漏水现象严重。小曲线始发一直是盾构施工界的难题，本标段最小曲线半径 $R=300m$，施工中采取下列技术措施进行拟合及纠偏控制：

（1）小半径段掘进过程中，台车轮设转轴，防止台车掉道；由专人负责，防止皮带跑偏。

（2）在小半径曲线段电瓶车适度缓行，加强、改进轨道铺设线型及固定控制。

（3）选派具有经验丰富的盾构机司机，在进入小半径曲线段前进行模拟掘进，并提前进入圆曲线操作状态。

（4）掘进过程中，合理设定行程差。盾构机司机在盾构进入小半径曲线段时，根据线路情况（曲、直线及纠偏需要）调整好铰接的行程差来控制盾构机前端的姿态，采用推进油缸的行程差来控制好盾构机后端的姿态及盾尾间隙。也就是说在掘进过程中，一般在掘进开始时通过上一环管片拼装让推进油缸存在一定的行程差，而在下一环的掘进过程中，逐渐削除行程差，来保证盾尾间隙，直至下一环推进结束拼装开始时，尽量让行程差减到最小。以确保小半径曲线段的线路拟合。

（5）合理降低掘进速度，调节各分区千斤顶推力，必要时，可将水平偏角放宽到 +10mm/m，以加大盾构机的调向力度，同步调整控制左右油缸的油压值和油缸行程，保

证曲线内侧处土仓压力略小于外侧。

（6）曲线段推进时，根据推进速度、出土量和地层变形的信息数据，及时调整各种施工参数，以最短的时间内将施工参数和注浆量调至最佳状态。

（7）加强对推进轴线的控制，做到勤测勤纠，每次纠偏量尽量小，确保管片的环面始终处于曲率半径的径向竖直面内。同时加强线路的监测和人工符合测量，当线路出现偏移时，及时纠偏。

（8）在小半径曲线段尤其要注重同步注浆及二次注浆的量及凝固时间控制，确保浆液饱满，压力适中，有效控制已成环管片的小位移偏移，影响到设备小半径拟合。

（9）曲线推进引起的地层损失及纠偏次数的增加导致了土体的扰动的增加，曲线段推进时严格控制同步注浆浆液的质量和注浆压力、注浆量，尤其需要增加外侧的注浆量。必要时，采用壁后二次注浆。

（10）加强盾构操作人员的技术培训，力求操作精细、标准。

（11）重视测量的重要性，首先在小半径曲线段加密导线复测；其次对盾构机姿态采用机载测量系统测量与人工测量相结合，相互对照、符合；最后将对管片实际位置的人工测量加密值每2～3环一次。

4.3 盾构区间下穿地铁一号线

本区间隧道与地铁1号线隧道存在正线立体相交，最小净距2.1m。1号线土建施工已经完成，目前进入铺轨阶段，预计本区间施工时，1号线已经进入运营阶段，保护地铁1号线隧道和本区间隧道盾构推进的正常施工是关键。

采取措施：

（1）与地铁1号线施工单位签订施工保护安全协议，按要求准备应急材料物质，成立应急工作小组。

（2）掘进前，认真对刀盘、注浆系统、密封系统、推进千斤顶及监控系统等设备检查，确保穿越过程中设备无故障，进行连续施工。

（3）盾构穿越地铁1号线前进行补充地质勘探，进一步查清隧道的地质条件，为盾构机掘进参数的选取及辅助措施提供第一手准确资料。

（4）在区间盾构进入地铁1号线范围前100m设掘进试验段，加强布设监控点，确定合理的土压力设定值、排土率、掘进速度等掘进参数值和同步注浆、二次注浆的各项参数指标。以取得各项施工参数进行隧道下穿地铁一号线的施工。

（5）穿越阶段采用高精度的连通管自动监测的方法，作加密监测，盾构通过期间，每10min提供一组监测数据，并及时反馈到施工人员。根据实测的资料调整盾构施工参数，严格控制变形量。具体如下：

①全自动化监测:与1号线右线穿越点前后各50环范围(1号线右线里程右K20+994~右K21+179,共154环,设44个监测断面)范围隧道竖向沉降要求采用静力水准仪自动化系统实时监测,隧道水平位移采用全站仪自动化系统实时监测。竖向沉降及水平位移监测断面纵向布置详见"1号线右线隧道全自动监测纵向断面布置示意图"。

②人工监测:人工监测需监测隧道收敛,轨道沉降(兼隧道结构沉降)及隧道水平位移。

隧道收敛布设范围为1号线右线里程右K20+994~右K21+322,1号线左线里程左K21+060~左K21+315,共486环,每5环布一监测点,共设98个监测点。收敛测点以膨胀螺丝固定在管片左右两腰。

③轨道沉降(兼隧道结构沉降)及隧道水平位移布设范围为1号线右线里程右K20+994~右K21+322,1号线左线里程左K21+060~左K21+315。1号线右线里程右K20+994~右K21+179布设断面与全自动化监测相同,其余范围每5环一监测断面,共111个监测断面。轨道沉降测点在道床轨道两侧各布置一个,隧道水平位移在拱腰布设一个。

④全自动化监测要求每隔5分钟自动监测系统向盾构现场指挥中心传递一次监测数据。现场指挥中心根据监测数据决定是否调整盾构推进的主要施工参数以及调整量的大小。

⑤人工监测要求监测频率在盾构切口前20m至盾尾脱出后30m为重点监测时段,不应少于每天1次。盾尾脱出30m后,当变形速率大于5mm/d,不应少于每天1次。当变形速率在1~5mm/d时,不应少于每2天1次;当变形速率小于0.5~1mm/d时,每5天1次;当变形速率小于0.5mm/d以后,可每周1次或更长。

⑥所有测点布置应避开区间设备位置、隧道内电线电缆、接触网等设施。监测时段应利用1号线运行空余时段,进行监测作业前均需请点,保证作业安全。

⑦施工监测应有可靠的基准点系统,水准基点不少于2个,基准点系统应定期校核。

⑧4号线盾构通过后,应继续对1号线隧道进行跟踪监测,并根据1号线隧道沉降或隆起情况进行注浆,直到1号线隧道位移稳定。

⑨盾构机上安装自动导向测量系统以更好控制隧道轴线。

⑩建议运营单位根据施工情况在必要时对地铁1号线通过穿越区段时对列车进行限速。

(6)盾构推进措施:

①合理设定土压力:下穿段土压值要比穿越铁路前高15~25kPa。

②加强同步注浆:考虑尽量减少后期沉降量,在穿越运营地铁线路期间每环注浆量不低于5.0m³,且严格控制浆液稠度。

③控制掘进速度:穿越运营地铁线路施工中,盾构掘进速度控制在2~2.5cm/min,以减少对周围土体的拖带和扰动影响。盾构应连续掘进,避免故障停机。

④严格控制轴线偏差:在每环拼好后,及时测量盾构和成环管片与设计轴心的偏差,

然后根据每环的测量结果和管片四周间隙情况,对盾构机下一环的推进提供精确依据,及时调整各区千斤顶的伸长量。

⑤及时二次注浆:在盾构穿越运营地铁线路后,及时采用缓凝型双液浆进行二次注浆。根据后期沉降情况,及时进行补充注浆,要求采用单液注浆。

⑥其他措施:

a.盾构施工组织责任到人,项目经理全面负责盾构施工,由副经理负责盾构设备的正常运行;土建副经理负责盾构机掘进施工的正常进行;项目总工负责盾构施工的技术保障工作;安全总监负责整个施工过程中的安全监控工作。

b.组成盾构操作室、地面实时监测组、项目经理部三点成环的封闭的信息环,使相关部门第一时间掌握盾构掘进的事实动态,信息相互共享,及时反馈和相互通报。使盾构施工做到安全可控。

c.在盾构下穿时,由盾构维护保养小组全面负责盾构机的日常保养和维修工作。确保盾构机在正常运转的情况下完成下穿建筑物的掘进施工。

d.由项目部物设部负责盾构机的所需材料的供应,做到供应充足,不能因为材料供应而影响盾构机的正常掘进。

e.在下穿既有地铁1号线过程中,确保盾构机各项工作顺利开展,保障供应,使盾构机快速均衡的通过。

4.4 盾构下穿艮新天桥和艮新立交

1. 风险源分析

××区间出艮山西路站约60m后需要下穿艮新天桥及艮新立交桥。艮新过街天桥采用ϕ1200mm钻孔灌注桩,桩长40m,桩底标高-34.6m,与隧道最小距离3.1m。艮新立交桥上部结构采用普通钢筋混凝土现浇箱梁结构,盾构隧道下穿部分为单箱双室箱梁。艮新立交桥桥墩采用桩柱结构,钻孔灌注桩桩径为1500mm,墩柱采用1.6m×1.2m薄壁墩,桥台采用直径800mm灌注桩。与隧道最小距离3.49m。施工前必须采取有效的措施方可保证盾构机顺利的通过。

2. 主要措施

(1)盾构掘进过程中,必须保证正面土体稳定,并根据地质、线路平面、高程、坡度、胸板等条件,正确编组千斤顶,推进时控制时控制好千斤顶作用在管片上的位置,避免在推进过程中顶裂钢筋混凝土管片。

(2)盾构穿越桥桩时严格控制盾构推进速度和盾构姿态,加强盾构二次注浆;必要时考虑采用无收缩劈裂注浆加固措施。

(3)施工中严格控制盾构正面平衡压力,控制施工参数,如出土量、推进速度、总推力、实际土压力围绕设定土压力波动的差值等。防止过量超挖、欠挖，尽量减少平衡压力的波动。

（4）施工中严格控制盾构推进速度，尽量做到均衡施工，减少对周围土体的扰动，避免在途中有较长时间耽搁。正常推进时速度应控制在 2～3cm/min。

（5）严格控制同步注浆量和浆液质量，浆液均匀合理地"及时、足量"压注，确保浆液的配比符合控制沉降标准。专门成立注浆班对压入位置、压入量、压力值作详细记录，并根据地层变形监测信息及时调整，在确保压浆工序施工质量的前提下，方可进行下一环的推进施工。

（6）加强监控量测：施工前应制定详细的监测计划，施工期间应加强监控量测，根据监测结果指导施工、优化设计，做到"动态设计、动态施工"。

（7）施工过程中派专人在该段进行巡视，若发现有异常情况，立即报告项目部及洞内施工作业面，以采取有效的控制措施。

4.5 盾构在软弱土层中的掘进控制

1. 风险源分析

盾构区间隧道主要位于③6粉砂、④3淤泥质黏土、⑥1黏土、⑥2淤泥质粉质黏土、⑧2淤泥质黏土层等典型的软弱土层地层中。粉土、砂质粉土层振动易液化，易坍塌变形，在地下水作用下易产生流变。⑥1层淤泥质粉质黏土具高压缩性、低强度、弱透水性、高灵敏度，易产生流变和触变现象，易导致开挖面失稳或形成圆弧滑动，工程性质较差。因此，在该地层中掘进是本工程盾构施工的重中之重。根据我单位在地铁工程的施工经验，地铁施工中可能存在沼气。在施工中拟定采取下列措施：

2. 主要措施

（1）施工控制：

在粉土、砂质粉土中推进，加强对施工参数的优化，通过施工参数的合理调整，确保隧道稳定和控制地面沉降。

① 盾构平衡压力的控制

由于粉土、砂质粉土较不稳定，盾构施工后期地面沉降可能会相对较大。因此在推进时，在地面隆起允许的情况下，适当提高盾构机的正面平衡压力，以减少后期的沉降量。

② 推进速度

在淤泥质黏土中推进时，大刀盘所受扭矩及推力将大大增加，所以盾构推进速度控制在 20mm/min 以内。通过减缓推进速度，达到降低刀盘扭矩和盾构推力的效果，同时也减少对周边土体的扰动。在控制推进速度的情况下，也要保证连续均衡施工，避免较长时间的搁置。

③控制盾构纠偏量

盾构姿态变化不可过大、过频,每次纵坡变化小于0.2%,并组织连续施工。

④同步注浆量的控制

在粉质黏土施工时,由于粉土中空隙较大,同步注浆压注量比一般土层要多,在施工中将注浆量控制在建筑空隙的250%左右。同时,再根据监测数据的反馈来加以适当的调节。

(2)特殊措施:

①土体改良

由于粉质黏土的内摩擦角(φq)值相对较大,导致盾构刀盘切削难度也相应加大。因此在施工中,考虑采用土体改良的措施,来确保盾构出土正常。

A. 土体改良的作用

土体改良是为了保护刀盘以及保证盾构螺旋出土机的正常出土,在推进过程中可每隔一定距离在盾构前方及螺旋机内压注泡沫剂或膨润土。

粉砂土土体虽然含水量大,但一经挤压,水分流失,粉砂土就会变得结实,使土仓进土困难,推进时大刀盘油压急剧增大。为改善大刀盘传动轴承在刀盘转动过程中所受的扭矩,采用在刀盘正面和土仓内加注泡沫剂或膨润土来降低土体强度,有利于降低大刀盘油压。

B. 土体改良的方法

通过压注泡沫剂膨润土改良土体,提高出土时的黏粒含量。每推进一环,加入一定浓度的泡沫剂或膨润土浆液。

泡沫剂或膨润土浆液可以在刀盘正面及土舱内注入,通过刀盘及土舱内搅拌棒的搅拌,与土体从螺旋机排出。当螺旋机油压过高,也可以在螺旋机中注入适量的膨润土浆液。

压注泡沫剂或膨润土浆液时,观察螺旋机的排土状态及正面土体的沉降状况,确保正面土体稳定。砂性土的渗透系数较大,即孔隙水压增加较快,同时消散也较快,而两者的时间差,为疏干的时效。因此,千斤顶速度应与之相配合,从而使盾构推进速度达到较好的状态。

实际推进时,通过压注量的调整,了解正面的疏干效应,并反馈指导泡沫剂或膨润土浆液的具体压注方量。

②盾尾油脂的压注

在粉砂土中施工时,盾尾极易发生漏水、漏沙等情况。因此,施工时严格管理盾尾油脂的压注工作。

施工时,由专人负责盾尾油脂的压注工作,实行盾构机自动检测能力随时压注的办法,确保每环的盾构油脂压注量。同时,根据盾构盾尾油脂的压力表反馈信息,始终使盾尾油脂压力处在高于外部压力的情况下。

③二次注浆

穿越粉土、砂质粉土时，采取二次注浆，有效的弥补因同步浆液收缩变形而引起的地面变形隐患，同时提高土体的强度，防止土体液化。

二次注浆浆液通过管片的拼装孔注入地层内，压注时必须根据实际情况和监测数据的反馈进行调整。此外，还必须结合不同的土质情况，采取针对性的注浆，通过选择不同部位、不同注浆量及注浆压力，来确保土体的稳定。

在必要时，二次注浆与盾构推进施工同时进行，实现跟踪注浆的效果。

④压注聚氨酯

砂质粉土含水量大，透水性好，在必要时可采用压注聚氨酯的措施进行隔水。

（3）沼气处理措施：

①根据需要对可能的沼气采用超前钻探检验其浓度，并对聚集的沼气采取打孔卸压的方法卸压并稀释。

②若通过地质补勘发现沼气含量较大，需要在盾构机上配置瓦斯监测系统，监测器采集的数据与TBM数据采集系统相连，并输入PLC控制系统。当瓦斯浓度达到一级警报临界值时，瓦斯警报器发出警报；当瓦斯浓度达到二级警报临界值时，TBM自动停止工作，并启动防爆应急设备，通过通风机对瓦斯气体进行稀释。同时，由安质部手持移动式瓦斯监测仪进行双种监测，防止出现意外情况。

③井筒内的通风、照明（包括盾构机上照明）及所有线路采用防爆型。对电缆接线盒进行密封处理。

④施工通风方式选用压入式通风，作为预防瓦斯浓度超标的主要措施；同时考虑到盾构机主要设备聚集在前方台车上，所以在盾构机内部安装局部防爆风扇，防止瓦斯在局部积聚。

⑤在TBM施工作业期间，应随时对隧道内瓦斯浓度进行监测，尤其是隧道拱顶、TBM及后配台车的死角等易于形成瓦斯积聚且风流不易到达的地方。并采取局部通风措施进行稀释。

4.6 地面塌陷风险预防措施

（1）详细研究和分析地质勘察资料，超前预判可能发生塌陷的位置，提前采取应对措施。

（2）对于盾构始发、到达端头及隧道埋深较浅等易发生地面坍塌的部位必须提前进行旋喷和三轴搅拌或注浆进行加固，提高土体自稳能力。

（3）水是造成地面塌陷风险的重要因素，对于有可能发生塌陷的部位一定要做好止水防水措施，必要时注双液浆进行堵水。

（4）进行旋喷或注浆加固以后，一定要采用打设垂直探孔和水平探孔的方法，对加固情况进行检查和验证，确保加固效果，如果效果不理想，必须进行二次补强，直至达到预期的目的。

（5）在区间隧道掘进中，必须采用土压平衡模式，控制好土仓压力和注浆压力，始终保持盾构机处于良好的姿态，尽量减少对上层土体的扰动，避免破坏覆土稳定，导致塌陷事故的发生。

4.7 盾构区间下穿京杭运河及官河

1. 风险源分析

××区间在里程右CK20+300~CK20+350附近下穿京杭大运河；京杭运河河道宽约77m，距隧道最小距离10.6m。河床底标高为-2.72m，水面高程1.08m。驳岸基础为浆砌片石基础，官河宽约9~15m，盾构斜穿范围约78m，河底距隧道顶约19.5m。洞身穿越的地层主要为软土地层，地质条件复杂，同时长距离穿越京杭运河及官河是本工程最突出的难点之一。

2. 主要措施

（1）盾构通过前，详细、充分做好调查工作，对隧道顶与河底之间的净距再次进行复核，准确掌握其所覆土层厚度及土层渗透系数等。细研本标段穿越运河的独有特征，组织我公司内、外专家，多次对穿越运河进行技术培训、指导、研究，为穿越运河做好技术准备。

（2）由于运河的特殊航运要求，在施工前需办理相关施工许可手续，在盾构施工前提前与相关部门联系，尽早将施工许可证办理完毕。

（3）在横穿运河之前，对盾构机刀盘等系统进行全面检查，确保穿越过程设备的无故障运行。在穿越过程采用土压平衡模式掘进，严格进行土压控制、出土量管理和注浆控制，严格控制盾构机顶部土压。防止出土量超标，如出现涌水等现象，适当加注聚氨酯等亲水性化合物。

（4）由于覆土比较薄，土压需严格控制不能过高或过低，具体的土压值需要在基准理论值的基础上在过河前通过不断优化得出，并按此土压值进行控制，以确保覆盖层不被破坏。严密监视出土的状况，尤其是要严密监视出土的水量变化，并据此判断地层状况。掘进过程要辅以气压适当输干地层，气压压力的大小要根据水压严格进行计算设定，气压量以实际出土的状况进行调整。

（5）密切观察记录出土量，减少盾构超挖或欠挖。通过土体改良或加泥措施，改善盾构前方土体的坍落或挤密现象，尽量减少对开挖面土体的扰动。

（6）建立洞内、井口、地面、项目部"四位一体"封闭成环的指挥应急系统，加强监测与测量，及时根据监测结果，调整盾构施工参数，确保施工安全。

（7）盾构通过时提前停机检查，通过过程中加强监测及及时、足量同步、二次注浆，加强设备保养，确保通过时不因故停机，做到出土、管片等出渣、进料及时、准时，确保盾构在该段快速、均衡通过。

（8）在施工期间，要派专人对河进行巡视，密切监视有无跑气、涌水等现象，一旦发现异常情况，及时汇报，及时采取措施处理。

（9）信息化施工：过运河采用江底布设监测点与河面声呐法、测量船相结合的方法，进行过运河监控测量，监测测量工作由我公司内部、有资质、有经验的专业监测单位完成。

4.8 盾构区间下穿万家花园

1. 风险源分析

××区间进入××站前需要下穿万家花园住宅小区4栋楼房，楼房桩基为$\phi 377mm$锤击沉管夯扩桩，有效桩长6.8m，桩底标高-1.55m，房屋桩基与盾构隧道最小距离14.8m。考虑到软土地层中沉降不易控制，下穿时对沉降的敏感程度等因素，有可能对地面环境造成一定的破坏。因此，有必要在通过时采取相应措施，将施工风险降至最小。

2. 采取措施

（1）首先加强施工组织管理，穿越时，建立项目部、洞内、井口、地面"四位一体"的指挥管理系统，充分考虑并制定各项措施、方案、预案及应急措施，备好应急物资，最大限度发挥项目部的各项管理、组织职能，为施工顺利开展提供保障。

（2）盾构推进基本技术要求：施工前将进一步核实穿越情况，充分考虑沿线河道及独墅湖公园对盾构施工的影响。考虑实际施工中盾构施工参数动态控制的不稳定及同步注浆、壁后注浆等施工辅助手段，仍可能给施工安全带来不稳定因素，因此施工中将通过同步注浆、二次注浆、出土量观察、监测、参数控制等方面加强控制。

（3）采用加强洞内注浆、加固该段地层或从地表进行加固。必要时考虑采用无收缩劈裂注浆加固措施。在盾构穿越过程中，严格控切口土压力，改进推进速度、总推力、出土量等施工参数，减少盾构的超挖和欠挖，以改善盾构前方土体的坍落或挤密现象，减少土的横向变形施加于桩基上的横向力。

（4）严格控制同步注浆量和注浆压力，注入量初步设定为150%～200%的理论盾尾空隙量，并随实际施工情况加以修正。注浆压力一般略大于隧道底部的土压力。

（5）采用二次注浆辅助施工法，进一步加固因开挖松动的土层，防止松动现象向上扩展，从而控制地面沉降。同时，选择合适的二次注浆时间和合适的二次注浆方位，以及时、有效的控制沉降。

（6）加强监测，通过监控量测，严格控制地表沉降并及时将信息反馈给相关各方。

（7）施工过程中派专人在该段进行巡视，若发现有异常情况，立即报告项目部及洞内施工作业面，以采取有效的控制措施。

（8）盾构通过时提前停机检查，通过过程中保证足量同步、二次注浆，加强设备保养，确保通过时不因故停机，做到出土、管片等出渣、进料及时、准时，确保盾构在该段快速、均衡通过。

5 事故应急响应

5.1 应急组织体系

成立应急领导小组：

组　　长：项目负责人。

副组长：项目各部门负责人。

成　　员：项目各部门成员。

　　　　　应急领导小组办公室设在项目部安质部。

电　　话：应急电话；应急领导小组成员联系方式（应附表）。

5.2 职责分工

5.2.1 应急领导小组职责

（1）认真学习和熟练执行应急程序；

（2）服从上级指挥调动；

（3）改造和检查应急设备和设施的安全性能及质量；

（4）组织和参加模拟演练；

（5）参加本范围的各种抢险救护。

5.2.2 组长职责

（1）决定是否存在或可能存在重大紧急事故，要求应急服务机构提供帮助并实施场外应急计划，在不受事故影响的地方进行直接控制；

（2）复查和评估事故（事件）可能发展的方向，确定其可能的发展过程；指挥、协调应急行动，直接监察应急操作人员的行动；

（3）通报外部机构，与社会应急机构取得联系，决定请求外部援助或启动上一级预案（公司级）；

（4）在施工现场内实行交通管制，协助场外应急机构开展服务工作；决定事故现场外影响区域的安全性，最大限度地保证现场人员和外援人员及相关人员的安全；

（5）指导设施的部分停工，决定应急撤离，并确保任何伤害者都能得到足够的重视；

(6)在紧急状态结束后,控制受影响地点的恢复;

(7)负责确定救援工作的终止;

(8)负责上报事故。

5.2.3 副组长职责

(1)协助组长进行分析和协调,为决策提供技术、安全保障依据。

(2)负责分管范围内的抢险救灾指挥工作;按组长命令负责具体实施事故应急救援预案和灾害预防计划及协调工作。

(3)及时掌握事故发展的动态,以便及时调整救援方案,减少事故损失。

(4)查清事故原因,配合上级制定整改方案,使施工人员得到教育,尽快恢复生产。

5.3 成立现场应急小组及其职责

5.3.1 现场抢险小组

组　　长:项目负责人

副组长:安全总监、项目副经理

成　　员:盾构队成员及防水组成员

现场抢险组井下人员工作具体划分应附表

职　　责:

(1)保证盾构机推进参数的正常,严格执行始发掘进指令的要求,做好各工序的衔接,缩短推进时间;

(2)组织实施抢险行动方案(注浆、堵漏等),并不断加以改进;

(3)及时报告抢险进展情况;

(4)及时将受伤人员转移至安全地带、抢运可以转移的场区内物资、将可能引起新危险的物品转移到安全地带;

(5)及时、合理使用应急物资,控制事故现场。

5.3.2 现场技术小组

组　　长:项目技术负责人;

副组长:技术部负责人、安全总监;

成　　员:技术部人员和测量人员等。

主要职能及职责:

(1)应急预案启动后,根据事故现场的特点,及时向应急小组组长提供科学的工程技术方案和技术支持,有效地指导应急行动中的工程技术工作;

(2)提出抢险抢修及避免事故扩大的临时应急方案和措施;

(3)指导抢险组实施应急方案和措施;

（4）绘制事故现场平面图，标明重点部位，提供准确的抢险救援信息资料；

（5）修补实施中的应急方案和措施存在的缺陷；

（6）负责现场监测工作，发现险情时，加大对基坑周边沉降、土体位移等进行观测，及时反馈监测数据。

5.3.3 医疗救护小组

组　　长：项目部书记；

组　　员：办公室、后勤人员等（未发生人员伤亡时，调入后勤保障组）。

主要职责：

（1）负责现场伤员的救护工作；

（2）在外部救援机构未到达前，对受害者进行必要的抢救；

（3）对受伤人员作简易的抢救和包扎，及时转移重伤人员到医疗机构就医；

（4）协助外部救援机构转送受害者至医疗机构，并指定人员护理受害者；

（5）使重度受害者优先得到救护。

5.3.4 物资设备供应组

组　　长：项目副经理；

副组长：物资设备部负责人；

组　　员：料库其他成员、龙门吊司机、电瓶车司机、司索指挥、机电班人员及其他管理人员。

主要职责：

（1）负责调集抢险器材、设备，及时提供后续的抢险物资（装运砂袋等）；

（2）保障系统内各组人员必需的防护用品的供给；

（3）负责应急器材的发放、管理及维护工作，保证电的正常供应和应急设备的正常运行；

（4）根据项目经理部施工场区的位置，了解落实项目周边的应急物资供应点分布情况，为及时向应急行动的物资供给作好准备工作。

5.3.5 后勤保障组

组　　长：项目部书记；

副组长：办公室主任；

成　　员：食堂厨师人员、司机。

主要职能及职责：

（1）保障系统内各组人员必需的救护用品及生活物质的供给；

（2）及时提供抢险救援人员饮食。

5.3.6 灾害发生时现场人员职责

（1）采取避险措施做好自救、互救，遵守纪律，听从指挥，沉着冷静；

（2）采取有效方式向上汇报；

（3）通知事故波及区域或可能波及区域的人员撤离至安全区域；

（4）采取有效措施，防止事故蔓延扩大。

5.4 预防预警

5.4.1 风险源监控与报告

项目部首先根据本标段工程特点，水文地质特征及地面、地下建筑物（构筑物）管线情况，对风险源进行分析和评价，并根据施工进展情况对风险源进行动态管理，对可能引发事故的信息进行监控和分析，采取有效预防措施。

5.4.2 预警行动

当项目部事故应急领导小组接到可能导致事故的信息后，应按照分级响应的原则及时研究确定应对方案，并采取有效措施预防事故发生；当事故应急领导小组认为事故较大，有可能超出本级处置能力时，要及时向上级应急救援指挥机构报告；上级应急救援指挥机构应及时研究应对方案，采取预警行动。

5.4.3 信息报告与处理

（1）事故发生后，现场人员应立即将事故情况报告事故应急领导小组组长，并在保证自身安全的情况下按照现场处置程序立即开展自救。

（2）事故应急领导小组组长接到事故报告后，应迅速组织救援，并向监理、业主上报事故情况，同时按照国家有关规定立即报告当地人民政府和有关部门；紧急情况下，可越级上报。

5.5 应急响应程序

5.5.1 分级响应

一级响应：

发生特别重大或重大安全事故后项目部按照规定尽快上报监理部、所在地市轨道办及政府相关职能部门，全面启动各级事故应急指挥体系，进行应急处置。

二级响应：

发生较大安全事故的，项目部尽快上报监理部及所在地市轨道办启动预案进行应急处置。

三级响应：

发生一般安全生产事故的，由项目部启动预案进行应急处置。

5.5.2 响应程序

（1）事故应急处理程序，见图 9-5。

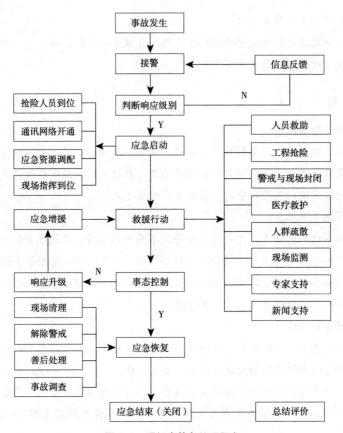

图 9-5 现场事故急处理程序

（2）应急救援行动程序。

应急救援行动的优先原则：

①员工和应急救援人员的安全优先；

②防止事故扩散优先；

③保护环境优先。

如事故仍在进一步扩大，相关人员的生命受到威胁，但对救援人员的进入也存在很大的生命威胁，则绝不允许盲目采取救援行动，避免伤亡事故进一步扩大。要采取万无一失的措施或方案实施救援行动。

事故现场、项目负责人或安全主管部门应采取以下行动：

①掌握情况。不论现场何种局面，必须掌握的情况有：事故发生时间与地点；种类、强度；已知的危害方向；事故现场伤亡情况，现场人员是否已安全撤离；是否还在进行抢险活动；有无火灾与爆炸伴随；现场的方向、风速；事故危及项目外的可能性。

②报告与通报。在掌握事故情况，并判明或已经发现事故危及项目外时，应立即向有关单位或部门进行报告：报告负责本项目部的业主和业主代表及驻地监理；报告本单位公司总部；根据事故的严重程度及情况的紧急程度，按预案的应急级别发出警报。

③组织抢救与抢险。制止危害扩散的最有效措施是迅速消除事故源，事故发生后，根据险情实施预先制定的应急处理措施，防止事故进一步扩大。同时，因本单位最熟悉事故设施和设备的性能，懂得抢险方法，必须组织尽早抢救与抢险。要迅速集中力量和未受伤的岗位职工，投入先期抢险，包括：抢险受伤害人员和在危险区域的人员，组织经培训过的医务人员抢救伤员，并将伤员转移至安全地带；停止设备运转、灭火、隔离危险区等；清点撤出现场人员数量，组织本单位人员撤离危险区；组织力量为前来应急救援的队伍创造有利的条件。

5.6 指挥协调

（1）事故发生后，片区负责人立即赶赴现场，指导应急救援；项目部负责人在最短的时间内赶赴现场，并在第一时间组织应急小组，召开应急小组会议。

（2）各成员根据职责分工，做好相关应急工作，工程技术部协助收集、汇总事故发生情况，根据事故严重程度和范围，随时上级管理部门汇报事故处置进展情况。

（3）应急小组根据事故和应急情况提出抢险、抢修等工作方案，指导应急救援工作。

（4）应急人员的安全防护：

①现场应急救援人员应根据需要携带相应的专业防护装备，采取安全防护措施，严格执行应急救援人员进入和离开事故现场的相关规定。

②现场应急救援指挥部根据需要具体协调、调集相应的安全防护装备。

5.7 事故报告

5.7.1 报告程序

（1）事故发生后，现场管理人员应立即向项目经理报告；并在1小时内向事故发生地建设行政主管部门及质监站、安监站报告。

（2）任何等级的工程施工安全事故发生后，现场负责人在向项目经理报告的同时，必须在第一时间向现场监理和业主代表报告，不得以任何借口对安全生产事故隐瞒不报、谎报和拖报。

5.7.2 报告内容

报告事故应当包括下列内容：

（1）事故发生单位概况；

（2）事故发生的时间、地点以及事故现场情况；

（3）事故的简要经过；

（4）事故已经造成或者可能造成的伤亡人数（包括下落不明的人数）和初步估计的直接经济损失；

（5）已经采取的措施；

（6）其他应当报告的情况。

根据事态进展及时续报以下内容：

（1）有关建设、勘察、设计、施工、监理等单位名称、资质等级情况，建筑施工企业负责人、项目负责人，监理单位有关人员的姓名及执业资格；

（2）事故原因分析；

（3）事故发生后采取的措施等；

（4）其他需要上报的有关事项。

自事故发生之日起30日内，事故造成的伤亡人数发生变化的，应当及时补报。工程技术部对组织、协调、保障应急行动的情况做出详细记录。

5.8 应急结束

（1）当遇险人员全部得救，事故现场得以控制，环境符合有关标准，导致次生、衍生事故隐患消除后，经现场应急救援指挥部确认和批准，现场应急处置工作结束，应急救援队伍撤离现场。处置工作完毕后，相应专业应急机构应及时研判，适时决定应急工作结束。

（2）按照"谁启动、谁结束"的原则，由相应的事故应急领导小组决定应急结束，并通知相关单位。

5.9 事故应急保障措施

5.9.1 通信与信息保障

（1）现场发现威胁施工生产的情况时，现场人员及时向应急办公室（项目部安质部）汇报或直接向项目经理汇报；

（2）安质部电话：×××；

（3）项目部应急领导小组24小时联系方式（应附表）；

（4）救护医院：项目部与××市人民医院签订救援协议，保证在施工过程中发生意外情况时，有及时的医疗保障。医院电话：×××；

（5）急救中心120；

（6）项目部应急办公室（安质部）接到报告后，应迅速通知应急小组成员，由应急小组组长迅速了解现场，启动预案，统一领导和指挥。

第九章 风险应急管理

5.9.2 应急队伍保障

应急队伍首先以本项目施工管理人员、盾构队及地面保障队（共计150人）为主，如果事故规模较大，本项目人员力量不足，则应急联络组马上联系本市其他工点的项目部，增加救援力量，把损失减至最小。

5.9.3 应急物资与装备保障

项目部物设部应按物资配备清单（附清单）将应急物资配备。现场应急物资的采购和管理必须专人负责，做到及时检查。由物资设备供应组负责检查井下应急物资配备情况，确保材料齐全，设备运转正常。应急物资不得随便挪用，不足时及时进行补充。

5.9.4 经费保障

项目部财务部做好事故应急救援必要的资金准备。

5.9.5 交通运输保障

事故发生后，项目部所有车辆全部参与应急抢险，确保救援物资、器材和人员运送及时到位，满足应急处置工作需要。同时对事故现场及周边的交通进行疏导，确保救援通道的畅通无阻。

5.9.6 医疗卫生保障

项目部与××市人民医院签订救援协议，保证在施工过程中发生意外情况时，有及时的医疗保障。医院电话：××。

5.9.7 奖罚

各应急机构应按照预案要求，做好各项应急物资、救援队伍等事项的检查工作。对在处置重大工程事故中作出突出贡献的个人按照有关规定给予表彰和奖励；对玩忽职守、不服从指挥、不认真负责或临阵脱逃、擅离职守并造成严重后果的，依据《建设工程安全生产管理条例》等法律、法规追究当事人的责任；构成犯罪的，由司法机关依法追究刑事责任。

6 应急预案的实施

本应急预案自发布之日起实施。

参考文献

[1] 张顶立. 城市地下工程建设安全风险及其控制. 北京：化学工业出版社，2012.

[2] 谭复兴. 城市轨道交通概论. 北京：中国铁道出版社，2014.

[3] 北京交通大学组织编写. 地铁工程勘察设计质量安全管理与技术（地铁工程勘察设计技术及管理人员培训教材）. 北京：中国建筑工业出版社，2012.

[4] 北京交通大学组织编写. 地铁工程施工安全管理与技术（地铁工程施工技术及管理人员培训教材）. 北京：中国建筑工业出版社，2012.

[5] 深圳市地铁集团有限公司. 地铁工程建设安全监督管理（地铁工程建设管理与安全管理人员培训教材）. 北京：中国建筑工业出版社，2013.

[6] 刘卡丁. 城市轨道交通系统安全保障体系研究与应用. 北京：中国建筑工业出版社，2011.

[7] 刘光武. 六评六管一平台 城市轨道交通土建工程安全风险管控研究及信息化实践. 北京：中国铁道出版社，2014.

[8] 浙江省人民政府. 浙江省城镇体系规划（2011-2020年）文本. 杭州：2011.

[9] 国务院安委会办公室. 标本兼治遏制重大事故工作指南. 2016.

[10] 国务院安委会办公室. 关于实施遏制重特大事故工作指南构建双重预防机制的意见. 安委办〔2016〕11号.

[11] [美]James F. Broder Eugene Tucker. 风险分析与安全调查. 中国工商银行安全保卫部译 靳晓鹏审校. 北京：电子工业出版社，2014.

[12] 罗富荣，等. 轨道交通工程建设安全风险控制实施指南. 北京：中国建筑工业出版社，2011.

[13] 黄守刚. 地铁工程施工安全与案例分析. 北京：中国铁道出版社，2011.

[14] 北京交通大学组织编写. 地铁工程监测测量管理与技术. 北京：中国建筑工业出版社，2013.

[15] 秦进，高桂凤主编，毛保华主审. 城市轨道交通安全管理. 北京：人民交通出版社，2012.

[16] 张春进. 地铁工程地下连续墙施工中质量控制[J]. 中华建设，2014（6）：124-125.

[17] 李金锁. 地铁深基坑施工全套管钻机钻孔咬合桩的应用[J]. 建筑机械，2014（3）：102-107.

[18] 陈胜，邵丽娟. 钻孔灌注桩及三轴深搅拌桩在挡土及止水帷幕中的应用[J]. 工程建设与设计，2017（2）：30-31.

[19] 朱瑶宏. 宁波轨道交通土建工程初期建设的关键技术[M]. 上海：同济大学出版社，2014.

[20] 朱瑶宏，叶俊能，刘晓虎，等. 宁波轨道交通地下连续墙深基坑工程变形特性及控制

研究 [J]. 水文地质工程地质, 2012, 39 (4).

[21] 朱瑶宏. 宁波轨道交通建设安全管理探索与实践 [C]// 地下交通工程与工程安全——第五届中国国际隧道工程研讨会. 2011.

[22] 张凤祥, 朱合华, 傅德明. 盾构隧道 [M]. 北京: 人民交通出版社, 2004.

[23] 张凤祥, 傅德明, 杨国祥, 等. 盾构隧道施工手册 [M]. 北京: 人民交通出版社, 2005.

[24] 陈馈, 洪开荣, 吴学松. 盾构施工技术 [M]. 北京: 人民交通出版社, 2009.

[25] [日] 地盘工学会. 盾构法的调查·设计·施工 [M]. 牛清山, 陈凤英, 徐华译. 北京: 中国建筑工业出版社, 2008.

[26] 王晖, 李大勇, 夏广红. 盾构机盾尾注浆施工中存在的问题及其对策分析 [J]. 苏州科技学院学报 (工程技术版), 2004, 17 (1): 40-45.

[27] 伊旅超, 朱振宏. 日本隧道盾构新技术 [M]. 李玉珍等编译. 武汉: 武汉理工大学出版社, 1999.

[28] [日] 土木学会. 盾构隧道管片设计——从容许应力设计法到极限状态设计法 [M]. 管林星译. 北京: 中国建筑工业出版社, 2012.

[29] 陈湘生, 李兴高. 复杂环境下盾构下穿运营隧道综合技术 [M]. 北京: 中国铁道出版社, 2011.

[30] 王江涛, 陈建军, 吴庆红, 等. 南水北调中线穿黄工程泥水盾构施工技术 [M]. 郑州: 黄河水利出版社, 2010.

[31] 张亮奎. 隧道施工技术风险评估及控制措施研究 [J]. 建筑技术开发, 2018, 12.

[32] 路美丽, 刘维宁, 罗富荣, 等. 隧道与地下工程风险评估方法研究进展 [J]. 工程地质学报, 2006 (4).

[33] 熊磊. 城市隧道施工风险与控制 [J]. 北方交通, 2014 (9).

[34] 袁道先, 高勇军, 等. 现代岩溶学. 北京: 科学出版社, 2016.

[35] 兰艇雁, 马存信, 李红有, 等. 工程地质分析与实践. 北京: 中国水利水电出版社, 2016.

[36] 唐益群, 周念清, 王建秀, 等. 软土环境工程地质学. 北京: 人民交通出版社, 2007.

[37] 张凤祥, 朱合华, 傅德明. 盾构隧道. 北京: 人民交通出版社, 2004.

[38] 北京城建设计研究总院. 杭州地铁 1 号线工程总体设计. 2005.

[39] 浙江省地矿勘察院. 杭州地铁 1 号线滨康路站详勘阶段岩土工程勘察报告. 2007. 1.

[40] 浙江省地矿勘察院. 杭州地铁 1 号线滨康路站西兴站区间详勘阶段岩土工程勘察报告. 2007.

[41] 浙江省地矿勘察院. 杭州地铁 1 号线九堡站九堡东站区间地下有害气体补充勘察报告. 2009.

[42] 浙江省地矿勘察院. 杭州地铁 1 号线下沙西站下沙中心站区间地下有害气体补充勘察报告. 2008.

[43] 浙江省地矿勘察院. 杭州地铁1号线红普路站九堡站区间地下有害气体补充勘察报告. 2008.

[44] 浙江省地矿勘察院. 杭州地铁1号线彭埠站建华站区间有害气体排放实施方案. 2009.

[45] 杭州地铁集团. 杭州地铁隧道有害气体监测系统方案. 2009.

[46] 中科院武汉岩土力学研究所. 杭州地铁含有害气体土层特性与灾害防治技术研究. 2009.

[47] 杭州地铁集团. 杭州地铁1号线有害气体排放事故应急预案. 2009.

[48] 杭州地铁集团. 杭州地铁1号线穿越富含有害气体地层盾构隧道气体渗漏量分析与防止对策专题报告. 2009.

[49] 中科院武汉岩土力学研究所. 杭州地铁浅层有害气体防治手册. 2010.

[50] 北京城建设计研究总院有限责任公司. 杭州地铁地下有害气体向隧道渗漏情况下的运营与安全技术研究报告. 2012.

[51] 廖少明, 余炎, 陈亮. 由基坑挡墙位移推算地层位移场及其影响[N]. 岩土工程学报, 2005 (7): 800-803.

[52] 王立峰, 庞晋, 徐云福. 基坑开挖对近邻运营地铁隧道影响规律研究[J]. 岩土力学, 2016, 37 (7): 2004-2010.

[53] 应宏伟, 李涛, 杨永文, 等. 深基坑隔断墙保护邻近建筑物的效果与工程应用分析[J]. 岩土工程学报, 2011 (7): 1123-1128.

[54] Terzaghi K. & Peck, R. B. Soil Mechanics in Engineering Practice. 1967.

[55] Lame Shihara K. Relat Ions between Process of Cutting and Uniqueness of Solutions. Soils and Found, 1970, 10 (3): 50~65.

[56] Clough G. W, O'Rourke T. D. Construction Induced Movements of Unsitu Wa. Design and Performance of Earth Retaining. ASCE, 1990, 29 (8).

[57] 俞建霖, 赵荣欣, 龚晓南. 软土地基基坑开挖地表沉降量的数值研究[N]. 浙江大学学报 (自然科学版), 1998, 23 (8).

[58] 陈海明. 基坑开挖降水引起的地表沉降分析[D]. 杭州浙江大学, 2003.

[59] 郑保华, 俞建霖. 基坑开挖引起地表沉降量的性状研究[N]. 土木工程学报, 浙江大学岩土工程研究所.

[60] 李文广, 胡长明. 深基坑降水引起的地面沉降预测[J]. 地下空间与工程学报, 2008, (1): 181-184.

[61] 郑荣跃, 曹茜茜, 刘干斌, 等. 深基坑变形控制研究进展及在宁波地区的实践[J]. 工程力学, 2013, 28 (增刊Ⅱ): 38-53.

[62] Cowl and J. W. and Thorley C. B. B. Ground and Building Settlement Associated with Adjacent Slurry Trench Excavation[C]. Proceedings of the Third International Conference on Ground Movements and Structures, University of Wales Institute of Science and

Technology, Geddes J. D ed, Pentech Press, London, England, 1985: 723-738.

[63] 赵永胜, 王炳龙, 周顺华. 基坑开挖施工对邻近建筑影响的监测分析 [J]. 地下空间, 2000（3）: 51-53.

[64] 王利民, 曾马荪, 陈耀光. 深基坑工程周围建筑及围护结构的监测分析 [N]. 建筑科学学报, 2000, 16（2）: 15-24.

[65] Finno R. J, Bryson L. S. Response of Building Adjacent to Stiff Excavation Support System in Soft Clay[J]. Journal of Performance of Constructed Facilities, 2002, 16（1）: 10-20.

[66] 张亚奎. 深基坑开挖对近邻建筑物变形影响的研究 [D]. 北京: 北京工业大学, 2003.

[67] 王素霞. 基坑开挖对临近建筑物影响的数值模拟分析研究 [D]. 南京: 南京工业大学, 2006.

[68] 朱奎, 仇乐民, 吴冬虎. 深基坑开挖对邻近建筑物影响规律分析 [J]. 工程勘察, 2004（6）: 30-31.

[69] 蔡智云. 深基坑地下连续墙减小邻近建筑沉降的作用研究 [D]. 西安: 西安科技大学, 2005.

[70] Leung C. F. Chow Y. K, Pile Behavior due to Excavation Induced Soil Movement in Clay, I: Stable Wall[J]. Journal of Geotechnical and Geoenvironmental Engineering, 2006, 132（1）: 36-44.

[71] 黄广龙, 张枫, 卫敏. 某软土深基坑险情分析与处理 [J]. 岩土力学, 2009（30）: 1736-1740.

[72] 郑刚, 李志伟. 不同围护结构变形形式的基坑开挖对邻近建筑物的影响对比分析 [J]. 岩土工程学报, 2012（6）: 969-977.

[73] 郑刚, 李志伟. 基坑开挖对邻近任意角度建筑物影响的有限元分析 [J]. 岩土工程学报, 2012（4）: 615-624.

[74] 李进军, 王卫东, 邸国恩, 等. 基坑工程对邻近建筑物附加变形影响的分析 [J]. 岩土工程学报, 2007（S1）: 623-629.

[75] 王立峰. 盾构施工对桩基的影响及桩基近邻度划分 [J]. 岩土力学, 2014, 35（增刊2）: 319-324.

[76] 徐云福, 王立峰. 近邻桩基施工对城市地铁隧道的影响分析 [J]. 岩土力学, 2015, 36（增刊2）: 577-582.

[77] Abdulaziz I, Mana G, Wayne Clough. Prediction of Movement for Braced Cuts in Clay. ASCE, 1981, 107.

[78] 宋兆锐, 王强, 徐岩. 基坑开挖对临近地铁区间隧道的影响分析 [J]. 隧道建设, 2011, 31（增1）: 214-218.

[79] 袁云涛, 李苏春. 临近地铁车站深基坑开挖综合控制研究 [J]. 地下空间与工程学报, 2013, 4（9）: 843-847.

[80] 龚晓南, 高有潮. 深基坑工程施工设计手册 [M]. 北京: 中国建筑工业出版社, 1998.

[81] 黄运飞. 深基坑工程实用技术 [M]. 北京: 中国建筑工业出版社, 1996.

[82] Peck R B. Deep Excavations and Tunnelling in Soft Ground[J]. Proc. int. conf. on Smfe, 1969: 225-290.

[83] 刘国彬, 王卫东. 基坑工程手册（第二版）[M]. 北京: 中国建筑工业出版社, 2009.

[84] Moorak Son. The Response of Buildings to Excavation-induced Ground Movements[D]. University of Illinois, Illinois, 2003.

[85] 江正荣, 朱国梁. 简明施工计算手册 [M]. 北京: 中国建筑工业出版社, 1989（12）: 18-2.

[86] 夏志斌, 姚谦. 钢结构设计 [M]. 北京: 中国建筑工业出版社, 2005: 188-192.

[87] 上海市建设工程安全质量监督总站. 城市轨道交通工程施工风险控制技术. 北京: 中国建筑工业出版社, 2011.

[88] 住房和城乡建设部. 关于印发城市轨道交通工程质量安全事故应急预案管理办法的通知（建质 [2014]34 号）.

[89] 罗云主编, 姜华副主编. 建筑工程应急预案编制与范例. 北京: 中国建筑工业出版社, 2006.

青川县未成年人校外活动中心
参加援建和业已捐资的单位、团队和个人名单

工程建设安全技术与管理丛书全体作者
海南亚洲制药股份有限公司
浙江大学建筑设计研究院
中国建筑工业出版社
温州东瓯建设集团股份有限公司
浙江省建筑装饰行业协会
浙江省建工集团有限责任公司
浙江中南集团
永康市古丽高级中学
杭州市建筑设计研究院有限公司
浙江省武林建筑装饰集团有限公司
温州中城建设集团股份有限公司
浙江工程建设监理公司
宁波弘正工程咨询有限公司
桐乡市城乡规划设计院有限公司
浙江华洲国际设计有限公司
新昌县人民政府
宁波市城市规划学会
宁波市规划设计研究院
义乌市城乡规划设计研究院
金华市城乡规划学会
温州市城市规划设计研究院
温州市建筑设计研究院
宁海县规划设计院
余姚市规划测绘设计院

宁波市鄞州区规划设计院
奉化市规划设计院
浙江诚邦园林股份有限公司
浙江诚邦园林规划设计院
浙江瑞安市城乡规划设计研究院
金华市城市规划设计院
东阳市规划建筑设计院
永康市规划测绘设计院
浙江中南卡通股份有限公司
浙江省诸暨市规划设计院
浙江省宁波市镇海规划勘测设计研究院
浙江武弘建筑设计有限公司
慈溪市规划设计院有限公司
浙江高专建筑设计研究院有限公司
乐清市城乡规划设计院
温州建苑施工图审查咨询有限公司
宁波大学建筑设计研究院有限公司
平阳县规划建筑勘测设计院
卡尔·吕先生（澳大利亚） 林岗先生
浙江同方建筑设计有限公司
袁建华先生
宁波市轨道交通集团有限公司
宁波市土木建筑学会
浙江建设职业技能培训学校
电子科技大学计算机科学与工程学院
上海瑞保健康咨询有限公司 李晓松先生
浙江华亿工程设计有限公司
徐韵泉老师 钟季銮老师
杭州大通园林公司
浙江天尚建筑设计研究院
浙江荣阳城乡规划设计有限公司
衢州规划设计院有限公司
中国美术学院风景建筑设计研究院

森赫电梯股份有限公司
嘉善县城乡规划建筑设计院
慈溪市城乡规划研究院
温州建正节能科技有限公司
董奇老师、吴碧波老师、夏云老师
云和县永盛公路养护工程有限公司
浙江宏正建筑设计有限公司
浙江双飞无油轴承股份有限公司
浙江蓝丰控股集团有限公司
浙江城市空间建筑规划设计院有限公司
浙江玉环县城乡规划设计院有限公司
台州市黄岩规划设计院
象山县规划设计院
湖州市公路局